VOYAGE
EN AMÉRIQUE

2ᵉ SÉRIE IN-4°.

Propriété des Editeurs.

LE CAPITAINE MAYNE REID

VOYAGE EN AMÉRIQUE

LES CHASSEURS DE BISONS

Traduction de BÉNÉDICT H. RÉVOIL

NOUVELLE ÉDITION REVUE.

LIMOGES
EUGÈNE ARDANT ET Cie,
ÉDITEURS.

VOYAGE EN AMÉRIQUE

CHAPITRE I

Les Chasseurs

Sur la rive ouest du Mississipi, à douze milles au-dessous de l'endroit où ce fleuve se jette dans le Missouri, qu'il absorbe dans ses eaux, s'élève la ville de Saint-Louis, surnommée la *Ville des Monts* par les poëtes américains. Quoiqu'il y ait de nombreuses cités le long du Mississipi, Saint-Louis est, à juste titre, considérée comme la métropole du *lointain ouest*, de ce pays de ceinture, qui tend tous les jours à s'élargir, et que l'on appelle la frontière des Etats-Unis.

Saint-Louis, parmi toutes les villes américaines, offre un intérêt particulier à celui qui s'occupe de l'histoire du pays; c'est la plus ancienne colonie de l'Amérique du nord. Elle fut fondée par les Français, qui s'étaient avancés jusque-là pour faire du commerce avec les Indiens.

Les colonies françaises, si elles ne furent pas aussi prospères que celles des Anglais, leurs rivales, étaient à cette époque composées d'éléments aventureux dont le pittoresque offre de nos jours à l'historien, au poëte et au romancier, un sujet d'étude fort intéressant. Leurs relations avec les aborigènes Peaux-Rouges, — la facilité que les Français avaient de se plier et de s'initier aux mœurs de ces peuplades pour les amener à leur tour à la civilisation et au progrès, — l'introduction qui leur est due d'une nouvelle race d'hommes (les sangs mêlés, particulièrement français) — les actions de courage et d'héroïsme des premiers pionniers de Salle, Marquette, le père Hennepin et autres, — leurs explorations hardies leur sort malheureux, tout, en un mot, a contribué à donner du charme à l'histoire des colons français en Amérique. Je ne fais pas d'exception pour le donquichottisme de quelques-uns de leurs essais de colonisation, bien dignes d'être admirés, — pas même pour cette colonie de Gallipoli, dans l'Ohio, fondée par des émigrés de la cour de Louis XVI, perruquiers, carrossiers, tailleurs, modistes, et autres artisans. Là, avant d'avoir fait la plus petite provision pour subvenir aux besoins de la communauté, en présence des tribus hostiles des Indiens, les Français avaient songé à élever une immense baraque construite au moyen de troncs d'arbres, un *log cabin*, en un mot, pour y ouvrir... quoi?... une salle de bal.

Saint-Louis, outre l'origine française dont elle se targue, est une ville fort intéressante à visiter. C'était autrefois l'entrepôt et le dépôt des denrées qui alimentaient le commerce avec les Indiens des vastes prairies de l'ouest. C'est là que le pionnier venait s'approvisionner des marchandises propres au négoce et aux échanges avec les Peaux-Rouges : de couvertures rouges et vertes, de chapelets, de verroteries et autres *bibelots*, de *rifles*, de poudre et de plomb sous forme de grenailles ou de balles, et au moyen de ces articles il rapportait, souvent au péril de sa vie, au retour de ces excursions lointaines et aventureuses, des fourrures magnifiques qui se vendaient avec avantage sur les marchés américains. Saint-Louis était la dernière halte, au centre de la civilisation, pour les émigrants qui se proposaient de se risquer dans les déserts des prairies. C'est là encore que le chasseur vient préparer ses équipages de chasse avant d'entreprendre une excursion au milieu des solitudes désertes des Etats-Unis.

Pour le voyageur, Saint-Louis est une ville très intéressante; il y entend parler toutes les langues du monde civilisé, il y rencontre des hommes d'expression et de couleurs diverses, et souvent ceux qu'il trouve sur son chemin dans les rues, offrent à ses yeux un spectacle des plus excentriques.

C'est surtout au commencement de l'été que la vérité des assertions qui précèdent peut être particulièrement appréciée; car, à cette époque de l'année, la ville est encombrée de citoyens de la Nouvelle-Orléans se rendant dans les Etats du Nord pour fuir la pestilentielle fièvre jaune, qui fait tous les ans de si nombreux ravages dans tous les Etats du Sud. Saint-Louis est pour eux la ville qu'ils préfèrent comme lieu de refuge, car la population créole de l'endroit est affiliée à celle de la Louisiane par ses mœurs et par ses usages; en outre, les relations commerciales et sociables sont très fréquentes entre les deux pays.

Je me trouvais à Saint-Louis, pendant l'automne de 18...., amené là par le seul besoin de changer de place. La ville était peuplée de gens oisifs qui n'avaient qu'un seul but, celui de tuer le temps. Chaque hôtel regorgeait de *boarders*, et sur les piazzas de ces caravansérails, à l'ombre de toutes les *vérandahs*, au coin des rues même, on rencontrait des groupes de gentlemen bien mis, se racontant des histoires et faisant leurs efforts pour tromper la longueur des heures. La plupart de ces citoyens étaient des oiseaux de passage ayant quitté la Nouvelle-Orléans pour faire la nique au *jack jaune* : ils attendaient avec impatience que le retour des vents frais de novembre eût chassé le fléau des murs de la Ville-au-Croissant. Les autres pouvaient être comptés au nombre des flâneurs. Il y avait aussi des voyageurs européens, appartenant à la classe noble et riche de leur pays; ils avaient quitté le confort de la vie civilisée pour visiter les déserts américains : — des naturalistes, qui, emportés par leur passion favorite, abandonnaient leur cabinet et leur repos aimé pour se procurer de nouveaux échantillons au péril même de leur vie; — enfin au milieu de cette foule de gens guidés par leur entraînement naturel, l'on comptait des chasseurs qui, las de tirer leur poudre sur de menu gibier, se dirigeaient vers l'immense prairie, dans le but de prendre part à la grande chasse au bison. J'appartenais moi-même à cette dernière confraternité.

Il n'y a pas au monde un pays où, comme en Amérique, la table d'hôte soit un des besoins impérieux de l'homme. C'est à cet usage fréquent de dîner en commun que l'on peut attribuer les nombreuses connaissances, les singulières liaisons d'amitié et d'intérêt qui se forment chaque jour. Il ne m'avait pas fallu attendre longtemps à Saint-Louis pour me lier avec plusieurs de ces oisifs de bonne société qui, comme nous, avaient rêvé une expédition cynégétique dans les prairies lointaines. Cette coïncidence cadrait avec mes plans ; je me mis sur le-champ en tête de pousser à la roue pour que ce voyage eût réellement lieu, et 'e parvins à déterminer cinq autres personnes à m'accompagner.

Après de nombreuses réunions, pendant lesquelles chacun discuta les moyens d'accomplir sans danger ce voyage excentrique, nous parvînmes, à la fin, à nous entendre et à convenir du plan de notre excursion. Nous devions tous nous équiper suivant notre fantaisie, pour ce qui regardait les vêtements et les armes ; mais il avait été bien entendu que chaque chasseur se pourvoirait d'une mule ou d'un cheval. Enfin, au moyen d'une mise de fonds personnelle, on devait acheter un wagon ou un chariot, des tentes, des sacs de provisions et des ustensiles de cuisine. Deux chasseurs de profession seraient, en outre, engagés pour nous servir de guides et nous conduire sur les meilleurs terrains de chasse.

Nous employâmes une semaine à faire ces préparatifs, et le huitième jour, à l'aurore d'une belle matinée éclairée par les premiers rayons du soleil, notre cavalcade quitta les faubourgs de Saint-Louis et gravit les montagnes qui conduisent aux frontières des prairies incommensurables de l'ouest.

Notre troupe de chasseurs se composait de huit hommes à cheval et d'un chariot traîné par six belles mules, sous la direction toute particulière de Jack, un nègre libre, dont le visage ouvert s'épanouissait sur des lèvres lippues, desquelles s'échappait un sourire permanent à travers l'ivoire sans tache de deux mâchoires au complet.

Sous la tente du wagon, on apercevait une autre tête qui contrastait de la manière la plus bizarre avec celle du Iolof : le visage de cet autre individu avait jadis été rouge comme de la brique ; mais le hâle produit par le soleil, joint à des taches de rousseur sans nombre, avait métamorphosé cette teinte rougeâtre en une couleur safranée et presque dorée. Une forêt de cheveux noirs, relevés naturellement, encadrait cette tête, qui était en partie cachée par un chapeau de fabrique grossière. Quoique la figure du nègre exprimât une bonne humeur constante, elle paraissait triste comparativement avec celle du petit homme à la peau rouge qui se prélassait derrière lui. Ce dernier avait une expression d'un comique irrésistible : on l'aurait pris pour un acteur de grosse farce, entrant en plein dans son rôle. Un de ses yeux clignait sans discontinuer, tandis que l'autre semblait vouloir prouver qu'il y voyait assez pour deux. Une pipe courte, un *brûle-gueule*, qui ne quittait pas ses lèvres rieuses, ajoutait encore à la drôlerie de ce visage, celui de Mike-Larty, né à Limerick. Personne n'aurait pu se méprendre à la nationalité de Michael l'Irlandais.

Parmi les huit cavaliers qui chevauchaient autour du wagon, six étaient des *gentlemen* par leur droit de naissance et par le résultat de leur éducation. Trois pouvaient passer même pour des gens très instruits. Les deux derniers n'avaient aucune prétention ni à la bonne éducation ni à la noblesse. C'était ces hardis trappeurs que nous avions pris pour nous servir de guides pendant notre expédition.

Je me permettrai de dire quelques mots sur chacun de mes camarades, car chacun d'eux avait quelque chose de particulier digne d'être remarqué en passant.

Le premier était Anglais, type précieux du sang de la Grande-Bretagne, six pieds de hauteur, bien pris dans sa taille, ayant une poitrine développée, des épaules très larges et des membres énormes. Des cheveux châtain clair, un teint rosé, des moustaches et des favoris encadrant un visage ovale, tout concourait à faire de lui un élégant cavalier. Il avait une dignité d'expression qui donnait à sa figure un style de beauté pittoresque, et il appartenait réellement à la noblesse d'Angleterre. C'était un vrai lord, mais du nombre de ceux qui, pendant leurs voyages aux Etats-Unis, ont assez de bon sens pour porter eux-mêmes leur parapluie et pour laisser leurs titres au fond de leur portefeuille. Nous le connaissions sous le nom de M. Thompson, et bientôt même, quand nous fûmes assez liés entre nous pour nous permettre cette licence, nous laissâmes tout à fait de côté la qualification de Monsieur. Ce ne fut que longtemps après notre excursion que j'appris quel était le rang et le titre de notre camarade, et je ne crois pas que nos autres compagnons aient jamais été initiés à ce secret : mais ceci n'est vraiment pas une affaire d'importance. Si je mentionne cette circonstance, c'est seulement pour trouver le moyen de prôner le caractère simple de Thompson, dont la bonté et la modestie étaient sans égales.

Le costume qu'il portait était des plus extraordinaires : il consistait d'abord en une veste de drap ornée de six poches, en un gilet de même étoffe, qui avait quatre autres poches, le tout complété par une paire de culottes et par une casquette d'un drap pareil.

Dans le wagon, Thompson avait fait placer son carton à chapeau, hermétiquement clos au moyen de courroies et d'un cadenas. Nous supposions tous qu'il avait emporté son chapeau de bal, et cette idée nous prêtait à rire. Il n'en était pourtant rien. Notre ami était un voyageur d'une expérience et d'une précaution rares ; son carton à chapeau contenait des brosses de différentes formes — y compris même une brosse à dents, des peignes, des rasoirs et des pains de savon. Quant à son chapeau il l'avait laissé à Saint-Louis.

Mais Thompson n'avait pas oublié son parapluie, il le portait sous son bras ; c'était plutôt une ombrelle gigantesque, un composé de baleine et de gingham de la plus belle espèce. Ce parapluie lui avait servi à l'époque de ses chasses aux tigres dans les jungles de l'Inde, — pendant ses chasses aux lions dans les déserts de l'Afrique, — lors de ses chasses aux autruches et aux vigognes dans les pampas de l'Amérique du sud ; et sous ce même abri de toile bleue, Thompson avait l'intention de porter le carnage et la terreur parmi les buffalos des prairies.

Avec son parapluie, — une véritable arme défensive, — Thompson portait aussi un superbe fusil à deux coups, — de la fabrique de Bishop, Bondstreet : cette arme, chargée de chevrotines, était un terrible instrument de mort dans les mains de son propriétaire.

Thompson, le n° 1 de notre compagnie de chasseurs, montait un poulain de deux ans, solide sur ses pieds, de couleur bai, à la queue coupée à l'anglaise, caparaçonné d'une selle toute britannique. Ces deux particularités, la selle et la queue, attiraient l'attention de toute la société, à l'exception de celle de Thompson et de la mienne

Le numéro 2 ne ressemblait pas plus au n° 1 que deux animaux de la même espèce qui sont pareils à peu de chose près. C'était un Kentuckien qui avait environ six pouces de plus que Thompson, et, à cause de sa taille, nous l'appelions *le Géant*. Ses traits étaient marqués, anguleux, irréguliers, et cette irrégularité se trouvait encore accrue par une chique de tabac en permanence sous l'une de ses joues. Son teint était foncé, d'une couleur olivâtre : aucune moustache, aucun favori, pas un poil en un mot ne poussait sur ses lèvres et à son menton, tandis que ses cheveux, d'un noir de corbeau, roides comme ceux d'un Indien, retombaient en mèches allongées sur ses larges épaules. Le fait est que le numéro 2 ressemblait fort à un Peau-Rouge, à l'exception toutefois de la forme du corps, essentiellement disproportionné, aux bras et aux jambes démesurément allongés. Cependant, quoique ses membres ne fussent pas modelés sur ceux de l'Apollon du belvédère, ils étaient évidemment musculeux, solides, et d'une force telle que leur propriétaire aurait rendu avec intérêt les coups que lui eût porté un ours grizzly. Son regard était grave et profond, et cela ne tenait pourtant pas à la gravité naturelle du Kentuckien : c'était plutôt le teint de son visage qui lui donnait un aspect sévère, y compris aussi certaines rides très marquées partant du coin de la lèvre, et allant se perdre en mourant dans les joues en suivant la direction des tempes. Bien loin d'être d'un tempérament sérieux, le tanné Kentuckien était aussi gai et aussi jovial que celui d'entre nous qui l'était le plus. J'ai, du reste, souvent observé que les Kentuckiens, aussi bien que les habitants de la vallée du Mississipi, ont un caractère enjoué, d'une amabilité toute particulière.

Notre camarade géant était habillé comme il l'eût été chez lui, sur sa plantation, se promenant à cheval, par une froide matinée, au milieu de ses bois. N'oublions pas de mentionner ici qu'il était planteur. Il portait une jaquette et un pardessus aux longues basques, de couleur verte, taillé dans une épaisse couverture et orné de tous les côtés de poches et d'ouvertures diverses. Ses pantalons de drap foncé allaient s'enfouir dans une paire de grosses bottes de cuir de cheval, à fortes semelles, pareilles à celles que portent les nègres ; et, par-dessus ces chaussures solides, le Kentuckien avait enroulé des houseaux de baïette verte, retenus par un cordon juste au-dessus du genou. Pour chapeau, il avait un feutre de haut prix, mais quelque peu déformé, car il s'était souvent assis dessus et s'en était servi en guise d'oreiller. Sa monture était un cheval haut en jambes et assez maigre, qui, dans son espèce, ressemblait quelque peu à son maître ; et de même que celui-ci nous dominait par sa taille, de même le quadrupède avait au moins plus de cinq pouces de hauteur que ses congénères. Un sac à munitions, une corne de chasse et un havre-sac ballottaient sur les épaules du Kentuckien, appendus par de nombreuses courroies ; enfin, au-dessus de son étrier, du côté droit, reposait le bois d'une lourde carabine, dont le canon arrivait au niveau de son épaule.

Notre ami, planteur dans le Kentucky, avait dans son comté la réputation du plus habile chasseur de cerfs. Était-il venu à Saint-Louis pour ses affaires ou pour ses plaisirs, nul ne le savait ; mais on racontait tout bas que le Kentucky était devenu si habité qu'on n'y rencontrait presque plus ni cerfs ni ours ; aussi, disait-on, la visite du planteur à Saint-Louis avait-elle pour objet la recherche d'un endroit où il pourrait trouver ces animaux en très grand nombre. L'idée de faire la chasse aux bisons lui avait souri. Pendant cette expédition, il visiterait les frontières, où il pourrait découvrir un endroit qui lui conviendrait pour venir s'y établir. De toutes manières, la passion qu'il avait pour la chasse le dédommagerait du temps perdu, car, à n'en pas douter, le sport serait des plus intéressants.

Le numéro 3, dont le souvenir vient se retracer à ma mémoire, ressemblait aussi peu au Kentuckien que celui-ci à Thompson. Disciple d'Esculape, il n'était pas, comme ses pareils, maigre, pâle et macié. Bien au contraire, sa mine était rubiconde, son corps grassouillet et son caractère jovial en tous points. Je crois que dans ses premières années il avait appartenu à la race yankee, mais son long séjour dans les Etats de l'Ouest avait fait faire peau neuve à ce *Normano américain*. Il n'était ni sobre ni ascétique, il n'était pas non plus avaricieux (*stingy*) comme le sont naturellement tous les vrais Yankees. Bien au contraire, notre docteur avait l'humeur gaie et enjouée, sa générosité n'avait pas de bornes. Ceci était tellement vrai que, quoiqu'il eût exercé la médecine depuis de longues années dans différentes parties de l'Union, et qu'il eût amassé des sommes considérables, à l'époque où nous entreprîmes notre expédition, nous l'avions trouvé à Saint-Louis dans une médiocrité qui tenait de la gêne, n'ayant pour toute clientèle que des malades peu nombreux : il était presque sans le sou. Pour dire la vérité, ajoutons que le docteur n'avait pas un caractère stable, et qu'il affectionnait un peu trop la dive bouteille. Notre nouveau camarade aimait avec passion la musique, c'était un dilettante, un amateur chanteur, dont la voix rivalisait, pour l'étendue et le charme, avec celle du célèbre Mario de Candia. A cette passion devait être en partie attribuée l'impossibilité où il avait été de faire fortune. Tout le monde avait de l'affection pour le docteur, particulièrement les dames ; mais lui avait un penchant bien plus marqué pour le comptoir du *Barroom*, tant la bonne société lui plaisait plus que le lit de ses malades.

Ce qui l'avait engagé à nous offrir ses services en qualité de médecin de notre expédition, ce n'était pas précisément une passion irrésistible pour la chasse aux buffalos, mais bien plutôt le désir d'accompagner des amis. Nous l'aimions tous, et nous l'avions obsédé pour qu'il se joignît à nous : c'était de l'égoïsme de notre part, car nous comptions autant sur son aimable caractère pour nous réjouir que sur sa science médicale, au cas où l'un de nous aurait besoin de ses soins pendant le voyage.

Le docteur avait conservé le costume de sa profession, un vêtement noir, quelque peu rapé par l'usage ; une seule modification tranchait sur la sévérité de ces habits, c'était une casquette de fourrure et des houseaux de drap brun, dont il avait enveloppé ses cuisses. Son cheval n'était pas très remarquable : c'était une bête assez maigre, — qu'il avait achetée suivant les ressources de son escarcelle, — fort docile, et d'un caractère parfaitement en harmonie avec la profession de son maître : il portait la trousse et la boîte aux médicaments dans un porte-manteau fixé sur son échine, derrière la selle ; mais aussi n'était-ce pas sans l'aide du fouet et de l'éperon qu'il se tenait en ligne avec nos montures. Le docteur se nommait Japper ; — John Japper, médecin, telle était l'inscription gravée sur ses cartes de visite.

Un jeune homme d'une taille élégante et bien proportionnée, aux yeux noirs pleins de vivacité, aux cheveux épais et frisés, faisait aussi partie de notre expédition. Ses mains étaient petites et d'une forme presque féminine, son teint soyeux et bruni ; mais ses joues fortement colorées de rose, décélaient la santé par tous les pores, et donnaient à son visage une beauté pittoresque qui le faisait remarquer entre tous. L'expression de son visage était admirable et ses formes parfaites. Un pantalon à plis de couleur bleu de ciel, une redingote qui embrassait tous les contours de sa poitrine, de ses épaules et de ses bras, ajoutaient à l'élégance de cet adolescent. L'étoffe de ces vêtements était tout simplement de la cotonnade de fabrique louisianaise, dont l'usage est excellent, et qui, par sa légèreté, est fort appropriée au climat chaud du pays. Un magnifique chapeau de paille de Panama ombrageait les cheveux bouclés et le visage coloré de ce jeune homme, sur les épaules duquel se drapait avec grâce un manteau de drap bordé sur le devant de larges bandes de velours. Ajoutez à cet ensemble une lèvre estompée de petites moustaches noires, une impériale, et vous aurez un portrait complet de cette statue animée, digne d'inspirer un habile sculpteur.

Cet autre camarade appartenait à la race créole de la Louisiane; il avait fait ses études dans un collège de jésuites, dans l'Etat même où il était né. Malgré les apparences qui auraient pu faire croire qu'un aussi bel homme devait plutôt s'abandonner à l'entraînement des passions qu'à l'amour de la science naturelle, il était, quoique jeune encore, l'un des plus illustres botanistes de son pays, et la revue appelée la *Flore du Sud* avait publié des articles de lui qui décelaient une profonde érudition.

Comme on le pense bien, notre expédition avait flatté ses goûts, car il allait ainsi se livrer au plaisir de ses études favorites, sur un champ tout nouveau pour lui, dans une contrée que les voyageurs scientifiques n'ont pas encore explorée. Notre ami le créole se nommait Jules Besançon.

Du reste, il n'était pas le seul naturaliste dans notre compagnie. Nous avions avec nous un homme d'une célébrité universelle, et dont le nom était aussi familier à ses concitoyens qu'aux savants du vieux continent. C'était déjà un vieillard d'un aspect vénérable, mais, en dépit de son âge, sa démarche était ferme et son bras assez nerveux pour porter, sans se fatiguer, une pesante carabine à deux canons très longs et très solides. Une redingote épaisse, de couleur bleu foncé, couvrait son corps; ses cuisses étaient enveloppées dans une culotte de drap couleur café au lait, boutonnée du genoux à la rotule, et son front élevé était garanti de l'intempérie des saisons par un chapeau de poil de martre. A l'abri de ce couvre-chef, ses yeux gris-bleu scintillaient avec éclat et décelaient une intelligence sans pareille ; un seul regard suffisait pour convaincre que l'on se trouvait en présence d'un homme supérieur. Si je nommais la personne don il s'agit, son nom seul suffirait à prouver la vérité de ce que j'avance. Certaines raisons m'empêchent de le faire, mais il me suffira d'ajouter que c'était un des plus illustres zoologistes de notre époque: l'amour de l'étude l'avait engagé à se joindre à nous pendant notre excursion de chasse. Nous le nommions M. A..., le chasseur naturaliste. Entre lui et le jeune Besançon il n'y avait pas de jalousie, bien loin de là, cette similitude dans leurs goûts avait fait naître entre eux une amitié qui se traduisait, chez le créole, en soins assidus remplis de déférence et de respect.

---

(1) Tout nous porte à croire que le capitaine Mayne Reid veut parler du célèbre Audubon, auteur de ce splendide ouvrage d'histoire naturelle, si peu connu en Europe, où son travail n'a jamais été traduit en français. (*Note du traducteur.*)

Je m'inscrirai moi-même en me cataloguant sous le numéro 6. Une courte description de ma personne suffira à mes lecteurs. J'étais alors un tout jeune homme, assez bien élevé, amateur de sport, passionné pour l'étude des sciences naturelles, aimant le cheval par-dessus tout. Aussi j'avais choisi une magnifique bête ; celle que je montais était vraiment une des meilleures que j'aie jamais achetées. Mon visage n'avait rien de désagréable et ma taille était moyenne. J'avais endossé une blouse de peau de daim brodée de barbes de porc-épic ; sur mes épaules se drapait un manteau à capuchon provenant de la même fabrique et orné de franges, suivant la mode indienne. Autour de mes jambes s'enroulait un pantalon de laine écarlate ; une casquette de drap brun couvrait ma tête ombragée de cheveux noirs.

N'oublions pas de mentionner une poire à poudre et un sac à plomb d'une forme recherchée, une ceinture à laquelle étaient appendus un couteau de chasse et deux pistolets *revolvers*. D'une main je tenais une légère carabine, de l'autre les rennes de ma monture — un cheval noir — qui eût inspiré les chants d'un troubadour des temps passés. J'étais assis sur une large selle espagnole faite de cuir estampé, sur le devant de laquelle pendaient deux fontes recouvertes de peau d'ours. Une couverture rouge était pliée et fixée à côté d'un porte-manteau, en compagnie d'un *lazzo*. Voilà tout ce que j'ai à dire sur mon compte.

Il y a encore deux personnages dont je n'ai pas dit un mot ; tous deux ont cependant leur importance particulière ; je veux parler de nos guides, que l'on nommait, le premier, Isaac Bradley, et le second, Mark Redwood, deux trappeurs émérites, mais qui se ressemblaient fort peu l'un l'autre. Redwood était un homme de formes gigantesques, en apparence aussi fort qu'un buffalo, tandis que son confrère, maigre, musculeux et osseux, avait un aspect qui tenait à la fois de la belette et de l'homme. Redwood avait des manières ouvertes et pleines de bonhomie, des yeux gris, des cheveux châtains ; il portait d'énormes favoris qui couvraient presque son visage. Bradley au contraire, avait le visage hâlé, de petits yeux noirs et perçants, une peau lisse pareille à celle d'un Indien, un teint aussi foncé que celui d'un Peau-Rouge, et les cheveux roides, coupés droits au niveau du cou.

Tous les deux s'étaient couverts de vêtements de peau de la tête aux pieds, et cependant leur costume ne se ressemblait en rien. Redwood portait une blouse de chasse en peau de daim, des *leggings* (culottes collantes) et des mocassins ; tout cela lui laissait les mouvements libres, tant le tailleur avait coupé ses habits avec une rare habileté. Une casquette en peau de raccoon, ornée de la queue de l'animal en guise de plumet, complétait cet habillement d'un aspect tout à fait imposant. Les habits de Bradley étaient serrés et presque étriqués. Sa blouse de chasse n'avait pas de capuchon. Elle serrait tellement son corps, que l'on aurait juré que c'était une seconde peau appliquée sur celle de sa poitrine et de ses bras.

Quand à ses *leggings*, ils étaient, pour ainsi dire cousus sur ses jambes. Tout l'ensemble de ce costume paraissait si vieux, qu'on aurait pu croire qu'il avait été fait avec le tablier malpropre d'un savetier. Un bonnet de peau de loutre appliqué sur le crâne et une couverture de la fabrique Mackinan complétaient la garde-robe d'Isaac Bradley. Son équipement consistait en une poche de cuir graisseux, suspendue à son épaule par une vieille courroie noircie par l'usage : un cordon retenait une petite corne de buffalo qui lui servait d'oliphant, et sa taille était emprisonnée dans une ceinture de peau de buffalo, dans laquelle il avait passé une lame épaisse emmanchée dans un andouiller de corne de cerf. Son fusil était plutôt une canardière, car il mesurait six pieds de long, et dépassait la tête de celui qui le portait de plus d'un tiers de mètre. Le bois de cette arme, façonné par le trappeur lui-même, ne ressemblait en rien à celui sorti des mains de nos armuriers.

Le rifle de Redwood était d'une bonne longueur, mais d'une monture plus moderne que celle de son camarade ; son équipement de chasseur, sac à balles, poudrière et ceinture avaient aussi un fini et un aspect fashionable qui contrastaient avec celui de Bradley.

Tels étaient nos deux guides : tous les deux existent encore à l'époque ou j'écris cet ouvrage. Mark Redwood passait pour l'un des plus célèbres montagnards des déserts de l'Ouest, et Isaac Bradley n'est point inconnu à mes lecteurs américains parmi lesquels on vante son adresse à la chasse. On l'appelle ordinairement aux Etats-Unis le vieil Ike le Tueur de loups.

Redwood avait pour monture un cheval de grande taille, d'une race a moitié sauvage, tandis que le Tueur de loups chevauchait sur une des bêtes les plus décharnées que l'on puisse imaginer : c'était une vieille jument de la race mustang (1).

CHAPITRE II

Le Camp et les feux du soir

La route que nous suivions s'étendait dans la direction du sud-ouest ; ce n'était qu'à deux cents milles plus loin que nous espérions rencontrer les buffalos. Nous aurions même pu faire trois cents milles sans en voir un seul (à l'heure où j'écris ce livre cela arrive souvent) ; mais à l'époque où nous avions quitté Saint-Louis on venait d'y recevoir la nouvelle que de nombreux troupeaux de buffalos paissaient cette année sur les bords de la rivière Osage, à l'ouest des monts Ozark, et c'était vers ce pays que nous dirigions nos pas. Tout nous faisait espérer qu'avant vingt jours de marche nous rencontrerions le gibier. Mes lecteurs vont sans doute hausser les épaules en pensant qu'une compagnie de chasseurs se décidait à passer vingt jours sur les grands chemins du désert avant que d'arriver sur les terrains de chasse : cela était pourtant ainsi.

En l'année 1854, où j'achève cet ouvrage, un seul jour suffit pour franchir la distance qui sépare les villes des lieux déserts où nous nous rendions alors. Mais à l'époque où notre cavalcade s'aventurait au sein des prairies la route n'était pas frayée. C'est à peine si de temps en temps on rencontrait des établissements agrestes, isolés, éloignés les uns des autres, quelques villages construits sur le bord d'un des affluents du Mississipi. Tout le pays, dans les environs de ces plantations, était désert et sauvage. Nous n'avions donc pas l'espoir de nous

(1) Le cheval Mustang, ou de race mustang est un cheval élevé à l'état sauvage et provenant des premiers chevaux amenés par les Espagnols après la conquête.

abriter sous un toit quelconque avant notre retour dans la Ville-des-Monts : les peux tentes dont nous avions fait emplette avant notre départ devaient donc nous être très nécessaires.

Il y a peu de contrées, dans les solitudes américaines, où le voyageur puisse être certain de ne pas manquer de gibier pour sa nourriture de tous les jours. Le plus habile chasseur, qui campe pendant quelque temps dans un endroit giboyeux, ne réussit souvent pas à se procurer ce qu'il lui faut pour vivre. Quand on voyage, il n'est pas facile de tuer du gibier, car, pour réussir à la chasse, il faut pouvoir approcher le gibier avec toutes les précautions possibles. Le terrain que nous foulions nous paraissait des plus favorables pour abriter de nombreuses espèces d'animaux et d'oiseaux, et cependant, lorsque nous nous arrêtâmes le soir pour dresser nos tentes, nous n'avions pas tiré un coup de fusil ; ni poil ni plume ne devait servir à notre souper. A vrai dire aucun oiseau ne s'était montré à nos yeux, pas un seul quadrupède n'avait bondi devant nous, et cependant chacun s'était placé de manière à bien battre la plaine devant lui.

Ce premier résultat n'était pas encourageant, et nous nous disions que si la chance favorable ne nous souriait pas davantage jusqu'au moment où nous arriverions en présence des buffalos, nous étions destinés à passer de fort tristes journées. Ce n'est pas que nous eussions la crainte de manquer de provisions de bouche, mais comme notre seul but était de chasser, nous étions déçus dans notre attente.

Notre magasin de vivres était composé d'un grand tonneau de biscuit, d'un sac énorme de farine, de nombreux jambons et pièces de lard, de langues de bœuf fumées, de café, de sucre et de sel.

Chacun de nous, suivant sa fantaisie, avait ajouté à cela des hors-d'œuvre, des douceurs ; toutefois, la quantité de ces articles n'était pas considérable, car nous avions aussi songé à la provende de nos mules et de nos chevaux, et le wagon était chargé d'avoine et d'orge.

Le premier jour, nous fîmes trente milles. Le chemin était bon, et les ondulations du sol, couvertes de chênes nains au feuillage et aux branches de couleur noire, n'étaient point trop escarpées. Le chêne dont il s'agit, appelé *black-jack* par les pionniers, n'a aucune valeur comme bois de construction, car il ne devient jamais assez fort pour être employé à cet usage. C'est seulement un arbre d'agrément, qui pourrait être planté dans les jardins. Sur ce terrain, foulé par nos montures, nous rencontrions souvent de charmants bosquets de black-jacks en forme de grottes, et c'était vraiment un coup d'œil fort agréable que celui de ce feuillage sombre qui contrastait avec la verdure luxuriante des herbes dont le sol était couvert.

Le jeune botaniste Besançon était le seul qui n'eût pas à se plaindre de la monotonie du voyage ; sa journée s'écoulait de la manière la plus agréable. N'avait-il pas à observer des plantes qu'il ne connaissait pas, des arbres nouveaux ? Sa vue n'était-elle pas charmée par de magnifiques fleurs dont les corolles semblaient s'ouvrir tout exprès pour lui? Le chasseur naturaliste communiquait à son jeune confrère des remarques, des observations scientifiques qui lui étaient propres, et personne n'était plus habile que lui en pareille matière.

Nous choisîmes, pour nous arrêter le soir, les bords d'une crique d'eau douce. Nous y dressâmes nos tentes d'une manière régulière, préparant toute chose dans un ordre convenu entre nous, ordre que nous observâmes ensuite avec une scrupuleuse fidélité pendant tout le cours de notre excursion.

Chacun de nous prit soin de sa monture, et la débarassa de sa selle ; les grooms ne sont pas en usage au milieu des prairies. Lanty n'avait d'autre occupation que celle de faire la cuisine ; c'était là sa spécialité, et il avait appris sa profession à bord d'un navire de commerce de la Nouvelle-Orléans. Jack avait assez de mal à prendre soin de ses mules, et nul de nous n'eût osé prier son camarade de desseller son cheval. Demander à un trappeur de vous servir Quelle folie ! Sur la terre libre des prairies les domestiques manquent.

Nous attachâmes à des piquets, au milieu d'un espace vide, nos chevaux et nos mules, en ayant soin de laisser à chacun de ces animaux une longueur de corde suffisante, qui était de plusieurs mètres. Les deux tentes s'élevèrent bientôt à côté l'une de l'autre, sur le bord du ruisseau, et le wagon fut placé à l'arrière, calé sur ses quatre roues. Dans le triangle formé par le wagon et les tentes, nous allumâmes un grand feu, aux deux extrémités duquel on planta deux branches de bois dont le sommet faisait la fourche. Un tronc d'arbre effilé était posé dans ces deux fourches et maintenu de cette manière au-dessus de la flamme. C'était la crémaillère de Lanty, comme le feu était son fourneau de cuisine.

Je veux donner ici une exacte description de notre campement; je n'aurai plus à y revenir par la suite, puisque nous mîmes chaque soir les mêmes procédés en pratique. Il arriva maintes fois que les tentes ne furent pas placées dans le même sens, car cela dépendait du côté d'où soufflait le vent ; mais toujours nous les dressâmes côte à côte, en avant du wagon. Ces légers abris de toile étaient de forme conique, comme celles sous lesquelles s'abritaient autrefois nos aïeux. Un seul pieu, planté au milieu, suffisait pour les tendre, et leur largeur pouvait donner asile à trois personnes. Les guides, Jack et Lanty, reposaient leurs têtes sous la toile du wagon. Rien n'était plus gracieux à l'œil que la vue de nos tentes, dont la blancheur de neige contrastait avec la sombre verdure des arbres de la prairie. Un artiste eût fait de ce paysage un tableau délicieux. Il eût groupé les figures dans l'ordre que je vais indiquer : le souper est prêt. Lanty est décidément, dans ce moment suprême, le plus important personnage de la compagnie. Il est debout devant le feu, tenant dans sa main une poêle à frire au manche allongé, dans laquelle il fait griller le café. Cette graine est presque cuite, et Lanty la retourne à l'aide d'une cuiller de fer. A la crémaillère est pendu un énorme coquemar de fer battu, rempli d'eau qui bout à grand fracas. A côté du cuisinier se trouve, posée à terre, une autre poêle plus grande que la première, remplie de tranches de jambon et prête à être placée sur les charbons ardents.

Notre ami anglais Thompson est assis sur un tronc d'arbre, ayant devant lui son carton à chapeau grand ouvert, d'où il vient de tirer son assortiment de brosses et de peignes. Ses ablutions sont terminées ; il donne le dernier coup de *chic* à sa toilette, en mettant en ordre ses cheveux, ses favoris et ses moustaches, en se brossant les dents et en se nettoyant les ongles. L'Anglais n'est-il pas toujours le plus sybarite de tous les voyageurs?

Le Kentuckien se livre à d'autres occupations : il se tient debout. L'une de ses mains est armée d'un couteau dont la lame large et longue est incrustée dans un manche d'ivoire. C'est un de ces *bowieknifes* connus dans ce pays sous la dénomination de « cure-dents de l'Arkansas. » Dans l'autre main, l'on peut apercevoir un objet long d'environ sept pouces, d'une forme parallélogrammatique et d'une couleur brun foncé. C'est une tablette de ce tabac renommé, récolté sur les bords de la rivière James. A l'aide de son couteau, le Kentuckien taille une tranche de ce tabac, — un *bloc*, suivant son expression pittoresque — il le porte à sa bouche, et le livre à la mastication de ses dents et à la succion de sa langue Voilà quelle est l'occupation actuelle de notre camarade.

Que fait le docteur Japper? Il est sur le bord de l'eau, tenant dans une main une de ces bouteilles en étain que l'on appelle aux Etats-Unis pistolets de poche.

Ce pistolet est *chargé* d'eau-de-vie, et le docteur se dispose à en *tirer* une partie de sa charge, qui, mêlée dans une noix de coco à une petite quantité d'eau fraîche, va s'engloutir dans un gosier très altéré.

L'effet produit par ce « coup de pistolet » se manifeste à l'instant dans les yeux du docteur par un clignement d'yeux des plus hilaires.

Besançon est assis sur le devant de la première tente, et le vieux naturaliste s'est placé à côté de lui. Le premier s'occupe de la dessiccation des plantes qu'il a recueillies : il les classe scientifiquement entre les feuilles d'un grand herbier relié dans la forme d'un porte-feuille. Le second, maître expert dans la manière de s'y prendre, aide son jeune camarade.

Leur conversation est des plus intéressantes, mais chacun de nous est trop occupé à ce qui l'intéresse personnellement pour songer à prêter l'oreille à ce qu'ils disent entre eux.

Les guides se reposent près du wagon. Le vieux Ike enchasse une pierre à fusil entre les deux plaques de fer du chien de sa platine, et Redwood, s'abandonnant à son esprit jovial, plaisante avec le darkey Mike.

Jack prend soin de ses mules. Quant à moi, je bouchonne et j'étrille mon cheval favori, dont je viens de laver les pieds dans le ruisseau ; je frotte ensuite ses sabots et ses articulations avec un morceau de graisse. Je n'aurai pas toujours le temps de lui rendre ce service, mais bientôt cette opération ne lui sera pas autant nécessaire, à mesure surtout que la marche dans le désert durcira ses sabots.

Tout autour du camp sont éparpillés nos selles, nos brides, nos couvertures, nos armes et nos ustensiles de ménage. Chaque chose sera mise à l'abri avant que l'heure du repos ait sonné pour nous tous. Telle est la vue de notre camp au moment où nous allons prendre notre repas du soir.

Le souper est prêt, il est servi sur... le gazon, et alors la scène change.

L'atmosphère, même à cette saison de l'année, est très froide, et c'est à cette cause, aussi bien qu'à l'avis que nous donne Mike que le café est prêt, qu'il faut attribuer l'empressement avec lequel chacun de nous tous, y compris les guides, se presse autour du feu alimenté de troncs d'arbres. Nous trouvons, tout autour d'un plat sur lequel fument des tranches de jambon, et près duquel est placée la jatte de café, une assiette de fer-blanc, un couteau et un gobelet pour chaque personne. On se sert à sa volonté, et l'on va manger sa part où bon vous semble. On ne doit pas faire de restes, car un des règlements de notre association est d'observer la plus grande économie.

Malgré la fatigue très naturelle de ce premier jour de marche, ce souper, assaisonné par l'appétit qu'aiguillonnait un air froid, nous parut délicieux. Il est vrai que la nouveauté entrait pour beaucoup dans le plaisir que nous éprouvions, et que la faim était un stimulant irrésistible. D'ailleurs, depuis notre goûter de midi, nos estomacs étaient vides.

Lorsque le souper fut achevé, on se mit à fumer, car chacun de nous — j'ose à peine l'avouer — avait contracté la funeste habitude d'inhaler la fumée de la *feuille puante*, ainsi que l'appellent les dames. Les uns choisirent des cigares, dont nous avions fait ample provision, les autres bourrèrent leurs pipes : le zoologiste se servant d'une *meerschaum* allemande, et les guides de calumets armés de stéatite, cette pierre crayeuse dans laquelle les Peaux-Rouges creusent leurs pipes. Mike tenait entre ses lèvres son *brûle-gueule* noirci et Jack sa pipe de corne, dans le trou de laquelle un simple roseau était enchâssé en guise de tuyau et de bouquin.

Notre camarade Thompson avait fait provision des plus purs havanes, et fumait l'un d'eux avec toute la grâce reconnue au gentleman anglais lorsqu'il hume son cigare : il tenait celui-ci piqué sur la pointe de son couteau. Le Kentuckien aspirait aussi la fumée d'un cigare, mais son panatella était profondément enfoui dans sa bouche entre sa joue et sa mâchoire droite. Besançon roulait dans ses doigts du tabac, pour en faire des cigarettes qu'il fumait au fur et à mesure. C'est la mode créole, comme c'est aussi celle de Paris.

Une chanson dont nous régala le docteur nous fit un plaisir inouï, et j'ose dire, sans crainte d'être désavoué, que jamais les échos de notre camp n'avaient, avant cette heure, répercuté une voix plus mélodieuse. Chacun de nous fut d'avis que le directeur du grand Opéra de Londres avait manqué sa fortune en n'engageant pas notre camarade en qualité de premier ténor.

Nous nous retirâmes de bonne heure sous nos tentes ; car nous étions harassés de fatigue : aussi nos préparatifs ne furent-ils pas longs pour nous rouler dans nos couvertures en appelant le sommeil de tous nos vœux. Avant de nous mettre au lit, nous avions eu le soin de placer à l'abri nos hardes et nos ustensiles, de peur que, la pluie venant à tomber pendant la nuit, tout cela ne fût mouillé et par conséquent détérioré. On s'était aussi assuré de la solidité des cordes de nos montures ; non pas que nous eussions à craindre les maraudeurs, mais c'est que souvent, pendant les premiers jours d'un voyage, les chevaux et les mules font de nombreux efforts pour se sauver et pour retourner à leur écurie. C'eût été là un grand malheur pour nous. Heureusement que la plupart de mes camarades étaient accoutumés aux voyages, et savaient quelles étaient les précautions urgentes pour ne pas être pris au dépourvu. Nous ne songeâmes pas à monter la garde ce soir-là, réservant pour plus tard la mise en pratique de cette précaution dictée par la prudence, qui devait devenir nécessaire en temps et lieu.

CHAPITRE III

Aventures de Besançon dans les marais

Le voyageur qui traverse les prairies ne dort plus aussitôt que le soleil est levé. Dès que l'aube paraît, il secoue sa torpeur, car il a bien des choses à faire qui sont inutiles à celui qui parcourt les routes civilisées et s'arrête le soir à 'auberge. Il lui faut rouler la tente, plier son lit, préparer son déjeuner et seller son cheval. Tout cela demande du temps : il est donc indispensable de se lever de bonne heure pour ne pas être en retard.

Nous étions sur pied bien avant que le disque du soleil eût dépassé l'horizon de chênes verts qui s'étendait devant nous. Lanty nous avait pourtant devancés et, grâce à ses soins, le feu pétillait et dévorait les blocs de bois amoncelés. Déjà le coquemar à café bouillonnait avec fracas, et la grande poêle à frire répandait une odeur bien préférable à celle des parfums d'Arabie.

L'air était vif, et chacun de nous s'approcha du feu sans trop se faire prier : Thompson nettoyait ses ongles et les égalisait, le Kentuckien coupait un nouveau bloc à sa tablette de tabac de la rivière James, le docteur revenait du ruisseau où il était allé faire son mélange d'un peu d'eau à beaucoup d'eau-de-vie, Besançon emballait ses portefeuilles, le zoologiste allumait sa pipe de Kummer, et le capitaine donnait l'avoine à son cheval, tout en humant les douces exhalaisons d'un pur havane. Les guides avaient enroulé leurs couvertures autour de leurs épaules, et observaient un profond silence.

Une demi-heure nous suffit pour déjeuner. On replaça dans le wagon les tentes et les ustensiles, on sella les chevaux, on harnacha les mules, et l'on donna le signal du départ.

Notre marche ne fut pas très longue ce jour-là : la route étant plus difficile, les broussailles et les bois plus touffus, le terrain plus montagneux. Il nous fallut passer à gué plusieurs ruisseaux, et cela retarda notre voyage. Nous ne fîmes que vingt milles du matin jusqu'au soir.

Quand nous nous arrêtâmes pour dresser notre campement, nul de nous n'avait aperçu trace de gibier. En vain chaque buisson, chaque touffe d'herbe, des deux côtés de la route, avaient été explorés ; nous n'avions fait lever que quelques oiseaux rouges de la race des tangaras (*pyranga rubra*), sorte de geai bruyant, ou bien un vol de chardonnerets ou de bouvreuils.

Nous étions quelque peu désappointés ; car Redvood et Mike eux-mêmes revinrent au camp sans apporter le moindre gibier : « Ils n'avaient pas, disaient-ils, vu même la queue d'un seul quadrupède vivant. »

Notre seconde halte se fit aussi sur le bord d'un ruisseau. A peine nous fûmes-nous arrêtés, que Thompson partit à pied, armé de son fusil. Il avait découvert non loin de là une sorte de marais, et se promettait d'y trouver des bécassines.

Il n'était pas absent depuis dix minutes, que nous entendîmes deux coups de fusil suivis, à peu d'intervalle les uns des autres, d'autres décharges simultanées. Il avait donc trouvé un gibier quelconque, puisqu'il n'épargnait pas sa poudre.

Bientôt nous le vîmes revenir portant sur son dos une douzaine et demie d'oiseaux qui nous parurent bien plus gros que des bécassines. Le zoologiste nous apprit bientôt que ces échassiers appartenaient au genre courlis (*numenius longirostris* de Wilson). Nous nous hâtâmes de les plumer et de les fricasser dans la poêle de Lanty. C'était un délicieux manger, et le seul reproche que nous fîmes à Thompson fut de ne pas en avoir tué davantage.

Ces oiseaux servirent de texte à notre conversation après souper. Nous en vînmes par conséquent à parler des nombreux oiseaux de passage de l'Amérique du Nord, et surtout de ce singulier échassier nommé ibis. Ce fut Besançon qui nous amena sur ce sujet, en nous disant qu'à la nouvelle-Orléans les Indiens apportaient au marché, pour les vendre, des ibis qu'ils appelaient courlis espagnols. C'était, suivant notre ami le zoologiste, des ibis blancs (*tantalus albus*), que l'on rencontre en très grand nombre sur les côtes sud des États-Unis. Il y avait aussi, nous apprit-il, deux autres espèces d'ibis, originaires des pays chauds des États-

Unis : l'ibis des bois (*tantalus loculator*), qui ressemble à peu de chose près à l'ibis vénéré des Egyptiens, et enfin le magnifique ibis sacré (*tantalus ruber*), qui est plus rare que les autres.

Notre vénérable compagnon de route, qui connaissait sur le bout du doigt l'ornithologie américaine, nous raconta des détails très curieux sur les mœurs de ces oiseaux rares. Tous nous prêtâmes une oreille attentive à ses récits. Nos guides mêmes écoutaient M. A..., car, malgré leur rudesse apparente, ils professaient un goût tout particulier pour la science de la nature.

A son tour, quand le vieillard naturaliste eut achevé son discours, le jeune créole releva la conversation. Les ibis lui rappelaient une aventure qui lui était arrivée en poursuivant un jour ces oiseaux dans les marais de la Louisiane. Il nous proposa de la raconter, et nous acceptâmes avec grand plaisir. Une aventure de chasse ! mais c'était un événement que chacun de nous désirait connaître. Besançon roula dans ses doigts une cigarette, puis il commença en ces termes :

« Pendant une de mes vacances de collège, j'entrepris une excursion de botaniste dans la partie sud-ouest de la Louisiane. Avant mon départ, j'avais promis à un de mes meilleurs camarades de lui apporter les peaux des oiseaux rares que je trouverais dans le pays marécageux au milieu duquel je devais m'aventurer. Ce qu'il désirait le plus, c'était quelques individus de l'espèce des ibis rouges : il voulait les faire empailler pour son cabinet. Je lui jurai de ne pas laisser échapper l'occasion de tuer pour lui plusieurs de ces animaux, et j'avais à cœur de tenir ma promesse.

» La région qui s'étend au sud de l'État de la Louisiane est un vrai labyrinthe composé de marais, de bayous et de lagunes. Les bayous sont des courants d'eau qui s'écoulent lentement tantôt dans un sens, tantôt dans un autre, à différentes époques de l'année. La plupart de ces ruisseaux sont des déversements du Mississipi, ce fleuve géant qui décharge ses eaux par différentes embouchures plus de trois cents milles au-dessus du golfe du Mexique. Ces bayous sont toujours profonds, souvent étroits, et quelquefois très larges : ils encerclent dans leurs méandres des îlots sans nombre. C'est là, aussi bien que dans ces marais qui sont contigus, que se plaisent les alligators et le requin d'eau douce, nommé *gar* en anglais, le brochet de nos étangs. Sur les eaux de ces bayous se jouent des myriades d'oiseaux aquatiques, qui se plaisent à troubler la torpide tranquillité de ces ruisseaux.

Là vous trouvez le flamant rouge, l'aigrette, le cygne trompette, le héron bleu, l'oie sauvage, le butor, l'oiseau-serpent, le pélican et l'ibis. On y rencontre encore l'orfraie et l'aigle à tête blanche, qui arrache à celle-ci la proie dont elle s'est emparée, un voleur plus habile ou plus fort que son confrère. Les marais et les bayous sont remplis de poissons, de reptiles et d'insectes : on comprendra aisément que tous les oiseaux qui sont ichthyophages se plaisent au milieu de ces Palus Méotides de la Louisiane. Dans plusieurs parties de cet État, les canaux s'entrelacent comme les mailles d'un filet, et on peut parcourir une immense étendue de pays au moyen d'un bateau pointu des deux bouts, que l'on pousse, à la rame ou à la gaffe, dans toutes les directions. C'est, du reste, le moyen le plus en usage parmi les planteurs, dont les habitations sont élevées dans cette contrée, quand ils vont se visiter les uns les autres. A mesure que l'on approche du golfe du Mexique, les arbres disparaissent, et à une distance de cinquante milles du rivage, il est impossible d'en rencontrer un seul.

» Dès le second jour de mon départ, j'avais réussi à me procurer tous les spécimens d'oiseaux que j'avais promis à mon ami, l'ibis excepté. Les deux ou trois *tantali* que j'avais aperçus étaient si sauvages, qu'il m'avait été impossible de les approcher. Ils avaient pris leur vol à une distance immense. Je n'avais pourtant pas perdu l'espoir d'en rapporter un à mon ami.

» Le troisième ou le quatrième jour, je quittai une habitation de nègres, élevée sur les bords d'un large bayou, n'emportant avec moi que mon fusil et mes munitions. J'avais même laissé à l'écurie mon fidèle épagneul, qui, la veille, en traversant à la nage un marais profond, avait était mordu par un alligator. Je m'étais proposé à la fois d'augmenter mon herbier, comme aussi de trouver l'ibis désiré par mon confrère; mais j'eusse volontiers négligé mes plantes pour tuer cet oiseau rare. Je m'étais jeté dans un bateau, une sorte de navette légère à fond plat, employée dans tout le pays pour naviguer sur les bayous et les marais.

» Tantôt je me servais de deux pagayes, tantôt je me laissais aller au courant du bayou; mais comme je n'apercevais d'ibis nulle part, je me coulai dans une branche du courant d'eau, et je fis force de rames pour remonter le courant. Je parvins bientôt dans une région solitaire couverte à perte de vue de marécages, au milieu desquels croissaient des roseaux très élevés. On ne voyait près de là aucune habitation; rien ne décelait la présence de l'homme; il était bien possible que je fusse le premier qui eût été amené par un motif quelconque à troubler la solitude des eaux noirâtres de ce marais.

» A mesure que j'avançais je rencontrais du gibier, et je parvins à tuer plusieurs individus de l'espèce nommée ibis des bois et de celle appelée ibis blanc. Je démontai aussi d'un coup de fusil un aigle à tête blanche (*falco leucocephalus*), qui planait au-dessus de mon bateau sans soupçonner le danger qui le menaçait. Chose étonnante! l'oiseau que je souhaitais le plus ne se trouvait jamais à portée de mon fusil, et cet oiseau, c'était l'ibis écarlate.

» J'avais remonté le ruisseau en ramant à une distance de près de trois milles, et je m'apprêtais déjà à abandonner les rames et à me laisser aller au courant, lorsqu'en jetant les yeux devant moi, je m'aperçus que le bayou s'élargissait à peu de distance de l'endroit où je me trouvais. Entraîné par la curiosité, je m'avançai encore, et, au moyen de quelques coups de rames, j'arrivai à la pointe d'un lac de forme oblongue, à peu près long d'un mille. C'était une flaque d'eau profonde, bourbeuse et marécageuse sur les bords. Les alligators y grouillaient comme des grenouilles dans une mare. Je les voyais montrer à la surface du bayou leur dos rugueux et accidenté, se livrer à de nombreux ébats en poursuivant les poissons et en se battant les uns les autres. Ce spectacle ne m'étonnait pas précisément, car, pendant mes excursions de chasse, j'avais souvent été témoin des mêmes scènes bizarres. Ce qui attirait surtout mon regard, c'était un îlot surgissant des eaux au centre du lac, sur la pointe duquel j'apercevais un vol d'oiseaux d'un plumage rouge-feu. C'étaient, à n'en pas douter, ces ibis que je poursuivais avec tant d'ardeur!

» Telle était mon impression, car j'aurais pu trouver à leur place des flamants écarlates : la distance m'empêchait encore de faire la distinction des deux oiseaux. Du reste, peu m'importait; je n'avais qu'un désir, celui d'être à même de pouvoir arriver assez près pour les tirer à portée. Je n'ignorais pas non plus que les flamants sont aussi farouches que les ibis, et, comme l'îlot était au ras de l'eau, sans aucun arbuste, aucun jonc qui crût sur cette langue de terre, je n'espérais presque pas que ces oiseaux, quels qu'ils fussent, consentissent à m'attendre à une distance favorable. Néanmoins, je résolus de tenter la fortune. Je ramais avec énergie, me détournant de temps à autre pour voir si le gibier avait pris son vol. Le soleil brillait au-dessus de ma tête, torréfiant et éblouissant : aussi, comme l'éclat de la lumière ajoutait une intensité particulière à celui de la couleur rouge, je continuai à prendre les oiseaux écarlates pour des flamants. Enfin, j'arriva assez près pour me convaincre du contraire. La forme du bec, coupante comme celle d'une lame de sabre, me prouva que j'avais affaire à des ibis. Je remarquai en même temps qu'ils n'avaient que trois pieds de haut, tandis que les flamants dépassent souvent cinq pieds.

» Il y avait là une douzaine d'ibis qui se balançaient, suivant leur usage, sur une seule patte, dormant en apparence ou plutôt ensevelis dans de profondes méditations. Ils étaient sur la pointe extrême de l'îlot, et je n'en étais plus qu'à une distance de soixante mètres.

» Si je pouvais aborder sur l'îlot, me disais-je, je serais certain que mon fusil les atteindrait à coup sûr.

» Je ne craignais qu'une chose, c'est que le bruit des rames n'attirât leur attention; aussi je ramais doucement et avec la plus vétilleuse précaution. Sans aucun doute, la chaleur tropicale qui régnait ce jour-là avait mis les ibis dans un état de torpeur inaccoutumé. Ce qu'il y a de certain, c'est qu'ils restaient tranquilles, et que mon bateau toucha l'îlot sans qu'aucun d'eux eût remué bec ou patte.

Je mis mon fusil en joue avec précaution ; je visai et lâchai presque simultanément la détente de mes deux canons. Dès que la fumée se fut dissipée, je m'aperçus que tous les oiseaux avaient pris leur vol, à l'exception d'un seul, qui gisait mort sur le bord de l'eau.

» Sans lâcher mon fusil, je sautai hors du bateau et traversai l'îlot pour ramasser mon ibis ; ce fut l'affaire de quelques minutes, et je revenais, portant mon oiseau, pour rentrer dans mon embarcation, lorsque, à mon grand effroi, je la vis déjà loin du rivage, entraînée au milieu du lac par un courant rapide.

» Dans mon empressement à courir m'emparer de mon ibis, j'avais oublié d'amarrer le bateau, et le courant du bayou l'emportait au loin. Déjà il était à près de cent mètres de la rive, et je ne savais pas nager !

» Ma première pensée fut pourtant de me jeter à l'eau, afin de rattraper quand même mon embarcation. Mais, parvenu sur le bord de l'îlot, je m'aperçus que le lac était profond comme un gouffre. La seconde pensée qui frappa mon imagination comme d'un coup de foudre, fut qu'il m'était impossible de rattraper la barque.

» Je ne compris pas d'abord le danger imminent de ma situation. — Vous ne le voyez même pas, mes amis, fit Besançon en s'adressant à nous. — J'étais sur un îlot, au milieu d'un lac, à un demi mille du rivage, seul, il est vrai, sans bateau; mais qu'est-ce que cela pouvait faire ? Plus d'un chasseur s'était trouvé avant moi dans cette position sans courir de danger.

» Ces premières réflexions, assez naturelles, traversèrent d'abord mon cerveau; mais bientôt elles furent remplacées par d'autres pensées bien différentes. En suivant des yeux mon bateau, qu'il m'était impossible de ressaisir, en regardant autour de moi et en songeant que le lac était bordé par un marais sans fond, où mes pieds, en cas où je pourrais parvenir jusque-là, ne pourraient pas se poser sûrement ; en m'assurant qu'il n'y avait pas sur l'îlot un seul arbre, une branche

— 22 —

un buisson, un bâton même qui pût m'aider à fabriquer un radeau ; en réfléchissant à l'horreur de ma situation, mes cheveux se dressèrent sur ma tête.

» Il est vrai que le lac au centre duquel je me trouvais n'avait pas plus d'un mille de largeur. Mais autant valait pour moi, eu égard à mon ignorance de l'art de la natation, me voir perché sur un rocher au milieu de l'Océan Atlantique. Je savais qu'il n'y avait pas d'habitation à plusieurs milles à la ronde de ce marais sans issue ; j'étais convaincu que personne ne pouvait ni m'entendre ni m'apercevoir ; il n'était pas probable que quelqu'un s'approchât du lac, car je vous ai déjà dit que je me croyais le Christophe Colomb de ce bayou, tant j'étais persuadé que mon bateau avait, le premier, troublé la solitude de ce désert marécageux. Ce qui me confirmait dans cette croyance, c'est que les oiseaux qui voltigeaient sur ma tête paraissaient être presque apprivoisés. Je demeurai frappé de la crainte de mourir sur ce lac si personne ne venait par hasard à mon secours : mourir de faim ou me noyer en essayant de me sauver, tel était le sort qui paraissait m'être réservé !

» Mon âme désolée se laissait abattre par cette terrible alternative : il n'y avait pas d'ambiguïté dans ma position ; toute hypothèse était définie. Je ne m'attachais à aucune supposition d'espérance. J'étais perdu, car pouvais-je m'imaginer un seul moment que quelqu'un se mettrait en quête de moi. Qui songeait à cela ? Les habitants du hangar où j'avais couché la veille ne me connaissaient pas ; j'étais pour eux un étranger, un original, qui entreprenait des excursions vagabondes pour rapporter des brassées d'herbes, des oiseaux, des insectes, des papillons et des reptiles qui leur étaient inconnus, quoiqu'ils fussent tous les jours sous leurs yeux. Mon absence serait-elle remarquée ? Cela n'était pas probable, durât-elle même plusieurs jours ; car souvent j'étais resté éloigné de l'habitation pendant une semaine entière. Il n'y avait donc pas d'espoir que l'on s'occupât de moi.

» Ces réflexions me vinrent coup sur coup à la pensée, et en quelques secondes mon âme abattue en mesurait chaque portée. Rien ne s'opposait à mon désespoir. Je me mis à appeler plutôt involontairement qu'avec l'espérance d'être entendu. Je poussai des cris d'une voix stridente, auxquels répondirent seulement les échos de la solitude, les sifflements de l'orfraie et le rire maniaque de l'aigle à tête blanche.

» Je cessai bientôt ces efforts inutiles, et jetant mon fusil à terre, je me laissai choir sur le sable. Je me suis souvent imaginé quelles étaient les impressions d'un homme enfermé dans un donjon. J'ai été plusieurs fois égaré dans les déserts des prairies — cette mer de verdure de notre continent — sans rencontrer pour diriger ma route un buisson, une ravine ou une étoile du ciel. Là, du moins, l'homme perdu — s'il ne voit rien à l'horizon, si un bruit quelconque ne frappe pas son oreille — se trouve en présence de Dieu, et peut trembler, tressaillir, se laisser émouvoir à cette pensée sublime : c'est le retour sur soi-même, le souvenir de la Divinité qui produit son effet sur la conscience humaine. Vous êtes bien perdu : c'est une position horrible, capable de vous rendre fou ! Eh bien, j'ai supporté cette émotion sans pareille ; je me résignerais encore à me trouver égaré de cette manière cent fois de suite, plutôt que d'endurer de nouveau une heure pareille à celle que je passai sur cette île déserte du lac solitaire. La prison peut être obscure et silencieuse ; mais là on ne se sent pas très seul : tout près de soi on sait qu'il y a des hommes, vos semblables, quoiqu'ils soient vos geôliers;

Perdu dans la prairie, on est bien seul, mais on jouit de sa liberté ; tandis que sur cet îlot, je comprenais que j'étais isolé et prisonnier à la fois. C'était une atroce combinaison des sensations de la geôle et de celles du désert.

» Je restai enseveli dans cette stupeur. Combien de temps cet état dura-t-il, je ne saurais le dire. Quand je sortis de cet engourdissement physique et moral, le soleil allait disparaître à l'horizon. Ce qui me rappela à moi-même, ce fut l'aspect d'objets d'une forme hideuse, rampant sur le sable, et formant cercle autour de moi.

» Depuis longtemps ils étaient là sans que je les eusse vus. J'éprouvai seulement un pressentiment de leur présence. Bientôt, cependant, le bruit particulier de leurs mouvements, celui de leur respiration, frappèrent mes oreilles. On aurait dit le soufflet d'une forge, alterné de temps à autre par le beuglement d'un taureau. C'est ce qui me rappela à moi-même. En jetant les yeux devant moi, j'aperçus des lézards gigantesques, d'horribles alligators.

» Ils étaient énormes pour la plupart et fort nombreux : il y en avait certainement plus de cent qui rampaient sur l'îlot, autour de moi, devant, derrière, de tous côtés. Leurs mâchoires dentelées, leurs museaux allongés étaient si près de moi qu'ils me touchaient presque, et leurs yeux, habituellement éteints, brillaient d'une flamme phosphorescente.

» Rappelé à moi-même par ce danger imminent, je me relevai d'un seul bond. Et au même instant les animaux, reconnaissant la présence de l'homme vivant, dont ils ont peur, s'éparpillèrent dans toutes les directions, ils plongèrent dans le lac, et disparurent dans l'eau bourbeuse.

» Cet incident me rendit quelque courage. Je découvris que je n'étais pas tout à fait seul. Les alligators ne me tenaient-ils pas compagnie ? Je recouvrai peu à peu mon énergie, et pus réfléchir de sang-froid à la position dans laquelle je me trouvais. Mes yeux firent l'inspection de l'îlot, dont j'examinai chaque partie avec intérêt : les plumes de la mue des oiseaux aquatiques, les mottes de boue durcies au soleil, les moules d'eau douce *(unios)* disséminées sur les bords. Je fis l'inventaire de toutes choses, et, malgré cela, je vis bien qu'il n'y avait pas de chance de salut.

» L'îlot était placé à la pointe d'un banc de sable formé par le ressac depuis un an peut-être. Pas un brin d'herbe ne poussait sur ce sol isolé ; quelques joncs hérissaient çà et là leurs lames tranchantes. Rien ne pouvait me fournir les matériaux d'un radeau, sur lequel je n'eusse voulu lancer qu'une petite grenouille. Je renonçai donc à tout espoir de ce côté.

» Je parcourus à grand pas ma prison à ciel ouvert ; j'arpentai cet étroit espace de droite et de gauche ; je sondai la profondeur de l'eau autour de l'île et je m'avançai même pour mesurer le fond, mais partout je perdis pied. A quinze mètres devant moi, j'avais de l'eau jusqu'au cou. Les alligators jouaient entre eux à mes côtés, soufflant et reniflant. Dans leur élément naturel, ils devenaient plus audacieux, et je n'aurais certainement pas atteint sain et sauf le rivage, en admettant que l'eau eût été moins profonde. Eussé-je osé me jeter à la nage, et eussé-je su nager comme un cygne, les alligators m'auraient intercepté la route liquide avant qu'il m'eût été possible de faire une douzaine de brasses. Les démonstrations hostiles de ces ovipares me firent peur ; je me hâtai de remonter sur la terre ferme, où je me mis de nouveau à arpenter mon îlot, dans le but de aire sécher mes vêtements mouillés.

» Je restai ainsi debout, marchant en tous sens, jusqu'à la nuit, qui se fit autour de moi sombre et terrifiante. Avec l'obscurité se hasardèrent dans les airs de nouvelles voix, — les rumeurs émouvantes des marais pendant la nuit, le *qua-qua* du héron, le miaulement du hibou aquatique, le beuglement du butor, le *cl-l-uk* du gigantesque crapeau, le croassement des grenouilles et le *cri-cri* du grillon des savanes, qui résonnaient à mes oreilles comme l'eût fait le hurlement d'un lion prêt à me dévorer. A quelques mètres, tout près de moi, j'entendais le clapotement des eaux contre les écailles des alligators, je prêtais l'oreille au souffle bruyant de ces reptiles, et cela me fit penser qu'il me serait impossible de songer à dormir. Me livrer au sommeil ! Je n'aurais pas osé le faire, fût-ce même pour quelques instants. Si, par hasard je restais plus de deux minutes sans bouger, les hideux alligators rampaient tout près de moi si près que j'aurais pu les toucher de la main.

» A différents intervalles, je me relevais subitement, je poussais des cris, je brandissais mon fusil autour de ma tête dans le but de chasser ces ennemis implacables dans leur élément boueux ; ils se rejetaient à l'instant dans l'eau du bayou, mais, à vrai dire, c'était sans trop de frayeur. Chaque nouvelle démonstration de ma part les trouvait moins sensibles à la crainte; enfin, je vis arriver avec terreur le moment où ni les cris, ni les gestes menaçants n'auraient plus de pouvoir sur eux. Ils se réfugiaient à quelques pieds de moi en formant un cercle infranchissable.

» Cette barrière grouillante me remplit bientôt de stupeur : dans un dernier effort d'imagination, je chargeai mon fusil et je tirai au hasard. Ma balle rebondit sur les écailles de l'un des reptiles, et alla se perdre dans l'eau ; car les alligators, on le sait, sont invulnérables, à moins qu'on ne les atteigne dans l'œil ou entre les épaules. Dans l'obscurité il m'était impossible de diriger mes coups, et mes lingots de plomb rebondissaient sur leurs écailles épaisses. Cependant, grâce à la commotion du salpêtre et aux éclairs qui jaillissaient de mon fusil, je parvins à jeter l'épouvante dans les rangs des alligators ; ils s'enfuirent et ne revinrent que bien plus tard. Je m'étais endormi, cédant au someil irrésistible qui appesantissait mes paupières, mais je fus soudain réveillé par quelque chose de froid qui touchait mon visage. Au même instant, une odeur nauséabonde de musc et de corruption frappa désagréablement mon nerf olfactif. Je jetai les bras en avant. Horreur ! ma main rebondit sur les écailles fangeuses et gluantes d'un alligator de la taille la plus gigantesque. Il s'était glissé à mes côtés, et se préparait à m'attaquer consciencieusement. Je pus malgré l'obscurité, entrevoir l'animal au moment où il ouvrait ses mâchoires et repliait son corps pour me frapper et pour mordre à la fois. Je n'eus que le temps de faire un saut, afin d'éviter un coup de queue terrible qui m'eût renversé à coup sûr, et qui fit voler le sable sur lequel, quelques secondes auparavant, j'étais étendu tout de mon long. Je fis encore feu, et mon ennemi, précédé de ses camarades, opéra une prompte retraite dans le lac.

» Il n'était plus possible de songer à dormir, non pas que je n'eusse pas un besoin impérieux de repos; bien au contraire, harassé de fatigue comme je l'étais, d'abord par la peine que j'avais prise à ramer sur les canaux du bayou et ensuite par les sensations émouvantes du danger que je courais, je me serais volontiers étendu sur la terre, même dans la boue : le sommeil ne se fut pas fait attendre. Il ne fallait rien moins que la certitude du péril dont j'étais menacé pour me tenir éveillé. Une fois encore, avant la première heure du jour, je fus contraint de me défendre contre les alligators et de tirer sur eux mes deux coups de fusil.

» Enfin l'aube parut, mais rien ne vint changer ma position dangereuse. La lumière ne me fit voir que les contours de ma prison : elle ne me révéla aucun moyen de me sauver. Ce n'était même pas un soulagement à mes maux, car la chaleur du soleil produisait des cloches sur ma peau, que des myriades de mouches de marais, des nuées de maringoins avaient assaillie et mordue pendant toute la nuit. Il n'y avait pas un nuage au ciel pour m'abriter contre ces rayons brûlants ; bien au contraire, la réverbération des eaux doublait l'intensité de la chaleur.

» Vers le soir la faim commença à se faire sentir. Qu'y avait-il d'étonnant ? Je n'avais rien mangé depuis mon départ de l'établissement du marais. Pour étancher la soif ardente qui me dévorait, je bus quelques gorgées de l'eau saumâtre et boueuse du lac ; puis j'en avalai une grande quantité, car elle était fort chaude, et c'est à peine si elle humectait mon palais : cette boisson ne contribua pas à diminuer les tiraillements de mon estomac. A tout prendre, j'avais assez d'eau autour de moi, mais la nourriture me manquait.

» Que pourrais-je manger ? me disais-je. L'ibis ? comment le faire cuire ? Je n'avais rien pour allumer du feu, pas même le moindre morceau de bois. Qu'importe, pensai-je en moi-même, la cuisson de la nourriture est une invention moderne, un luxe qui ne convient qu'à des palais de sybarites. Je me hâtai donc de dépouiller l'ibis de son brillant plumage, et je mordis dessus à belles dents. Ce repas annihilait mon *échantillon*, mais je pensais aussi peu à mon ami dans ce moment, que je songeais à l'histoire naturelle. Bien plus, je maudissais l'heure où j'avais fait la promesse de trouver un ibis écarlate, et j'eusse volontiers vu mon confrère à ma place, enfoncé jusqu'au cou dans la boue du marécage. Comme on le voit, je n'étais pas très chrétien ce jour-là.

» L'ibis ne pesait certainement pas plus de trois livres, chair et os. Je fus contraint de déjeuner au moyen des débris crus de cet oiseau, et à ce déjeuner *sans fourchette*, après avoir détaché toute la chair qui couvrait les os, je suçai ces derniers, tant ma faim était grande encore !

» Qu'allais-je devenir ? Me faudrait-il mourir d'inanition ? Non, me dis-je à moi-même, je m'ingénierai pour trouver à manger. Pendant les nombreuses escarmouches que j'avais livrées aux alligators dans le cour de la nuit, j'avais réussi à frapper l'un d'eux au bon endroit, et la carcasse de ce puant ovipare gisait étendu sur le sable de mon îlot. Je ne pouvais donc pas mourir de faim. Je mangerai de l'alligator, pensai-je. Toutefois il faudra que ma faim soit bien violente pour que je me décide à porter à ma bouche un morceau de cette chair nauséabonde.

» Au bout de deux autres jours passés sur mon îlot, sans prendre de nourriture, mes répugnances furent vaincues. Je tirai résolument mon couteau, et, coupant une tranche de la queue d'un alligator que je tuai tout exprès, je mordis à belles dents dans cette viande musquée. Le premier alligator, celui dont je viens de parler, était déjà à moitié pourri, grâce à l'action brûlante du soleil, et les émanations de sa hideuse carcasse empoisonnaient l'air autour de moi.

» Cette odeur infecte devint bientôt intolérable. Aucun souffle de brise ne ridait les eaux du bayou, car, s'il en eût été ainsi, j'aurais pu me tenir au-dessus du vent : l'atmosphère entière de l'île était tellement imprégnée de ce poison, que je ne respirais plus qu'à grand'peine. Cette situation devenait intolérable. Du bout du canon de mon fusil, je parvins à pousser dans les eaux du lac le cadavre corrompu de l'alligator, avec l'espoir que le courant l'entraînerait au loin : c'est ce qui arriva. J'eus la satisfaction de voir cette carcasse maudite prendre la même direction suivie par mon bateau. Cette circonstance me suggéra différentes pensées. Si cet alligator surnage ainsi au-dessus de l'eau, quelle peut en être la cause ? Ne serait-ce pas parce qu'il est enflé par un gaz qui le rend léger ? Ah ! je suis sauvé !

» J'avais conçu un plan admirable : c'était une de ces idées brillantes enfantées par la nécessité du moment. Tuer un autre alligator, le vider, et, après avoir bien nettoyé ses intestins et sa vessie, les gonfler en soufflant dedans, en nouer les extrémités de manière à en faire ainsi des *life preservers*, tel fut mon plan bien arrêté. Je n'avais plus qu'à occire un ovipare et à me hasarder sur les eaux du lac au moyen de cette ceinture de sauvetage d'un genre tout nouveau.

» Je ne perdis donc pas un seul instant ; je me sentais animé d'une énergie toute nouvelle, car l'espoir de me tirer d'embarras m'avait rendu toutes mes forces. Je chargeai mon fusil avec soin, et, avisant un alligator gigantesque qui nageait à dix mètres devant moi, je le visai très attentivement à l'œil, je tirai, et j'eus la bonne chance de le voir aborder, expirant, sur le sable de l'îlot.

» A l'aide de mon couteau, j'éventrai le reptile et lui arrachai les entrailles, qui, quoique formant un très petit volume, suffisaient à mes projets d'évasion. Je me servis, pour enfler ces boyaux palpitants, de l'une des grosses plumes de l'ibis, et en peu d'instants je vis la vessie et les intestins, pareils à d'énormes boudins, se gonfler et devenir énormes.

» Je me hâtai de lier soigneusement cet appareil pour que l'air ne s'en échappât point, et, l'attachant solidement autour de ma ceinture, je m'avançai hardiment au milieu de l'eau. D'une main je nageais, et de l'autre je tenais mon fusil élevé au-dessus de ma tête, prêt à faire feu dans le cas où les alligators m'auraient attaqué ; mais il n'en fut rien, car, sans le savoir, j'avais choisi l'heure de midi, et personne n'ignore que pendant la grande chaleur du jour les ovipares restent étendus sur les rivages, le long des cours d'eau, dans un état de torpeur et d'engourdissement. Rien ne vint donc me déranger dans ma navigation fantastique.

» Entraîné doucement par le courant, il me fallut une demi-heure pour arriver jusqu'à la culée du lac, à l'embouchure du bayou. Là, à ma grande joie, j'aperçus mon bateau retenu dans les roseaux du marais, et bientôt, me hissant par-dessus la bordure, je me trouvai, grâce à Dieu, entre les planches de mon esquif. J'étais sauvé ! Mes rames en main, je pagayai en suivant la direction du courant.

» Tel fut l'heureux dénoûment de mon aventure de chasse. Le soir même je parvins sain et sauf à l'établissement d'où j'étais parti depuis quatre jours. Je ne possédais plus, il est vrai, l'ibis, cause première de mon excursion dans les marécages des bayous ; mais après quelques jours de repos je repris le cours de mes explorations, et je parvins à atteindre un de ces oiseaux, d'une espèce si belle que mon ami le naturaliste eut tout lieu d'être satisfait, lorsque je m'empressai de le lui offrir à mon arrivée à la Nouvelle-Orléans. »

Nous avions tous éprouvé le plus vif intérêt au récit de notre ami Besançon ; le vieux naturaliste-chasseur, à qui cet épisode rappelait sans doute quelque incident périlleux dont il avait lui-même failli être victime, se plut à adresser ses compliments à notre camarade.

J'étais persuadé que dans le cercle formé par mes amis, autour du feu de notre campement, il y avait plus d'une *paire de lèvres* prêtes à s'ouvrir pour raconter une autre aventure du même genre; mais l'heure était avancée, et, d'un avis unanime, il fut décidé que l'on irait se reposer. Le lendemain soir, un autre de nous prendrait la parole, et, chacun à son tour, l'un des chasseurs qui aurait été *lui-même* le héros ou le témoin d'un événement de chasse digne d'être rapporté, devait en faire le récit pour amuser les autres. De cette manière nous organisions une série de Veillées de Chasse *à la lueur du foyer*, dont le charme devait nous aider à tuer le temps et à moins compter les heures jusqu'au moment où nous trouverions les traces des buffalos. Il fut décidé que ces histoires n'auraient rapport qu'aux oiseaux et aux animaux appartenant à la faune du continent américain. On convint encore que chacun de nous donnerait les détails qui seraient à sa connaissance sur le volatile, le reptile ou le quadrupède dont il s'agirait dans le récit du soir, afin d'en illustrer les mœurs, l'histoire naturelle, et la manière de le chasser usitée par les différents peuples dans le pays desquels on trouve ces oiseaux, ces reptiles ou ces animaux. Notre soirée aurait ainsi un but à la fois instructif et amusant.

Ces suggestions furent toutes faites par notre ami M. A..., le vieux chasseur, qui, disait-il, « ne voulait pas dissimuler qu'en agissant ainsi il se laissait influencer par son égoïsme. N'était-ce pas pour lui le moyen d'apprendre de la bouche de vrais chasseurs des faits dont il ferait son profit?

— C'est à des hommes tels que vous, disait-il pour nous flatter, et non pas à des savants se livrant à l'étude dans leur cabinet, que l'histoire naturelle doit le développement qu'elle a acquis : les chasseurs lui ont fourni ses chapitres les plus intéressants. »

L'on comprendra aisément que chacun de nous, — les guides même, — applaudit à cette proposition, qui devait indubitablement doubler notre science cynégé-. Nous n'hésitions pas à croire que le naturaliste contribuerait pour sa part à notre amusement et à notre instruction. Sa manière de raconter était si agréable et si lucide que les trappeurs les plus incultes prêtaient une oreille attentive à ses moindres récits et manifestaient leur étonnement à chaque phrase. Il suffisait de l'écouter quelques minutes pour être certain que ce n'était point un novice (*greenhorn*) dans la vie de coureur des bois et de chasseur des prairies. Il lui était donc bien facile d'attirer l'attention aussitôt qu'il parlait sur cette matière.

Ajoutons en passant que le novice dans les aventures de voyage est fort discrédité parmi les vrais pionniers américains.

Sans avoir précisément du mépris pour celui qui n'a jamais vécu de la vie du désert, ils le considèrent comme bien au-dessous d'eux.

Nous avions l'intention de partir de bonne heure le lendemain matin, aussi chacun de nous se hâta-t-il de s'enrouler dans sa couverture et d'appeler mentalement le sommeil à son aide.

CHAPITRE IV

Les pigeons de passage

Notre déjeuner fut court; nous nous hâtâmes d'allumer nos pipes et nos cigares, et de nous remettre en route. Le soleil se levait brûlant comme sous les tropiques, et, deux heures après notre départ, la chaleur était devenue intolérable. C'était une de ces journées d'automne particulières à l'Amérique du Nord, pendant lesquelles le soleil est incandescent, même dans les régions les plus élevées. Ses rayons, pareils à des lames de fer rouge, vous rappellent les ardeurs torréfiantes de la ligne équatoriale. Nous voyageâmes d'abord à travers une plaine parsemée de chênes nains d'une forme si rabougrie qu'aucun d'eux ne pouvait nous donner de l'ombre ; bien au contraire, ils empêchaient la brise de nous fouetter le visage, et certes elle eût été la bienvenue !

Pendant que nous traversions un courant d'eau peu profond, le cheval rétif et ombrageux du docteur se mit à ruer et à se cabrer comme s'il était devenu épileptique ou enragé. Nous fûmes longtemps à savoir si le docteur, accompagné de ses boîtes à médicaments, ne tomberait pas au milieu du ruisseau ; mais notre camarade joua tellement des éperons et du fouet que sa monture se convainquit qu'il était plus prudent pour elle de se soumettre. Qui avait inspiré à cet animal une pareille résignation? C'était là une question à résoudre. Les dispositions naturelles de la jument étaient *légères*, mais, heureusement pour son cavalier, la bête manquait de force. Le mystère de cette danse de Saint-Guy nous fut bientôt expliqué; lorsque nous entendîmes bourdonner à nos oreilles un énorme taon, de l'espèce de ceux connus sur les bords du Mississipi sous le nom de punaise de cheval (*horse bug*), que l'on rencontre ordinairement près de l'eau. Leur piqûre est plus redoutée par les chevaux que ne le seraient les coups de dents d'un gros chien. J'ai souvent vu des chevaux fuir au loin, en galopant, l'attaque d'un de ces taons, comme si l'insecte eût été un carnassier de la plus dangereuse espèce.

Une des croyances bizarres des populations du sud des Etats-Unis, c'est que ces insectes sont reproduits par les chevaux eux-mêmes. Suivant elles, les œufs seraient déposés sur le gazon par le taon femelle, et les chevaux les avaleraient en mangeant l'herbe dont ils se nourrissent. L'incubation se ferait alors dans l'estomac de l'animal, qui donnerait le jour... à une chrysalide. J'ai encore entendu quelques personnes avancer une théorie bien plus fabuleuse, qui est celle-ci : l'insecte se frayait un passage dans la poitrine du cheval, soit en s'introduisant par le gosier, soit en perçant un trou dans la peau, et dans ce cas le quadrupède languissait et tombait dangereusement malade. *Quien sabé ?* comme disent les Espagnols.

Une fois que le docteur et sa monture eurent signé ensemble un pacte de paix, nous entrâmes en pleine discussion sur ce sujet aux théories diverses. Le Kentuckien prétendait être sûr du fait; l'Anglais le réfutait avec énergie; le vieux chasseur ne se prononçait pas, et Besançon avouait son ignorance à cet égard.

Bientôt après cet incident burlesque, nous parvînmes dans des bas-fonds d'une très grande étendue, où croissaient des arbres serrés les uns contre les autres dont l'épais feuillage nous garantissait des rayons ardents du soleil.

Nos guides nous apprirent que cette forêt s'étendait à plusieurs milles, et cette nouvelle nous remplit de joie.

Le plus grand nombre des arbres dont ce bois était formé étaient des hêtres, dont les troncs, élancés et droits comme des roseaux, s'élevaient à une hauteur considérable et ressemblaient aux colonnes gigantesques d'un palais féérique.

Le hêtre (*fagus sylvatica*) est un des plus beaux arbres de l'Amérique. A l'encontre des autres arbres, son écorce est unie, sans fente aucune et d'une teinte argentée. Souvent, le long d'un chemin, autour d'un carrefour de la forêt, on peut lire, sur les hêtres qui bordent le bois, des noms, des initiales et des dates de toutes sortes. L'Indien lui-même grave des signes sur l'écorce de ces arbres, afin que ses amis sachent qu'il est passé par là, ou bien dans le but de consacrer et de transmettre à la postérité tantôt un des hauts faits de sa vie de guerrier, tantôt un de ses exploits de chasse. Cette colonne lisse semble être une tablette préparée pour le poinçon ou le couteau, prête à devenir dépositaire d'un souvenir buriné par un voyageur qui flâne volontiers en route. La hache du pionnier s'attaque rarement aux hêtres. Bien au contraire, les forêts où croissent ces arbres restent debout, tandis que celles composées d'autres espèces tombent et disparaissent. La raison attribuée à ce respect est bien simple : les terrains où croît le hêtre ne sont pas fertiles ; bien plus encore, c'est une tâche ardue que celle d'abattre une masse compacte d'arbres tels que ceux-là. Ce bois, quand il est vert, brûle moins vite que celui du chêne, de l'ormeau, de l'érable et du peuplier : aussi, comme il est nécessaire de rouler les troncs des hêtres hors de l'enceinte que l'on veut nettoyer, cette opération est toujours difficile et coûteuse dans un pays où la main-d'œuvre est hors de prix.

Nous chevauchions en silence, lorsque tout à coup un bruit étrange frappa nos oreilles. Il ressemblait à celui que fait une assemblée de *romains* dans un théâtre d'Europe, accompagné d'un sifflement aigu. On aurait juré que, par une bizarrerie de l'atmosphère, un vent soudain venait de se lever et soufflait dans les arbres. Nous devinâmes à l'instant d'où provenait cette commotion. L'exclamation simultanée : Les pigeons ! sortit de toutes les bouches, suivie d'une demi-douzaine de coups de fusil, qui firent tomber sur le sol un certain nombre d'oiseaux au plumage bleuâtre. Nous avions, sans le savoir, rencontré un perchoir de pigeons de passage (*colomba migratoria*).

Comme on le pense bien, nous nous hâtâmes de les poursuivre, et, quittant la route que nous suivions, il nous suffit de quelques minutes pour nous trouver au milieu du vol, sur lequel nous fîmes feu avec nos carabines. Rien n'était plus difficile que d'abattre un très grand nombre de pigeons. Tout en les poursuivant sans ordre, nous finîmes par nous éloigner à une si grande distance les uns des autres qu'il nous fallut plus de deux heures pour nous réunir. Nos gibecières étaient remplies, et nous déposâmes dans le wagon plus de cent pigeons de toutes grosseurs. Chacun rêvait à un rôti de pigeon ou à une *crapaudine* quelconque pour le souper du soir, et ce fut en se berçant de cet espoir culinaire que nous nous hâtâmes d'arriver vers le lieu du campement. Nous rencontrâmes tout le long de la route des vols de pigeons tournoyant sur nos têtes au milieu des arbres, mais ce sport n'avait plus de charmes pour nous, et, comme il n'était pas.

utile de dépenser davantage notre poudre... aux pigeons, nous cessâmes le feu.

Nous fîmes halte de meilleure heure qu'à l'ordinaire, pour donner à Lanty le temps nécessaire aux préparatifs *extra* de notre souper. Notre marche avait été courte ce jour-là, mais le plaisir que nous avions eu, joint au résultat de notre chasse, était un dédommagement à la perte de temps. Notre dîner-souper, — nous confondions nos deux repas dans un seul, se composa d'une crapaudine de pigeons, mets connu en Amérique sous le nom de *pot pie*, et préparé avec de la farine, du lard pour donner du goût, et des pigeons en capilotade. Notre *pâté au pot* était excellent, et comme notre appétit répondait à la bonté du plat de Lanty, nous fîmes honneur au mets national, dont il ne resta bientôt plus la moindre bribe sur le plat.

Naturellement la conversation roula ce soir-là sur les pigeons sauvages de l'Amérique, et nos lecteurs ne seront peut-être pas fâchés de trouver ici certains détails qui, tout en n'étant pas nouveaux pour les naturalistes, n'en seront pas moins instructifs pour eux comme ils l'étaient pour nous, qui écoutions M. A... nous les raconter à la lueur du foyer.

Le pigeon voyageur n'est pas aussi gros que le pigeon domestique. Lorsqu'il vole, on le prendrait pour un milan, avec la seule distinction que sa queue n'est point aussi fourchue que celle d'une hirondelle ; elle est au contraire cunéiforme. La couleur de ses plumes est d'un gris ardoisé. Chez les mâles, cette couleur est plus foncée ; mais les plumes de leur cou sont d'un vert changeant mêlé d'or et de cramoisi, d'un chatoyant dont rien ne saurait donner une idée. Ce prisme admirable ne peut être observé dans tout son éclat qu'au moment où l'on vient de tuer l'oiseau, ou quand on peut le voir de près perché sur un arbre. Le pigeon, lorsqu'il est captif, perd ses couleurs, comme aussi elles se fanent aussitôt qu'il perd la vie. Ces couleurs prismatiques semblent être inhérentes à la liberté et à la vie des pigeons. Dès qu'il est privé de l'une ou de l'autre, elles disparaissent en peu d'instants. Souvent j'ai remarqué que la couleur du pigeon que je venais de déposer dans la poche obscure de ma gibecière brillait comme le ferait une magnifique opale ; deux heures après, cet éclat n'existait plus, les plumes avaient assumé une couleur de plomb: ce n'était plus le même oiseau.

Conformément aux règles de la nature, qui sont particulières aux oiseaux de cette espèce, la femelle du pigeon est plus petite que le mâle ; son plumage est très ordinaire, ses yeux sont moins brillants. Chez le mâle, l'œil est d'une couleur orange éclatante et cerclée d'une ligne rouge ponceau d'une pureté infinie. C'est là, à ne pas le nier, une des plus magnifiques beautés du pigeon, et l'on ne peut se défendre de l'admirer dès qu'on examine un de ces oiseaux.

Un des faits qui étonnent au-delà de toute expression dans l'histoire naturelle des pigeons de passage est sans contredit celui de leurs vols innombrables. Audubon raconte avoir vu un vol qui contenait *un billion cent seize millions* d'oiseaux. Wilson parle d'un autre vol de pigeons de *deux billions deux cent trente millions* d'individus. Ces calculs paraissent fabuleux, mais je suis loin de les révoquer en doute. Je n'hésite pas à croire qu'ils sont plutôt au-dessous qu'au-dessus du nombre des oiseaux aperçus par ces deux naturalistes, qui ne purent se livrer qu'à des conjectures d'à peu près.

Mais d'où viennent donc ces immenses volées ?

Les pigeons sauvages nichent sur toute l'étendue du continent américain, depuis les parages de la baie nord de l'Hudson, jusqu'au sein des forêts de la

Louisiane et du Texas. Ils construisent sur des arbres élevés leurs nids, qui ressemblent à de vastes aires de corneilles. Dans le Kentucky, une de ces villes aériennes occupait quarante milles de long et deux de large. Sur un seul arbre on trouve souvent une centaine de nids; il n'y a qu'un seul petit dans chacun d'eux. Les œufs sont d'un blanc mat, comme ceux des pigeons domestiques. Suivant l'usage de leurs congénères, les ramiers américains pondent plusieurs fois par saison, surtout lorsque la récolte est abondante dans le pays où ils font élection de domicile. Ils choisissent aussi pour perchoirs une forêt d'arbres dans un lieu désert, et là, chaque soir, ils viennent s'abattre à leur retour de leurs excursions lointaines,— plusieurs centaines de milles, — qu'ils parcourent d'un seul trait en volant. Ce n'est vraiment là qu'une petite affaire pour des voyageurs tels qu'eux, qui franchissent un mille en une minute; il en est même qui ont traversé l'Océan, de nos côtes américaines jusqu'en Angleterre. Cependant les pigeons, comme je l'ai moi-même observé, demeurent plusieurs jours dans les mêmes bois où ils ont trouvé à manger. J'ai aussi remarqué qu'ils préfèrent percher sur des branches basses, dans le fourré, même quand il y a au-dessus d'eux des arbres de haute futaie. Ce qu'ils aiment par-dessus tout, c'est de se brancher près d'un cours d'eau, sur les arbres dont les rameaux s'étendent au-dessus d'une rivière, et dès le matin, avant de reprendre leur vol pour aller aux champs, on les voit se poser sur les bords et boire à longs traits.

Tout autour des grands perchoirs et des nids en plein air, les oiseaux de proie se rassemblent en nombre. Les petits vautours (*cathartes aura* et le *atratus*), que l'on nomme dans l'ouest de l'Amérique le buzard-dindon et le corbeau de charogne, ne se contentent pas seulement pour nourriture de viande corrompue, ils aiment à croquer les jeunes pigeons, qu'ils précipitent hors de leurs nids sur le sol avant de les dévorer. Des faucons et des milans se nourrissent aussi aux dépens des pigeonneaux; il n'y a même pas jusqu'à l'aigle à tête blanche (*falco leucocephalus*) qui ne plane au-dessus des perchoirs et ne fonde de temps à autre sur ces proies faciles à saisir. Sur la terre, au-dessous des pigeonniers en plein air, d'autres ennemis attendent le gibier : les uns n'ont que deux pieds, les autres possèdent quatre pattes. Ce sont des chasseurs armés de fusils et de perches, des fermiers qui ont amené leurs wagons pour emporter le gibier abattu, et des troupeaux de cochons que l'on engraisse en les nourrissant de pigeons. La hache attaque les arbres, d'énormes branches se brisent sous le poids de myriades d'oiseaux qui, pour la plupart, sont assommés dans leur chute. On se sert de torches (car c'est ordinairement pendant la nuit, lorsque les oiseaux reviennent de leur excursion dans les champs, que la chasse commence), de vases remplis de soufre enflammé, et d'autres engins de destruction. La scène qui se passe alors est une des plus bruyantes. Les battements des ailes des pigeons, pareils au bruit des éclats du tonnerre, les coups de fusil, les cris des chasseurs qui se hèlent les uns les autres, ceux des femmes et des enfants qui se livrent à une joie démesurée, les aboiements des chiens, les hennissements des chevaux, les craquements des branches qui se brisent sous le poids des oiseaux, les coups de hâche des bûcherons, tout cela réuni offre aux yeux un spectacle sans pareil, bien fait pour assourdir les oreilles.

Lorsque les chasseurs, fatigués du carnage et couverts de fiente, se sont retirés dans leur campement, non loin de l'endroit où s'élèvent les perchoirs, et vont se livrer au repos de la nuit, le terrain de chasse est envahi par les loups-coyotes, les renards, les ratons et les couguards, les lynx et les grands ours noirs.

Tant d'ennemis acharnés contre cette proie facile doivent bientôt détruire la race des pigeons de passage? A cette demande fondée, on répondra que ces oiseaux se reproduisent en si grand nombre qu'une pareille crainte ne peut existed. Et vraiment, si les ennemis que je viens d'énumérer ne faisaient pas des trouées dans leurs rangs serrés, le manque de nourriture produirait bientôt le même effet. Que l'on calcule quelle est la quantité de grains nécessaire pour alimenter ces pigeons sans nombre. Le vol décrit par Wilson avait besoin, pour vivre, de *dix-huit millions de boisseaux de grains chaque jour*, et ce n'était là que l'un de ceux — si nombreux sur le continent de l'Amérique du Nord — qui se multiplient et se divisent en rangs pressés. Mais, demandera-t-on, quelle est la nourriture des pigeons de passage? Ce sont les fruits des forêts vierges : les glands, les faînes de hêtres, les seigles et les maïs, les baies de toute sorte, telles que les mûres sauvages, les merises et les grappes du houx. Dans les régions du Nord, où toutes les baies sont rares, ils se nourrissent particulièrement de grains de genévrier *(juniperus communis)*. Au sud des États-Unis, dans la région des plantations, le riz, les châtaignes et les glands doux servent à apaiser la faim dévorante de ces innombrables oiseaux. Toutefois, la principale nourriture des pigeons de passage consiste en faînes de l'espèce appelée *mats* dans ces pays. C'est un mets fort apprécié des pigeons, et heureusement les hêtres abondent en Amérique, surtout dans les immenses forêts du sud de l'Union.

Nous avons raconté pourquoi ces bois, peuplés de hêtres, restent intacts dans la Louisiane et dans les autres États riverains; aussi longtemps que cet état de choses durera, et que leur *mast* jonchera le sol, aussi longtemps les oiseaux de passage pulluleront-ils sous ces abris protecteurs.

La migration de ces oiseaux s'opère deux fois par an; mais, à l'encontre des mœurs des autres individus de la gent empennée, ces voyages ne sont point réguliers. Leur changement de place n'est pas précisément une migration périodique, c'est plutôt une existence nomade, car le seul besoin de manger tient les pigeons en motion et les force à s'aventurer au loin. La nourriture vient-elle à manquer ici, vite les voilà qui s'envolent d'un côté opposé. La neige tombe-t-elle plus épaisse qu'à l'ordinaire dans les pays froids du Nord, des vols immenses s'élancent dans la direction des États du centre, du côté de l'Ohio et du Kentucky. C'est à cette force majeure, qui contraint les pigeons de passage à émigrer, que l'on doit la rencontre insolite de ces perchoirs surchargés dont parlent les naturalistes; mais ce fait ne se représente pas souvent. On peut, dans l'ouest des États-Unis, vivre de nombreuses années et ne pas être témoin de cette migration fabuleuse mentionnée par Audubon et Wilson, quoique chaque année on se trouve à même de voir des vols de pigeons si innombrables, que l'on demeure étonné d'un pareil spectacle.

Qu'on ne s'imagine pas que les pigeons américains sont presque apprivoisés, comme on l'a souvent raconté. Cela n'arrive que quand ils sont très jeunes ou bien lorsque, sur les perchoirs, ils sont serrés les uns près des autres, et que l'éclat des torches les stupéfie tout à fait.

Mais quand les pigeons volent à travers bois à la recherche de leur nourriture, rien n'est plus difficile que de les approcher à portée de fusil et de les tuer un par un. De ci et de là on peut atteindre un ou deux oiseaux écartés des autres. On en voit maintes fois éparpillés de toutes parts sur des branches d'arbres, mais le gros du vol se tient toujours à un ou deux cents mètres de distance. Aucun chasseur ne peut se décider à tuer un pigeon l'un après l'autre. Pourquoi le ferait-il ? Voilà un arbre, près de lui, littéralement couvert de pigeons ; les branches craquent sous ce poids énorme : quel terrible massacre ne fera-t-il pas s'il peut se glisser à une portée favorable ! Mais ce n'est point chose facile ; il n'y a pas de buissons pour se cacher, il lui faudra donc s'avancer du mieux qu'il pourra.

Il s'approche peu à peu, doucement : les oiseaux ne bougent pas ; ils épient chaque mouvement de leur ennemi, qui se glisse ou plutôt qui rampe avec une précaution inouïe. Le chasseur, de son côté, sacre et peste à voix basse chaque fois que les feuilles mortes et les brindilles de bois craquent sous ses pieds. Les pigeons n'ont pas encore bougé, et cependant plusieurs allongent le cou, comme s'ils voulaient prendre leur essor et fuir loin du danger pressenti.

Enfin le chasseur se croit à une bonne portée, il met son fusil en joue ; au même instant le gibier s'envole, et, avant qu'il ait lâché la détente de son arme, les pigeons sont déjà loin et vont se percher sur un arbre placé à une distance immense.

Ce qui reste, ce sont des retardataires sur lesquels le sportsman décharge son fusil. Mais bien souvent c'est de la poudre perdue ; le chasseur, furieux d'avoir manqué le gros vol, ne vise même pas, et c'est à peine si le pigeon perd quelques plumes à ce jeu peu dangereux pour lui.

On recharge alors son fusil, et le chasseur-amateur, qui a remisé le gros vol perché sur l'arbre éloigné, recommence la manœuvre (souvent encore inutile), animé par l'espérance de le rejoindre à une portée plus favorable.

CHAPITRE V

Une chasse à l'obusier

Lorsque chacun eut raconté ce qu'il savait des mœurs et de l'ornithologie des pigeons, l'un de nous demanda une histoire relative à ces oiseaux, afin de se conformer au programme convenu.

— Qui va nous conter quelque fait de chasse bien amusant ?

Le docteur, à notre grand étonnement, demanda la parole. On fit cercle autour de lui, afin de ne pas perdre une seule parole de son récit.

« Oui, gentlemen, fit le docteur, j'ai à vous raconter une chasse aux pigeons que j'ai faite il y quelques années. J'habitais alors la ville de Cincinnati, donnant mes soins à mes malades, et j'eus le bonheur, entre autres cures merveilleuses, de raccommoder la jambe à un riche planteur, le colonel P***, dont la maison de campagne était bâtie sur le bord de l'Ohio, à environ soixante milles de la grande cité. Je réussis parfaitement dans cette opération, et mon succès m'acquit à tout jamais l'amitié du colonel. Quand il fut entièrement guéri et à même de se servir de ses jambes comme si rien ne lui fût arrivé, il m'invita à venir à sa maison pour assister à une grande chasse aux pigeons qui devait avoir lieu en automne.

» La plantation du colonel était bâtie au centre d'un bois de hêtres; aussi, chaque année, avait-il la visite de vols nombreux de pigeons de passage, et, à un jour près, il pouvait annoncer à ses amis l'heure à laquelle les oiseaux envahiraient son domaine. Tous ses intimes avaient été invités à prendre du plaisir à cette chasse.

» Soixante milles à parcourir, gentlemen, ne sont que pure bagatelle pour nous, habitants de l'Ouest. Je fus heureux de pouvoir trouver un prétexte pour m'arracher aux ordonnances, aux pillules et aux remèdes : aussi je me hâtai de m'installer à bord d'un steamboat remontant l'Ohio, qui, en quelques heures, me déposa sur les bords du fleuve, devant la maison seigneuriale du colonel P***.

» Mon ami était le modèle des gentlemen de nos forêts; car vous admettrez, messieurs, qu'il y a des gens comme il faut même au milieu des bois. Et ce disant, le docteur jeta un regard sarcastique à droite, à notre ami l'anglais Thompson, et à gauche, au Kentuckien, qui tous deux lui rirent au nez.

» La maison du colonel méritait d'être citée par son élégance et son cónfortable. Ce n'était pourtant qu'une construction de bois ; murailles et toiture, tout était fait avec des planches ; mais cette maison de matériaux si simples était plus hospitalière que ne l'eût été un palais de marbre. C'était là une des prérogatives aimées du maître de cette case; qui s'élevait alors — et s'élève encore, je l'espère — sur le rivage nord de la « belle rivière », comme l'appelaient autrefois les Français, et à qui, de nos jours, on a restitué le nom indien de *Ohio*.

» Elle était bâtie au milieu de bois, entourée de vastes défrichements mesurant près de deux cents acres de terres ensemencées de blé et de maïs, qui, à l'époque de ma visite, balançaient leurs tiges dorées et leurs épis à la crinière flottante aux souffles de la brise.

» Il y avait aussi, parmi ces cultures, des champs de tabac et des plantations de cotonniers. Dans le jardin, le colonel faisait pousser de magnifiques pommes de terre, des patates douces, des tomates, d'énormes melons d'eau, des cantaloups, des melons musqués, etc., légumes et fruits exquis et de la plus belle venue. Des grappes de piment rouge et vert tranchaient sur la couleur vivace des feuilles de leur tige, des pois et des haricots d'espèces différentes grimpaient le long des brindilles de bois qui leur servaient de tuteurs. Comme on le voit, la cuisine du colonel devait être bien pourvue.

» Je n'oublierai pas de mentionner le verger, qui avait plusieurs acres d'étendue, et dans lequel poussait des arbres à fruit de la plus belle espèce : des pêches comme on n'en trouve nulle part dans le monde, et des pommes de la plus succulente qualité; car c'était ce qu'on nomme des pépins de Newton. Il y avait en outre des poires fondantes, des prunes exquises et des raisins en si grand nombre, que leur poids faisait incliner les branches de la vigne qui les portait.

» Le colonel vivait au fond des bois, mais on ne pouvait pas dire qu'il était au milieu d'un désert.

» Tout autour de l'habitation du maître, de vastes *log houses* (maisons faites de troncs d'arbre horizontalement superposés les uns sur les autres et reliés ensemble par les angles) servaient l'une d'écurie, — et elle était remplie de bons et de beaux chevaux, — l'autre d'étable à vache, l'autre de bergerie, celle-ci de magasin à fourrage, de grenier pour le blé et le maïs, celle-là de saloir pour préparer les cochons et les fumer, la cinquième d'usine pour préparer le tabac, la sixième de remise pour le coton et les machines propres à le préparer pour la vente; enfin, il y avait encore plusieurs autres petites cases destinées à différents usages, sans compter des hangars remplis de bois à brûler. Dans un des angles de l'habitation, une construction entourée de murailles basses laissait deviner un chenil ; et, grâce aux aboiements mélodieux qui, de temps à autre, frappaient les oreilles, on était persuadé qu'il était habité. Si l'on jetait les yeux, par l'une des ouvertures, dans ce chenil, on y voyait une douzaine de limiers et de chiens courants de la plus belle race.

» Le colonel avait pour sa meute une prédilection toute particulière, car c'était un grand chasseur. Au centre d'un pâturage entouré de haies s'ébaudissaient plusieurs magnifiques poulains, un cerf apprivoisé, un jeune bison capturé dans les prairies, des poules du Japon, des pintades, des dindons, des oies, des canards et autres oiseaux de basse-cour. Dans toutes les directions, des barrières formaient des zig-zags, de la ferme du colonel au bois qui entourait sa propriété. Au milieu des champs, il avait laissé debout des arbres morts dont les branches servaient de cimeaux pour attirer les buzards, les éperviers et les faucons aux pattes rugueuses, tandis que, dans l'azur du ciel, le milan à la queue fourchue planait immobile prêt à fondre sur sa proie. »

La manière poétique de parler du docteur nous transportait, et nous ne pûmes nous empêcher d'applaudir à sa narration éloquente : cette approbation énergique le mit de bonne humeur, et il continua en ces termes :

« Telle était la résidence du colonel P***, et je ne tardai pas à m'apercevoir que je pouvais passer là plusieurs jours agréables, même si la chasse aux pigeons n'avait pas lieu.

» Lorsque j'arrivai chez mon ami P***, tous ses hôtes m'y avaient déjà précédé. Je trouvai installés une trentaine de ladies et de gentlemen, tous jeunes, gais et bons vivants. Les pigeons n'avaient pas encore paru, mais on les attendait d'un moment à l'autre. Les arbres de la forêt, dont les feuilles avaient revêtu la teinte dorée et rougeâtre qui leur est particulière en automne, — la saison la plus belle des États de l'Ouest, — donnaient au paysage un aspect féerique et solennel. Les noix sauvages et les baies de toutes sortes jonchaient la terre et offraient leur banquet annuel à tous les oiseaux sauvages. Les faînes des hêtres, dont les pigeons sont très friands, se détachaient en noir sur les feuilles jaunes qui couvraient le sol. C'était l'époque favorable pendant laquelle les oiseaux visitaien annuellement la plantation du colonel. Ils ne devaient pas tarder à paraître : cela était évident. Aussi tout était prêt dans cette expectative. Chaque chasseur pouvait choisir entre un fusil à deux coups ou une carabine, et plusieurs dames demandèrent à être sérieusement armées pour se joindre à nous.

» Dans le but de rendre le sport plus amusant qu'à l'ordinaire, notre hôte avait décrété un règlement de chasse conçu en ces termes :

» Article 1er. Les chasseurs devaient être divisés en deux escouades d'un nombre égal.

» Art. 2. Chaque escouade devra parcourir une direction opposée.

» Art. 3. On laisse aux dames le choix de suivre — le premier jour seulement — la compagnie de chasseurs qui leur conviendra. Mais pendant les autres jours de la chasse, il ne devra pas en être ainsi : les dames seront forcées d'accompagner le peloton de chasseurs qui, la veille, aura tué le plus de gibier.

» Art. 4. A leur tour, les gentlemen qui se seront montrés les plus adroits auront le privilège de choisir pour partenaire au dîner et au bal qui suivra celle des dames qui leur plaira le plus.

» Art. 5. Le présent règlement est de rigueur, etc.

» Inutile de vous dire, messieurs, que la tâche de notre hôte n'était point des plus aisées à remplir. Les convives du colonel appartenaient à ce qu'il y avait de mieux dans l'aristocratie de la société de l'Ouest ; la plupart des jeunes hommes étaient garçons, et, parmi les dames présentes, il y avait trois ou quatre *belles* fort riches et d'un physique très remarquable, qui se laissaient volontiers faire la cour par ces galants empressés auprès d'elles. Le jour même de mon arrivée, j'avais découvert les secrets de tous ces cœurs épris les uns des autres, et je compris que plus d'un, dans le nombre, n'aurait pas trouvé agréable de se voir séparé de la dame de ses pensées, ainsi que le colonel l'avait décidé. Il régnait un *esprit de corps*, une entente cordiale des plus extraordinaires dans toute notre société, et quand les pigeons arrivèrent, chaque escouade de chasseurs avait juré de vaincre l'autre. Jamais, j'ose le dire, je n'avais rencontré une émulation pareille entre deux corps d'armée.

» Enfin les pigeons se montrèrent un beau matin, au lever du soleil : la lumière en était obscurcie, car le nuage de pigeons avait environ un mille de largeur et plusieurs de longueur lorsqu'il passa au-dessus de nos têtes. Le bruit que produisaient leurs ailes était pareil à celui d'un vent impétueux qui agiterait la cime des arbres ou le gréement des mâts d'un navire. Bientôt nous vîmes le vol s'abattre dans la forêt. Les pigeons s'étaient perchés sur la cime des hêtres

» Le signal de la chasse fut donné par le colonel P*** à tous ses amis, qui se divisèrent en ordre afin de suivre la direction désignée à chaque escouade. Plusieurs dames, armées de fusils légers, revêtues d'un costume *ad hoc*, se joignirent aux chasseurs : leur plus grand désir était de contribuer à la victoire de leur *beau* respectif. Le chemin qui conduisait au bois ne fut pas long à franchir : les oiseaux étaient toujours là, et, sans tarder, une fusillade des mieux nourries fut ouverte des deux côtés.

» Dans notre compagnie, nous avions huit carabines à un seul ou à deux canons, sans compter deux petits fusils dont deux de nos héroïnes s'étaient emparées. Ces armes, à vrai dire, étaient plus dangereuses pour nous que pour les pigeons. On s'étonnera peut-être en m'entendant rapporter ici que nous nous servions de carabines, mais je répondrai que ceux d'entre nous qui avaient pris ces instruments de carnage, tiraient comme des maîtres experts et ne manquaient jamais un oiseau. Le bois était rempli de pigeons disséminés, et, à chaque pas, on pouvait décharger son fusil. Aussi, au lieu de perdre leur temps à se rapprocher des grands vols, mes camarades et moi nous ne faisions pas autre chose que charger notre fusil et tirer sur les pigeons. De cette manière, les oiseaux se comptèrent bientôt par douzaines.

» Vers l'après-midi, lorsque les pigeons eurent bien rempli leur gésier de faînes et de baies, ils se levèrent comme d'un commun accord, et disparurent pour aller se coucher sur un perchoir éloigné. Ainsi finit notre chasse du premier jour; et lorsque nous comptâmes les têtes de gibier tué par notre compagnie, nous trouvâmes *six cent quarante* pigeons. C'était un nombre qui apparut à nos yeux entouré d'une couronne de lauriers : aussi, nous nous hâtâmes de rentrer au logis du colonel, persuadés que la victoire était à nous. Hélas ! nos rivaux nous attendaient avec *sept cent vingt-six* pigeons ! Nous étions à leur merci.

» Je ne vous dirai pas quel fut le chagrin causé par cette défaite à la plupart de ceux d'entre nous qui avaient des motifs graves pour être vainqueurs. Ils se voyaient humiliés aux yeux des dames de leurs pensées, dont, par la fatalité du sort, ils devaient être séparés le jour suivant. Cette idée était fort amère pour le plus grand nombre, car, comme je l'ai déjà raconté, les cœurs avaient parlé, et la jalousie, ce monstre aux yeux verts, se hérissait devant chaque intéressé. C'était un spectacle navrant pour nous, il faut l'avouer, que celui du départ de toutes ces belles dames avec nos antagonistes, tandis que nous nous dirigions d'un côté tout opposé, tristes et silencieux.

» Mais nous avions juré de prendre notre revanche et de conquérir les dames pour la chasse du jour suivant. Nous tînmes conseil, afin de nous encourager mutuellement et de nous concerter pour réussir. Puis chacun se mit à l'ouvrage au moyen de son fusil ou de sa carabine.

» Ce jour-là, notre compte de gibier se trouva immense, grâce à un incident particulier que je vais vous expliquer. Comme vous le savez, mes camarades, les pigeons de passage, quand ils mangent, couvrent souvent le sol à ne pouvoir y jeter une épingle, et ils se pressent entre eux comme un troupeau de moutons qui a peur. Ils avancent tous dans la même direction; ceux qui sont derrière se hissent les uns sur les autres, afin de se placer en tête, de telle sorte que l'on croirait voir une vague agitée chargée de plumes. Maintes fois, ne pouvant trouver où poser les pieds, les pigeons se reposent sur le dos des autres, et cette masse grouillante de créatures ailées s'avance ainsi dans la direction des bois. Dans ces moments-là, si le chasseur peut tirer à portée, il doit abattre au moins deux douzaines de pigeons d'un seul coup de fusil. Chaque plomb porte, et souvent même il sert à faire deux victimes.

» Tout en marchant dans la forêt, je m'étais séparé de mes compagnons, lorsque tout à coup j'aperçus un vol incommensurable qui venait dans ma direction, en se bousculant de la manière dont je viens de parler. A la couleur de leurs plumes, je m'aperçus que c'étaient de jeunes pigeons, qui, probablement, ne devaient pas être très alarmés. J'étais à cheval, et je m'empressai de retenir ma monture. Me plaçant ensuite derrière un énorme tronc d'arbre, je voulus les laisser arriver à portée. J'agissais ainsi plutôt par curiosité, dans le but d'observer, qu'avec l'intention d'avoir la chance de faire une heureuse trouée dans les rangs pressés des oiseaux. Je n'avais dans les mains qu'une carabine, et c'est tout au plus si j'eusse pu tuer deux ou trois pigeons d'un seul coup. La masse compacte avançait toujours, et quand elle fut à une distance d'environ quinze pas, je tirai au beau milieu. A ma grande surprise, les pigeons ne se levèrent point, bien au contraire, ils avançaient toujours, jusqu'à ce qu'enfin ils arrivèrent sous les pieds de mon cheval. Ce dédain pour l'homme de la part d'un oiseau me transporta de colère : j'enfonçai mes éperons dans les flancs de ma monture, et je me lançai au galop au milieu de cette masse compacte, frappant de droite et de gauche, à mesure qu'ils voletaient autour de ma tête. Naturellement ils prirent leur essor, et quand ils eurent disparu, je descendis de cheval, afin de ramasser vingt-sept oiseaux qui avaient été les uns écrasés par les pieds de mon alezan, les autres abattus et assommés au moyen de la crosse de mon rifle. Cet exploit me rendit fier; je me hâtai de remplir ma gibecière, et je me mis en quête de mes camarades de chasse.

» Notre partie, ce jour-là, rapporta *huit cents* et quelques pigeons au manoir du colonel P***, mais, à notre grand désappointement, à notre chagrin sans borne, nos adversaires avaient une centaine de pigeons de plus que nous !

» Notre vexation était sans pareille, car nos rivaux avaient le monopole de toutes les dames : aucune concession, aucun passe-droit ne nous était fait.

» Un pareil état de choses ne pouvait durer, il fallait nous tirer de ce mauvais pas ! Mais comment ? nous demandions-nous. Quel moyen employer ? Ne pourrait-on pas user d'un peu de tricherie ? Il était évident que nos adversaires étaient meilleurs que nous.

» Le colonel P*** appartenait à leur coterie, et nous savions que toutes les fois que son index pressait la détente de son fusil, la pièce de gibier était à terre. Nous n'avions donc aucun atout dans les mains : il fallait inventer une ruse. Je crus alors devoir faire part à mes camarades d'infortune d'un moyen dont j'avais ruminé la mise à exécution pendant toute la journée. Voici quel il était :

» J'avais remarqué que les pigeons ne laissaient pas les chasseurs arriver à portée, mais qu'à quatre-vingts ou cent mètres, ils ne paraissaient redouter ni les hommes ni les chevaux. A cette distance, ils se tenaient immobiles sur la cime d'un arbre par milliers, par cent mille. Il me vint donc à l'idée qu'au moyen d'une couleuvrine d'un énorme calibre, on ferait des trouées immenses dans leurs rangs chaque fois qu'on s'en servirait. Mais où trouver une pareille arme de guerre. Tout à coup, l'idée me vint d'avoir recours à un obusier : je me souvins qu'à la caserne de Covington il y avait des obusiers de campagne qui pourraient remplir notre but. Un de mes amis commandait la place. En se jetant à bord d'un steamboat, il ne fallait qu'une heure ou deux pour aller jusque-là. Je proposai donc d'envoyer chercher un obusier.

» Inutile de dire que ma proposition fut reçue avec un enthousiasme sans pareil. On convint de garder le secret et de mettre sans tarder mon projet à exécution. Un steamboat passait sur l'Ohio, nous le hélâmes, et l'un de nous se dévoua pour porter mon message à Covington. Le lendemain, avant midi, un autre bateau à vapeur ramenait notre complice, qui faisait débarquer clandestinement l'obusier demandé, et le traînait à un rendez-vous de chasse convenu à l'avance. Mon ami, le capitaine commandant de la batterie, avait envoyé avec l'obusier un caporal pour nous aider au maniement de cet engin de guerre.

» Comme je l'avais bien pensé, ce moyen répondit à notre attente ; à chaque décharge, une pluie d'oiseaux morts tombait sur le sol. D'un seul coup, nous en tuâmes *cent vingt-trois*. Le soir, notre gibecière monstre, où plutôt les sacs dont nous nous étions pourvus étaient remplis de plus de *trois mille* pigeons. Nous étions donc certains d'avoir le lendemain les dames avec nous.

» Mais avant de rentrer à la maison de notre hôte pour jouir de notre triomphe, nous crûmes devoir tenir conseil. Demain, disions-nous, les belles seront des nôtres ; mais indubitablement les filles d'Eve trahiront notre secret et dénonceront notre obusier. Comment prévenir ce bavardage ?

» Nous avions juré, tous les huit, de garder un silence inviolable sur notre manière de chasser, et pour que personne ne se doutât de ce que nous faisions, nous n'employions notre grand moyen que lorsque nous nous trouvions très éloignés de la maison du colonel, de manière que sa commotion ne parvînt pas aux oreilles de nos antagonistes. Mais comment ferions-nous le lendemain ? Oserions-nous confier notre secret aux lèvres roses de nos belles compagnes ? L'opinion générale fut que ce n'était pas faisable. Il nous vint alors une nouvelle idée : nous pouvions, le jour suivant, ne pas nous servir de l'obusier et vaincre nos adversaires. Il ne s'agissait, pour cela, que de mettre en réserve une certaine quantité de nos pigeons. Nous décidâmes qu'on les placerait en lieu sûr dans une cabane de bûcheron qui se trouvait tout près de l'endroit où nous tenions conseil. On alla chercher le *squatter* qui maniait la hache dans le bois voisin. Nous lui confiâmes notre gibier, qui consistait en trois énormes sacs de cinq cents oiseaux chacun, et nous gardâmes avec nous le reste de notre chasse pour le compte général. Il était convenu que chaque soir nous puiserions dans notre provision de *quinze cents*, de manière à toujours produire plus d'oiseaux que n'en pourraient tuer nos rivaux malheureux et désormais condamnés à subir leur défaite. Malgré la réussite de notre stratagème, nous ne renvoyâmes pas à la caserne de Covington le caporal et l'obusier. Les services de l'un et de l'autre pouvaient encore nous être utiles. On les consigna dans la cabane du bûcheron.

» En entrant à l'habitation du colonel, nous le trouvâmes lui et les siens rayonnants de joie ; ils avaient rempli leur gibecière outre mesure, mais nos sacs étaient plus pleins que les leurs. La satisfaction presque insolente manifestée par nos antagonistes se changea bientôt en un désappointement qui ressemblait un peu à de la mauvaise humeur.

» Nous avions donc conquis les dames !

» Et nous ne nous séparâmes d'elles qu'à la fin de la chasse, sans que le parti vaincu, chaque jour sans désemparer, pût deviner la cause de la chance fatale qui le poursuivait. Cette persistance du sort était pour eux d'autant plus bizarre que la plupart étaient des chasseurs d'une grande habileté, et qu'alors ils ne comprenaient pas comment ils se trouvaient honteusement vaincus.

» Malgré nos précautions, la détonation de notre pièce d'artillerie légère avait eu de l'écho : nos rivaux, aussi bien que les agriculteurs des environs, se demandaient quelle pouvait être la cause de ce bruit insolite qui ébranlait le sol et se répercutait dans les bois. Les uns disaient qu'il y avait de l'orage quelque part, et que le tonnerre grondait ; les autres affirmaient qu'un tremblement de terre avait déchiré le sol dans les chaînes de montagnes voisines, ils allaient jusqu'à se persuader qu'ils avaient éprouvé un balancement causé par la commotion. Cette dernière supposition paraissait la plus plausible, car la chasse que je vous raconte, mes amis, avait lieu quelques années après ce terrible tremblement de terre qui fit tant de ravages dans la vallée du Mississipi, et la terreur populaire se prêtait à prévoir un événement pire comme une chose très probable.

» Vous comprendrez facilement, mes camarades, ajouta le docteur, que nous usâmes de notre stratagème aussi longtemps que dura le passage des pigeons. La veille du départ de tous les hôtes du colonel, nous racontâmes, pendant la réunion du soir, quel avait été le moyen employé pour enchaîner la victoire et la mettre dans nos intérêts. La découverte de notre secret suscita des réclamations tant soit peu anti-parlementaires, mais notre hôte, quoique l'un des vaincus, prit la plaisanterie en bonne part, il en rit, et força les autres à l'imiter. Le colonel P*** vit encore, et toutes les fois qu'il en trouve l'occasion il raconte à ses amis la *chasse à l'obusier.* »

CHAPITRE VI

La mort d'un couguard

Tout en courant à la poursuite des pigeons, nous avions franchi une distance d'environ cinq milles, et cependant les oiseaux continuaient à passer sans cesse au-dessus de notre campement. Pendant toute la nuit, nous entendîmes, à différents intervalles, le crépitement de leurs ailes dans l'espace éthéré. Au milieu du silence du désert, un bruit se manifestait, causé par le bris d'une branche d'arbre qui craquait sous le poids des pigeons : ceux-ci voletaient par milliers, étonnés d'être ainsi brusquement délogés, ou bien effrayés de cette chute imprévue. Souvent, un nouveau bourdonnement d'ailes était produit sans que nous en connussions la cause : c'était probablement un grand duc cornu (*strix virginianus*), un chat sauvage (*felis rufa*) ou un raton (*raccoon*), qui cauteleusement s'était élancé sur les pigeons, et prenait son repas nocturne à leurs dépens.

Avant de songer au repos, l'un de nous proposa de faire une chasse aux flambeaux, afin de varier nos plaisirs : la seule difficulté, c'était de trouver du bois propre à cet usage ; et comme il n'y en avait pas dans le voisinage, ce projet fut abandonné. Si nous eussions eu des pommes de pin, on aurait pu les enflammer dans des vases, ou bien encore dans l'un de nos poêles.

Les branches d'arbres résineux que nous avions près de nous n'étaient pas bonnes pour remplir notre but ; il eût fallu du bois de pin à goudron (*pinus resinosa*). Nos torches, insuffisantes, n'auraient pas pu produire une flamme assez brillante pour attirer l'attention des pigeons, et ceux-ci se seraient indubitablement envolés avant qu'il nous eût été possible d'arriver près d'eux. Ah ! si nos éclats de bois eussent été de l'espèce indispensable pour répandre une lueur éclatante, nous aurions pu prendre les pigeons avec la main. Force nous fut donc, eu égard à l'impossibilité de trouver du pin résineux, d'abandonner notre projet de chasse aux flambeaux.

Ceux d'entre nous qui se réveillèrent pendant la nuit entendirent des bruits étranges qui tantôt ressemblaient à des hurlements de chiens, tantôt à des miaulements de chats en colère. Les uns disaient que c'était le cri des loups coyotes, les autres que c'était celui des chats sauvages ou des lynx. Dans le nombre de ces glapissements inconnus, il y en avait un qui différait de tous les autres : il ressemblait à un sifflement aigu, que nous prenions tous, Ike excepté, pour le grognement d'un ours noir. Notre guide nous affirma que ce *reniflement* — c'est ainsi qu'il appelait ce bruit — était indubitablement celui d'une panthère. Cette version était fort plausible, vu la nature du terrain sur lequel nous avions campé. Le couguard se hâte toujours d'accourir vers les perchoirs des pigeons de passage, car il est très friand de la chair de ces oiseaux.

Le matin, avant de quitter notre camp, nous fîmes encore la chasse aux pigeons qui voletaient de toutes parts sur le sol, picorant çà et là des faînes et des baies sauvages. Notre intention n'était pas de nous adonner encore à ce sport, quelque amusant qu'il fût; nous voulions seulement renouveler notre provision de pigeons, afin que Lanty pût nous préparer un autre *pot pie*. On laissa le surplus de notre stock de la veille sur l'emplacement de notre camp, pour servir de pâture aux carnassiers divers, qui se hâteraient de profiter de notre oubli.

Nous nous mîmes en route, toujours entourés de vols de pigeons qui tourbillonnaient au-dessus de nos têtes. Au moment où nous longions une trouée faite par la nature au centre de l'épaisse forêt, sorte d'ogive élevée, festonnée de feuillage et de lianes entrelacées, l'obscurité vint tout à coup à se faire devant nous. Quelle pouvait en être la cause? un vol de pigeons s'était engouffré sous cette arche verdoyante, et s'avançait vers nous à tire d'ailes. Ils étaient au-dessus de nos têtes avant de s'être aperçus de notre présence. En nous voyant, ils cherchèrent à rétrograder à travers une issue : mais ils n'avaient pas d'autre moyen de sortir de cette impasse qu'en dirigeant leur vol à travers la voûte de feuillage, dans une direction verticale. C'est ce qu'ils firent en un clin d'œil, et le crépitement de leurs ailes produisit une commotion qui ressemblait au bruit prolongé du tonnerre. Plusieurs de ces pigeons s'étaient approchés si près, que du haut de nos selles il nous aurait été facile d'en assommer un grand nombre avec la crosse de nos fusils. Le Kentuckien n'eut qu'à allonger le bras pour en attraper un au vol. Au même instant, ces pauvres oiseaux disparurent à nos yeux.

A peine avaient-ils percé la voûte de feuillage, que deux énormes oiseaux, deux aigles à tête blanche, se présentèrent à l'entrée de l'arcade de la forêt que nous parcourions. Nous comprîmes sur-le-champ quelle avait été la cause de la précipitation des malheureux pigeons : les aigles étaient à leurs trousses. Ils avaient espéré pouvoir échapper à leurs ennemis dans l'obscurité touffue du bois de hêtres. Le désir d'abattre ces deux oiseaux de proie se manifesta involontairement parmi nous. Chacun éperonna son cheval, tout en armant son fusil ou sa carabine. Les aigles étaient sur le qui-vive : ils nous avaient vus, et, poussant ce cri simultané qui ressemble au rugissement d'un fou furieux qui se débat dans son cabanon, ils prirent leur essor à travers les cimes de la forêt.

Quelques instants après, au moment où nous devisions de cet incident bizarre, notre guide Ike, qui marchait en éclaireur à trente mètres devant nous, fit un saut en arrière en s'écriant :

— Une panthère, de par Dieu! Je savais bien que j'avais entendu cette maudite vermine!

— Mais où donc, où donc? répondirent à la fois plusieurs d'entre nous en s'élançant du côté de notre sentinelle avancée.

— Là-bas! fit Ike nous montrant du doigt un buisson de ronces et de lianes, elle est accroupie sous ce couvert; entourez le fourré, gentlemen, vite! allons donc! placez-vous tout autour! dépêchez-vous!

Nous lançâmes nos chevaux, et c'était plaisir à voir notre animation et nos mouvements saccadés. Nous avions nos fusils armés, prêts à faire feu. Quelques secondes nous suffirent pour encercler le buisson aux feuilles jaunies et clairsemées par le vent d'automne.

Le couguard s'était-il enfui, ou bien se cachait-il encore sous les branches épineuses au milieu desquelles s'élançaient quelques troncs d'arbres droits comme des I? Avait-il grimpé au sommet de l'un de ces hêtres? Nos regards remontaient du sol à la cime de ces géants de la forêt et redescendaient vers la terre ; mais l'animal était invisible à nos yeux.

Nous ne pouvions pas, du haut de nos selles, voir à deux pieds dans les profondeurs du fourré ; il était probable que le couguard s'était accroupi au milieu des herbes et des ronces. Comment le faire sortir de là? Nous n'avions pas de chiens, et il eût été dangereux de chercher à pénétrer à pied dans ce labyrinthe inextricable. Qui d'entre nous oserait s'y risquer?

Redwood proposa de tenter l'aventure, et, sans attendre notre permission, il descendit de cheval.

— Attention, s'écria-t-il, je vais forcer cette vermine à nous montrer son museau, tenez-vous sur vos gardes! Eup!

Et nous vîmes Redwood attacher à la hâte sa monture à une branche d'arbre et s'élancer résolûment dans le buisson. Il évitait de faire le moindre bruit, agissant ainsi d'après l'exemple des Peaux-Rouges quand ils attaquent un animal dangereux. Nous prêtions l'oreille, en observant nous-mêmes le plus profond silence : pas une branche ne craquait, pas un brin d'herbe ne remuait; notre anxiété dura ainsi environ cinq minutes, jusqu'à ce qu'enfin un coup de carabine retentit au centre du fourré. Au même instant, nous entendîmes la voix de Redwood qui hurlait ces mots :

— Alerte! attention! de par Dieu! je l'ai manqué.

Nous n'avions pas même eu le temps de changer de position, lorsqu'un autre coup de feu éclata à quelques pas, et une autre voix s'écria :

— Et moi, je l'ai touché. Le voilà! mort comme un mouton égorgé par le boucher! Par ici, venez voir la belle bête.

C'était la voix de Ike : nous nous précipitâmes du côté d'où elle venait. A ses pieds gisait, se débattant dans sa dernière agonie, une panthère couverte d'un sang noirâtre qui s'échappait d'une blessure dans le flanc, où Ike l'avait ajustée avec une habileté sans pareille. Le couguard, cherchant à s'élancer hors du fourré, s'était arrêté une seconde à la vue du chasseur, qui, sans hésiter un seul instant, avait mis en joue et pressé la détente de son arme à feu.

Notre guide reçut les félicitations de tout le monde, et quoiqu'il prétendit n'avoir pas fait une prouesse extraordinaire, nous devinions bien, malgré sa modestie apparente, qu'il était mentalement convaincu que l'on ne tue pas tous les jours une panthère.

La peau de l'animal avait une valeur; on se hâta de l'écorcher avec soin et de la placer dans le wagon, pendant que le chasseur naturaliste faisait l'autopsie du cadavre, dans l'intérieur duquel il trouvait des débris informes de pigeons à moitié digérés, dont la bête carnassière avait fait sa pâture pendant la nuit précédente, en grimpant sur les arbres pour y surprendre les pauvres oiseaux endormis.

Cette aventure de chasse devint le thème de notre conversation pendant le reste du jour. Chacun raconta ce qu'il savait des mœurs et de l'histoire naturelle du couguard, et je reproduis ci-après les notions qui me furent données à ce sujet.

CHAPITRE VII

Le couguard.

Le couguard (*felis concolor*) est le seul chat sauvage à longue queue quasi-indigène à l'Amérique du Nord, dans une étendue carrée de *trente degrés*. Le chat sauvage proprement dit est tout simplement le lynx à courte queue ; il y en a trois espèces différentes. Le couguard, lui seul, est le véritable *felis magnus*, et représente dignement l'espèce aux États-Unis.

Ce quadrupède, dans les régions où on le trouve, a reçu de nous des qualifications diverses et d'une trivialité plus ou moins douteuse. Les Anglo-Américains qui lui font la chasse le nomment indifféremment : panthère, et dans leur patois : *painter* — jeu de mots sur le nom de *panthère* et celui de *peintre*, qui se prononcent à peu près de même aux États-Unis. Dans presque toute l'Amérique du Sud, comme aussi dans le Guatimala, le Yucatan et le Mexique, on lui donne le nom terrible de lion (*leon*), et au Pérou on l'appelle *puma* ou *poma*. Le couguard n'est point rayé de bandes foncées sur un fond blanc, comme l'est le tigre son congénère ; il n'est pas non plus moucheté, ainsi qu'un léopard, ni taché de grandes plaques noires et fauves, à l'exemple du jaguar. C'est à cause de cela que les naturalistes ont donné au couguard la qualification de *concolor*. Autrefois, on avait adopté l'adjectif latin *discolor*, mais le dernier titre a prévalu.

Parmi les animaux sauvages, il en est peu dont le pelage soit aussi régulier que celui du couguard. Les différents spécimens qui existent dans les musées ou collections particulières se ressemblent tous, à peu d'exceptions près. Cependant, certains naturalistes ont décrit des couguards mouchetés. Selon eux, ces taches ne paraissent pas dans le pelage, lorsqu'il est placé dans un certain jour. Chez les jeunes couguards, on rencontre ces marques bizarres dans le poil ; mais à mesure qu'ils deviennent forts, elles disparaissent peu à peu pour faire place, lors de la croissance complète, à une couleur uniforme d'un rouge brun, teinté de tan, qui s'éclaircit tant soit peu sur les joues et sous le ventre. Cette nuance de pelage ne ressemble pas à celle du lion ; elle est plus rougeâtre et plus en rapport avec celle d'un veau.

Le couguard n'a pas des formes très élégantes ; au premier aspect, il est même fort disproportionné. Son train de derrière est allongé et maigre, et sa queue est loin d'être bien attachée à sa place ordinaire, comme chez les autres individus de l'espèce féline. Ses jambes sont courtes et massives ; ainsi ce quadrupède, tout en n'ayant pas l'air gauche, n'en est pas moins dépourvu de cette tournure gracieuse qui caractérise ses congénères.

Quoique, dans le nouveau monde, le couguard soit considéré comme le représentant de l'espèce léonine, il est loin de ressembler au roi du désert. C'est à peine, ainsi que je l'ai prouvé, si sa couleur peut expliquer d'une manière spécieuse cette appellation par trop orgueilleuse. C'est plutôt un tigre, un jaguar ou une panthère qu'un lion. Le couguard n'a ordinairement pas plus de six pieds de long du museau au bout de la queue, et cet appendice *à la Fourier* compte dans cette mesure pour près d'un tiers de la longueur.

Du Paraguay jusqu'aux grands lacs de l'Amérique du Nord, le couguard règne sur le désert, et néanmoins on ne rencontre pas souvent un de ces animaux, même en chassant tous les jours, dans les endroits où ils se plaisent.

Ces bêtes carnassières ne se promènent d'ailleurs que la nuit pour chercher leur pâture, et puis leur race n'est pas heureusement aussi productive que les autres. A l'instar de ses congénères, le couguard a des mœurs solitaires, et à mesure que la civilisation envahit le sol américain, les individus de cette espèce de chat se retirent au milieu des forêts inexplorées. Comme on le voit, le couguard se rencontre partout dans les Etats de l'Union, mais partout c'est un animal rare, qui hante les vals boisés, les montagnes couvertes de broussailles et les lieux les plus inaccessibles des déserts. La présence avérée d'un couguard près d'une plantation suffit pour mettre tout le monde sens dessus dessous. Il est craint autant pour ainsi dire qu'un chien atteint d'hydrophobie.

On éprouve un grand plaisir à voir un de ces animaux s'élancer le long d'un arbre, et se hisser jusqu'aux plus hautes branches avec l'agilité d'un chat. Malgré la grosseur et le poids de son corps, c'est au moyen de ses griffes qu'il s'accroche à l'écorce, et non pas par la pression, ou plutôt par l'étreinte, comme le font les ours et les oppossums. On entend alors l'écorce de l'arbre craquer comme le ferait un diamant éraillant une feuille de cristal. Souvent l'astucieux quadrupède s'accroupit sur une branche horizontale placée à trois mètres au-dessus du sol, et dès qu'un cerf ou tout autre animal vient à passer à sa portée, il s'élance et l'étrangle pour en faire son repas. Le couguard aime aussi à attendre sa proie sur le bord d'un ravin: cette habitude bien connue a fait admettre dans la langue américaine cette expression pittoresque: *panther ledges*, ravines à panthères, qui désigne un endroit sauvage, un coupe-gorge. Les rochers sur lesquels se couche le couguard abritent ordinairement une source ou un de ces suintements d'eau imprégnés de sel ou de soude, que l'on rencontre à chaque pas en Amérique. Dans un lieu semblable, les longues heures de l'affût sont toujours récompensées par un succès.

Quel que soit l'animal qui va devenir la proie du cougard, élan, cerf, antilope ou buffalo, il accourt au-devant du danger, rempli de confiance, sans soupçonner la présence de son ennemi. Dès qu'il est à portée, le pauvre quadrupède sent tout à coup une masse qui lui tombe sur les épaules, et des griffes acérées qui s'implantent autour de son cou: la terreur lui donne des forces, il fuit, il s'élance au milieu des plus épais canniers, des ronciers les plus inextricables, dans l'espoir de se débarrasser ainsi de cette étreinte cruelle. Hélas! toutes ces tentatives sont vaines! Le couguard, les griffes implantées dans la chair de sa victime, reste inébranlable; ses dents ont déchiré la gorge de la malheureuse bête, il se laisse entraîner dans une fuite désespérée; sa langue, appliquée contre une plaie béante, suce le sang qui en découle à grands flots.

Epuisé, anéanti, à bout de forces, le quadrupède blessé bronche enfin et s'abat; c'est alors que le couguard s'allonge sur ce cadavre, et achève son repas en déchiquetant ces restes palpitants.

Le couguard n'a pas besoin d'une très grande quantité de viande pour apaiser sa faim, et cependant, toutes les fois qu'il lui est possible d'étrangler une harde de cerfs les uns après les autres, il se livre à ce massacre inutile dans le seul but de se repaître de sang.

Sur ce point comme sur beaucoup d'autres, le couguard ne ressemble pas au lion ; l'un tue pour se nourrir, et l'autre tue par plaisir. Son instinct le porte à détruire ; c'est le fou furieux qui frappe à tort et à travers pour répandre du sang.

Au nombre des animaux américains, il en est un, tout petit, et très inoffensif en apparence, qui maintes fois se dispute avec le couguard et lui livre bataille. Cet animal est le porc-épic du Canada. Nul ne peut dire si le couguard remporte quelquefois la victoire ; mais il est certain qu'il a contre le porc-épic une haine implacable, qu'il l'attaque en toute occasion, et que la mort est souvent le résultat de ces combats fantastiques. Les piquants du porc-épic canadien sont tant soit peu barbelés à la pointe ; aussi, dès que l'un d'eux est enfoncé dans la peau d'un animal vivant, grâce à ce mécanisme particulier, il pénètre plus profondément encore au moindre mouvement de celui qui en est percé. Il est faux que le porc-épic puisse à volonté lancer comme une flèche ses piquants contre l'ennemi qui l'attaque ; mais il est certain qu'il a le pouvoir de laisser implantés dans la chair de son adversaire un ou plusieurs piquants, au moment où bon lui semble. Dès qu'il est aux prises avec un animal dangereux, il met en œuvre ce moyen de défense, toujours avec succès ; et, comme le Parthe, il décoche ses traits, en fuyant, tantôt implantés dans la langue, les joues et les lèvres du couguard ou de tout autre carnassier dévorant. La martre du Canada (*martela Canadensis*) peut seule tuer un porc-épic avec impunité. Pour en venir à bout, elle l'attaque sous le ventre, où, comme on le sait, il n'y a pas de piquants, et elle réussit facilement à lui arracher les entrailles.

Le couguard a la réputation d'être lâche et peureux. Certains naturalistes assurent même qu'il ne se hasarde jamais à attaquer l'homme. C'est là, disons-le, un fait erroné ; il serait facile de raconter ici de nombreuses aventures de chasse, pendant lesquelles des pionniers et des trappeurs ont été attaqués et dévorés par des couguards. A l'époque où les Américains commençaient à s'avancer dans les terres pour les cultiver, il est arrivé maintes fois que leur vie a été mise en danger par les attaques imprévues de ce dangereux carnassier. Mais de nos jours, il est vrai, les couguards des Etats-Unis sont devenus plus timides : ils fuient la présence de l'homme, et s'attaquent rarement à lui. Le contraire serait en effet très étrange, car voici bientôt deux cents ans qu'ils sont traqués par des chasseurs dont l'adresse a dû leur donner la preuve de l'inutilité d'une défense prolongée. Les lions africains placés dans une pareille alternative par des Gérards sans nombre, en arriveraient indubitablement à cette timidité servile en présence du bipède humain. Qu'on se le dise ! La déchéance physique et morale de tous les animaux dangereux de l'Amérique du Nord, ours, couguards, lynx, loups et alligators même, est un fait acquis ; ils ne sont plus comptés dans les dangers d'un voyage en Amérique. Il résulte, par des preuves authentiques, que leur courage à l'endroit de l'homme a été annihilé du moment où leurs nerfs ont été crispés par la détonation d'une arme à feu. Toutes les anecdotes contemporaines tendent à démontrer ce fait.

Dans plusieurs parties de l'Amérique du Sud, le jaguar et le couguard attaquent l'homme, et le nombre de ceux qui périssent victimes de ces dangereux carnassiers est chaque année très considérable. Au Pérou, sur les pentes abruptes des montagnes des Andes, des villages entiers ont été abandonnés par les habitants, qui redoutaient le voisinage périlleux de ces animaux.

Aux Etats-Unis, on chasse le couguard à l'aide d'une meute et à coup de fusil.

Il fuit toujours devant les chiens, parce qu'il n'ignore pas que derrière eux se trouve la carabine de leurs maîtres et que cette arme ne pardonne jamais ; cependant, malheur au limier qui s'avance trop près de lui, d'un seul coup de patte, le couguard l'éventrera sans effort. Quand il est impossible au couguard de se dérober à ceux qui le poursuivent, il s'élance le long d'un tronc d'arbre, et, s'arrêtant sur l'une des branches maîtresses, il se pose en gladiateur, le poil hérissé, les yeux hors de la tête et miaulant comme un chat, avec la seule distinction que ses cris sont aigus et perçants comme ceux d'un loup-coyotte. Un coup de carabine bien ajusté met ordinairement un terme à ces forfanteries inutiles, et le couguard tombe sur le sol, blessé quelquefois, mais bien plus souvent roide mort, car rien n'est plus facile que de tuer un couguard, surtout lorsqu'il est au repos. Si l'animal n'est que blessé, les chiens et lui se livrent un combat à outrance ; maintes fois, les plus hardis de la meute reçoivent des coups de griffes dont ils portent des marques qu'ils gardent le reste de leur vie

On cite le cri du couguard comme le plus horrible de tous ceux des animaux carnassiers. Il ne paraît pas certain pourtant qu'il soit dans l'habitude de pousser de semblables hurlements, bien qu'on lui ait souvent attribué ces glapissements sans nom qu'on entend quelquefois la nuit dans les forêts américaines.

Les chasseurs prétendent que le cri dont il est question est particulier à une des nombreuses espèces de hiboux qui peuplent les vastes et profondes forêts de l'Amérique du Nord.

A des intervalles assez rapprochés les uns des autres le couguard fait entendre un son qu'on pourrait comparer à un profond soupir, comme si on articulait avec une expression toute gutturale les syllabes : *co-aa*, ou couguard. Serait-ce de là que lui viendrait son nom si bizarre ? Je ne saurais l'affirmer.

CHAPITRE VIII

Une aventure du vieux Ike

La journée ne pouvait naturellement se clore que par une histoire relative à la panthère. On s'était déjà dit tout bas que, dans son temps, le vieux Ike ayant *nettoyé* un grand nombre de ces animaux, il pourrait, s'il le voulait, nous faire quelque peinture descriptive de ce sport.

« Eh bien, mes amis étrangers, commença-t-il, il est vrai que la panthère que nous venons de tuer n'est pas la première panthère qui se soit trouvée sur mon chemin. Il y a environ quinze ans, je m'en allais à la Louisiane, et, un beau jour, je rencontrai une panthère. C'est une histoire fantastique, vous allez voir. »

— L'histoire ! voyons l'histoire ! s'écrièrent plusieurs d'entre nous.

Chacun se pressa autour de Ike, on s'assit pour l'écouter avec plus d'attention. Nous savions tous qu'une histoire du guide ne pouvait être que fort drôle, et notre curiosité était sur le qui-vive.

» Eh bien donc, continua-t-il, là-bas, dans la Louisiane, il y a des inondations telles que je ne suppose pas que vous en ayez jamais vu de pareilles en Angleterre. »

Ici, Ike s'adressa plus particulièrement à notre compagnon anglais.

« L'Angleterre n'est pas assez étendue pour être dévastée par de semblables inondations. Une seule du même genre suffirait pour couvrir tout votre pays, du moins d'après ce que j'ai entendu dire ; je ne prétends pourtant pas que ce soit la vérité, car je ne suis pas au courant de votre géographie. Tout ce que je sais, c'est qu'il y a par là-bas des flaques d'eau d'une largeur sans pareille, et que pour traverser l'une d'elles j'ai été obligé de ramer dans mon canot pendant plus de cent milles. Pendant trois jours et trois nuits, je n'ai vu que le faîte des cyprès qui paraissaient au dessus des eaux. Tous les ans, comme vous le savez, il y a des inondations ; mais ce n'est que de temps en temps qu'on en voit d'aussi fortes.

» Eh bien donc, comme je vous le disais, il y a environ quinze ans, j'allai m'établir sur les bords de la rivière Rouge, à cinquante milles à peu près au-dessous de Nackctosh, et je m'y bâtis une hutte. J'avais laissé ma femme et mes deux enfants dans l'Etat du Mississipi, avec l'intention d'aller les chercher au printemps ; ainsi, vous le voyez, j'étais seul, tout seul, car ma seule compagnie était ma vieille jument, mes seules armes une hache et, comme il va sans dire, ma bonne carabine.

» J'avais presque achevé ma cabane, il ne me restait plus qu'à boucher quelques trous et à me bâtir une cheminée, quand tout ce travail fut détruit par une de ces satanées inondations. Il faisait nuit lorsqu'elle commença ; je dormais étendu sur le plancher de ma cabane, et le premier avertissement que j'eus de la présence de l'élément destructeur, ce fut le sentiment de la fraîcheur de l'eau, qui imbibait la laine de ma couverture. J'avais fait un méchant rêve dans mon premier sommeil, je m'étais imaginé qu'il pleuvait très fort et que je me noyais dans le Mississipi : soudain je me réveillai, et je ne fus pas longtemps sans deviner que j'avais près de moi la réalité. Je fis un saut pour me relever comme l'eût fait un daim effrayé, et je cherchai la porte en tâtonnant.

» Je parvins à l'ouvrir ; quel horrible spectacle ! J'avais défriché une pièce de terre tout autour de ma cabane, — une couple d'arpents au plus, — et j'avais eu soin de couper les troncs d'arbres à trois bons pieds de hauteur au-dessus du sol, on n'en voyait plus un seul ; les troncs étaient couverts par l'eau, je les voyais encore poindre tout autour de ma pauvre maison.

» Comme vous pouvez le croire, ma première pensée fut de sauver ma carabine ; je rentrai à la hâte et mis la main dessus sans tarder.

» Puis je pensai à chercher ma vieille jument. Elle n'était pas difficile à trouver, car si jamais une créature a fait du bruit en pareille situation, c'est bien celle-là. Je l'avais attachée à un arbre près de ma cabane, et elle poussait des cris à effrayer tous les chats du monde. Je la trouvai dans l'eau jusqu'au ventre, ruant et se démenant en tous sens, et cherchant à déraciner l'arbre pour s'échapper. Elle n'avait sur elle que la corde qui servait à l'attacher ; la bride et la selle avaient été emportées par le courant. Je fis alors de la corde une espèce de licol, et je m'élançai sur son dos.

» Je me mis alors à songer où j'allais. Tout le pays paraissait sous l'eau ; et mon plus proche voisin demeurait de l'autre côté de la prairie, à une dizaine de milles. Je savais bien que sa demeure était sur un terrain élevé ; mais comment y parvenir ? Il faisait nuit, je pouvais m'égarer et m'en aller droit à la rivière.

» A force de réfléchir à ma position, je conclus qu'il valait mieux rester jusqu'au jour près de ma hutte. Je pouvais y faire entrer ma monture afin qu'elle ne fût pas emportée par le courant : quant à moi je me hisserais sur le toit.

» Je remarquai que l'eau devenait de plus en plus profonde, et l'idée me vint que ma vieille jument pourrait bien s'y noyer. Moi je n'avais pas peur, je pouvais grimper sur un arbre et attendre la fin de l'inondation ; mais perdre ma jument ! C'était un animal trop précieux pour songer à en faire le sacrifice. Aussi je pris le parti de traverser la prairie. Il n'y avait pas une minute, pas une seconde à perdre. Je donnai deux ou trois coups de talon dans les flancs de ma monture, qui s'élança au grand trot.

» Jusqu'au bord de la prairie le chemin fut assez facile à retrouver ; dès les premiers jours de mon arrivée dans le pays j'avais tracé un sentier, et, comme la nuit n'était pas bien noire, en passant à travers les arbres je reconnaissais les marques que j'avais faites. Ma jument connaissait la route tout aussi bien que moi, et, tout en pataugeant, elle marchait bon train. Ce fidèle animal devinait par instinct que nous n'avions pas le temps d'hésiter. Au bout de cinq minutes, nous nous trouvâmes au bord de la prairie : comme je m'y attendais, tout était couvert d'eau ; on aurait dit un vaste étang dont les eaux brillaient, malgré la nuit, d'un bord à l'autre dans un espace découvert et dénué de toute végétation.

» Par bonheur, je pouvais entrevoir les arbres qui se trouvaient à l'extrémité de la prairie. Il y avait entre autres un bosquet de cyprès que je distinguais facilement ; je savais qu'il était placé devant l'habitation de mon voisin. Alors j'éperonnai ma jument, qui s'élança droit dans cette direction.

» En quittant les bois, la jument avait de l'eau jusqu'aux hanches. Je m'attendais bien à rester ainsi un bon bout de temps à patauger ; mais je n'aurais jamais supposé que l'eau pût monter encore ; c'était un oubli impardonnable. J'avais à peine fait deux milles en avant, lorsque je m'aperçus que l'inondation augmentait rapidement, car ma jument s'enfonçait de plus en plus.

» Il ne fallait pas penser à revenir sur ses pas : ma jument allait se noyer pour sûr, si je ne gagnais pas les hauteurs ; aussi dis-je quelques mots d'encouragement à ma bête, afin de l'exciter à faire de son mieux, et j'avançai tout droit devant moi. La pauvre créature savait bien qu'il y avait du danger ; aussi n'avait-elle pas besoin de l'éperon, elle y mettait tout son courage, je puis le dire. Et pourtant l'eau montait toujours, jusqu'à ce qu'enfin elle atteignit l'épaule de ma jument.

» La position me parut des plus inquiétantes. Nous n'étions à peine qu'à moitié chemin, et je voyais que, pour peu que cela continuât, il faudrait nous jeter à la nage. Je ne me trompais pas. Un instant après, il me sembla que l'eau devenait tout à coup plus profonde, comme s'il y avait un creux dans la prairie. J'entendis la jument souffler avec force, et elle s'enfonça jusqu'à ce que l'eau me vint à la ceinture. Elle remonta aussitôt à la surface ; mais, au changement d'allure, je reconnus qu'elle n'avait plus pied. Elle nageait, il n'en fallait plus douter.

» D'abord, je voulus la ramener à la maison, et pour cela je la fis virer de bord ; mais, de quelque côté que je dirigeasse la pauvre bête, il lui était impossible de toucher le sol.

» J'étais donc, gentlemen, dans un grand embarras, moi et ma jument. Je crus vraiment que nous étions perdus tous les deux, car je ne pouvais m'imaginer que le pauvre animal pût nager jusqu'à l'autre bord, surtout si je restais sur son dos; car, à cette époque, j'étais un peu plus dodu que je ne le suis maintenant.

» Je me mis à penser à ma femme, ma bonne Marie, à mes enfants, à ma cabine du Mississipi, à toutes les affaires que j'avais laissées en désordre, et tout cela ne faisait qu'ajouter à mes tourments. La jument allait toujours en avant, mais à chaque instant je sentais qu'elle s'enfonçait de plus en plus ; je voyais bien que ses forces s'épuisaient, et qu'elle ne pouvait plus résister longtemps à cette fatigue.

» Tout à coup il me vint à l'idée que, si j'abandonnais mon siège sur son dos et si je m'accrochais à sa queue, elle pourrait se soutenir un peu plus de temps. Sans plus tarder, je me laissai glisser dans l'eau, et je me saisis de ses longs crins. Ce moyen réussit d'abord, elle put nager avec plus de facilité ; mais nous n'avancions pas vite à travers cette masse d'eau, et je commençais à perdre l'espoir d'arriver au bord.

» Elle me remorqua de la sorte à peu près un quart de mille, lorsqu'il me sembla apercevoir quelque chose de noir qui flottait en avant : la nuit était devenue beaucoup plus sombre ; cependant, j'y voyais encore assez pour distinguer que c'était une souche.

» Une idée me vint à l'instant ; mon seul moyen de salut était de m'emparer de la souche. Délivrée du poids de mon lourd individu qui pendait à sa queue, la jument aurait plus de chance de se sauver ; elle trouverait pied quelque part. J'attendis donc que nous fussions un peu plus près, et alors, lâchant la queue, je m'élançai sur le bloc de bois que j'étreignis de toute ma force.

« La jument continua de nager sans paraître s'apercevoir que je n'étais plus près d'elle ; je la vis disparaître dans l'obscurité. Je m'abstins de lui dire adieu, dans la crainte que ma voix ne la rappelât, car elle aurait pu heurter du pied mon appui et le faire rouler sens dessus dessous. Je me tins donc tranquille, et la laissai se diriger comme bon lui semblait.

» Bientôt je m'aperçus que mon tronc d'arbre s'en allait à la dérive ; car l'eau avait fini par former à travers la prairie un courant assez rapide. Je m'étais hissé par une des extrémités afin de me placer à cheval : mais comme le tronc était assez enfoncé, j'avais encore de l'eau jusqu'à la hauteur de la ceinture.

» Il me sembla que je serais plus à mon aise vers le milieu, et je me disposais à me glisser au centre de mon radeau, lorsque tout à coup j'entrevis quelque chose d'accroupi à l'autre bout.

» Il ne faisait pas très clair, car, depuis que j'avais quitté ma cabine, la nuit n'avait fait que devenir de plus en plus sombre ; cependant on y voyait encore assez pour distinguer que cet objet n'était autre qu'une bête féroce ; de quelle espèce, je n'aurais pu le dire. Ce pouvait être un ours, comme ce pouvait être un autre animal ; cependant je soupçonnais que ce devait être un ours ou une panthère.

» Mes doutes à ce sujet ne furent pas de longue durée ; tout en dérivant, le tronc d'arbre décrivait des cercles nombreux ; et lorsque l'animal passa sous un des rayons de lumière qui convergeaient, j'aperçus la lueur de ses yeux ; je vis aussitôt que ce n'était pas ceux d'un ours, mais bien ceux d'une panthère ; il n'y avait pas à s'y méprendre.

» J'avoue, messieurs, qu'en ce moment j'éprouvai une sensation inexprimable Je n'essayai pas davantage de m'avancer vers le milieu du tronc ; bien au contraire, je me reculai jusqu'à l'autre extrémité, jusqu'à ce qu'il me fut impossible d'aller plus loin.

» Je demeurai longtemps dans cette position, sans remuer ni bras ni jambes, n'osant pas faire un mouvement, dans la crainte d'exciter cette vermine à m'attaquer.

» Il ne me restait plus d'autre arme que mon couteau, car j'avais lâché ma carabine en quittant le dos de la jument, et il y avait longtemps qu'elle était tombée au fond de l'eau. Bien loin de me disposer à soutenir une lutte avec la panthère, je me sentais tout déterminé à ne lui rien dire tant qu'elle me laisserait en repos.

» Nous voguâmes ainsi, d'après mon calcul, pendant une grande heure, sans qu'aucun de nous songeât à remuer. Assis face à face l'un de l'autre, lorsque de temps en temps le courant imprimait au tronc d'arbre un mouvement d'oscillation, nous nous faisions, la panthère et moi, une suite de révérences comme deux enfants qui jouent à la balançoire. Je pouvais voir pendant tout ce temps-là mon ennemi tenir ses yeux fixés sur les miens ; il est vrai que mon regard ne quittait pas les siens, même d'une seconde. Je savais que c'était le seul moyen de la tenir en respect.

» J'en étais à me demander comment se terminerait tout ceci, lorsque je m'aperçus que nous approchions des bois, nous n'en étions guère qu'à deux milles ; mais l'eau couvrait tout, on ne voyait que le sommet des arbres. Je me dis alors que, lorsque notre embarcation flotterait parmi les branches, je n'aurais qu'à saisir l'occasion favorable, et à m'accrocher en passant à un arbre sans en rien dire à mon compagnon de voyage.

» En ce moment même, droit en tête de nous, apparut quelque chose qui ressemblait à une île. Mais qui diable aurait pu entraîner une île en pareil lieu ? Je me souvins alors que dans cette partie de la prairie j'avais souvent remarqué un tertre assez élevé, une espèce de montagne construite par les Indiens, comme je le suppose. C'était assurément le faîte de ce monticule que je prenais pour une île.

» D'après la route que suivait le tronc d'arbre, je calculai qu'il devait passer à vingt mètres de là ; je pris aussitôt la résolution d'y aborder aussitôt que l'occasion s'en présenterait, afin de laisser la panthère continuer sans moi son voyage aquatique.

» Lorsque j'avais aperçu l'île, il m'avait semblé voir sur son sommet quelque chose qui ressemblait à des buissons. Je savais pourtant qu'il n'y en avait pas sur le monticule.

A mesure que j'approchai, je découvris que ces broussailles supposées étaient tout simplement des animaux. Il y avait là des daims, car j'entrevis un bois énorme aux andouillers crochus se dresser entre le ciel et moi. Je vis encore là un animal plus gros qu'un cerf ; ce devait être un cheval, ou bien un bœuf des Opélousas. Malgré tout, je persistai à croire que c'était un cheval.

» J'avais deviné juste, car c'était un cheval pour de bon, ou plutôt c'était une jument, la mienne, comme vous l'avez deviné.

» En se séparant de moi, la pauvre bête avait suivi le courant, et, guidée par son instinct, elle avait nagé droit sur l'île. Elle était debout, le poil aussi lisse que si on l'avait frotté d'huile.

» D'après mes appréciations, le tronc d'arbre devait se trouver assez proche.

Je me laissai donc glisser aussi doucement que possible, et je lâchai mon bout. Je plongeai naturellement, et au moment où je revenais sur l'eau, j'entendis un bruit qui ressemblait à une chûte. Jetant aussitôt un coup d'œil de côté, je découvris à quelques brasses la panthère, qui avait aussi quitté son refuge, et qui s'avançait dans la direction que je prenais moi-même.

» Je crus d'abord qu'elle allait m'attaquer, et, afin d'être prêt à tout événement, je tirai mon couteau d'une main, tout en continuant à nager de l'autre. Il n'en était rien ; la panthère n'avait pas le temps de se montrer belliqueuse ; elle nageait de son mieux, n'ayant, selon toute apparence, qu'un seul but, celui de gagner la terre ferme sans chercher à me molester ; de sorte que nous nous en allions nageant côte à côte, sans qu'un mot fut échangé entre nous.

» Je ne cherchai pas, vous le croirez aisément, à rivaliser de vitesse, comme le fait un cheval dans un steeple-chasse ; je préférai même voir la panthère me dépasser, plutôt que de la sentir sur mes derrières ou entre mes jambes.

» Elle aborda donc la première, et je pus deviner au bruit qui se fit, aux trépignements qui se manifestèrent, que son apparition inattendue avait causé une certaine émotion parmi les hôtes de l'île. Je pouvais aussi voir les daims et la jument galoper sur cet étroit espace, comme si le diable se fût mis à leurs trousses.

» Aucun d'eux, cependant, ne cherchait à se jeter à l'eau ; selon toute probabilité, ils étaient tous satisfaits de leur premier bain.

» Je fis un petit détour, afin de ne pas aborder près de la panthère ; mes mains saisirent un angle du rocher, je pus me hisser, et je sautai lestement sur le monticule. A peine étais-je sorti de l'eau tout ruisselant, que j'entendis un hennissement dont la répercussion me fit éprouver une joie incommensurable. C'était la voix de ma vieille jument, qui m'avait reconnu, et au même instant la pauvre bête vint frotter ses naseaux contre mon épaule. Je m'emparai de son licol, et, prenant mon élan par côté, je lui sautai sur le dos, car je craignais encore la panthère. La croupe de ma jument me semblait être l'endroit le plus favorable de tout l'îlot et du pays environnant, et cependant ce n'était pas encore la retraite la plus sûre.

» Je pus alors regarder autour de moi et examiner à mon aise, — si l'on veut, — la nouvelle société au milieu de laquelle je venais de tomber. Le jour commençait à poindre, et permettait de discerner plus distinctement les objets. Le sommet du tertre qui se trouvait hors de l'eau pouvait avoir l'étendue d'un arpent ; il était entièrement dénudé, pas un arbre, pas une broussaille, pas une plante n'y poussait ; de sorte qu'il m'était facile de voir, d'un coup d'œil et d'un bout à l'autre, la nature du sol et tous les êtres qui s'y trouvaient, même s'ils n'eussent pas été plus gros qu'un hanneton.

» Je puis vous assurer, gentlemen, que vous me croiriez à peine si je vous disais tout ce qu'il y avait de vermines entassées sur ce petit coin de terre, j'avais peine à en croire mes yeux en examinant cette bizarre compagnie : il me semblait être à bord de l'arche de Noé. Il y avait là, écoutez-moi bien, gentlemen, d'abord ma jument et moi, et j'aurais donné gros pour qu'elle et moi nous fussions bien loin ; puis, ensuite, ma compagne du tronc d'arbre, la panthère. Je comptai aussi quatre daims, un dix cors et trois biches ; tout près, j'aperçus un chat sauvage, derrière lui un ours noir aussi gros qu'un bison. Il y avait ensuite un raton et un opossum, côte à côte avec deux loups gris, un lapin de marais, et, que le diable la confonde ! une fouine musquée, infecte. Peut-être cette dernière n'était-elle pas l'être le plus dangereux de la bande, mais c'était pour sûr le plus désagréable, car il sentait aussi mauvais que l'eût fait un putois.

» Je vous ai dit, gentlemen, quelle fut ma surprise lorsque je vis la réunion sans pareille de toutes ces créatures ; mais je puis vous assurer que mon étonnement redoubla quand je pus étudier la manière dont ils se comportaient les uns avec les autres. La panthère, couchée côte à côte avec les daims, qui ordinairement fuient à son approche, et non loin des deux loups ; le putois, à quelques pas de la fouine musquée et du lapin de marais ; l'ours, tout près du vieux opossum si rusé. Ils étaient là tous, ne faisant pas plus d'attention l'un à l'autre que s'ils avaient passé leur vie dans la même cage.

» La société entière de mes camarades à quatre pattes agissait comme d'un accord particulier : chacune de ces bêtes me paraissait avoir perdu toute énergie, grâce au danger de l'inondation.

» Tout ce que je craignais, c'était que la panthère et l'ours, car je n'avais pas peur des autres, ne cherchassent à nous attaquer aussitôt que l'eau commencerait à baisser ; aussi, pendant tout le temps que je restai sur le monticule, je demeurai immobile et coi comme les autres, côte à côte avec ma jument. Mais ni l'ours ni la panthère ne manifestèrent aucun signe d'hostilité pendant toute la journée et la nuit qui suivit.

» Je vous fatiguerais certainement si je vous racontais en détail les mouvements auxquels se livrèrent ces animaux pendant la mortelle durée de ces vingt-quatre heures. Nul d'entre eux n'osa mettre la dent ou poser la griffe sur l'autre. La faim me pressait assez moi-même, et j'eusse volontiers découpé un *steak* dans les gigots de l'un des daims ; mais je n'eus pas le courage d'en arriver à cette extrémité : je craignais de faire à la paix générale une infraction qui pouvait amener une guerre dangereuse.

» Le surlendemain, au point du jour, je m'aperçus que les eaux diminuaient. Aussitôt qu'elles furent assez basses, j'y fis descendre doucement ma monture, et, sautant sur son dos, je pris congé de mes voisins sans leur dire adieu. Ma jument avait encore de l'eau jusqu'au ventre ; aussi j'étais sûr qu'on ne pouvait me poursuivre qu'à la nage ; du reste, aucun des carnassiers ne parut y songer.

» Je dirigeai ma course droit vers l'habitation de mon voisin, que je pouvais distinguer à environ trois milles de distance, et, en moins d'une heure j'arrivais devant sa porte. J'eus à peine échangé quelques mots avec lui pour lui raconter mon aventure, que je le priai de me prêter un de ses fusils — il en avait deux par hasard — en l'engageant à prendre l'autre et à m'accompagner a cheval. Nous reprîmes aussitôt le chemin de l'îlot.

» Le gibier n'était plus tout à fait dans la même position que lorsque j'avais quitté le rocher. Grâce à l'écoulement des eaux, la panthère, le chat et les loups avaient repris courage. Il n'y avait plus ni lapin de marais ni opossum : on apercevait à peine quelques traces de leur poil ; l'une des biches était à moitié dévorée.

» Mon voisin passa d'un côté et moi je me glissai de l'autre, en nous avançant aussi près que possible, afin de cerner l'île à nous deux.

» D'un premier coup de fusil, j'abattis la panthère ; lui, de son côté, en fit autant pour l'ours ; puis nous dépêchâmes les deux loups. Quant aux daims, nous prîmes tout le temps nécessaire pour les mettre à bas, et ce ne fut pourtant pas une longue opération. Nous laissâmes la fouine musquée pour la dernière, car nous ne voulions pas être empestés pendant que nous serions occupés à écorcher le gibier.

» Elle n'évita cependant pas le sort qui l'attendait, et nous remontâmes aussitôt à cheval, chargés de la viande de l'ours et des quartiers de daims, autant que nos montures pouvaient en porter.

» Lorsque l'inondation fut tout à fait écoulée, je retrouvai ma carabine. Elle était vers le milieu de la prairie, à moitié enfoncée sous la vase et le sable.

» L'év nement dont j'avais failli devenir la victime me démontra clairement que l'endroit choisi pour mon établissement n'était pas favorable. Je me hâtai d'en chercher un autre, et quand je l'eus trouvé, je me mis à le défricher avec courage. Tout fut prêt à l'époque du printemps ; je retournai alors au Mississipi afin d'y chercher ma femme et mes enfants. »

Cette aventure extraordinaire, dont le vieux Ike avait été le héros, éclairait un point d'histoire naturelle qui, aussitôt que le trappeur eut terminé son récit, devint le sujet de notre conversation. N'est-ce pas, en effet, singulier de voir s'amender les instincts carnassiers des animaux de proie, tels que le couguard, dès qu'ils se trouvent en présence du danger? La peur paraît alors exercer sur eux une influence telle, qu'ils oublient complètement leur férocité, et ne pensent pas, aussi longtemps que dure le péril commun, à attaquer les autres animaux, même ceux qui leur servent ordinairement de pâture. Nous avions presque tous pu nous convaincre par nous-mêmes de ce fait en diverses circonstances, et le vieux naturaliste, aussi bien que nos guides, nous racontèrent plusieurs incidents à l'appui de cette observation. Humboldt en cite un exemple dont il fut témoin sur l'Orénoque : un féroce jaguar et quelques autres animaux se trouvaient flottants sur le même tronc d'arbre, et tous étaient plus ou moins effrayés de leur situation périlleuse.

Le docteur avait écouté avec le plus grand intérêt le récit émouvant de Ike. Aussi voulut-il l'en récompenser en lui faisant passer son flacon d'étain ; comme la journée avait été on ne peut plus intéressante, le flacon fit le tour et passa des lèvres de celui-ci à la bouche de celui-là. En fin de compte, il était à sec.

Ce n'était pas une chose ordinaire que la mort d'un couguard, même dans les déserts les plus sauvages des forêts inexplorées de l'Amérique.

CHAPITRE IX

Le musquash

Aucun incident particulier ne vint distraire la marche du lendemain. Nous avions laissé derrière nous, les bois de haute futaie, et nous nous avancions à travers les taillis de chênes. De toute la journée nous ne pûmes faire lever une pièce de gibier ; le seul animal que nous aperçumes fut un rat musqué qui plongea dans une flaque d'eau, et parvint à nous échapper. C'était justement à l'endroit où nous avions fait halte pour établir notre bivouac ; aussi dès que les tentes furent dressées, quelques-uns des nôtres s'écartèrent dans le but de chasser les rats. Ils avaient découvert sur les bords du petit lac le terrier d'une famille de ces intéressants petits animaux, et s'étaient mis en tête de les en faire déguerpir : leurs efforts restèrent cependant sans succès ; la famille n'était probablement pas dans sa demeure.

Cet incident fit naturellement tomber la conversation sur le rat musqué. Le rat musqué des Etats-Unis est le musquash des marchands de fourrures (*fiber zibethicus*). Son nom lui vient de sa ressemblance avec le rat commun et de son odeur de musc produite par des glandes placées près de l'anus. Les Indiens l'ont appelé *musquash* ; c'est là, du reste, une coïncidence assez remarquable, car le mot *musk* est d'origine arabe, tandis que celui de *musquash* serait un dérivé du français musc. Les premiers marchands de fourrure canadiens étaient Français ou d'origine française, et ce sont eux qui ont formé la nomenclature de tous les animaux à pelleteries de cette contrée. Plusieurs points de ressemblance qui existent entre cet animal et le véritable castor (*castor fiber*) lui ont fait donner par les naturalistes le nom de castor musqué. Du reste, les musquashs et les castors paraissent être de la même espèce, et c'est ainsi que Linnée les avait classés ; mais les nouveaux inventeurs de systèmes ont divisé la famille, non pour simplifier la science, ainsi qu'on pourrait l'imaginer, mais pour faire croire qu'ils étaient de profonds observateurs, dont les découvertes mettaient à l'ombre celles de leurs devanciers.

Les dents, — ces organes favoris du naturaliste de cabinet, qui lui servent de texte pour allonger les pages de ses théories, — l'ont autorisé à poser une ligne de démarcation entre le castor et le rat musqué, bien que les mœurs de ces animaux prouvent qu'ils sont de la même espèce, comme le mâtin appartient au genre lévrier, et même de bien plus près encore. Ce qu'il y a de certain, c'est qu'ils sont si parents l'un de l'autre, que les Indiens, dans leur langage pittoresque, les appellent *cousins*.

La forme du rat musqué diffère peu de celle du castor. C'est un animal à l'encolure épaisse, au corps arrondi et d'une apparence plate : son nez est écrasé, ses oreilles sont courtes et presque entièrement cachées dans sa fourrure ; il a des moustaches roides comme celles du chat, le cou enfoncé dans les épaules, les jambes peu allongées, les yeux petits et noirs, et les pattes armées d'ongles aigus : celles de derrière, plus longues que les autres, sont à moitié palmées, tandis que les pattes du castor le sont entièrement.

Un fait digne d'attention, relatif à la queue de ces deux amphibies, c'est que chez tous les deux elle est presque entièrement dépourvue de poils, couverte d'écailles, et tout à fait aplatie.

Tout le monde a une idée de l'appendice caudal du castor et du parti qu'il sait en tirer ; personne n'ignore quel est l'usage particulier de ce membre de l'animal employé par lui en guise de truelle de maçon ; on connaît sa largeur énorme, son épaisseur, son poids, sa forme, qu'on pourrait comparer à une palette de jeu de paume. La queue du rat musqué, comme celle de son congénère, est dépourvue de poils, couverte d'écailles et très aplatie ; mais au lieu de se trouver placée dans un sens horizontal, comme chez le castor, la partie plate est soudée verticalement.

En outre, la queue du rat musqué n'a pas la forme de la truelle ; elle va en s'amoindrissant comme celle du rat commun. En un mot, il a tant de ressemblance avec les rats de nos habitations, qu'on ne peut le voir sans ressentir un dégoût insurmontable.

Du museau à l'extrémité de la queue, le rat musqué a près de vingt pouces de long, et la grosseur de son corps est environ la moitié de celle du castor. Il est doué du pouvoir singulier de se contracter de telle sorte, qu'il ne paraît plus que la moitié de sa taille ordinaire, ce qui lui permet de passer par des ouvertures impénétrables pour des animaux bien plus petits que lui.

Sa couleur est d'un roux brun sur le dos et cendrée sous le ventre. Il y a cependant, sous ce rapport, bien des exceptions bizarres ; on en a vu de tout noirs, de tout blancs, et d'autres d'un pelage mélangé noir et blanc. Sa fourrure, épaisse et douce, ressemble à celle du castor, sans être d'aussi belle qualité. On y trouve de longs poils roides et de couleur rousse plus longs que le reste ; la queue surtout est peu garnie.

Les mœurs du rat musqué sont aussi singulières, pour ne pas dire davantage, que celles de son cousin le castor, surtout si on laisse de côté toutes les excentricités qu'on a prêtées à ce quadrupède ; on peut même ajouter que dans l'état domestique le rat musqué montre beaucoup plus d'intelligence que le premier.

De même que le castor, c'est un animal amphibie ; on ne le trouve que dans les contrées où il y a de l'eau, et jamais sur les hauteurs arides et desséchées.

Sa région, à lui, s'étend sur toute la surface de l'Amérique du Nord, partout où l'herbe croît et partout où l'eau coule. Il est probable qu'il est originaire du continent méridional ; mais nous ignorons en grande partie l'histoire naturelle de cette zone de notre pays, — et nous bornerons nos remarques sur ce sujet.

A l'encontre de celle du castor, l'espèce du rat musqué ne paraît pas devoir disparaître de sitôt.

En Amérique, de nos jours, on ne trouve plus le castor que dans les parties les plus reculées des solitudes inhabitées. Autrefois, on le rencontrait dans tous les Etats qui bordent la mer Atlantique ; il y est aujourd'hui complétement inconnu. Si parfois on aperçoit encore un castor dans ces Etats riverains de l'Océan, ce n'est plus, comme autrefois, sur une digue formant phalanstère, surmontée de dômes artistement construits : ce castor habite, comme un ermite solitaire, dans un terrier ; il est malingre, rachitique et mal peigné.

Le rat musqué, au contraire, fréquente les habitations de pionniers. On rencontre rarement une mare d'eau, un étang, un ruisseau qui n'ait une ou plusieurs familles de rats musqués demeurant sur ses bords.

Pendant une partie de l'année, ce petit animal vit en société ; le reste du temps il se plaît dans la solitude. Le mâle diffère peu de la femelle ; seulement il est un peu plus gros et sa fourrure est beaucoup plus belle.

Avec le printemps, commence pour lui la saison des amours ; son odeur musquée est alors si forte, qu'elle se fait aisément sentir dans le voisinage de sa demeure. A cette époque, il se choisit une compagne à laquelle il reste invariablement fidèle. On croit que cette union dure pour toute leur existence. Quand la lune de miel est passée, ils se creusent un terrier sur le bord d'un ruisseau ou d'un étang, ordinairement dans quelque endroit écarté et par conséquent très sûr, entre les racines d'un arbre, et toujours dans une situation telle que l'eau, dans ses plus fortes crues, ne puisse atteindre le nid construit à l'intérieur.

L'ouverture du terrier se trouve assez souvent au-dessous du niveau du courant, de sorte qu'on ne peut aisément le découvrir. L'intérieur de cette demeure est tapissée de mousse ou d'herbes moelleuses. Les petits sont au nombre de cinq à six, et la mère les élève avec le plus grand soin, se hâtant de leur inculquer de bonne heure ses meilleures habitudes. Le mâle ne se mêle point de leur éducation ; on le voit, pendant tout le temps que dure l'incubation et l'élévation, errer seul dans le voisinage ; ce n'est qu'en automne, lorsque les petits sont forts et capables de subvenir à leurs besoins, que le père retourne auprès de sa famille, et aussitôt tout le monde se met à l'œuvre pour la construction des quartiers d'hiver. Dès que leur nouvelle habitation, qui est bien différente de la première, est achevée, ils abandonnent celle où ils sont nés. Pour construire cette demeure destinée à les garantir du froid, ils choisissent une pièce d'eau qui, selon leurs prévisions, n'est pas susceptible de geler jusqu'au fond ; si elle est traversée par un cours d'eau, elle n'en vaut que mieux pour eux. Sur le bord, ou souvent même dans quelque petite île au milieu, ils élèvent une sorte d'édifice en forme de dôme, creux en dedans, et ayant beaucoup de rapport avec l'habitation du castor. Ils n'ont pour matériaux que l'herbe et la boue qu'ils tirent du fond de la rivière.

L'entrée de cette demeure est souterraine et se compose d'une ou de plusieurs galeries qui, par une ouverture, communique au-dessous de l'eau. Dans les endroits où une inondation serait à craindre, la terrasse intérieure est exhaussée ; et même souvent ils pratiquent des galeries pour se ménager un lieu de repos à pied sec, en cas où la partie inférieure viendrait à être inondée. Ils ont, du reste, toujours soin de se ménager une sortie libre pour aller en quête de leur nourriture, qui consiste en plantes aquatiques faciles à trouver dans leur voisinage.

Dès que la construction est achevée et que le froid commence à se faire sentir, la famille entière, composée du père, de la mère et des petits, s'y renferme et y passe tout l'hiver. Ils n'en sortent que pour les besoins indispensables. Au printemps, cette demeure est abandonnée pour n'y plus revenir.

Quelle que soit la rigueur de l'hiver, tant qu'ils se tiennent clos dans leur cabane, ils n'ont rien à craindre du froid. La chaleur seule de leurs corps, serrés comme ils le sont, côte à côte, et même parfois les uns par dessus les autres, suffirait pour les en défendre. Plus encore, leurs murs de boue ont plus d'un pied d'épaisseur, et ni la pluie ni la gelée la plus violente ne sauraient pénétrer dans l'intérieur de ces huttes fantastiques.

On a remarqué relativement aux habitations des rats musqués, un fait curieux qui prouve que la nature les a conformés de manière à ce qu'ils sachent se plier aux circonstances dans lesquelles ils peuvent se trouver placés. Les philosophes appellent cela de l'instinct ; mais, selon nous, c'est la marque qu'une haute intelligence a pourvu à leur conservation. C'est une preuve de la providence.

Dans les pays méridionaux, tels que la Louisiane, par exemple, où les cours d'eau ne gèlent pas en hiver, le rat musqué ne se bâtit pas d'habitation comme celle que nous venons de décrire ; il vit toute l'année dans son terrier, creusé sur la rive, il peut ainsi sortir et aller en toute saison pour chercher sa nourriture.

Dans le nord, c'est autre chose. Pendant des mois entiers, les rivières sont couvertes de glaces épaisses ; le rat musqué ne pourrait sortir de son asile ni par-dessous ni par-dessus la glace ; dans ce dernier cas, l'ouverture qu'il lui faudrait pratiquer trahirait sa présence et il se verrait bientôt attaqué par des chasseurs, des chiens et beaucoup d'autres ennemis. Quand bien même il aurait sous l'eau une sortie par laquelle il pût se soustraire aux attaques de ceux qui le recherchent, il y périrait bientôt faute d'air ; car, bien que le rat musqué soit un amphibie, comme le castor et la loutre, il ne saurait vivre absolument sous l'eau. Il faut que de temps en temps il vienne respirer à la surface. En hiver, les eaux courantes ne lui fournissent pas sa nourriture favorite, tirée principalement de la tige et de la racine de certaines plantes aquatiques, qu'il trouve en abondance dans les marécages, où, du reste, il est bien moins en butte aux attaques de l'homme et des animaux carnassiers, parmi lesquels on cite la martre et le putois.

En outre, dans les marais, l'homme ne peut facilement approcher de l'habitation du rat musqué, à moins que la glace ne soit très épaisse. C'est à cette époque qu'existe vraiment pour lui un danger de tous les jours, et, malgré cela, il sait toujours trouver quelque issue pour s'échapper lorsque arrive le moment du péril.

Avec quelle adresse cette petite créature sait changer ses habitudes selon la position géographique où elle se trouve ! Tout à fait au nord, dans les contrées hyperboréennes, fréquentées seulement par la compagnie de la baie d'Hudson, les lacs, les rivières et même les sources gèlent en hiver. Les marais de peu de profondeur sont glacés jusqu'au fond. Comment alors le rat musqué peut-il sortir sous l'eau?

Voici les moyens qu'il met en usage.

Il choisit d'abord un lac d'une certaine profondeur, et, dès que la glace peut le porter, il y fait un trou au-dessus duquel il élève sa maison conique ; par ce trou il va chercher au fond de l'eau tous les matériaux qui lui sont nécessaires. L'habitation se trouve ainsi en relief sur le lac ; l'ouverture, qui n'est autre que le trou primitif, se trouve située dans la terrasse intérieure, et reste toujours dégagée, tant par les soins qu'y apportent les habitants que grâce à leurs sorties continuelles pour aller en quête de leur nourriture, empruntée, comme je l'ai dit, aux racines du marécage.

Cette construction singulière, avec pignon sur la surface du lac et une sortie sous l'eau, suffirait pour le mettre à l'abri des attaques de ses ennemis ordinaires, les animaux carnassiers : peut-être n'est-ce que pour se défendre des quadrupèdes rapaces que la nature a songé à le prémunir ; mais, malgré son adresse et toutes ses ruses, le rat musqué ne peut lutter avec un ennemi plus habile que lui, et cet ennemi, c'est l'homme.

La nourriture du rat musqué est variée, il mange des racines de plusieurs espèces de nénuphars ; mais son meilleur régal, c'est la racine des roseaux (*calamus* ou *acorus aromaticus*). On sait qu'il se nourrit de coquillages, et on trouve fréquemment près de sa hutte des monceaux de coquilles de moules d'eau douce. Quelques personnes assurent qu'ils mangent du poisson ; mais on en a dit autant du castor, et ce fait n'est pas encore clairement prouvé. Les naturalistes de cabinet soutiennent le contraire, se fondant toujours sur leur argument favori, la denture de l'animal ; quant à moi, j'ai fort peu de confiance dans le système des dents, depuis que j'ai vu des chevaux, des bœufs et des pourceaux, manger avec avidité de la chair, du poisson et de la volaille.

Le rat musqué s'apprivoise facilement et devient docile et familier; il est très intelligent, et se plaît à caresser la main de son maître. Les Indiens et les colons du Canada en élèvent souvent dans leur maison ; mais ces animaux ont tant de ressemblance avec le rat commun, à l'époque du printemps, ils émettent une odeur si nauséabonde, qu'il leur sera difficile d'être jamais admis en compagnie des chiens et des chats comme familiers d'une maison. Il est assez difficile de les tenir enfermés : en moins d'une nuit, ils ont l'habileté de se frayer un passage en rongeant les planches de la boîte où on les avait enfermés. Leur chair, quoique ayant une saveur un peu musquée, sert quelquefois de nourriture aux Indiens et aux chasseurs de race blanche; mais les trappeurs et les Peaux-Rouges mangent volontiers de presque tout ce qui a vie, souffle et mouvement. J'ai connu des Canadiens qui mangeaient par goût la chair du rat musqué.

En général, ce n'est pas pour sa chair qu'on recherche cet amphibie ; sa fourrure est d'une bien autre importance ; car elle est presque égale en valeur à celle du castor pour la fabrique des chapeaux, et le prix qu'en retirent les Indiens et les trappeurs de race blanche les dédommage amplement des fatigues qu'ils ont supportées pour se la procurer. On s'en sert aussi pour confectionner des boas et des manchons qui ressemblent assez aux fourrures de la martre américaine (*mustela martes*) : son bon marché la fait souvent préférer à cette dernière. C'est un des articles réguliers du commerce de la compagnie de la baie d'Hudson, qui chaque année expédie des milliers de peaux de rats musqués. Si cet animal n'était pas d'une nature si prolifique, et en même temps s'il n'était pas si difficile à prendre, sa race serait bientôt éteinte.

La manière de chasser le rat musqué diffère de celle mise en usage pour chasser le castor; on le prend maintes fois dans les trappes préparées pour la chasse de ce dernier, mais alors une pareille capture est considérée comme un fâcheux contre-temps, car, dans la trappe où il s'est enfermé lui-même, on aurait pu tuer un castor. On le chasse aussi quelquefois au chien courant, comme la loutre, et pour le prendre on découvre son terrier; mais la capture ne vaut pas la peine qu'on a prise à défoncer sa demeure souterraine. Quelquefois un chasseur décoche un coup de fusil à un rat musqué en passant le long d'un ruisseau, mais presque toujours c'est un coup manqué. Le petit quadrupède a disparu avec la rapidité d'une flèche, il a plongé sans produire dans l'eau le moindre bouillonnement, et une fois au fond, on ne le revoit plus.

Plusieurs tribus indiennes chassent le rat musqué pour avoir à la fois sa chair et sa fourrure; ils ont pour le prendre des moyens particuliers. Le chasseur naturaliste, qui avait séjourné pendant un hiver dans un fort situé près d'une tribu d'Ojibways, nous raconta une des chasses à laquelle il avait eu l'occasion d'assister et à laquelle il avait pris part.

CHAPITRE X

Une chasse aux rats

« Chingawa, fit-il, Indien de la tribu des Chippeways ou Objibways, bien plus connu par les habitants du fort sous le nom de *Vieux-Renard*, était un chasseur renommé dans sa tribu. J'avais réussi à gagner ses bonnes grâces. Ma passion bien connue pour la chasse avait de prime abord été la cause d'un rapprochement maçonnique entre nous; un vieux couteau qui ne me servait plus, et dont je lui fis présent, acheva de resserrer les liens de notre amitié. L'objet ne valait pas quatre sous de bon argent, et cependant il réussit à faire du Vieux-Renard mon meilleur ami. Toute sa science de chasseur, fruit de l'expérience de soixante hivers, devint ma propriété absolue.

» Je n'avais pas encore été initié aux mystères de la chasse aux rats; mais dès que la saison de ce *noble* exercice fut arrivée, le vieux chasseur m'invita à venir avec lui faire la guerre aux rats musqués.

» Nous chargeâmes nos engins sur nos épaules, nous acheminant vers l'endroit où nous devions trouver notre gibier. C'était une rangée de petits lacs ou plutôt d'étangs qui s'écoulaient le long d'une vallée marécageuse, située à dix ou douze milles du fort.

» Nos engins de chasse consistaient en un ciseau à glace garni d'une poignée de cinq pieds de long, une petite pioche, une sorte d'épieu très long dont la pointe en fer ne formait la lance que d'un côté, et une perche légère, droite et souple, ayant à peu près douze pieds de longueur.

» Nous nous étions munis d'une petite provision de vivres et de combustibles, — jamais un Indien pur sang ne marche sans cela; — nous emportions aussi nos couvertures, car notre intention était de passer la nuit près des lacs.

» Après quelques heures de marche à travers les silencieuses forêts dépouillées de leurs feuilles, quand nous eûmes passé sur la glace des lacs et des rivières, nous parvînmes au grand marais, qui, comme on le pense bien, était aussi couvert d'une glace épaisse. Il eût été facile de nous aventurer dessus avec un chariot lourdement chargé et son attelage, sans crainte d'écorner tant soit peu cette surface polie comme un miroir.

» Nous parvînmes bientôt près de quelques petits monticules ayant la forme de dômes qui s'élevaient au-dessus du niveau de la glace; ils étaient bâtis de boue consolidée au moyen de différentes sortes d'herbes aquatiques, et la gelée leur avait donné la dureté de la pierre. Sous chacune de ces voûtes, le Vieux-Renard savait qu'il y avait au moins une douzaine de rats musqués peut-être trois fois plus encore, — confortablement couchés et dormant ensemble côte à côte.

» Comme on n'apercevait aucun trou ni aucune entrée, il était important de savoir comment on atteindrait ces amphibies. Nous creuserons tout bonnement leurs terriers à l'aide d'une pioche, me disais-je, jusqu'à ce que nous puissions pénétrer à l'intérieur; mais ce moyen-là même n'eût pas été un mince travail. D'après ce que me dit mon compagnon, les murailles avaient bien trois pieds d'épaisseur, et cette boue pétrie était devenue, grâce à la gelée, aussi dure que des briques cuites au feu. Et puis, quand nous aurions réussi à défoncer la hutte, y rencontrerions-nous les habitants ?

» Il était plus que probable qu'après toutes nos peines, nous eussions trouvé les cases vides. C'était l'avis de mon compagnon, qui m'apprit alors que chaque hutte était pourvue de passages intérieurs et sous-marins, qui permettaient aux rats musqués de s'évader longtemps avant que l'on pût arriver jusqu'à eux.

» Je me demandais comment nous allions procéder ; mais le Vieux-Renard n'était pas le moins du monde embarrassé. Il jeta à terre ses engins de chasse devant un des monticules, et se mit à l'œuvre sur-le-champ.

» La loge à rats qu'il avait choisie était avancée dans le lac, à quelque distance de la rive, construite entièrement sur la glace ; et comme le savait bien le vieux chasseur, il y avait dans la terrasse intérieure un trou par lequel les animaux pouvaient pénétrer dans l'eau à volonté. Comment donc pouvait-il les empêcher de s'échapper pendant que nous serions occupés à enlever le toit ? Voilà ce qui m'embarrassait ; aussi je suivis avec intérêt tous les mouvements de mon compagnon.

» Au lieu d'attaquer la hutte, il commença, à l'aide de son ciseau, à tailler un trou dans la glace, à environ deux pieds des murs. Quand il eut achevé son premier trou, il en fit un second, puis un autre, et enfin un quatrième ; le tout disposé de manière à former un carré au centre duquel était la loge du rat musqué.

» Les préparatifs étaient achevés pour celle-là ; il alla donc creuser le même nombre de trous autour d'une autre case, puis d'une troisième, et enfin d'une quatrième, procédant aussi méthodiquement que pour la première.

» Enfin, il revint à celle par laquelle il avait commencé, en ayant soin, cette fois, de faire le moins de bruit possible. Il tira de son sac un filet carré fait de lanières de cuir de daim, dont la largeur était celle d'une couverture ordinaire, et, procédant de la manière la plus ingénieuse qu'on puisse voir, il le fit glisser sous la glace jusqu'à ce que les quatre coins fussent ramenés à l'orifice des trous, au travers desquels il les ramena pour les assujettir fortement au moyen d'une ligne qui les reliait tous les quatre ensemble.

» Le procédé mis en usage pour faire glisser le filet sous la glace m'avait rempli d'admiration. Ceci s'effectuait à l'aide d'une ligne que l'on faisait passer d'un trou à un autre, en se servant pour cela de la perche flexible dont j'ai déjà parlé. Cette perche, introduite dans l'un des trous, conduisait la ligne, et était elle-même dirigée par deux bâtons fourchus qui la guidaient ainsi d'ouverture en ouverture. La ligne fixée aux quatre coins du filet servait à le tenir solide dans sa position.

» Le Vieux-Renard s'acquitta de tous les détails de cette curieuse opération avec une grande habileté, et en évitant de faire le moindre bruit, ce qui prouvait qu'il n'était pas novice dans l'art de la chasse aux rats.

» Le filet ainsi serré sous la surface extérieure de la glace, devait nécessairement boucher le passage de sortie, et il est évident que si les rats musqués étaient chez eux, ils ne pouvaient pas s'échapper.

» Mon compagnon m'assura qu'on les y trouverait. Il m'expliqua alors pourquoi il n'avait pas fait usage du filet dès que les trous avaient été taillés dans la glace : c'était afin de laisser le temps de revenir à ceux des membres de la famille qui pouvaient avoir été effrayés par le bruit. Ne savait-il pas pertinemment que ces animaux ne peuvent demeurer longtemps sous l'eau ?

« Il me donna bientôt des preuves de ce qu'il avançait. En quelques minutes, à l'aide du ciseau à glace et de la pioche, nous eûmes percé le dôme, et là, à moitié endormis en apparence, ou plutôt éblouis par l'irruption soudaine de la lumière, nous aperçumes blottis dans la mousse, au milieu d'herbes sèches, huit énormes rats musqués.

» Avant même que je n'eusse eu le temps de les compter, le Vieux-Renard les avait tous, l'un après l'autre, transpercés de son épieu.

» Nous allâmes ensuite vers l'une des autres cases devant lesquelles nous avions troué la glace, et renouvelant la même série d'opérations préliminaires, mon compagnon fit encore une capture de six individus.

» Dans la troisième, il n'en trouva que trois.

» A l'ouverture de la quatrième, un spectacle étrange s'offrit à nos yeux. Il n'y avait plus qu'un seul être vivant, et encore nous parut-il près de mourir de faim ; il était si maigre qu'on ne lui voyait plus que les os et la peau, et, sans aucun doute, la pauvre petite bête se trouvait depuis longtemps privée de nourriture. Près de lui gisaient les squelettes de plusieurs petits animaux que je reconnus tout de suite pour être des rats musqués. La simple inspection du nid nous dévoila tout le mystère. Le passage, qui, dans les autres, traversait la glace et était parfaitement ouvert, se trouvait dans celui-ci complètement gelé. Les habitants n'avaient pas songé à le tenir en état, tant que la glace avait été assez faible pour pouvoir la briser ; dans cette terrible alternative, poussés par la faim, ils s'étaient battus, les plus faibles avaient été mangés par les plus forts, jusqu'à ce qu'enfin il n'y eût plus qu'un seul vivant.

» Nous comptâmes les squelettes, et nous vîmes que cette case, emprisonnée par la glace, n'avait pas contenu moins de onze habitants.

» L'Indien m'assura que dans les hivers rigoureux de tels cas ne sont pas rares. Quelquefois la gelée s'opère si rapidement, que ces amphibies, — qui peut-être ne songent pas à sortir de quelques heures, — se trouvent enfermés par la glace, et sont contraints ou de mourir de faim, ou de se dévorer les uns les autres.

» La nuit approchait, car nous n'étions arrivés que très tard sur les bords du lac. Mon compagnon proposa de suspendre nos opérations jusqu'au lendemain matin. Je me rendis à cette invitation. Nous nous dirigeâmes alors vers un massif de sapins qui couvraient un tertre près du rivage, et il fut convenu que nous passerions la nuit dans cet endroit.

» Le feu brilla bientôt, alimenté par des pommes de pins. Nous avions grand appétit, et je m'apperçus que des provisions que j'avais apportées et dont j'avais déjà fait mon dîner, il me restait à peine de quoi faire un maigre souper. Ces symptômes de disette ne parurent pas émouvoir le moins du monde mon compagnon, qui se mit tranquillement à écorcher quelques rats, les fit griller sur le feu, et les mangea d'aussi bon cœur qu'il aurait pu le faire de succulentes perdrix. J'avais faim, mais je n'étais pas assez affamé pour goûter à ce mets particulier ; je me contentai donc de le considérer avec un étonnement quelque peu mêlé de dégoût.

» Il faisait un clair de lune superbe, une des plus belles nuits que j'eusse jamais vues. La neige était tombée tout juste assez pour couvrir la terre, et sur les pentes des collines, recouvertes de cette blanche poussière, on distinguait la forme pyramidale des pins et les franges régulières de leurs branches au feuillage effilé. Ces arbres verts couvraient tous les bords du lac : on aurait dit des navires à l'ancre, les voiles carguées et les vergues en panne.

» Tout à coup, tandis que je m'abandonnais à une délicieuse rêverie, je fus tiré de mon extase par un bruit confus qui ressemblait à la voix d'une meute de chiens ; je lançai à mon compagnon un regard d'interrogation.

» — Ce sont des loups ! fit-il tranquillement en continuant à mâcher une cuisse de rat grillé.

» Les hurlements devenant de plus en plus distincts, nous entendîmes bientôt un bruit de pas qui résonnait sur le bois sec ; il était évidemment produit par les sabots d'un animal galopant sur la neige glacée. Un instant après, un daim passa près de nous courant à toute vitesse ; il s'élança hardiment sur la glace du lac. C'était un bel animal de l'espèce nommée renne, un caribou (*cervus tarandus*). Il était facile de voir qu'il était couvert de sueur et presque rendu.

» A peine venait-il de passer, que les hurlements recommencèrent de plus belle, se prolongeant en notes aiguës et saccadées. Soudain, une bande de loups, perdus dans l'obscurité, apparut sur la lisière de la forêt. Il pouvait y en avoir une douzaine, et ils couraient avec la rapidité d'une meute de chiens qui chasse à vue.

» Leurs longs museaux, leurs oreilles droites, leurs corps maigres et allongés, se dessinaient parfaitement sur la neige. Je reconnus sur-le-champ que c'étaient des loups, des loups blancs de la plus grande espèce.

» Je m'étais levé sans hésiter, non pas que j'eusse l'intention de sauver le caribou, mais je voulais assister à son hallali, et dans cette intention je saisis l'épieu et me mis à courir à sa poursuite. Je crus entendre mon compagnon crier comme pour me recommander d'agir avec prudence ; mais j'étais trop emporté par l'ardeur de la chasse pour faire attention à ses avis. D'ailleurs, la faim chez moi se faisait vivement sentir, et j'avais en perspective un quartier de venaison rôtie pour souper.

» En arrivant sur le rivage, je vis bientôt que les loups s'étaient emparés du caribou et le traînaient sur la glace. La pauvre bête trébuchant à chaque bond, n'avait pu faire que peu de chemin sur le sentier glissant, tandis que, comme les chats, les loups s'aidaient de leurs ongles pour courir sur l'eau glacée. Le caribou s'était sans doute imaginé que cette surface luisante du lac était de l'eau. C'est ce qui arrive souvent à ces animaux, qui deviennent alors une proie facile pour les loups, les chiens et les chasseurs.

» Je courais toujours avec l'espoir de chasser les loups et de leur enlever leur victime, et bientôt je fus au milieu de la bande, m'escrimant à l'aide de mon épieu.

» Mais à ma grande surprise, comme aussi à mon grand effroi, je fus saisi d'horreur lorsque je vis qu'au lieu de lâcher prise, quelques-uns d'entre eux continuaient à mordre le caribou à belles dents, tandis que les autres m'entouraient la gueule ouverte et les yeux flamboyants comme des charbons.

» Je poussai des cris, combattant toujours en désespéré, et piquant à l'aide de ma lance, tantôt l'un, tantôt l'autre, mais toutes les blessures que je faisais à mes ennemis n'avaient d'autre résultat que de les rendre plus furieux et plus acharnés.

» Je soutins ce combat imprévu pendant quelques minutes ; mais je commençais pourtant à m'épuiser. Un horrible sentiment de terreur se glissait dans mes veines et paralysait mes forces, lorsque l'apparition soudaine de mon camarade le Peau-Rouge Chingawa vint me rendre tout mon courage. Je brandis encore mon épieu, usant de tout ce qui me restait d'énergie, et en peu d'instants plusieurs de mes adversaires roulèrent assommés ou perforés sur la glace. Les autres, épouvantés par la présence de mon compagnon, armé de son énorme ciseau à glace, et effrayés en outre par les *whoops* de guerre proférés par l'Indien, se hâtèrent de détaler au plus vite. Trois d'entre eux cependant avaient exhalé leur dernier souffle de vie, et à côté d'eux nous trouvâmes le caribou à moitié dévoré.

» Il en restait cependant assez pour préparer un excellent souper, et bien que mon compagnon eût déjà rongé jusqu'aux os la carcasse de trois rats musqués, il attaqua la venaison avec un tel appétit, qu'on aurait juré qu'il n'avait pas mangé de quinze jours. »

CHAPITRE XI

Les moustiques et leur antidote

La route que nous suivîmes le lendemain nous ramena dans les grands bois, dont le sol était marécageux, et, malgré cela, fertile et argileux. Le chemin que nous parcourions, humide et défoncé, devenait souvent impraticable pour notre chariot ; aussi à diverses reprises, s'embourba-t-il dans les fondrières. Quand cela arrivait, nous étions tous obligés de mettre pied à terre et de pousser à la roue ; aussi, le bruit et la confusion causés par ces embarras, et les clameurs continuelles de Jack parlant à son attelage, l'éclat de ses *woha !* quand il fallait s'arrêter, et la vivacité de ses *guee up, guee up !* lorsqu'on pouvait repartir, tout cela effrayait le gibier longtemps avant que nous puissions arriver à portée de fusil. Il nous était, du reste, impossible de quitter l'équipage avant d'avoir franchi les bas-fonds bourbeux.

Nous eûmes terriblement à souffrir des moustiques, particulièrement le docteur, pour le sang duquel ils paraissent avoir une prédilection prononcée. A propos des moustiques, je mentionnerai un fait assez curieux à observer. Si deux personnes couchent dans le même appartement, l'une sera mordue, ou plutôt piquée et saignée presque à blanc, tandis que l'autre dormira tranquille, sans que les moustiques songent à l'attaquer. Est-ce à la qualité du sang ou à l'épaisseur de la peau qu'il faut attribuer cette préférence ?

Ce sujet devint le texte de notre conversation, et le docteur prétendit que rien ne démontrait plus infailliblement la présence dans les veines d'un sang généreux que cette prédilection personnelle des moustiques; n'en était-il pas lui-même un exemple vivant ? Cette assertion, comme on peut le croire, excita chez tous ses camarades un rire universel, et l'on ajouta même quelques plaisanteries assez caustiques à ses dépens. Ce qu'il y a d'étrange, c'est que le vieux Ike était aussi le but incessant des plus furieuses attaques de ces vampires aux petits pieds. Ce fait se présentait comme argument décisif contre la théorie du docteur, car sous la peau rude et épaisse du vieux trappeur le sang ne devait être ni abondant ni délicat.

Nous nous étions pour la plupart mis à fumer, espérant par ce moyen chasser l'essaim des insectes sanguinaires ; mais, bien que les moustiques n'aiment pas la fumée du tabac, la pipe et le cigare ne suffisent pas pour les éloigner. Il faudrait pour cela avoir le visage continuellement enveloppé d'un épais nuage. Une certaine quantité de fumée de tabac peut cependant les faire périr, j'en ai souvent fait moi-même l'expérience dans ma chambre à coucher.

Ces insectes ne sont pas originaires des régions tropicales de l'Amérique, et ne s'y plaisent pas particulièrement, comme on le suppose quelquefois. On les trouve encore en grand nombre même sur les rivages de l'océan Arctique, aussi acharnés, aussi avides de sang que partout ailleurs, mais c'est seulement dans la belle saison ; et nous avons déjà fait observer qu'à cette époque, dans ces latitudes septentrionales, le thermomètre monte à un degré bien plus élevé qu'on ne le croit généralement. On trouve les moustiques sur le bord des rivières, et particulièrement dans les bas-fonds marécageux.

Voici encore un autre fait digne de remarque. Sur les bords de quelques-uns des fleuves de l'Amérique du Sud, cette huitième plaie d'Egypte rend l'existence insupportable. — Les Espagnols appellent cela *plaga de mosquitos*. Sur d'autres cours d'eau, dans les mêmes latitudes, les moustiques sont inconnus. Ce sont ceux qu'on appelle *rios negros*, ou rivières à eaux noires, qui sont ordinairement des affluents ou des tributaires des rivières de l'Amazone et de l'Orénoque.

Notre compagnon anglais, qui avait traversé toute l'Amérique du Sud, nous racontait ces détails pendant notre route. Il nous disait que souvent, dans ses voyages, il s'était senti soulagé, comme s'il avait quitté le purgatoire pour le paradis, en passant des bords de l'un des fleuves aux eaux blanches ou jaunes, aux rives des *rios negros*. Beaucoup de tribus indiennes vont s'établir dans ces parages, dans le seul but de se débarrasser de la *plaga de mosquitos*. Ceux qui résident dans les districts à moustiques, se peignent ordinairement tout le corps, et se frottent d'huile, pour se protéger de leurs morsures. Parmi les habitants du pays, il est assez habituel, en partant d'un endroit, de s'informer des dispositions plus ou moins hostiles des moustiques.

Sur quelques-uns des cours d'eau tributaires de l'Amazone, les moustiques causent réellement des tortures insupportables, et les malheureux habitants de ces contrées sont obligés de s'ensevelir dans le sable pour pouvoir dormir. Aucune des drogues dont ils essayent de frotter la peau ne peut l'empêcher d'être transpercée par la trompe empoisonnée de ces bourreaux imperceptibles.

Besançon et le Kentuckien affirmaient qu'aucun onguent ne pouvait servir de protection contre les moustiques ; le docteur était de leur avis, et ils prétendaient tous trois avoir employé camphre, ammoniaque, éther, esprit de térébenthine, etc., sans jamais réussir.

Quelques-uns d'entre nous étaient d'une opinion contraire, et bientôt après Ike trancha la question en notre faveur, en nous dévoilant un moyen pratique irrécusable. Le vieux trappeur, comme nous l'avons dit, était en butte aux attaques les plus violentes. Rien n'était plus facile à voir, si l'on comptait les soufflets qu'il s'administrait sur les joues, et les imprécations incessantes qui sortaient de ses lèvres. Il connaissait bien, disait-il, un remède : c'était une plante. Ah ! s'il avait pu en trouver sur son chemin ! On le voyait de temps à autre se hisser sur les étriers de sa selle, et jeter un regard prolongé dans la campagne. Enfin, une exclamation de joie nous apprit qu'il avait découvert ce qu'il cherchait.

« Voilà donc enfin cette herbe que le diable confonde ! » fit-il en se jetant à bas de son cheval. Et il se mit à cueillir une sorte de petite plante qui croissait sur le sol en très grande abondance. C'était une graminée annuelle, dont les feuilles pour la grandeur et la forme ressemblaient beaucoup à celle du buis de jardin; seulement le vert était plus brillant. Nous savions tous ce que c'était. Il n'y a pas dans les Etats-Unis de l'Ouest, une promenade de village qui n'en soit couverte. Elle y est connue sous le nom de *penny-royal* (*hedcomea pulegioides*) qu'il faut distinguer de la plante anglaise de ce nom, laquelle est une espèce de menthe.

Redwood aussi mit pied à terre, afin de cueillir une abondante provision de cette herbe dont, par expérience, il connaissait les effets.

Nous fîmes halte pour regarder les guides. Tous deux opéraient de la même manière. Après avoir cueilli une poignée des tiges les plus tendres, ils les écrasaient dans la paume de leurs mains calleuses, très propres à un pareil usage, ils en faisaient une pommade et s'en frottaient les parties exposées du cou et du visage. Ike en prit ensuite deux petits paquets qu'il écrasa sous son talon, et qu'il plaça sous son bonnet, de manière que les bouts pendissent le long de ses joues. Cela fait, les deux trappeurs remontèrent à cheval et continuèrent leur route.

Le chasseur naturaliste, l'Anglais et moi nous suivîmes leur exemple, sans faire attention aux éclats de rire et aux quolibets que nous lancèrent Besançon, le Kentuckien et le docteur ; mais nous n'avions pas fait deux pas, que ce fut à notre tour à rire à leurs dépens. Pas un moustique n'approchait de nous, tandis que nos trois amis souffraient plus que jamais de leurs morsures.

Ils cédèrent enfin à l'évidence, et les tourments qu'ils enduraient devenant plus forts que la crainte du ridicule, tous trois sautèrent à bas de cheval, et se précipitèrent sur le premier lit de penny-royal qu'ils purent apercevoir.

Est-ce l'odeur aromatique de la plante qui éloigne ces insectes, ou bien ce jus du penny-royal brûle-t-il les nerfs délicats de leurs pattes lorsqu'ils le touchent, c'est ce que je ne saurais dire. Toujours est-il qu'ils ne s'approchent jamais de la peau, du moment qu'elle en est frottée. J'en ai depuis bien souvent fait l'expérience, et toujours avec le même résultat, et je ne voyage jamais dans un pays à moustiques sans une provision d'essence de penny-royal. L'essence vaut mieux que l'herbe elle-même; on la trouve chez tous les pharmaciens. Une goutte ou deux versées dans la main suffisent pour frotter toutes les parties exposées. Par ce moyen, on peut être sûr de ne pas être troublé dans son sommeil, ce qui, sans cette précaution, serait tout à fait impossible. Je suis souvent resté, la figure enduite de ce baume, écoutant le bourdonnement d'un moustique qui voltigeait autour de moi, et m'attendant à tout moment à le sentir se poser légèrement sur mon front ou sur ma joue. Mais dès qu'il avait flairé les émanations du penny-royal, je l'entendais tout à coup virer de bord, et s'en aller à tire-d'ailes : la seule chose qui me troubla encore, c'était son infernal bourdonnement, qui me portait sur les nerfs.

Un des inconvénients, le seul, de l'application de cette plante, c'est la sensation brûlante que le jus produit sur la peau, et cela dans un climat où le thermomètre s'élève souvent jusqu'à 90 degrés (Farenheit); dans de telles circonstances, l'usage du penny-royal ne vaut guère mieux qu'un vésicatoire.

Cependant, dans cette occasion, cette antidote contre les moustiques nous rendit la bonne humeur qu'avaient tant soit peu chassée les attaques continuelles de ces buveurs de sang, et un petit incident, qui survint quelques instants après, acheva de nous rendre toute notre gaieté. Il s'agissait de la poursuite et de la capture d'un raton.

Cet animal, le plus hardi rôdeur de nuit qui ait jamais existé sous la cape du ciel, s'aventure quelquefois hors de sa tanière pendant le jour, particulièrement dans les endroits où les arbres très élevés rendent l'aspect des bois sombre et ténébreux. Nous étions tombés si inopinément sur celui-ci, qu'il n'eut pas le temps de remonter sur le tronc qui lui servait de refuge; car alors il nous eût bientôt échappé en se cachant sous les pampres de lianes qui formaient un voile impénétrable à la vue.

Le raton dont il s'agit était, pour le moment, trop occupé de ses affaires pour nous apercevoir. Les débris du nid d'un dindon sauvage qui jonchait la terre et les œufs cassés prouvaient qu'il venait de se passer la fantaisie d'un somptueux festin. Pris à l'improviste, car les guides lui avaient presque marché sur les pattes, il s'élança à la hâte sur l'arbre le plus voisin, qui, heureusement pour nous et malheureusement pour lui, n'offrait ni fourche ni cavité où il pût se réfugier : un coup bien ajusté de la carabine de Redwood suffit pour le jeter à terre.

Cet incident nous donna à tous une animation nouvelle. C'était, du reste, fort naturel, car l'absence extraordinaire de gibier faisait de cette bagatelle une sorte d'événement. Aucun de nous cependant n'y prit plus de plaisir que notre charretier nègre, Jack, dont les yeux brillèrent de joie à la vue du raton. C'était pour lui un quadrupède bien connu, un gibier de bon aloi ; car, en tout temps, Jack préférait le raton rôti au jambon fricassé. Comme il était sûr que personne parmi nous ne lui disputerait ce gibier, il avait la perspective de faire un excellent souper. Aussi déposa-t-il soigneusement la bête sous un des bancs du wagon.

Jack avait fait un calcul erroné, car les deux trappeurs aimaient aussi la viande fraîche, même celle du raton, et ils réclamèrent leur part.

Nul autre de notre société ne fut tenté de goûter à la chair de cette espèce de renard.

Après souper, on fit au raton l'honneur de s'occuper de lui: et c'est à Jack lui-même que nous sommes redevables de plusieurs des faits relatifs à son histoire et à ses mœurs.

CHAPITRE XII

Le raton et ses mœurs

De tous les animaux sauvages de l'Amérique, le plus connu, sans contredit, est le raton (*procyon lotor*). Il n'en est pas dont l'espèce soit aussi répandue, car on le trouve sur le continent, du nord au sud, de l'est à l'ouest, depuis la mer Polaire jusqu'à la Terre de Feu. Quelques naturalistes prétendent qu'il n'existe pas dans l'Amérique du Sud : cette hypothèse est fondée sur ce que ni Ulloa ni Molina n'en font mention. Mais combien d'autres animaux ces naturalistes ignorants n'ont-ils pas oubliés ? Nous pouvons affirmer en toute sûreté que le raton abonde dans l'Amérique du Sud, aussi bien au milieu des forêts tropicales de la Guyane qu'au centre des régions plus froides de Table-Land, partout, en un mot, où l'on rencontre des arbres. Dans la plupart des contrées habitées par les peuples de race ou d'origine espagnole, on le connaît sous le nom de *zorro negro* ou renard noir. Il y en a même de deux espèces dans l'Amérique du Sud : l'espèce ordinaire (*procyon lotor*) et le mangeur de crabes (*procyon cancrivorus*).

Dans l'Amérique du Nord, c'est un des quadrupèdes sauvages des plus communs. On le trouve partout : dans les basses-terres brûlantes de la Louisiane, dans les *chapparals* tropicaux du Mexique, dans les régions glacées du Canada, et dans les vallons verdoyants de la Californie. On ne peut se tromper à son endroit comme pour le daim, le chat sauvage et le wolverine. Il est impossible de le confondre avec un autre animal, ni de faire erreur en prenant pour lui un autre habitant des forêts. Le raton est aussi connu en Amérique que le renard rouge l'est en Europe, et il a la même réputation de voracité que son congénère.

Bien qu'il y ait quelque variété dans la couleur et dans la grandeur, c'est toujours la même espèce, la même race. Partout où l'on parle anglais, il est connu sous le nom de *raccoon*. Il n'est pas en Amérique d'homme de femme ou d'enfant qui n'ait entendu parler des ruses d'un vieux raton. « Fin comme un *raccoon* » est une locution proverbiale aux Etats-Unis.

Les naturalistes ont classé cet animal dans la famille des *ursidœ*, genre *procyon*. Linnée en a fait un ours et l'a placé parmi les *ursus*. Selon nous, cet animal a peu de rapport avec l'ours et ressemble beaucoup plus au renard, d'où lui vient son nom espagnol de *zorro negro*, renard noir.

Un écrivain en a fait la description originale que voici : les jambes d'un ours, le corps d'un blaireau, la tête d'un renard, le nez d'un chien, la queue d'un chat, et les griffes aiguës à l'aide desquelles il grimpe aux arbres pareilles à celles d'un singe. Nous ne pouvons admettre la ressemblance qui existe entre sa queue et celle du chat. Chez le raton, la queue est fournie de poils longs et formant la brosse, ce qui n'existe pas chez le chat ; le seul point de ressemblance qu'on puisse lui trouver avec quelques individus de la race féline, c'est cette similitude de bandes annulaires qui fait partie de la physionomie du raton.

Pour couper court à toutes ces disgressions, le raton est à peu près de la force du renard, quoique d'une allure plus lourde et d'une taille moins svelte. Il a les jambes plus courtes en proportion, et, comme ses pattes de derrière sont plantigrades, lors même qu'il est arrêté ou bien quand il court, il rampe à la manière du chat. Son museau mince et pointu est fort approprié à l'habitude qu'il a de fureter dans toutes les crevasses, dans tous les coins pour y trouver des araignées des escarbots, et autres insectes de cette espèce.

Le poil du raton est ordinairement, sur le dos, d'un brun très foncé, mêlé d'un peu de gris; sous le ventre, d'une nuance plus tendre, et, çà et là, toute sa fourrure est mouchetée de roux. Une large raie noire enchâsse ses deux yeux et va se perdre sous le cou. Cette bande, qui fait tache comme la queue de l'hermine sur son poil couleur de neige, est rehaussée par une ligne d'un blanc grisâtre, qui donne à la physionomie de cet animal une expression des plus singulières.

Une de ses beautés principales consiste dans l'épaisseur du poil de sa queue, sur laquelle les nuances sont disposées de la manière suivante : douze anneaux ou bandes annulaires, dont six sont noires et six sont blanches, alternativement et régulièrement distribuées. L'extrémité est d'un noir plus foncé que le reste, et tout cet appendice, depuis sa naissance jusqu'à son « bout du monde, » est touffu comme une brosse à habits. Lorsqu'on fait un bonnet avec la peau d'un raton, ce qui arrive fréquemment parmi les chasseurs et les habitants des frontières, on laisse pendre la queue en guise de panache. Cette coiffure est loin d'être disgracieuse. Sur quelques habitations, la casquette de fourrure de raton est le *nec plus ultrà* de l'élégance parmi les jeunes trappeurs de ces forêts désertes.

Le raton est d'un tempérament excessivement vif : un fait digne de remarque, c'est que la femelle est plus grosse que le mâle. Non seulement sa taille est plus forte, mais encore sa fourrure est plus belle. Le poil, long chez l'un et l'autre, est plus fourni et plus lisse chez la femelle; les teintes en sont plus foncées et plus riches, et pourtant ceci est contraire à la règle générale de la nature. Ceux qui ne sont pas au fait de cette singularité prennent la femelle pour le mâle, et *vice versâ*, comme cela arrive pour l'aigle et pour l'épervier.

La fourrure du raton a longtemps été un article recherché dans le commerce : on en faisait des chapeaux de feutre; mais comme aujourd'hui on ne porte presque partout que des chapeaux de soie, la peau de l'animal a baissé de valeur.

Le raton est un animal grimpeur de premier ordre. Il ne se sert pour cela que de ses ongles tranchants, et n'embrasse pas l'arbre comme le font les ours. Il a pour lieu de refuge un trou dans un arbre dont l'ouverture est ordinairement très élevée. Ces arbres à nœuds ne sont pas rares dans les grandes forêts vierges de l'Amérique. Dans cette retraite cachée, il établit le nid de sa famille; c'est là que sa femelle met bas trois, quatre, cinq et même six petits d'une seule portée, vers les premiers jours du printemps, au commencement d'avril.

Le raton ne se trouve qu'au milieu des bois. Dans les prairies, dans les lieux pelés, où les arbres ne poussent pas, il est tout à fait inconnu. Il choisit de préférence les forêts de haute futaie, car il y trouve, à son choix, des troncs d'une énorme dimension et des cavités nombreuses. Il y a toujours de l'eau dans le voisinage de sa tanière, et je dois ici signaler une habitude singulière de cet animal, qui immerge sa proie dans l'eau avant de la dévorer. On sait que la loutre procède de même. C'est ce qui a fait donner au raton la qualification de *lotor* (laveur), non qu'il agisse ainsi en toute occasion, mais c'est pour lui une opération assez ordinaire. Le raton se plaît d'ailleurs dans les ablutions fréquentes; il y a peu d'animaux qui soient aussi propres et aussi soigneux que lui.

Le raton est presque omnivore. Volailles de basse-cour, oiseaux sauvages, grenouilles, lézards, larves, insectes, il dévore tout sans distinction. Il affectionne particulièrement les mets sucrés ; aussi exerce-t-il de grands ravages dans les plantations de canne à sucre et les champs de maïs. Lorsque l'épi du maïs est à peine formé, quand, suivant l'expression consacrée, il répand du lait, sa saveur est fort douce : c'est alors que le raton aime à en faire sa nourriture. Ces animaux se donnent rendez-vous sur les plantations et y commettent les plus grands dégâts. Ces habitudes de destruction sont cause que le raton se fait bon nombre d'ennemis, il lui est même difficile de compter ses amis. Ne détruit-il pas les lièvres, les lapins et les écureuils, quand il peut les attraper? Ne dévore-t-il pas, le barbare! tous les œufs qui sont couchés par une mère imprévoyante au fond de son nid? Le raton ne dédaigne pas les coquillages : les moules d'eau douce, si abondantes dans toutes les rivières et sur le sable des lacs des Etats-Unis, forment une partie de sa nourriture ; il les ouvre à l'aide de ses griffes, et avec autant de dextérité que pourrait le faire une écaillère qui ouvre des huîtres au moyen d'un couteau. Il est très friand de ces crabes mous et des petites tortues qu'on trouve en Amérique.

Jack nous raconta le procédé bizarre mis en usage par le raton pour pêcher les petites tortues dans les étangs. Nous hésitions à ajouter foi à son récit ; mais il se déclara prêt à faire serment de la véracité de son assertion. Certes, si le fait est vrai, il est digne de remarque ; mais il a le malheur de ressembler beaucoup aux histoires ébouriffantes de M. de Buffon.

Il faut avouer cependant que les notions d'un nègre de plantation sur ce quadrupède ont beaucoup plus de valeur que celles du plus savant naturaliste.

Jack affirmait hardiment que le raton, quand il pêche à la tortue, s'accroupit sur le bord de l'étang, en laissant pendre sa queue dans l'eau. Les tortues, disait-il, tout en cherchant leur nourriture, ou en se jouant entre elles, aperçoivent cet appendice et se hâtent de le saisir. C'est alors que le raccoon fait un soubresaut et entraîne le testacé sur la plage afin de s'en régaler à loisir.

On élève quelquefois le raton en Amérique comme animal domestique ; dans cet état, il est aussi inoffensif qu'un chat ou qu'un chien, à moins qu'il ne soit tracassé par des enfants ; alors seulement on l'entend gronder et glapir, et souvent mord-il comme le roquet le plus acariâtre. C'est, du reste, un animal malfaisant dans les maisons où on élève de la volaille. Ses méchants instincts empêchent qu'on ne l'admette au rang des favoris d'une habitation. Bien au contraire, on lui fait une guerre à outrance : on le chasse de partout ; malheur à lui si on le rencontre, c'est un raton mort!

Il y a des rapports singuliers entre le nègre et le raton, rapports qui ne prouvent pas l'existence de liens sympathiques, mais bien une inimitié profonde. J'ai dit précédemment que le raton était considéré par le nègre comme un gibier de bon aloi. La chasse au raton est pour lui un amusement favori, et pour ce quadrupède tout noir est un ennemi mortel. Partout où il le trouve, en quelque circonstance que ce soit, le nègre le tue et le mange. Il a une prédilection particulière pour la chair du raton, dont le goût ressemble à celle du porc, et qui n'est supportable que lorsque la bête est jeune. Elle a un fumet musqué et rance quand l'animal est vieux. Mais nos amis à la peau d'ébène ne font guère attention à cette saveur, principalement si leur maître est un vieil avare, et s'il nourrit ses domestiques avec du riz au lieu de viande. Le nègre trouve encore un profit à la capture d'un raton : c'est le prix de la peau, qu'il vend, au premier marchand du voisinage, un ou deux shillings, suivant sa beauté et sa conservation.

La chasse au raton se fait pendant la nuit, et par conséquent ce plaisir ne dérange pas l'esclave dans son travail ordinaire. La nuit lui appartient de droit, et il peut alors disposer de son temps comme bon lui semble; c'est à la chasse au raton qu'il emploie les heures du sommeil.

Un noir n'a pas le droit de se servir d'armes à feu; aussi l'écureuil peut-il se percher sur une branche élevée, agiter sa queue et se moquer de lui à son aise. Le lièvre lui échappe facilement, et le dindon sauvage se plaît à tenter sa gourmandise en le narguant de ses glouglous incessants. Mais gare au raton ! il peut le tuer sans armes à feu ; il peut suivre sa piste et s'en emparer facilement. On ne refuse pas une hache à un nègre, et personne ne s'en sert mieux que lui. Le raton est donc un gibier de nègre, et on ne saurait s'imaginer tout le plaisir que ces moricauds trouvent à faire la chasse. Ils en agissent de même avec l'opossum (*didelphis virginiana*); mais ce dernier est plus rare, et nous n'avons pas l'intention de parler ici de ce curieux animal. Toujours est-il que le raton et l'opossum sont pour le pauvre nègre une source intarissable de plaisirs, un sujet propre à lui procurer de douces émotions indispensables pour égayer les longues nuits d'hiver, et pour jeter quelques heures de joie au milieu de la sombre monotonie de sa vie d'esclave. Je me suis souvent demandé à quelles extrémités ne se livreraient pas les noirs si les ratons et les opossums venaient à disparaître du pays avant que l'esclavage ne fut entièrement aboli. Souvent, moi-même, j'ai partagé cet amusement du nègre et pris part aux excentricités de ces pauvres diables; mais la plus émouvante de mes sensations fut la première chasse au raton à laquelle j'assistai. Je proposai à mes camarades de la leur raconter, et je le fis en ces termes :

CHAPITRE XIII

Chasse au Raton

« Cette chasse au raton eut lieu dans le Tennessée, où j'étais venu passer quelques semaines sur une plantation. Comme c'était la première chasse de ce genre à laquelle j'eusse encore assisté, je tenais à me rendre compte de la façon dont on procédait. J'avais pour compagnon ou plutôt pour guide un certain oncle, Abe, qui, pour le teint et pour la tournure, ne ressemblait pas mal à notre Jack ici présent.

» Je dois vous dire, gentlemen, que, dans tous les Etats de l'Ouest, chaque district a son chasseur de ratons, dont la renommée est universelle. C'est ordinairement un vieux nègre, tout à fait au courant des tours et des allures de l'animal. Il possède toujours un chien, ou il s'est approprié un de ceux de son maître, qu'il a dressé à ce genre de sport tout particulier. La race des chiens est indifférente; j'ai vu des roquets maîtres passés à la poursuite du raton. Tout ce qu'on peut leur demander, c'est qu'ils aient du nez, qu'ils soient vifs à la course et assez forts pour arrêter le gibier lorsqu'ils l'attrapent. Un tout petit chien ne ferait pas l'affaire, car souvent le raton livre un combat à outrance avant de se rendre à merci. Les mâtins, les chiens terriers et les chiens d'arrêt de demi-race sont ceux que l'on préfère.

» L'oncle Abe était le puissant chasseur, le Nemrod du district sur lequel j'habitais pour l'instant. Son chien était un terrier fort et trapu; on le citait à vingt milles à la ronde comme le meilleur de son espèce. En suivant l'oncle Abe, j'étais donc sûr d'assister à un curieux spectacle.

» D'un côté de la plantation, la nature avait creusé une vallée couverte de grands arbres, à travers laquelle serpentait un petit ruisseau, une *morasse*, comme on l'appelle dans le pays. Ce val ombreux était un refuge aimé par les ratons. Au bord de l'eau croissaient des arbres élevés, aux branches et aux troncs gigantesques, et pour la plupart remplis de cavités propres à servir de gîte aux quadrupèdes dont il s'agit. A ces arbres étaient suspendues des treilles immenses qui s'élançaient de l'un à l'autre, et dont quelques-unes, des lambrusques et des vignes à raisins muscats, étaient couvertes de grappes mûres et douces, nourriture excellente pour les friands ratons.

» Ce fut vers ce bas-fonds que nous dirigeâmes nos pas; Abe me servait de guide et tenait en laisse son chien Pompo. Le nègre chasseur n'avait pas d'autre arme qu'une hache, mais moi je m'étais muni d'un fusil à deux coups. Pompo n'ignorait pas quelle besogne nous allions faire, et il y paraissait bien à l'éclat de ses yeux et aux bonds qu'il faisait de temps à autre, pouvant à peine maîtriser l'impatience qu'il éprouvait d'être rendu à la liberté.

» Avant d'arriver au bois, nous avions à traverser un champ de maïs qui s'étendait au moins à un demi-mille. Une palissade en zig-zag — clôture ordinaire du fermier américain — le séparait de la morasse. Près de l'enclos le taillis était d'abord peu élevé, mais plus loin on entrait dans un terrain marécageux, et c'était là, selon toute probabilité, que les ratons avaient leur domicile.

» Ce ne fut pourtant pas vers les bas-fonds que nous nous dirigeâmes d'abord; Abe avait trop d'expérience pour cela. Nous étions alors à l'époque où les jeunes épis de maïs commençaient à devenir laiteux, et le vieux chasseur m'assurait que nous trouverions du gibier dans le voisinage du champ. Il fut donc décidé que nous suivrions la palissade, dans l'espérance que le chien tomberait sur une trace fraîche menant au champ ou en sortant.

» Il faisait nuit. Le soleil était couché depuis deux heures; car, comme je vous l'ai dit, la chasse au raton est un sport nocturne. Cet animal sort bien quelquefois le jour, mais il ne s'aventure que dans les bois sombres et solitaires. Cependant on le voit quelquefois se prélasser au soleil, sur des branches élevées ou sur un tronc d'arbre que le bûcheron a laissé debout. J'en ai souvent tué qui dormaient absorbés dans la voluptueuse sensation du bien-être et de la chaleur. Il est présumable qu'avant de connaître leur grand ennemi, les ratons n'avaient pas une prédilection particulière pour errer la nuit.

» Il faisait un clair de lune superbe, et néanmoins les rayons de Phébé étaient de fort peu d'importance pour notre chasse, vu que d'ordinaire, dès le moment où le lancé a lieu, c'est à peine si on peut distinguer le chien du gibier; toute la scène se passe au milieu des arbres et sous les taillis. Le chien ne se fie qu'à son nez; le chasseur, lui, se borne à prêter l'oreille, car il n'a d'autre guide que la voix de son chien. Cependant il est indispensable que la nuit soit au moins claire ; autrement, il serait impossible d'avancer dans les bois. Les hibous et les chauves-souris peuvent seuls jouir pleinement de la vue d'une chasse au raton.

» Pompo fut enfin lâché dans le champ, tandis que Abe et moi nous suivions tranquillement la palissade, en ayant soin de nous tenir chacun d'un côté. Abe resta dans le champ afin de passer le chien par-dessus la clôture, composée de dix blocs de bois, et garnie de défenses en forme de chevaux de frise. Un raton pouvait aisément passer par-dessus, mais c'eût été un obstacle infranchissable pour un chien.

» Nous n'avions pas fait cent pas, qu'un cri vif et aigu poussé par Pompo nous annonça qu'il avait rencontré quelque chose dans le champ de maïs.

— Un raton ! cria Abe ; et l'instant d'après j'aperçus le chien courant de toute sa vitesse à travers les plans de maïs, dans la direction de la palissade. Devant lui détalait un être de couleur sombre qui d'un bond franchit l'obstacle et s'enfuit dans les bois, disparaissant comme un éclair.

» — C'est une de ces vermines, massa, répéta Abe en faisant passer le chien par-dessus la palissade et se hâtant de prendre à son tour le même chemin.

» Je remarquai en passant que, pour ce soir-là du moins, le mot vermine, dans la bouche d'Abe, devait signifier un raton. Nous nous précipitâmes à travers les taillis sur la piste du chien ; et pour ma part, je l'avoue, j'éprouvai toutes les vraies émotions du chasseur, comme si j'eusse poursuivi une noble bête, un dix cors ou un caribou.

» La course ne fut pas longue, elle ne dut même pas durer plus de cinq minutes. Les éclats de la voix du chien, qui jusqu'alors nous avaient guidés, se changèrent tout à coup en notes régulières et continues. — Allons, me dit Abe de la manière la plus calme du monde, la vermine est au logis.

» Nous n'avions plus qu'à gagner l'arbre en toute hâte ; mais une même pensée nous vint à tous deux : sur quel arbre le raton s'est-il logé ?

» Cette question n'était pas sans importance, car de sa solution dépendait le succès de notre chasse. Si c'était un gros arbre, nous pouvions dire adieu au gibier ; et Abe le savait bien, car tout en courant il me communiquait ses inquiétudes à ce sujet.

» La voix de Pompo résonnait à quelques cent pas plus loin, au plus épais du fourré. Il n'était donc pas probable que le raton eût choisi un petit arbre, tandis qu'il en avait de gros à sa portée. J'avais conçu l'espoir que l'arbre serait creux, et dans ce cas nous pouvions encore avoir quelque chance avec un fusil et des chevrotines. Abe ne comptait pas sur cet heureux hasard.

» — Il s'est logé dans son arbre, massa, et celui-là, bien sûr, c'est un des plus gros, avec un grand trou tout en haut ! C'est la faute de la palissade ; sans cette damnée clôture, le vieux Pompo ne l'aurait jamais laissé rejoindre son arbre. Goddam !

» Ceci m'apprit que la vitesse est une des qualités essentielles d'un chien destiné à cette sorte de chasse. Le raton ne court vraiment bien que pendant quelques centaines de mètres ; aussi est-il rare qu'il s'aventure plus loin de sa retraite. Si à cette distance il peut échapper au chasseur, il est sauvé, car son gîte est toujours placé dans un arbre creux des plus grands et des plus gros. Une fois là, il est impossible d'arriver jusqu'à lui, à moins de couper l'arbre, ce que ne songerait pas à faire le chasseur le plus enragé ; car, prît-il une douzaine de ratons, le jeu ne vaudrait pas la chandelle. Un bon chien peut donc aisément attraper la bête ou la forcer à grimper sur le premier arbre venu : quelquefois l'arbre est assez petit pour qu'on puisse l'en faire déguerpir à l'aide d'une secousse ou bien au moyen de quelques coups de hache. Quelquefois encore le chasseur monte lui-même sur l'arbre et force l'animal à sauter à terre, où il tombe pour ainsi dire entre les dents du chien.

» Abe était donc persuadé que sans la palissade, Pompo aurait forcé le raton avant qu'il arrivât au bois.

» — Je vous l'avais bien dit, massa, murmura-t-il en interrompant le cours de mes réflexions, regardez cet arbre : le tronc en est gros comme une meule de foin.

» Je suivis du regard la direction indiquée par mon compagnon, et j'aperçus Pompo arrêté entre les racines d'un arbre d'une énorme dimension. Le bon chien avait le nez en l'air, et remuait sa queue avec une ardeur sans pareille ; de temps en temps il aboyait de toutes ses forces. Sans me laisser le temps de faire la moindre observation, Abe recommença ses doléances.

» — Ah ! diable ! c'est un arbre à boutons. Eh ! Pompo, mon vieux chien, vous vous êtes trompé. Ce n'est pas là qu'est la vermine. Un raton ne grimpe jamais sur un *button wood*, jamais ! Vous devriez bien le savoir, vieux fou !

» Ces paroles prétentieuses du chasseur nègre m'engagèrent à examiner l'arbre dont il était question; et je ne tardai pas à découvrir que c'était un sycomore américain (*platanus occidentalis*), familièrement connu sous le nom de *button wood*, car c'est avec son bois qu'on fait des boutons aux Etats-Unis.

» — Mais pourquoi le raton ne logerait-il pas sur cet arbre aussi bien que sur un autre ? demandai-je à mon compagnon.

» — C'est que, massa, son écorce est trop glissante. Il monte facilement sur le chêne, le peuplier, et le long de toute écorce rude et écailleuse. Bon, j'ai trouvé ! continua Abe en élevant la voix ; regardez par là, massa, il s'est lancé le long de la grande vigne. Allons, Pompo, vous avez raison, après tout, et le vieux nègre n'est qu'un fou à son tour. Bravo, mon chien, je suis content de vous !

» En suivant la direction indiquée par Abe, mes yeux s'arrêtèrent sur un immense cep de vigne de l'espèce des lianes. Ce parasite prenait racine à quelque distance du sycomore, et ses brindilles vigoureuses enlaçaient le tronc de l'arbre à la hauteur de la fourche des branches, près de sa cime. C'était cette vigne sans doute qui avait servi d'échelle au raton pour regagner son gîte.

» Cette découverte ne nous avançait pourtant pas beaucoup dans nos affaires. L'animal s'était réfugié à environ cinquante pieds au-dessus du sol, à un endroit où le sycomore avait été brisé par le vent ou par la foudre. A la clarté de la lune nous pouvions aisément distinguer l'ouverture d'une profonde cavité. Le tronc était des plus gros, et c'eût été acte de folie de chercher à l'abattre.

» Il fallut donc nous résigner à abandonner la place et à retourner au champ de maïs.

» Depuis quelque temps le chien avait gardé le silence, et nous espérions faire bientôt connaissance avec une autre *vermine*.

» Nous ne nous étions pas trompés. Pompo avait à peine pénétré dans le champ qu'il fit partir un second raton, et l'animal, franchissant la palissade, se dirigea encore du côté des bois.

» Aussitôt que Pompo eut été passé par son maître de l'autre côté de la barrière, il se mit à sa poursuite, et, en quelques minutes, le gibier fut encore « logé ».

» En nous orientant d'après les aboiements du chien, nous pûmes croire que c'était dans les environs de l'endroit où nous avions déjà perdu l'autre ; mais quel ne fut pas notre étonnement, je dirai même notre chagrin, lorsqu'en arrivant sur les lieux nous découvrîmes que les deux bêtes étaient perchées sur le même arbre.

» Je ne vous répéterai pas, gentlemen, les expressions de colère qui sortirent de notre bouche, à Abe et à moi ; il nous fallut encore retourner au champ de maïs, où, après une quête d'assez courte durée, nous fîmes lever un troisième raton, qui, comme les deux premiers, s'enfuit dans la direction des bois.

» Pompo se mit encore à sa poursuite en poussant des jappements qui exprimaient la colère. Bientôt ces aboiements devinrent des hurlements continus : nous savions à quoi nous en tenir. L'animal avait choisi son fort.

» En un clin d'œil nous arrivâmes sur les pas du chien. Là notre étonnement se changea en stupéfaction. Devant nous se hérissait toujours le même sycomore, enlacé de sa vigne parasite ; le chien aboyait au pied de l'arbre dans la même position que précédemment. Le troisième raton avait été rejoindre les deux autres.

» — Ah! massa, s'écria Abe en tremblant de rage et d'effroi, c'est encore la même vermine ! ce n'est pas un raton, c'est le diable ! Pour l'amour de Dieu, massa, allons-nous-en d'ici.

» Il fallut donc me résigner à suivre cet avis, vu l'impossibilité où nous étions de continuer la chasse.

» Nous retournâmes encore une fois à la pièce de maïs. Pompo fit de vains efforts pour trouver une autre piste : les ratons, bien avisés, s'étaient retirés. Cependant, comme il était encore de bonne heure, je ne voulus pas abandonner la partie avant d'avoir assisté à la mort d'une bête. Abe me conseilla alors de le suivre à travers les profondeurs du bois jusqu'à un endroit où les arbres étaient plus petits. Là nous pouvions y rencontrer, disait-il, quelque raton occupé à chercher des nids d'oiseaux.

» Le vieux nègre ne se trompait pas : en peu de temps, un quatrième animal se trouva sous le nez de Pompo, qui se mit à sa poursuite, et bientôt après les aboiements réguliers du bon chien frappèrent nos oreilles. Pour cette fois, d'après la direction d'où venait la voix, nous étions sûrs que la bête n'était pas sur le maudit sycomore.

» Effectivement, le raccoon avait grimpé sur un autre arbre, sur un arbuste plutôt, et si petit encore, qu'en arrivant à quelques pas, nous l'aperçumes accroupi sur les branches, à vingt pieds à peine du sol.

» Nous étions assurés de notre victoire, nous le pensions du moins. J'avais mis en joue, et j'allais faire feu, lorsque soudain, comme s'il avait prévu mon intention, le raton s'élança sur un arbre voisin. Une fois là, il se laissa glisser sur le sol, et reprit sa course en ayant Pompo sur les talons.

» Nous pensions que le chien allait le forcer à se réfugier quelque part, et cela arriva ainsi. En quelques minutes, le raton prit son vol le long d'un arbre, dans les grands bois, comme précédemment.

» Nous suivions la piste, guidés par la voix du chien. Horreur, mes amis!

nous restâmes stupéfiés, moi d'étonnement, et Abe de terreur, en reconnaissant le même sycomore.

» La laine d'Abe s'était hérissée sur sa tête. Les idées religieuses du pauvre nègre se bornaient à de faibles notions de superstition ; aussi, non seulement il affirmait, mais j'ai la conviction qu'il croyait fermement que les quatre ratons n'étaient qu'un seul et même personnage... le diable !

» Tout grand chasseur qu'il était, il aurait abandonné la chasse et serait retourné à l'habitation, si je l'avais laissé faire. Mais je voulais aller de l'avant et en avoir le cœur net. Tant de courses inutiles avaient excité mon amour-propre, et je pris une grande résolution : celle de faire sortir les ratons à quelque prix que ce fût. L'arbre devait tomber, dussions-nous y travailler jusqu'au lendemain matin.

» Aussitôt je m'emparai de la hache du nègre, et je portai le premier coup. A ma grande surprise et à mon grand plaisir, le bois sonnait creux ; je redoublai, et l'instrument, bien affilé, pénétra jusque dans l'intérieur. L'arbre était creux du haut en bas ; du côté où je l'avais attaqué, il n'y avait guère que l'écorce.

» En peu d'instants, j'eus pratiqué une ouverture assez large pour y passer la tête. Abattre un pareil arbre ne devait pas être, après tout, un travail bien difficile ; en une heure de temps nous pouvions en venir à bout. La chute de l'arbre fut donc décidée.

» En voyant ma résolution, Abe avait quelque peu recouvré ses sens et retrouvé son courage : à son tour il prit la hache, et comme il était un bûcheron de première force, l'ouverture ne tarda pas à s'élargir.

» — Si le creux va jusqu'en haut, fit-il en se reposant un instant, nous pourrons enfumer ces vermines : avec ce vieux bois et l'herbe desséchée que voilà, on pourrait enfumer le diable lui-même ; voulez-vous l'essayer, massa ?

» — Tu as raison, lui dis-je, ton idée est excellente.

» Quelques minutes nous suffirent pour allumer dans la cavité un grand feu, que nous couvrîmes d'herbes et de feuilles.

» La fumée fit bientôt son effet ; nous la vîmes sortir lentement par l'ouverture du trou aux ratons, lentement d'abord, en spirales allongées, et puis en épais nuages. Nous entendîmes alors dans l'intérieur de l'arbre un bruit confus ressemblant à une course désordonnée.

» Un instant après un objet noir comme le vrai diable s'élança hors du trou, en se cramponnant aux treillis du cep de vigne, et se tint accroché au milieu des feuilles. Cet être fut suivi par un autre, puis par un troisième, un quatrième, un cinquième et un sixième, jusqu'à ce qu'enfin cette bande de six ratons resta accroupie au-dessus de nos têtes, menaçant à tout instant d'opérer une descente et de s'échapper grâce à l'obscurité. Je n'essayerai pas de décrire la scène qui se passa alors. J'avais pris mon fusil ; en un clin d'œil je déchargeai les deux coups, et deux des ratons tombèrent blessés mortellement. Pompo en étranglait un troisième, qui avait cru pouvoir profiter du désordre pour descendre le long du cep et s'enfuir ; Abe, enfin, avait fendu la tête d'un coup de hâche à un quatrième animal, qui cherchait aussi à nous échapper par le même chemin.

» Les deux autres étaient rentrés dans leur repaire ; mais bientôt, obligés d'en sortir, ils périrent chacun victime de mon adresse. J'avais eu le temps de recharger mon fusil, et je ne les manquai pas. Comme vous le voyez, nous avions réussi à mettre toute la famille dans nos sacs. Telle fut l'issue de cette excursion fantastique, qu'Abe se plut longtemps à appeler la plus belle chasse aux ratons qu'il eût jamais vu.

» La nuit était fort avancée lorsque nous eûmes achevé de charger notre gibier sur nos épaules. Nous nous hâtâmes de retourner à l'habitation pour réparer les heures perdues et nous livrer au sommeil. »

CHAPITRE XIV

Les sangliers du désert

Le lendemain, au moment où nous traversions une forêt de chênes de petite étendue, dont le sol était jonché d'une épaisse couche de feuilles mortes, nous entendîmes tout d'un coup, à une vingtaine de yards de notre troupe, un bruit particulier, un reniflement pareil à celui produit par un soufflet de forge, qui ressemblait à s'y méprendre au grognement du cochon domestique lorsqu'il est effrayé.

— Un ours ! s'écrièrent quelques-uns d'entre nous, et cette exclamation inattendue nous procura à tous une émotion indicible.

Un ours ! mais pour nous, vrais chasseurs, c'était une fête, et, en présence de maître Martin, le bison lui-même n'eût été qu'un gibier secondaire.

Le bruissement de l'ours a beaucoup de ressemblance avec le grognement du pourceau effrayé : nos guides eux-mêmes s'y laissèrent prendre. Ils étaient persuadés qu'un ours se trouvait à quelques pas. Nous ne tardâmes pas à découvrir que nul de nous n'avait raison. Rien n'était moins étonnant que de trouver de la ressemblance entre le bruit entendu et le grognement du cochon ; car l'animal qui nous tenait ainsi sur le qui-vive n'était pas autre qu'un sanglier.

Eh quoi ! dira le lecteur, un sanglier dans le Missouri, c'est un peccari que vous voulez dire ?

Non, ce n'était pas un peccari ; car ces porcs sauvages ne s'aventurent pas dans des latitudes aussi froides que celles du Missouri. Ce n'était pas un sanglier non plus, si vous voulez restreindre la signification de ce mot au véritable quadrupède de cette espèce ; et cependant c'était bien un animal du genre, c'était un *cochon devenu sauvage ;* sauvage et farouche autant qu'il pouvait l'être, selon toute apparence, bien que nous n'eussions fait que l'apercevoir, les soies hérissées et couvertes de boue, au moment où il se jetait dans le taillis en poussant des grognements furieux. Une demi-douzaine de coups de fusil partirent à la fois dans la direction qu'il avait prise, et, selon toute apparence, il avait dû être chatouillé par l'une ou l'autre de nos balles. Néanmoins il parvint à nous échapper ; et cet incident de chasse, au lieu de nous fournir à souper, ne nous fournit... qu'un sujet de conversation.

Dans toutes ces forêts à peine défrichées, il y a un grand nombre de cochons à demi sauvages ; ils habitent ordinairement des taillis clos au moyen de palissades, et, comme on le pense bien, ils appartiennent à des particuliers. Pendant une partie de l'année, ils sont moins farouches, et c'est à l'époque où la rareté de nourriture les force à se rapprocher de l'habitation du maître, non loin de laquelle on met du grain à leur portée, dans des endroits qui leur sont connus. Ils répondent alors à un cri qui a quelque ressemblance à celui des laitières de Londres : « Milk oh ! » et ils poussent cette exclamation d'une manière si énergique, qu'on pourrait les entendre à plus d'un mille de distance au fond des bois. Souvent, le soir, quand le temps est calme, le voyageur qui traverse ces contrées éloignées s'arrête frappé d'étonnement à ce cri singulier.

Ces animaux trouvent en grande partie leur subsistance dans les bois; les faînes de hêtre, les noix des hickorys, les glands du chêne Chincapin, et de nombreuses sortes de graines leur fournissent une nourriture abondante. Ils déterrent ensuite beaucoup de racines et certaines espèces de plantes ; mais le mets le plus délicieux pour eux, lorsqu'ils peuvent se le procurer, c'est un serpent. On peut vraiment affirmer que ce qui a le plus contribué à la destruction de ces reptiles, c'est l'introduction du cochon domestique dans les forêts de l'Amérique. Dans les bois qui ont servi de pâturage à une troupe de cochons, les serpents de toute espèce deviennent excessivement rares, et l'on peut chasser des semaines entières dans ces localités sans en rencontrer un seul. Le cochon semble avoir l'antipathie la plus prononcée pour la race du serpent, et cependant aucun de ces reptiles ne lui fait éprouver la moindre frayeur.

Quand il découvre un serpent, et qu'il n'y a dans le voisinage ni arbre sur lequel il puisse grimper ni rocher dans les fissures duquel il lui soit possible de se réfugier, sa perte est inévitable. Le cochon se précipite sur le serpent et l'écrase sous ses pieds; si sa première attaque est infructueuse, il poursuit le reptile, qui fait de vains efforts pour fuir, et il recommence le combat jusqu'à ce que cet ennemi abhorré reste sans mouvement. Le vainqueur met alors en usage sa formidable mâchoire, et dévore tranquillement sa proie.

Le goût particulier du cochon pour ce genre de nourriture est une preuve qu'à l'état de nature, c'était en partie un animal carnivore. Le peccari, qui représente le sanglier en Amérique, a les mêmes habitudes que son homonyme européen. Il est aussi pour le serpent un ennemi acharné, et sa fureur ne le cède en rien à celle des animaux en guerre avec les reptiles.

Le cochon ne montre aucune crainte dans ces escarmouches dangereuses ; son cuir épais semble le protéger, et il ne fait pas plus d'attention à la crécelle du serpent à sonnettes qu'au sifflement du *mocassin*, dont la blessure est toujours mortelle. Il tue ces dangereuses bêtes avec autant de facilité que l'innocente couleuvre ou le terrible constrictor. Ce dernier lui échappe souvent en se réfugiant dans un buisson ou en grimpant sur un arbre ; mais le crotale et le mocassin n'ont pas, comme on le sait, le pouvoir de se hisser ainsi ; leur seul moyen de salut est ou de se cacher sous l'herbe ou de se glisser sous les feuilles sèches, ou bien de gagner leur repaire dans quelques fissures de rocher.

Il n'est pas vrai que le cochon ne mange absolument que le corps du serpent qu'il a tué et ne touche pas à la tête, afin d'éviter ainsi les crocs qui distillent le poison. Il dévore l'animal tout entier, tête et tout. Le venin du serpent, comme le *curare*, poison des Indiens de l'Amérique du Sud, ne produit d'effet que lorsqu'il est mis en contact avec le sang. Pris intérieurement, il ne fait absolument rien ; bien au contraire, quelques personnes s'imaginent que le curare est un remède salutaire, et elles l'avalent en guise de purgatif (1).

La plupart des détails relatifs aux cochons sauvages nous furent donnés par notre camarade du Kentucky, qui lui-même était propriétaire de quelques centaines de ces animaux. Chaque année, on faisait chez lui une chasse aux cochons, chasse qui n'était pas seulement une affaire de plaisir ; bien que, sous ce rapport, le sport ne fût pas non plus à dédaigner. L'époque de cette partie était longtemps à l'avance attendue et désirée par les domestiques de sa plantation, c'était une fête à laquelle on invitait toujours quelques amis à venir se réjouir en commun.

Au jour indiqué, le propriétaire, suivi de sa meute et accompagné d'une troupe de chasseurs bien montés et armés de carabines, pénétrait dans ces bois immenses dont l'étendue est souvent de plusieurs milles à la ronde, et se glissait à travers les murailles verdoyantes des canniers et des ronces presque impénétrables. C'est là que les cochons s'étaient abrités, mais partout où peut pénétrer un des compagnons de saint Antoine, un chien peut aussi se glisser à son tour, et la meute du planteur ne tardait pas à faire déguerpir ces porcs, qui gagnaient alors les endroits moins couverts, où les chasseurs les recevaient à coups de carabines. Quelquefois la poursuite était acharnée, et la meute, gueulant à pleins poumons, franchissait d'énormes troncs d'arbres, s'élançant à travers les fourrés et les ravins, suivie par tous les chasseurs à cheval, absolument comme cela se pratique pour la chasse au renard.

On avait soin de se faire suivre par un grand chariot et par quelques domestiques, dont la mission était d'emporter les morts et de les ramener à l'habitation quand la journée était finie.

Cet amusement durait plusieurs jours, jusqu'à ce que tous les pourceaux ou du moins les plus gros fussent pris et emportés au saloir. Là se dénouait l'intrigue de ce drame sanguinaire. Le produit de cette chasse s'élevait quelquefois, suivant la richesse du propriétaire, à plusieurs centaines de bêtes. Ce n'était pas, comme

---

(1) Ce poison est très célèbre chez quelques peuplades sauvages de l'Amérique, qui s'en servent pour empoisonner leurs flèches. Le curare est appelé quelquefois *curare veneno*, et il est probable que la substance vénéneuse mentionnée par des voyageurs anglais sous le nom de *worara* est identique avec le curare, car ces mots sont évidemment les mêmes pour la prononciation (le c du dernier se prononçant comme une h aspirée). L'abbé Salvadore Gily, dans son *Histoire de l'Amérique*, est le premier qui ait fait connaître le curare ; mais c'est à deux savants voyageurs, M. Humbold et M. Roulin, que nous devons les renseignements les plus circonstanciés sur cet agent vénéneux. Jusqu'à ce jour on s'était généralement accordé à regarder le curare comme un poison végétal ; mais il y a erreur à cet égard ; le vrai curare est un poison animal, c'est un ferment, et ce sont des crapauds qui le donnent. A toutes les époques de l'année, les Indiens vont au milieu des forêts, sur le bord des lacs et des rivières pour ramasser des crapauds. Ils portent un bâton d'un bois très dur et affilé à une de ses extrémités. Dans les endroits où ils soupçonnent la présence de ces reptiles, ils remuent les débris végétaux qui couvrent généralement le sol marécageux. Un crapaud se montre, ils l'écrasent du pied, et pendant qu'ils le pressent, ils le traversent avec leur bâton. Ils battent ainsi la campagne, en ajoutant de nouvelles victimes ; quand ils ont rempli leurs bâtons, ils reviennent chez eux. C'est alors qu'ils se livrent à la préparation du curare. Ces animaux possèdent des glandes spéciales au niveau des tempes appelées glandes temporales. Ce sont ces glandes qui secrètent le venin. Les sauvages en expriment le suc au moyen de la pression, ils le mêlent à tout le mucus que peut fournir l'animal, et en forment ainsi une matière concrète qu'ils enveloppent de feuilles de diverses plantes en général vénéneuses. C'est dans ces conditions que le poison est livré au commerce. *(Note du traducteur)*.

on le pense bien, une petite besogne que de saler toute cette viande. On en faisait fumer et boucaner une partie pour la consommation d'hiver de la maison; mais les plus beaux jambons étaient expédiés au grand marché de Cincinnati.

Le Kentuckien nous raconta aussi une aventure curieuse qui donne une idée particulière de l'instinct de ce quadrupède. Selon lui, — et nous partageâmes son avis, — c'était une preuve irrécusable du don de raison assigné à un animal de cette espèce. Il nous en fit le récit en ces termes :

« Je m'étais aventuré, certain jour, dans nos bois pour chercher quelques dindons sauvages, n'emportant pas une autre arme que mon fusil à deux coups. J'étais fatigué, et je m'assis sur un tronc d'arbre pour me reposer. J'étais à peine là depuis cinq minutes, lorsque j'entendis à quelques pas devant moi un léger bruit qui se manifestait dans les herbes au milieu des feuilles mortes. Je crus d'abord que c'était un daim, et j'avais déjà mis en joue mon fusil; mais, à mon grand déplaisir, je vis paraître une demi-douzaine de mes cochons à moitié domestiques, qui fouillaient la terre tout en marchant dans ma direction.

» Ils passèrent, et je ne faisais plus attention à eux, lorsque tout d'un coup je les vis franchir au galop un espace découvert. On aurait dit qu'ils étaient à la poursuite d'un animal ou d'un reptile.

» J'avais deviné juste. Devant leurs groins j'aperçus le corps brillant et élancé d'un serpent noir, qui faisait tous ses efforts pour leur échapper. Il y réussit; l'instant après je le vis s'enrouler autour d'un jeune *paw-paw* et s'élever jusqu'aux premières branches, auxquelles il s'attacha, contemplant du haut de ce refuge inattaquable ses ennemis déroutés.

» Le serpent se croyait sans doute en sûreté, et moi-même je pensais aussi que les cochons ne pouvaient plus rien. J'avais déjà pris la détermination de faire moi-même l'office de bourreau, et de lui envoyer quelques grains de plomb, lorsqu'un mouvement des quadrupèdes m'arrêta et me fit reprendre mon rôle d'observateur pacifique. Je n'ai pas besoin de vous dire que mon étonnement fut à son comble, lorsque je vis un de ces animaux saisir l'arbuste entre ses défenses et le secouer de toute sa force comme pour faire tomber la couleuvre. Ses efforts furent inutiles, car le serpent s'était enroulé aux branches, et il eût été plus facile de détacher l'écorce que de dérouler le reptile.

» Vous savez tous, gentlemen, que le paw-paw n'est pas le *corica papaya*, mais bien un petit arbre de l'espèce du pommier sauvage que l'on rencontre dans toutes les forêts touffues de l'Amérique, dont le bois est fort tendre et très fragile. Le cochon semblait connaître cette particularité : il changea tout à coup de tactique, et se mit à broyer le tronc du paw-paw entre ses dents redoutables. Ses camarades vinrent à son aide, et au bout de quelques secondes l'arbre tomba. Dès que les branches touchèrent le sol, les cochons s'élancèrent tous sur le serpent, qui fut tué et dévoré en moins de temps que je n'en mets à vous le raconter. »

A la suite de cette histoire singulière, notre conversation revint sur l'individu qui nous avait donné l'alerte. L'opinion générale fut que c'était un animal égaré qui avait fui quelque plantation, et s'était ainsi aventuré à une distance considérable des lieux habités, car il n'y avait pas d'établissement à vingt milles de l'endroit où nous nous trouvions.

Nos guides prétendaient que, dans les bois les plus déserts, on rencontre fréquemment des cochons sauvages, qui, pour la plupart, ne sont pas des animaux égarés, mais des indigènes du pays. Selon eux, il était aussi difficile d'approcher ces farouches peccaris, que d'arriver près d'un daim ou de tout autre quadrupède. Les cochons des bois sont en général de petite race, et tout porte à croire qu'ils descendent en ligne directe de ceux que les Espagnols apportèrent au Mexique lors de la conquête du pays.

CHAPITRE XV

Assiégé par un troupeau de peccaris

Tout en causant des cochons d'Espagne, nous en vînmes naturellement à parler des peccaris ; car cet animal n'habite que les contrées de l'Amérique du Nord autrefois peuplées par les colonies espagnoles. Le peccari (*dicatyles*) se divise en deux espèces connues : le peccari à *collier* et celui à *lèvres blanches*. La forme du corps et les mœurs sont identiques chez les deux races, qui diffèrent seulement par la taille et par la couleur. Le peccari à lèvres blanches est beaucoup plus grand ; il a le poil d'un brun foncé, presque noir, tandis que l'autre est d'un gris uniforme, à l'exception de la bande, ou plutôt du collier, qui lui entoure les épaules et se prolonge sur le dos.

Les marques distinctives sont, dans la première espèce, une tâche d'un blanc grisâtre qui couvre la mâchoire de chaque individu, et, dans l'autre, un collier jaunâtre qui fait le tour du cou et des épaules, absolument comme un collier du harnais. Ces signes distincts leur ont fait donner les qualifications que j'ai citées ; on les désigne encore par la conformation du front, qui, chez le peccari aux lèvres blanches, est plus renfoncé et plus concave que chez son congénère à collier.

A ces distinctions près, ces deux espèces de sangliers américains sont identiques. Ils se nourrissent uniformément de racines, de fruits, de grenouilles, de crapauds, de lézards et de serpents. Ils établissent leur repaire dans des arbres creux ou dans des trous de rochers, et tous les deux vivent en société. Sur ce point, cependant on remarque encore entre eux quelque différence. Le peccari aux lèvres blanches se réunit en troupeaux de centaines d'individus ; on en a vu quelquefois des milliers ensemble, tandis que ceux de l'autre espèce ne montrent pas des dispositions aussi sociables ; le plus souvent on les rencontre par paires. La cause attribuée à ce fait, c'est que dans les contrées où l'on a été à même d'observer ces deux sangliers, le peccari à collier n'était pas en aussi grand nombre que l'autre espèce ; on en a souvent compté jusqu'à cent dans un même troupeau, et tout porte à croire que s'il y en avait eu d'autres dans le voisinage, ils se seraient joints aux premiers.

Le peccari aux lèvres blanches ne se rencontre pas dans les latitudes septentrionales du continent américain. Les pays où il se plaît davantage sont les vastes forêts tropicales du Brésil et de la Guyane. On le trouve aussi dans des contrées plus méridionales. Il est fort commun dans le Paraguay, où il est connu sous le nom de *vaquira*, duquel nom, sans doute, les Américains ont fait par corruption celui de peccari. L'autre espèce se trouve également dans l'Amérique du Sud, où on lui donne le nom de *vaquira de collar*, ou peccari à collier. Ces animaux, ont en outre des dénominations indiennes très usitées, qui diffèrent suivant les localités. Le premier s'appelle au Paraguay *lagnicati*, et le second *taytetou*.

Ni l'une ni l'autre de ces deux espèces n'est aussi nombreuse qu'elle l'était autrefois. Les chasseurs poursuivent les peccaris avec acharnement, non pas précisément pour la valeur de leur chair ou celle de leur peau, pas même pour se livrer au plaisir de la chasse, mais afin de délivrer leurs plantations d'un animal aux habitudes destructives. Dans le voisinage des habitations les peccaris font de fréquentes invasions dans les champs de maïs et de manioc, et une seule nuit leur suffit pour ravager entièrement un semis de cannes à sucre. C'est pour cette raison que, depuis un grand nombre d'années, les planteurs et leurs esclaves leur ont déclaré une guerre d'extermination.

Nous avons déjà dit que le peccari aux lèvres blanches ne se trouvait pas dans l'Amérique du Nord; il n'habite probablement pas les forêts de la partie sud du Mexique; mais, comme on le sait, l'histoire naturelle de ces contrées est encore couverte d'un voile très obscur, et les Mexicains ne sont malheureusement occupés qu'à faire des révolutions. On peut cependant entrevoir l'aurore d'un jour nouveau pour ce malheureux pays : le chemin de fer de Panama, le canal de Nicaragua et la route de Téhuantipec, vont être bientôt livrés à la circulation, et tout nous fait croire qu'au nombre des premiers voyageurs qui traverseront ces régions, jusqu'ici à moitié inconnues, il se trouvera des naturalistes de l'école d'Audubon, qui voudront explorer tous les coins et recoins de l'Amérique centrale. Déjà même on peut signaler de grands progrès dans cette branche de la science.

Quelque ressemblance que ces deux espèces de peccaris aient entre elles, aucun individu ne fraye avec l'autre et ne paraît se douter de la parenté qui les unit; ce qu'il y a même de singulier, c'est qu'on ne rencontre jamais dans les mêmes bois deux troupeaux de peccaris de race différente. Lorsqu'une contrée est habitée par une espèce, on est sûr que l'autre l'a abandonnée.

Le peccari à collier est le seul que l'on trouve dans les forêts de l'Amérique du Nord, et c'est de celui-ci que nous allons particulièrement nous occuper. On le rencontre vers les latitudes méridionales, à l'ouest du Mississipi. Dans la vaste étendue de pays située à l'est de ce fleuve, et maintenant envahie par les Etats-Unis, cet animal est complétement inconnu; on n'en voit même pas un seul, du moins à l'état sauvage. Dans le territoire du Texas, il est fort commun, et ces troupeaux parcourent tout le pays, de l'océan Pacifique au golfe du Mexique, et du nord au sud, jusqu'aux abords de la Californie.

Dans la prairie de l'Ouest, les troupeaux de peccaris ont pris un développement considérable, et au Nouveau-Mexique on les rencontre jusqu'au 38e degré de latitude. Du reste, ils ne se plaisent que dans les climats tempérés, ce qui prouve que les peccaris ne peuvent pas supporter les rigueurs d'un hiver glacial. Ces animaux doivent être originaires des tropiques ou des régions adjacentes.

Quelques naturalistes ont avancé qu'ils ne se plaisent qu'au milieu des forêts, et qu'on ne les rencontrait jamais dans les pays découverts; d'autres, et parmi eux je citerai Buffon, prétendent qu'ils ne fréquentent que les contrées montagneuses et qu'on les voit rarement dans les vallées ou dans les plaines;

6

il en est enfin qui soutiennent au contraire qu'on ne les trouve jamais sur les montagnes.

Aucune de ces assertions ne me paraît exacte. Tout le monde sait que le peccari pullule au milieu des plaines boisées du Texas. Emery, l'un des plus savants naturalistes modernes, dit avoir rencontré de grands troupeaux de peccaris dans les montagnes à moitié pelées du Nouveau-Monde. Un fait réel, c'est que le peccari va partout, dans les plaines comme sur les montagnes, suivant qu'il y trouve les plantes et les racines dont il fait sa nourriture. Les endroits qu'il paraît préférer sont les forêts situées sur des collines, dans lesquelles il trouve une quantité de fruits à son goût, tels que la *châtaigne chinquapin (castanea pumila)*, le *gland pécain (juglans divœformis)*, et les faînes de plusieurs espèces d'arbres qui croissent en grand nombre sur le sol moitié boisé, moitié marécageux du Texas.

A l'exception des fruits dont les sangliers américains se nourrissent, les arbres qui les produisent ne sont d'aucune utilité à cet animal, qui ne saurait chercher un refuge dans les branches, empêché qu'il est de grimper par son pied fourchu. Cependant, faute de rochers ou d'excavations dans les montagnes, il établit son refuge dans les troncs d'arbres creux ou dans l'intérieur d'énormes arbres abattus, à moitié pourris par l'humidité. Le peccari préfère cependant les rochers, l'expérience ayant dû lui démontrer que c'est une retraite bien plus sûre contre les attaques des chasseurs et contre les atteintes de l'incendie.

On distingue aisément le peccari des autres habitants des forêts, soit par sa forme arrondie, toute pareille à celle du cochon, soit par son groin long et effilé. Malgré sa ressemblance avec le pourceau, il est très actif et fort léger dans ses mouvements. L'absence totale de queue (car cet ornement est chez lui représenté par une protubérance très exiguë ou plutôt par un simple bouton) sert à donner à l'animal un air de légèreté tout particulier. Sa mâchoire est, comme celle des cochons, ornée d'une paire de boutoirs qui sortent des coins de la gueule et lui donnent un aspect farouche et dangereux. Ceci, du reste, ne se voit que chez les vieux ragots. Le peccari a les oreilles courtes, presque entièrement cachées sous son poil long et hérissé, ou plutôt sous les soies qui lui couvrent tout le corps, et qui sont surtout plus longues sur le dos. Lorsque ces soies sont hérissées ou projetées en avant (ce qui arrive lorsque l'animal est irrité), elles offrent l'apparence d'une crinière droite et roide, qui s'élève sur le cou et les épaules, et s'étend tout le long de l'échine. On voit alors le corps du peccari enveloppé de poils hérissés : on croirait avoir sous les yeux un véritable porc-épic.

Les peccaris, comme nous l'avons déjà dit, vivent en société : on les rencontre par troupeaux composés de vingt à cinquante individus. Ce n'est cependant qu'en hiver qu'ils se rassemblent ainsi. Pendant la gestation de la femelle, on ne les voit que par paires, le ragot et la truie. Ils sont très fidèles l'un à l'autre et ne se quittent pas un seul instant.

La truie met au monde deux marcassins à la fois, qui, lorsqu'elle met bas, sont d'un brun rougeâtre et tout au plus grands comme de petits chiens. Mais, en peu de temps, ils deviennent assez forts pour suivre leur mère dans les bois, et la famille se compose ordinairement de quatre individus.

Dans l'automne, plusieurs de ces familles se réunissent et restent ensem b Est-ce le hasard qui les a fait se rencontrer ? Est-ce peut-être par un instinct de protection mutuelle ? Nul ne peut le dire, mais il est certain que toutes les fois qu'un peccari faisant partie de la troupe est attaqué, tous les autres prennen parti contre l'agresseur, quel qu'il soit : chasseur, couguard ou lynx ; et, comme ils se servent avec dextérité et efficacité de leurs boutoirs, de leurs mâchelières et de leurs pieds de devant, on peut les considérer comme des ennemis très dangereux et très redoutables.

Le couguard lui-même, lorsqu'il est assez imprudent pour attaquer une troupe de peccaris, paie cette audace de sa vie : il est souvent tué et mis en pièces ; aussi, tout féroce qu'il est, il recule devant l'attaque, surtout lorsqu'il voit ces animaux en nombre. Il ne livre le combat que lorsqu'il en trouve un ou deux isolés ; mais alors, grâce à leurs grognements qui se font entendre à plus d'un mille de distance, les peccaris en danger appellent les autres, et avant de savoir où il en est, le couguard se voit entouré et houspillé par tout le troupeau.

Quand le chasseur du Texas est à pied, il se garde bien de déranger les peccaris, et même lorsqu'il est à cheval, si les bois présentent des obstacles, il passe près d'eux en évitant d'éveiller leur courroux. Et cependant, protégé comme il l'est par la crainte qu'il inspire, cet animal n'en est pas moins poursuivi à outrance par les colons, et, chaque année, on en tue des centaines. Les ravages qu'ils exercent dans les champs de blés leur suscitent grand nombre d'ennemis, qui leur font la chasse avec le désir de les exterminer du premier au dernier.

On fait usage de chien pour chasser le peccari et le forcer. Quand le chasseur arrive à l'hallali, sa bonne carabine, dont la justesse est infaillible, met bientôt fin au combat.

Lorsqu'un troupeau de peccaris est poursuivi, il se réfugie quelquefois dans une caverne ou dans une fissure de rochers. L'un d'eux s'arrête à l'entrée pour en défendre l'approche : s'il est tué par un chasseur, un autre vient alors prendre sa place, puis un troisième et ainsi de suite, jusqu'à ce que la bande entière ait été détruite.

Si une meute attaque un peccari sans être appuyée par un habile chasseur, elle est presque inévitablement mise en déroute, et souvent plusieurs chiens sont éventrés et décousus. Le peccari, ce petit animal, qui n'a pas plus de deux pieds de long, ne craint point le plus fort boule-dogue. J'ai vu un peccari, enfermé dans une cage, qui n'avait pas tué moins de six chiens, dont trois boules-dogues et trois mâtins, que leur maître considérait comme chiens de combat de première force.

Pour terminer la soirée, le Kentuckien nous raconta une aventure qui lui était arrivée pendant une excursion qu'il avait entreprise dans les nouveaux défrichements du Texas.

« C'était, commença-t-il, la première fois que je me trouvais en présence de ces animaux, et je crois que je m'en souviendrai longtemps. Cette escarmouche avec des cochons me donna, parmi les habitants de la frontière du Texas, la réputation d'un vaillant chasseur, et vous allez juger par vous-mêmes, gentlemen, jusqu'à quel point je la méritais.

» J'étais, depuis quelques semaines, l'hôte d'un fermier-planteur qui habitait Trinity-Bottom. Nos chasses dans les forêts qui avoisinaient son *settlement* avaient été heureuses. Au garde-manger de la cuisine étaient appendus des ours, des daims et des dindons ; mais nous n'avions pas encore eu la chance d'y ajouter un peccari, et cependant, nous ne pouvions pas faire un pas sans voir des trous ou des fumées encore chaudes, que mon ami appelait des signes de peccari. Le fait est que cet animal a le sens et l'odorat développé au plus haut degré, et qu'il sait se dérober et disparaître avant que le chasseur puisse le voir ou l'approcher. Comme nous ne prenions pas de chiens avec nous, il n'était pas vraisemblable que nous arrivassions jamais à deviner lequel des neuf cent quatre-vingt-dix-neuf troncs d'arbre creux près desquels nous passions chaque jour était celui qui recélait les peccaris.

» Ma curiosité était cependant fort émue au sujet de ces animaux. J'avais souvent chassé l'ours ; le courre du daim m'était familier ; quand aux dindons, j'en avais pris au piège et tué à coups de fusil ; mais jamais je n'avais tué de peccaris ; je n'en avais même jamais vu. J'avais donc le plus grand désir d'ajouter les boutoirs d'un de ces sangliers à mes trophées de chasse.

» Mes souhaits furent plus tôt accomplis que je ne m'y attendais. Ma satisfaction dépassa même tout ce que j'avais pu rêver, car un matin, avant déjeûner, je fis rendre le dernier soupir à dix-neuf de ces animaux. Mais je vais vous donner, par ordre, tous les détails de cette brillante affaire.

» C'était en automne, la plus belle saison de l'année dans les forêts de l'Amérique, car c'est l'époque où le feuillage se revêt de toutes les teintes dorées, orangées et pourpre, qui donne du pittoresque à la nature. Je dormais encore, un matin, chez mon hôte lorsque je fus éveillé par le gloussement de quelques dindons sauvages qui, suivant toute apparence, picoraient du grain tout près de l'habitation.

» Bien qu'il n'y eût pas de fenêtres dans mon appartement, quelques rayons de lumière pénétrant à travers les fentes des murs de bois me démontrèrent que le soleil était levé depuis longtemps.

» Je me hâtai de revêtir mes habits de chasse, et, prenant ma carabine, je me glissai hors de la maison sans rien dire à personne, et cela par une bonne raison, c'est que je ne rencontrai ni maître ni esclave sur la verandaz de l'habitation. J'en étais bien aise, du reste, car je voulais surprendre mon ami et lui apporter, comme preuve de mon habileté, un dindonneau bien gras pour déjeûner.

» Je fis le tour de la maison, et j'aperçus les dindons en assez grand nombre, cherchant dans les sillons d'un champ de maïs les graines perdues pendant la moisson. Ils étaient trop loin et hors de portée pour mon fusil, aussi je fus obligé de m'avancer dans la jachère pour approcher de plus près.

» Je ne fus pas longtemps à découvrir que tout en mangeant ils se dirigeaient vers le bois dans lequel, selon mes conjectures, ils chercheraient à entrer par un certain endroit. Si je pouvais y arriver avant eux, pensai-je, je serais sûr de les tirer à mon aise. Je n'avais qu'à revenir sur mes pas et à faire un détour dans le champ, en ayant soin de me tenir à couvert ; de cette façon, je me trouverais devant eux, mais, pour avoir cette chance, il me fallait arriver à temps sous les premiers arbres de la forêt.

» Je m'élançai en avant sans perdre une minute, et courant presque tout le long du chemin, je parvins à l'endroit favorable.

» J'étais à peu près à un mille de la demeure de mon ami, car la jachère était vaste, et telle qu'on n'en voit guère de pareille que dans les plantations de ces contrées occidentales. Les dindons s'avançaient en face de moi, mais encore assez éloignés, car je les avais devancés. J'eus donc tout le loisir de faire choix d'un tronc d'arbre et de me percher commodément entre les branches pour les attendre. Je m'étais placé de manière à être entièrement caché par les larges feuilles de quelques arbustes touffus qui masquaient mon embuscade.

» J'étais à peine installé depuis quelques minutes, qu'un léger bruit attira mon attention. Je regardai, et vis sortir de dessous un amas d'herbes sèches le corps allongé d'un serpent. Jusqu'alors je n'avais pu voir sa queue ; mais la forme de la tête et les marques particulières qui lui couvraient le dos, ressemblant à des chevrons d'un uniforme militaire, me convainquirent que c'était un serpent à sonnettes à bandes. Il se glissait tout doucement dans un endroit découvert, probablement avec l'intention de gagner un taillis voisin. En faisant remuer le tronc d'arbre dessus ou dessous lequel il se chauffait au soleil, je l'avais dérangé, et il s'éloignait en quête d'un autre cagnard.

» Ma première pensée fut de suivre ce hideux reptile et de le tuer, mais venant à réfléchir qu'en agissant ainsi je serais aperçu par les dindons, je résolus de rester à ma place et de laisser le crotale s'échapper.

» Je le suivis des yeux tandis qu'il rampait avec lenteur, — car cette espèce particulière de serpent à sonnettes n'a pas une allure très vive, — jusqu'au moment où il parvint au milieu de l'espace découvert, puis je reportai toute mon attention sur les dindons, qui étaient déjà presque à portée de mon fusil.

» Je me préparais à tirer, lorsqu'un bruit étrange, pareil au grognement d'un cochon, vint frapper mon oreille. Il provenait de l'endroit découvert, et naturellement je dirigeai mes yeux de ce côté.

» Un petit animal d'humeur assez curieuse sortit alors des buissons.

» Le groin long et effilé, l'absence totale de queue, le dos voûté et le collier jaunâtre qui encerclait ses épaules, tout contribua à me faire reconnaître un peccari.

» Tandis que je l'examinais avec attention, il fut rejoint par un autre, puis par un troisième, jusqu'à ce qu'enfin j'en eusse devant moi un nombre considérable.

» A la vue du premier, le serpent, évidemment saisi d'effroi, s'était aplati sur le sol et faisait tous ses efforts pour se cacher sous l'herbe. Mais le terrain était recouvert d'un gazon uni et frais tondu ; aussi ne put-il y parvenir.

» Le peccari l'avait aperçu, et aussitôt il se leva sur son train de derrière ; sa crinière se dressa, et ses soies, suivant un mouvement identique, se hérissèrent sur tout son corps. On l'aurait pris pour une brosse bien fournie. Un instant avait suffi pour opérer cette transformation extérieure, et je m'apercevais que l'air était imprégné de cette odeur désagréable répandue par l'animal lorsqu'il se met en colère, et qui provient d'une glande placée dans les parties inférieures. Sans s'arrêter un moment à réfléchir, il se précipita en avant et se tint à trois pieds de son ennemi.

» Le serpent, voyant qu'il lui était impossible de se cacher, se replia sur lui-même et se mit sur la défensive. Pareil à du phosphore, son œil étincelait, le bruit de sa crécelle se faisait entendre presque sans interruption, tandis que sa tête élevée se projetait par des mouvements rapides dans la direction de l'agresseur.

» Ces démonstrations amenèrent sur le terrain la troupe entière des peccaris. Ils formèrent un cercle autour du reptile, et celui-ci, ne sachant plus lequel attaquer, ne cessait de lancer sa tête dans toutes les directions. Les peccaris restaient toujours là, le dos élevé, les pieds ramassés, comme autant de chats en colère, menaçant et poussant des cris aigus. Enfin l'un d'eux, celui qui était arrivé le premier, autant que je puis le croire, prit un élan soudain, et, les quatre pieds réunis, retomba sur le corps enroulé du serpent ; un autre le suivit, puis un troisième, jusqu'à ce qu'enfin je pus voir le cadavre du reptile étendu de son long et palpitant dans une convulsion d'agonie.

» Quelques instants après, il était sans vie, écrasé sous les pieds des peccaris. Les quadrupèdes le saisirent alors avec leurs dents, et le mettant en pièces ils le dévorèrent.

» Dès l'instant où j'avais aperçu les peccaris, je n'avais plus songé aux dindons, mon plomb était destiné à un autre gibier. Je pouvais trouver des dindons en tout temps; quant aux peccaris, il n'était pas ordinaire d'en voir tous les jours. Je m'étendis alors à plat ventre entre les fourches de l'arbre, et levant ma carabine avec précaution, je visai le plus gros ragot du troupeau, et je fis feu.

» L'animal poussa un cri auquel répondirent ceux de tous ses compagnons, je le vis rouler à terre, tué ou blessé; mais je n'eus pas le temps de m'en assurer. La fumée était à peine dissipée que j'aperçus tout le troupeau de peccaris, qui, au lieu de s'enfuir, comme je m'y attendais, s'élançait vers moi au grand galop.

» En un moment, je fus entouré par tous ces animaux irrités, qui bondissaient avec fureur dans mes jambes, poussant des cris aigus et faisant craquer leurs dents comme un danseur espagnol fait claquer ses castagnettes.

» Je me hissai donc aussi haut que possible le long du tronc de l'arbre, mais cet abri même n'était pas fort sûr. Les peccaris s'élancèrent avec furie; de la crosse de mon fusil je les frappais, je les renversais; mais ils revenaient toujours à la charge et me mordillaient les jambes. Ils firent tant d'efforts qu'enfin il ne me resta plus un lambeau de mon pantalon.

» J'appréciai le danger de ma position, mais, loin de me laisser abattre, j'eus recours à toute mon énergie. À l'aide de mon fusil, je faisais un moulinet continuel autour de moi; mais je n'avais pas plutôt renversé un de ces furieux quadrupèdes, qu'un autre s'élançait à sa place avec plus d'acharnement que jamais. J'avais la plus grande difficulté à me défendre; et tout en combattant avec la fureur du désespoir, je poussais des cris énergiques, répercutés par les échos de la forêt.

» Je me tenais toujours sur la partie la plus élevée du tronc de l'arbre; là, du moins, ces animaux ne pouvaient m'attaquer tous à la fois, et je pouvais m'y défendre mieux qu'ailleurs. Cependant, malgré cet avantage, j'avais à soutenir des assauts si répétés, mes ennemis me laissaient si peu de répit, que je me voyais au moment de tomber d'épuisement entre leurs dents.

» Je sentais mes forces défaillir, je commençais à me désespérer, lorsqu'en faisant tourner mon fusil autour de ma tête, pour donner plus de force à mes coups, je heurtai quelque chose derrière moi. C'était une branche d'arbre qui surplombait à deux pieds au-dessus de moi.

» Une idée me vint à l'esprit : si je pouvais monter sur l'arbre ! Comme je savais que cela était impossible aux peccaris, je compris que dès lors je serais en sûreté.

» Je levai les yeux, la branche était à ma portée. Je la saisis aussitôt pour l'attirer à moi, et, prenant mon temps, j'employai dans un suprême effort toute l'énergie qui me restait, je me hissai sur l'arbre.

» J'avais réussi à me soutenir sur la branche maîtresse; une fois là, je m'assis, je respirai à mon aise, j'étais sauvé !

» Je demeurai quelque temps sans penser à autre chose qu'à me reposer. Je restai ainsi au moins une demi-heure avant de remuer sur mon perchoir. De temps en temps, je jetais les yeux en bas; les peccaris, loin de se retirer, persévéraient dans leur attaque et couraient en tous sens autour de l'arbre, faisant des bonds désespérés et déchirant l'écorce à belles dents. Ces drôles-là m'étourdissaient de leurs grognements désagréables et de leurs cris incessants. Bien plus, j'étais presque suffoqué par l'odeur qu'ils exhalaient, parfum nauséabond qui ressemblait à un mélange de musc et d'ail. Tout me prouvait que, loin de songer à se retirer, ils étaient disposés à continuer le siège.

» De temps en temps, ils allaient faire une halte à l'endroit où gisait celui des leurs qui était mort; et cette vue semblait redoubler leur acharnement, car ils revenaient en grognant avec une fureur redoublée.

» Je songeai cependant que mon ami devait être levé, et j'espérais qu'il viendrait sans doute à mon secours; il n'était pourtant pas probable qu'il se mit en quête de moi avant que mon absence lui eût inspiré des inquiétudes. Sa sollicitude ne pouvait être éveillée qu'après la tombée de la nuit, où peut-être même dans la journée du lendemain; car il m'arrivait quelquefois de sortir avec mon fusil et de rester vingt-quatre heures dehors.

» Je restai ainsi sur ce perchoir incommode, tantôt portant les yeux sur les animaux enragés qui épiaient mes moindres mouvements, tantôt dirigeant mes regards vers le grand champ de maïs, avec l'espérance de découvrir quelque passant. Parfois, une idée folle me traversait le cerveau, c'est que peut-être le lendemain on ne songerait pas à moi.

» Je pouvais périr ou de faim ou de soif; ces deux besoins commençaient déjà à se faire sentir. Si je restais vivant, ne pouvais-je pas perdre toutes mes forces de manière qu'il me fut impossible de rester cramponné plus longtemps? Le siège sur lequel j'étais perché était loin d'être confortable; l'arbre était petit, la branche bien mince; j'avais déjà les cuisses écorchées; je pouvais manquer de forces, lâcher prise, et alors...

» Ces réflexions étaient terribles, et comme elles me venaient à l'esprit, je poussais des cris effroyables, dans l'espoir d'être enfin entendu.

» Jusqu'alors je n'avais pas songé à faire usage de mon fusil, bien qu'instinctivement je ne l'eusse pas lâché; je l'avais donc avec moi sur le haut de l'arbre. Il me suffirait de tirer quelques coups, mon ami, ou quelque autre personne, entendrait le bruit de la détonation.

» Je me calai de mon mieux sur la branche, et je chargeai à poudre. J'allais faire feu, lorsque je réfléchis qu'il serait tout aussi bon de diminuer le nombre des assaillants; je glissai donc une balle dans le canon; j'en visai un à la tête, je lâchai la détente, le peccari tomba.

» Une seconde pensée m'éclaira tout d'un coup. Si je pouvais faire subir au troupeau entier le même sort qu'à ce second peccari? Sa mort n'avait nullement effrayé les autres; au contraire, ils s'étaient resserrés autour de l'arbre, élevant leur groin, poussant des cris de plus en plus aigus, et me présentant ainsi une chance favorable pour les atteindre. Je rechargeai et je tirai.

» Ce fut encore un ennemi de moins. L'espérance me vint au cœur. Je comptai mes balles, j'examinai ma poudrière : j'avais une vingtaine de balles et de la poudre en abondance. Je fis le dénombrement des peccaris : seize se trouvaient encore debout, et trois seulement étaient morts.

» Je rechargeai et fis feu, recommençant chaque fois avec une nouvelle ardeur.

» Je visai avec tant de soin, qu'en fin de compte je ne perdis qu'un seul coup de fusil.

» Quand j'eus achevé ma chasse, je descendis de mon perchoir et me trouvai au milieu d'un monceau de cadavres. On aurait dit un vaste abattoir. Dix-neuf de ces animaux gisaient autour de l'arbre, et la terre était inondée de leur sang.

» En cet instant la voix de mon ami parvint à mes oreilles. Je le vis debout, immobile, les bras en l'air, comme frappé d'étonnement : il ouvrait des yeux aussi larges que des portes cochères.

» Ce haut fait de chasse fût bientôt connu dans toute la colonie, et dès lors je fus regardé comme le plus grand chasseur de Trinity-Bottom. »

CHAPITRE XVI

Une chasse aux canards

Le lendemain, nous aperçumes pendant notre marche des vols de pigeons sauvages au milieu desquels nous fîmes des trouées. Ces oiseaux, fraîchement tués, renouvelèrent nos provisions, à notre grande joie, car nous commencions à nous lasser de notre lard salé. Un pâté de la façon de Lanty, bien cuit à point, ne pouvait que nous être fort agréable. Nous avions appris des détails très suffisants sur les pigeons, aussi n'en parlâmes-nous pas davantage. Les canards devinrent le texte de notre conversation, à laquelle nous fûmes amenés par un nouvel incident de chasse. Nous avions surpris, dans la journée, un vol de charmants petits canards d'été (*anas sponsa*), et nous en avions tué quelques-uns. Ce ne furent pourtant pas ces petites sarcelles qui fixèrent notre attention ; nous ne nous occupâmes que de l'espèce célèbre connue sous le nom de canvas-back (*anas valisneria*), autrement dit canard-cheval.

Au nombre des deux douzaines d'espèces de canards sauvages de l'Amérique, nulle n'a une plus grande réputation parmi les chasseurs et les gourmands que celle qu'on connaît vulgairement sous le nom de *canvas-back*. On fait même moins de cas du canard à duvet, vu que les Américains se soucient fort peu des lits de plumes et des édredons. Mais la chair délicate et savoureuse du premier est universellement appréciée, et les amateurs de bonne chère la mettent au-dessus de celle de toutes les autres créatures ailées, à l'exception peut-être de l'ortolan et du faisan des prairies. Ces deux oiseaux jouissent d'une réputation presque égale à celle de leur congénère aquatique. Le faisan des prairies est le morceau de choix des gourmets de l'Ouest, tandis que le canvas-back ne se trouve que dans les grandes cités du nord des Etats-Unis. L'ortolan, originaire des Indes occidentales, se trouve sur les mêmes marchés que le canvas-back. La chair de chacun de ces trois oiseaux, malgré la différence de leur espèce, est réellement du goût le plus exquis : on ne saurait dire laquelle est la plus appréciée.

Le canvas-back n'est pas de grande taille ; son poids dépasse rarement trois livres. Il ressemble pour la couleur au canard pochard d'Europe. Il a la tête couleur marron foncé et la gorge noire, tandis que le dos et le dessus des ailes présentent une surface d'un gris bleuâtre, rayée et tachetée de manière à ressembler, très imparfaitement cependant, à un tissu de toile ; et c'est de là que lui vient sa dénomination populaire de canvas-back : *dos de toile à matelas.*

Comme la plupart des oiseaux aquatiques d'Amérique, le canvas-back est un oiseau de passage. Vers le printemps, il gagne les pays froids qui avoisinent la baie d'Hudson, et ne revient dans les climats plus chauds qu'au milieu du mois d'octobre. On le rencontre alors par vols nombreux sur le rivage de l'océan Atlantique. Il ne fréquente pas les lacs d'eau douce des Etats-Unis, et on ne le trouve que dans deux ou trois endroits bien connus, dont le principal est la vaste baie de Chesapeake. Cette préférence se comprend facilement, car c'est là que croissent en très grande abondance les herbes dont il fait sa nourriture favorite. Près de l'embouchure des rivières qui se jettent dans cette baie, on rencontre des flaques considérables d'eau stagnante, favorables à la production d'une certaine plante du genre *valisneria*, graminée oléagineuse qui s'élève de plusieurs pieds au-dessus de l'eau, couverte de feuille d'un vert foncé, et dont la racine est blanche et tendre. C'est de cette racine, qui, par sa forme et sa saveur, a fait donner à la plante le nom universellement répandu de céleri sauvage, que le canvas-back compose uniquement sa nourriture ; aussi ne le trouve-t-on que dans les régions qui produisent cette plante. Lorsqu'il veut saisir la racine, il plonge et la rapporte dans son bec, dédaignant la tige et les feuilles, qui demeurent ainsi flottantes sur l'eau pour servir aux repas d'une autre espèce de canards, le pochard, ou bien qui forment de vastes bancs d'herbage bercés au gré des vents jusqu'à ce qu'ils aillent échouer sur les rives voisines.

C'est à la racine du céleri sauvage que le canvas-back doit son exquise saveur, et ce gibier est, de nos jours, un mets si recherché, qu'une paire de canards vaut jusqu'à trois dollars sur le marché de New-York et de Philadelphie, tandis que le plus beau dindon ne se vend qu'un tiers de cette somme. Cette cherté donne une idée de l'estime particulière qu'on a pour ces volatiles palmipèdes.

On conçoit que cette chasse est très en usage, non seulement comme amusement, mais encore comme spéculation. Les moyens employés pour obtenir d'heureux résultats sont variés à l'infini. Chiens dressés à cet effet, embarcations, fusils-canardières qui ressemblent à des machines de guerre, déguisements de toute espèce, les chasseurs ne négligent rien, car les canards-chevaux sont fort difficiles à approcher, et ce n'est qu'à force d'inventions et de ruses qu'on parvient à les tirer. Ils plongent à merveille, et, s'ils ne sont que blessés, ils réussissent presque toujours à échapper au chasseur. Cependant la peur, qui leur est naturelle, cède souvent à la curiosité. Un chien, amené sur le rivage, près de l'endroit où se tiennent les canards, et dressé à courir de long en large, les attire presque toujours à portée de fusil. Si le chien par lui-même n'y peut réussir, un chiffon rouge dont on lui enveloppe le corps ou qu'on lui met tout bonnement à la queue, produit l'effet désiré. Il y a pourtant certains moments où les canards ont été tellement harcelés, que toutes ces ruses sont employées en pure perte.

Le prix élevé que rapportent les canvas-backs, mis en vente aux marchés, engage les chasseurs à leur faire une chasse incessante, et pour quelques-uns ce sport est réellement une source de profits considérables. L'importance attachée à ce droit de chasse est telle, que dans les traités internationaux qui existent entre les Etats situés sur les limites de la baie de Chesapeake, on a introduit plusieurs clauses ayant spécialement trait aux droits et aux limites de la chasse, pour chacune des parties contractantes. Il y a trois ou quatre ans, une infraction à cet article du traité amena une collision sérieuse entre les chasseurs de Philadelphie et de Baltimore ; et la querelle s'envenima à tel point, qu'on nolisa des navires à [bord desquels une troupe de gens armés croisèrent pendant quelque temps dans les eaux de Chesapeake. Tous les préparatifs d'une petite guerre eurent lieu de part et d'autre, et sans l'intervention du gouvernement de Washington, qui arrangea l'affaire, il y aurait eu beaucoup de sang répandu.

J'avais été le héros d'une aventure assez extraordinaire à la chasse aux canards sur la baie de Chesapeake, et je la racontai à mes compagnons, qui firent cercle autour de moi afin de mieux m'écouter.

« J'étais allé, leur dis-je, passer quelques jours chez un ami, un planteur qui demeurait près de l'embouchure d'une petite rivière dont les eaux se jetaient dans la baie de Chesapeake. Mon désir le plus grand était d'avoir le plaisir de faire la chasse à ces canards-chevaux renommés, car si leur chair délicate m'était connue, en revanche, je n'en avais jamais tué un seul ; je n'avais même jamais aperçu la queue de l'un de ces siffleurs. Je voulais donc à toute force tenter l'aventure, et un beau matin je partis pour mettre mes projets à exécution.

» L'habitation de mon ami était située sur le bord de la rivière, à quelque distance du ressac de la mer. Comme le céleri sauvage ne croit que dans les eaux stagnantes, et ne se trouve ni dans l'eau de mer ni dans l'eau douce de la rivière, il me fallait descendre le courant un mille à peu près avant d'arriver à l'endroit où je devais trouver les canards. Je m'embarquai donc sur un petit canot, sans autre compagnie que celle d'un chien assez malingre qu'on m'avait prêté en le vantant comme le meilleur chien de la contrée pour la *chasse au badinage*.

» Une affaire des plus importantes forçait mon ami à s'absenter, de sorte qu'il ne put venir avec moi ; mais je connaissais assez bien la localité, et, plein de confiance dans ma science et mon expérience de chasseur, je me persuadais que j'étais assez habile pour me hasarder tout seul sur ces parages aimés du gibier.

» Poussé par le courant et secondé par les rames, je parvins bientôt en vue de la baie au milieu des plants de céleri sauvage, et au même instant des vols d'oiseaux aquatiques de plusieurs espèces, — parmi lesquels je distinguai des pochards, des canvas-back et des macreuses d'Amérique, — s'offrirent à ma vue.

» J'abordai sur un terrain convenable, non loin de l'embouchure de la rivière, et, amarrant mon esquif à quelques plantes marines, je me mis à chercher un endroit couvert, afin de m'y cacher. Quelques buissons croissaient près de là : j'allai m'installer derrière cet abri, et je lâchai le chien dressé au badinage. Le maudit épagneul ne paraissait faire aucune attention ni à ma voix ni à mes gestes. Tout d'un coup je crus voir dans ses yeux une expression d'effroi, que j'attribuai au peu d'habitude qu'il avait de me voir : j'espérai pourtant que, lorsque nous aurions fait plus ample connaissance il changerait de manière d'agir.

» J'étais dans l'erreur : j'eus beau faire, il me fut impossible de l'attirer près de l'eau ; il se refusa obstinément à courir de long en large sur le rivage, ainsi que me l'avait annoncé mon ami. Bien au contraire, il alla se coucher sous les buissons, près de l'endroit où je m'étais établi, et ne voulut plus en bouger. Deux ou trois fois je le tirai de force pour le faire aller à l'eau, mais toujours il m'échappa pour retourner s'abriter à l'ombre.

» J'étais d'autant plus irrité de cette obstination, qu'une bande de plusieurs milliers de canvas-backs était posée sur l'eau à moins d'un demi-mille du bord. Si mon chien avait fait son devoir, ils seraient infailliblement venus à portée, et d'après ce calcul je comptais sur un résultat superbe. L'entêtement de l'épagneul dérangeait tous mes plans : je finis par être convaincu qu'il n'y avait pas moyen d'être secondé par lui.

» Ce ne fut qu'au bout de quelques heures perdues de cette manière que je fus persuadé de l'inutilité de mes efforts. Je quittai alors mon abri, et je retournai à mon canot. J'étais si furieux contre ce damné chien, que je ne songeai même pas à le siffler pour qu'il me suivît ; je serais vraiment parti sans lui, au risque d'encourir le déplaisir de mon ami ; mais le maudit animal trottait sur mes talons, sans que je l'eusse appelé, et en arrivant au bateau il sauta dedans le premier, sans m'en demander la permission.

» Ma colère contre lui était si violente, que j'étais prêt à le chasser ; mais la réflexion suffit pour apaiser mon courroux, et je restai quelque temps debout au milieu de l'embarcation, combinant mes plans d'attaque.

» Je regardais au loin les vols des canvas-backs, et ce spectacle était bien attrayant pour un chasseur. Ils étaient posés sur l'eau légers comme des morceaux de liège, et serrés comme on aime à voir des canards quand on est bon tireur. Un coup de fusil bien dirigé devait en abattre au moins une vingtaine.

» N'y avait-il réellement pas moyen de les approcher ? Telle était la question que je m'étais déjà adressée plus de cent fois *in petto* sans pouvoir la résoudre à mon gré.

» Enfin une idée me vint à l'esprit. J'étais souvent parvenu à arriver assez près des vols de siffleurs ordinaires, en couvrant les bandes de mon canot de branches d'arbres et de tiges de bruyères. Je me laissais alors entraîner par le courant et la brise jusqu'auprès des canards, qui ignoraient le danger dont ils étaient menacés. Le moyen ne pouvait-il pas aussi me réussir avec les canvas-backs ?

» Je résolus d'en faire l'expérience. Les canards étaient dans une position favorable à mes projets ; ils nageaient sous le vent, au milieu d'une prairie de *valisnerias*. La brise me pousserait jusque-là, et le feuillage dont j'allais couvrir ma barque devait contribuer à ce qu'ils la confondissent avec les tiges vertes de la plante aquatique.

» La chose était faisable ; je me mis sur-le-champ à couper un certain nombre de branches aux arbustes touffus qui croissaient autour de moi, et j'en couvris les bords du bateau. Une demi-heure suffit à ce travail, et je quittai enfin le rivage. Si quelqu'un m'eût vu de loin, il lui eût été impossible de s'imaginer que cette masse flottante était autre chose qu'un radeau de feuillage en dérive.

» Je ramai tout doucement jusqu'au moment où j'arrivai sous le vent des canards, à la distance d'un demi-mille du vol. Les avirons m'étaient désormais inutiles, je les retirai afin de laisser mon esquif glisser doucement par une brise légère. J'avais pris la précaution de me placer de manière à être complètement caché, tandis qu'à travers les branches je pouvais tout voir, de quelque côté qu'il me plût de jeter les yeux.

» Le feuillage remplaçait la voile ; aussi j'arrivai bientôt au milieu des plants de céleri sauvage. Là, je craignis pendant quelques minutes d'être retardé dans ma marche, car la brise n'était pas, à mon avis, assez forte pour pousser ma barque au milieu des herbes. Mais, en dépit de mes craintes, les herbages n'étaient pas très épais à l'endroit où je me trouvais, et je sentis, à ma grande joie, que j'avançais peu à peu, quoique bien lentement.

» La chaleur m'incommodait fort : c'était au mois de novembre. A cette époque de l'année, appelée aux Etats-Unis été de la Saint-Martin, la température était brûlante : le thermomètre devait au moins marquer 90 degrés Fahrenheit, si j'ai bonne mémoire. Les rameaux dont j'étais entouré empêchaient le moindre souffle de vent d'arriver jusqu'à moi, et les rayons du soleil, alors à son zénith dans cette latitude méridionale, me tombaient presque verticalement sur la tête. Ma peau était littéralement brûlée, et, malgré cela, je restais étendu sans bouger au fond de la barque où j'étais couché.

» En toute autre circonstance, je n'aurais pas voulu endurer une cuisson aussi complète ; mais la perspective d'un magnifique coup de fusil me faisait supporter avec patience la chaleur et ses inconvénients.

» Je restai près d'une heure à traverser le pré marécageux de *valisnerias*, deux ou trois fois ma barque, s'arrêtant tout net, était restée assez longtemps immobile, mais bientôt, grâce à une bouffée de vent, qui soudain ridait la surface de l'eau, elle s'était dégagée, et le bruit des branches de céleri frôlant les parois de l'esquif m'annonçait que nous avancions.

» Je vis enfin, à ma grande satisfaction, que j'approchais de l'endroit où le *valisneria* cessait de couvrir les eaux, et j'aperçus en même temps la bande de canards se dirigeant au-devant de moi. Un grand nombre de ces oiseaux, tout en mangeant et en plongeant, s'avançaient du côté de l'embarcation.

» J'observais les canvas-backs avec le plus grand intérêt, et je remarquai qu'ils étaient accompagnés d'une autre espèce de canards entièrement différents par la couleur. C'était la sarcelle d'Amérique. Rien n'était plus curieux que d'observer les escarmouches auxquelles se livraient presque continuellement ces deux oiseaux. La sarcelle n'est qu'un pauvre plongeur, tandis que le canard-cheval est le meilleur nageur du monde. Constatons ici que le premier est aussi friand des racines de céleri sauvage que son congénère ; seulement, il est réduit, pour se procurer ces racines aimées, à les dérober tout simplement. Or, comme il est de petite taille, et que sa force ne lui permettrait pas de lutter avec le canard-cheval, il est forcé d'employer la ruse : les moyens qu'il met en pratique sont vraiment fort bizarres. Lorsque le canvas-back plonge, il demeure nécessairement quelque temps sous l'eau. Il lui faut saisir la plante et l'arracher par la racine. Dès qu'il revient à la surface tenant le céleri dans son bec, il est à moitié aveuglé.

La sarcelle a épié ses mouvements ; elle l'a vu prendre son élan et disparaître ; elle calcule, à quelques millimètres près, l'endroit où il doit reparaître, et l'attend en repos. Au moment même où le canard-cheval sort de l'eau, et avant qu'il ait pu se secouer les yeux et recouvrer ses sens, le hardi voleur se jette sur lui, saisit la racine dans son bec solide, et s'enfuit en ramant de toute la force de ses pieds palmés. Le canvas-back, quelque chagrin qu'il ait de se voir dépouiller d'une manière aussi impudente, n'ignore pas d'ailleurs que toute poursuite est inutile : il se résigne alors, et, reprenant haleine, il plonge de nouveau pour s'emparer d'une autre racine de céleri. J'eus le plaisir, pendant la faction que je montais, d'observer de nombreux faits de ce genre, ce qui m'amusa fort et me fit trouver les heures moins longues.

» Une troisième espèce de canards attira aussi mon attention : c'était le pochard, appelé tête-rouge par les chasseurs du Chesapeake. Ces oiseaux ressemblent beaucoup au canvas-back ; on ne peut guère les distinguer que par le bec, qui, chez le premier, est concave dans sa partie inférieure, tandis que, chez le second, il est presque droit.

» Je vis que les pochards ne se mêlaient à aucune des deux autres espèces, et qu'ils se contentaient, pour leur nourriture, des débris nombreux que les autres paraissaient dédaigner, c'est-à-dire des feuilles et des tiges du céléri, qui, une fois dépouillées de leurs racines, flottaient à l'abandon sur la surface de l'eau. Les pochards sont presque aussi estimés, par les gourmands, que leurs congénères les canvas-backs ; et j'ai même entendu dire que les marchands de volailles de New-York et de Philadelphie offraient souvent l'un pour l'autre aux consommateurs inexpérimentés. Pour ne pas être trompés, il faudrait que ceux qui veulent se procurer un vrai canvas-back eussent quelques notions indispensables d'histoire naturelle. La forme et la couleur du bec seraient des indices infaillibles qui les empêcheraient d'être déçus ; le pochard a le bec bleuâtre, tandis que celui du canvas-back est d'un vert foncé ; l'œil du premier est jaune, et celui du second est rouge de feu.

» Enfin j'eus la chance de parvenir à portée d'une masse compacte de canards. Je n'avais plus qu'à glisser tout doucement le canon de mon fusil à travers le feuillage, à armer les deux coups, à bien viser et à faire feu.

» Mon intention était de suivre le plan ordinaire, c'est-à-dire de tirer le premier coup sur les canards posés et de garder l'autre pour l'instant où ils prendraient leur volée. Un moment suffit pour exécuter ce que j'avais projeté, je tirai, et j'eus le plaisir ineffable de voir une vingtaine de canards se débattre sur l'eau dans les convulsions de l'agonie. Le reste du vol s'éleva dans les airs avec un bruit d'ailes qui ressemblait à celui du tonnerre.

» Je vous ai raconté que j'avais tué une vingtaine de canvas-back : telle était du moins ma supposition à vue d'œil ; mais quel était le nombre exact, je ne l'ai jamais su ; car jamais un seul de ces oiseaux ne fut touché par mes mains. Mes pensées, qui étaient toutes du côté de la chasse, changèrent bientôt de nature ; un incident se présenta qui fit qu'en un instant canards-chevaux, macreuses et pochards, me sortirent aussi complètement de la tête que si je n'y avais oncques pensé.

» Pendant que j'allais à la dérive, louvoyant au milieu des herbes, mon attention avait été plusieurs fois éveillée par la conduite bizarre du chien qui m'accompagnait. Il s'était couché au fond du bateau, du côté de l'avant, à moitié caché sous la feuillée ; puis, de temps en temps, il se dressait tout d'un coup sur ses pattes, jetait autour de lui des regards effrayés, poussait un gémissement lugubre et reprenait enfin sa première attitude. Je remarquai en outre que parfois son corps frémissait d'un tremblement convulsif, et que ses mâchoires claquaient l'une contre l'autre, comme si elles allaient se briser. Ces singularités chez un animal m'avaient causé de l'étonnement, rien de plus. J'étais trop occupé à épier les mouvements du gibier pour me livrer à aucune conjecture sur ce sujet ; et, à tout prendre, autant qu'il m'en souvient, j'attribuai à la peur cette agitation insolite de l'animal. Probablement, me disais-je, ce chien n'a jamais voyagé sur l'Océan : il a le mal de mer, ou bien encore il a peur de l'eau.

» Ce raisonnement suffit pour assoupir mes pensées, et je n'y songeai plus jusqu'au moment où, après avoir tiré mon second coup de fusil, mon attention fut forcément dirigée sur le chien ; bien plus, je confesse qu'elle se concentra si bien sur lui, qu'en moins d'une seconde je ne pensai plus à autre chose. Il était là debout, à trois pieds de distance, hurlant de la façon la plus horrible, les yeux fixés sur moi avec une expression farouche que je ne chercherai pas à décrire ; la langue lui sortait de la gueule ; ses lèvres étaient humectées de bave ; vous avez deviné, mes amis, le chien était hydrophobe !

» Sa rage était pour moi chose aussi certaine que sa présence dans mon embarcation. J'avais déjà bien souvent vu des chiens enragés, je connaissais donc tous les symptômes de la rage : c'était bien l'hydrophobie et de la plus dangereuse espèce ; il n'y avait pas à s'y méprendre.

» Une sensation soudaine de terreur s'empara de moi. Le mot terreur ne rend pas suffisamment l'effet produit par la vue de l'animal : ce que j'éprouvais, c'était plutôt de l'horreur, et cette expression est encore impuissante pour faire comprendre ce que je ressentis en ce moment. Je me voyais placé dans une position des plus critiques, sans entrevoir le moyen d'en sortir. La mort — une mort cruelle et horrible ! était sous mes yeux, devant moi ! Elle semblait me fixer à travers les yeux vitreux de ce maudit animal.

» Par un mouvement instinctif, j'avais pris une attitude de défense ; ma première idée avait été de saisir mon fusil et de l'armer. La confusion de mes idées, occasionnée par l'effroi, m'avait fait oublier que les deux canons étaient vides, mon plomb n'était-il pas éparpillé sur l'eau ?

» J'allais recharger, lorsqu'un mouvement du chien, fait de mon côté, me démontra que ce serait une expérience dangereuse à tenter.

» Une troisième pensée, ou plutôt un instinct naturel, m'engagea à saisir mon arme par le canon, afin de pouvoir, en cas de besoin, me défendre avec la crosse. C'est ce que je fis aussitôt, et je me tins prêt à frapper comme avec une massue.

» J'avais fait un mouvement de retraite, et j'étais acculé à l'arrière de l'esquif. Jusqu'alors le chien était resté couché sur l'avant ; mais au bruit de la double détonation il s'était relevé, et avait pris position à peu près au centre. Il était à même de me mordre avant que je me fusse aperçu de sa rage ; et la position que j'avais prise, par un mouvement tout irréfléchi, n'ajoutait rien à ma sécurité.

» Tous ceux qui ont navigué sur un canot américain savent combien il est facile de le faire chavirer. Tout en ayant la forme de bateau au-dessus de la bordure, le fond en est plat et sans quille. Un pas mal assuré suffit pour le renverser sens dessus dessous. Aussi, lorsqu'on veut s'y tenir debout, il faut être bien sûr de son équilibre et avoir le pied marin. Combattre un chien enragé dans une embarcation semblable sans recevoir une seule morsure, c'eût été surpasser l'habileté de l'acrobate le plus expérimenté. Malgré toutes mes précautions, malgré la posture moitié accroupie, moitié droite que j'avais prise, la barque éprouvait des oscillations saccadées et fréquentes ; j'étais en danger de sauter par dessus le bord. Si le chien venait à s'élancer sur moi, je n'ignorais pas que le plus imperceptible mouvement de défense que je pourrais risquer suffirait pour me précipiter à la mer ou pour faire chavirer la barque ! L'une ou l'autre alternative était également inquiétante.

» Toutes ces pensées traversèrent mon cerveau en moins de temps que je ne mets à vous les raconter, et cependant, quelques courts que furent ces instants, ils me parurent d'une longueur incommensurable, car le chien conservait son attitude menaçante, les deux pattes de devant appuyées sur un des bancs, tandis que ses yeux continuaient à se fixer sur moi avec une expression de férocité et d'incertitude sans pareille.

» Je restai quelque temps plongé dans une angoisse horrible ; la terreur avait paralysé mes forces. Je ne savais quel parti prendre, car je craignais que le moindre mouvement de ma part n'attirât l'animal sur moi et ne fût pour lui le signal de l'attaque. Je songeai bien à me jeter à l'eau sans savoir précisément si j'aurais pied, non pas que l'eau fut profonde, — il y en avait à peine un mètre et demi, — mais le fond me paraissait être composé de vase molle, et, je pouvais m'enfoncer d'une manière dangereuse. Il n'y fallait donc pas penser, et je rejetai cette idée loin de moi.

» Essayerais-je de gagner le rivage à la nage ? Je jetai dans cette direction un regard oblique, il y avait bien un demi mille de distance. Embarrassé comme je l'étais par mes habits d'hiver, je ne pourrais atteindre le bord. Chercher à me déshabiller, c'eût été inviter le chien à sauter sur moi, et en supposant que j'y parvinsse, le chien ne pouvait-il pas me suivre et m'attaquer dans l'eau ? Cette idée était affreuse !

» Je renonçai donc à tout espoir de salut, du moins à celui qui pouvait provenir de mes propres efforts. Je me sentais perdu, et je me résignai à attendre passivement le dénoûment, quel qu'il pût être.

» Je me bornai à conserver une immobilité de statue, sans remuer ni bras ni jambes, dans la position que j'avais prise d'abord. Je n'osais pas même respirer, dans la crainte d'attirer l'attention de mon terrible compagnon, et de rompre la trêve qui semblait exister entre nous.

» Ce *statu quo* dura quelques minutes, qui me semblèrent des heures ; le chien était là, toujours debout, les pattes appuyées sur le banc, au-dessus des avirons. Il restait immobile, les yeux hagards et fixés sur moi, sans y mettre toutefois autant de persistance qu'auparavant. Plusieurs fois, je crus le voir prêt à s'élancer de mon côté, et, tout en évitant de faire le moindre mouvement, je serrais mon fusil avec plus de force. Pour comble de malheur, je m'aperçus que le courant m'emportait en pleine mer. Le vent soufflait de la terre, et les branches qui couvraient ma barque faisant l'office de la voile, je glissais sur l'eau avec une rapidité effrayante.

» Déjà j'avais franchi la banquise d'herbes, et je naviguais en plein océan ; lorsque, à mon grand effroi, je découvris des brisants à un mille devant moi, sur lesquels les vagues se brisaient en écume et rejaillissaient en poussière.

» Il me suffit de jeter un regard de côté, à la dérobée, pour être convaincu du nouveau danger que je courais : si je ne parvenais à arrêter l'esquif, je serais jeté sur le banc avant que dix minutes fussent écoulées.

» Je me trouvais dans une terrible alternative ; il me fallait ou forcer le chien à quitter la position qu'il occupait au-dessus des avirons, où m'attendre à être précipité sur les brisants. Cette dernière alternative, c'était une mort certaine et inévitable ; l'autre offrait quelque chance de réussite ; et, la nécessité me rendant quelque peu de mon énergie, je me décidai pour l'attaque.

» Je ne sais si le chien découvrit ma pensée dans un de mes regards, ou s'il s'aperçut que je serrais mon fusil avec plus de force, toujours est-il qu'il montra quelques symptômes de peur, et qu'aussitôt, quittant la position qu'il avait prise sur le banc, il recula jusqu'à l'extrémité du canot. Là, ne pouvant plus s'éloigner, il s'accroupit comme auparavant.

» Ma première impulsion fut de m'emparer des rames, car déjà le bruit des brisants mugissait à mes oreilles ; mais au même instant je pensai plus sagement qu'il valait mieux recharger mon fusil. C'était un essai difficile, aussi j'y mis toute la prudence possible.

» Je ne quittai pas des yeux le dangereux animal ; et, prenant à tâtons de la poudre, des bourres et du plomb, je réussis enfin à charger un canon de mon fusil et à placer la capsule sur la cheminée.

» J'avais dès lors un moyen de défense, et je procédai avec plus de confiance pour charger le second coup en y mettant plus de soin que pour le premier. Le chien avait toujours le regard fixé et braqué sur moi.

» Si l'hydrophobie n'eût pas éteint son intelligence, il est hors de doute qu'il m'eût interrompu dans mon opération. Heureusement il se tint coi jusqu'à ce que les deux coups fussent bourrés, amorcés et armés.

» Je n'avais pas de temps à perdre, j'approchais des brisants ; le bruit du ressac m'annonçait leur périlleux voisinage ; encore quelques instants, et le frêle esquif allait bondir comme une coquille de noix au milieu des vagues et se briser en mille épaves.

» Les moments étaient précieux : chaque minute avait une valeur, et cependant il me fallait agir avec précaution. Je n'osais pas épauler mon fusil, je craignais de mettre en joue ; un seul de ces mouvements pouvait exciter la rage de cette maudite bête.

» Je tins donc mon fusil à la hauteur de ma cuisse, en dirigeant le canon machinalement. Enfin, me sentant à peu près dans la direction, je lâchai la détente.

» Le bruit des lames était si fort, que c'est à peine si j'entendis la détonation ; mais je vis le chien se rouler sur lui-même, se débattant avec effort. J'aperçus un jet de sang le long de ses côtes ; la charge de plomb était entrée par là dans le corps, et le coup avait fait balle. Cette seule blessure eût sans doute suffi ; mais, pour plus de sûreté, j'épaulai mon arme et lui envoyai dans les flancs mon second coup, mieux visé que le premier. Aussitôt tout mouvement cessa, le chien resta mort au fond du bateau.

» Aussitôt je jetai de côté mon fusil pour m'emparer des avirons. Il était temps ! L'esquif, balloté comme une plume, bondissait déjà au milieu des vagues écumantes. Heureusement, et grâce à la Providence, quelques coups de rames suffirent pour me retirer de ce mauvais pas. Je me hâtai de m'éloigner des brisants, et je me dirigeai en droite ligne vers le rivage.

» Vous comprenez aisément que j'avais oublié mes canards. Le courant les avait sans doute emportés je ne sais où, et je tenais peu à le savoir. Etaient-ils devenus la proie des requins ? Cela m'importait fort peu. Je n'avais qu'une idée, c'était de quitter ces parages aussi vite que possible, car j'étais bien déterminé à ne plus aller à la chasse aux canards en compagnie d'un chien inconnu. »

CHAPITRE XVII

Chasse à la vigogne

Pendant notre marche du jour suivant, nous éprouvâmes le désagrément de casser le timon de notre véhicule, et cela nous fit perdre environ cinq heures.

Il y avait près de l'endroit où cet accident nous arriva un grand bois de noyers sauvages, et Jack, assisté par Redwod, Ike et Lanty, parvint bientôt à tailler un autre timon, qui était bien plus solide que le premier.

Nous ne pûmes voyager, ce jour là, que de midi à la tombée de la nuit ; aussi, lorsque nous nous arrêtâmes pour dresser notre camp, c'est à peine si nous avions franchi dix milles.

Chose extraordinaire, il n'avait paru sur notre route ni le plus petit animal, ni l'oiseau le plus infime qui pût servir de texte à notre conversation du soir.

Les sujets de causerie ne manquaient pourtant pas, et notre camarade l'Anglais se mit en avant pour nous régaler d'une chasse à la vigogne et nous conter les détails d'un séjour d'une semaine qu'il avait fait sur les plateaux élevés des montagnes Andes, au centre du Pérou. Il nous donna aussi, sur les différentes espèces de ce célèbre animal, nommé lama ou mouton-chameau du Pérou, de nombreuses informations, qui intéressèrent au plus haut degré non seulement le vieux naturaliste, mais encore les montagnards, nos guides, à qui ce gibier d'un nouveau genre, comme aussi les moyens employés pour le chasser, étaient tout à fait inconnus.

Thompson commença en ces termes :

« Lorsque Pizarre et les Espagnols qui l'accompagnaient furent parvenus au sommet des Andes du Pérou, ils éprouvèrent un étonnement sans pareil en voyant devant eux des quadrupèdes ignorés, des moutons-chameaux, comme on les nommait à cause de leur ressemblance avec ces deux animaux. Il y avait là des lamas domestiques qui portent des bagages, et des alpagas, plus petits que leurs congénères, parqués comme le sont les brebis et bien soignés à cause de leur riche toison.

» Mais ils remarquaient, en outre à l'état sauvage deux autres espèces d'animaux de la même famille, qui ne se plaisaient qu'au milieu des gorges des vallées inhabitées de cette chaîne de montagnes. C'étaient la vigogne et le guanaque.

» Récemment encore, on s'était imaginé que le guanaque était le lama à l'état sauvage ; d'autres assuraient que c'était le lama redevenu libre. Mais rien de tout ceci n'est fondé. Les quatre espèces de cette famille d'animaux, le lama, l'alpaga, le guanaque et la vigogne sont tout à fait distinctes les unes des autres, et, quoiqu'il ne soit pas impossible de dresser le guanaque à faire l'office de bête de somme, les services qu'il rend ne valent pas la peine qu'on prendrait pour cette éducation. L'alpaga n'est jamais soumis à ces travaux domestiques. A cause de sa toison, on le parque et on le mène paître comme on le fait des brebis. Sa laine est préférée à celle du lama.

» Le guanaque est peut-être celui des quatre qui est le moins apprécié, car sa toison n'a pas précisément de valeur, et sa chair n'est pas très bonne à manger. Bien au contraire, la vigogne porte une toison très recherchée, et qui, dans les villes des Andes, se vend cinq fois plus cher que la laine d'alpaga. Les ponchos que l'on fabrique au moyen de ce produit animal s'achètent des prix fabuleux : de vingt à quarante guinées. Dans les Cordillières, les riches propriétaires se couvrent les épaules avec ces manteaux de forme bizarre, dont la qualité est telle, que pour la plupart du temps la pluie ne pénètre pas au travers ; aussi est-ce pour eux un motif de se targuer de leur richesse, quand ils peuvent se parer d'un pareil poncho. Dans toutes les classes de la société, du haut en bas de l'échelle, chaque Péruvien possède un poncho comme, aux Etats-Unis ou en Europe, chaque individu est muni d'un manteau ou d'un paletot : mais ces vêtements, chez les classes pauvres, tels que laboureurs, bergers et mineurs indiens, sont tissés de poils de lama rudes et peu soyeux. Il n'y a que les *ricos* qui puissent se passer la fantaisie d'un poncho élégant de laine de vigogne

» Eu égard au commerce considérable de cette laine, dont la finesse est sans pareille, l'animal, comme on le pense bien, est traqué par des chasseurs sans nombre, pour qui un heureux résultat devient une source intarrissable de profits. Dans plusieurs régions des Andes, il y a des chasseurs de vigognes qui n'ont pas d'autre occupation que celle-là. On rencontre même souvent des tribus entières d'Indiens qui, chaque année, font, pendant plusieurs mois, la chasse aux vigognes et aux guanaques. En s'avançant plus au sud, du côté de la Patagonie, on trouve des tribus entières qui ne vivent que de la chasse aux guanaques, aux vigognes et aux rheas, sorte d'autruche de l'Amérique du Sud.

» La chasse aux vigognes n'est point chose facile, et celui qui veut s'y livrer doit se résigner à s'aventurer dans les parties les plus froides des Andes, loin de toute civilisation, privé de tout le confort de la vie. Il lui faut tantôt camper en plein air, tantôt se coucher au fond d'une grotte ou à l'abri d'une hutte grossière qu'il est obligé de construire lui-même. Le climat, aux intempéries duquel il est forcé de se soumettre, est aussi glacial que celui de la Laponie, et il ne trouve nulle part la moindre brindille de bois pour allumer un peu de feu. N'est-il pas obligé, s'il veut faire cuire ses aliments, d'enflammer les excréments desséchés qu'il trouve disséminés sur les plateaux où paissent les vigognes ?

» Si la chance ne lui est pas favorable, il est souvent réduit aux angoisses de la faim, et ne peut l'apaiser qu'en se nourissant de racines et de baies, dont quelques espèces rares, — le tubercule nommé *maca* entre autres, — croissent heureusement dans ces régions élevées. Il est en outre exposé aux périls d'un chemin bordé de précipices, aux dangers d'un pont de lianes suspendu sur un abîme, aux obstacles d'une passe glissante, aux tourbillons d'un torrent impétueux qu'un orage d'une heure amène inopinément au milieu du sentier — le seul praticable — au milieu duquel il se trouve. Combien de dangers menacent le chasseur au milieu des Andes aux cônes ardus et aux pics neigeux ! C'est une vie semée d'obstacles périlleux, à la tête desquels se présente la mort !

» Lors de mon voyage au Pérou, j'avais mis dans mes projets de me donner le plaisir d'une chasse à la vigogne. Je voulus en avoir le cœur net, et pour cela je quittai un matin une des villes des sierras basses (basses terres) pour m'aventurer sur les hauteurs des Andes, dans les parages connus sous le nom de Puna, et qualifiés quelquefois de l'épithète *despoblado*, qui veut dire pays inhabité, en bon espagnol.

» Je parvins enfin au sommet des Cordillères, à l'entrée d'une plaine à laquelle aboutissait une passe hérissée d'obstacles, le long d'une ravine profonde. Ce lieu était situé à douze ou quatorze mille pieds au dessus du niveau de la mer, et moi, qui le matin avais quitté les vallées fertiles où croissent les orangers et les palmiers, je me trouvai parvenu dans une région glaciale et stérile. De tous côtés des montagnes pelées se dressaient devant moi, les unes arides et formées d'une pierre noire, maintes fois saupoudrées de neige, et les autres offrant à la vue cette teinte bleuâtre propre aux rochers sur lesquels l'avalanche s'est fondue, ne pouvant pas y séjourner. La plaine qui était devant moi paraissait se prolonger à plusieurs milles d'une manière circulaire. C'était une surface plate, accidentée çà et là par des rochers semblables à une vague prolongée au milieu d'une mer unie. Qu'on se figure un terrain nivelé, et rayé de distance en distance par une boursouflure volcanique large de plusieurs mètres.

» Ces tables — c'est ainsi qu'on les nomme — sont trop froides pour être cultivées. Il n'y peut pousser que de l'orge et certaines racines originaires des régions arctiques. Le sol est couvert d'une herbe, le *ycha*, qui sert de nourriture aux lamas. C'est donc comme lieu de pacage que ces tables sont fréquentées par les Péruviens. Rien n'est plus curieux que de voir ces troupeaux à moitié sauvages d'alpagas et de lamas femelles entourés de leurs petits obéissant à un berger dont l'aspect est plus bizarre encore que celui des quadrupèdes qui l'environnent. Ces hardes d'animaux peuvent seules animer le paysage abrupte de ce pays perdu. Dans les airs planent le vautour géant et le condor, qui viennent s'abattre sur un pic escarpé. Çà et là, sous une roche qui l'abrite contre la furie des vents, s'élève la hutte pétrie de boue du vaquero, — le berger de ces troupeaux d'une espèce nouvelle, — qui ne marche jamais sans être accompagné par plusieurs mâtins d'un naturel intraitable et dont la morsure est des plus dangereuses. Ce sont là les seuls indices d'habitations ou d'êtres vivants que l'on rencontre à plus de cent milles à la ronde. Cette terre inculte, placée par la nature au sommet des montagnes des Andes, est, comme je vous l'ai déjà dit, appelée Puna par les naturels.

» Là, se plaisent particulièrement les vigognes : c'est là aussi que l'on rencontre sur sa route le chasseur qui leur fait une guerre à outrance. J'avais été recommandé à l'un de ces Nemrods péruviens, et après avoir passé la nuit dans une cabane de berger, je partis de grand matin pour trouver mon homme, à dix milles plus loin, dans le cœur des montagnes.

» Je parvins d'assez bonne heure à la cabane qu'il s'était construite, et, malgré la hâte que j'avais mise dans ma course, je ne trouvai pas le chasseur chez lui : je l'attendis, et le vis bientôt revenir portant dans chaque main une brassée de petits quadrupèdes morts. C'étaient des chinchillas et des viscachas, qu'il avait pris au piège la nuit précédente. Il m'assura que presque tous ces animaux vivaient encore il y a peu d'heures, car ce n'est qu'au point du jour qu'ils quittent leurs terriers pour aller aux gagnages.

» Ces deux espèces de rongeurs, qui, à peu de chose près, ressemblent à nos lapins d'Europe par la forme et la fourrure, ont aussi des mœurs identiques. C'est au milieu des crevasses de rochers qu'ils cherchent un refuge contre le danger, à l'exemple des lapins dans leurs excavations. On leur fait naturellement la chasse à l'aide des mêmes engins que ceux employés par les fureteurs en Europe; tantôt au moyen de collets tendus sur leur passage ou à la gueule de leur terrier, tantôt en mettant des poches sur les trous mêmes. La seule différence qui existe entre les chasseurs péruviens et les braconniers d'Europe, c'est que les premiers n'emploient que des lacets en crin de cheval, tandis que les autres se servent de fils de laiton. Le chinchilla est bien plus beau que le viscacha, et les fourreurs apprécient au plus haut degré sa peau, douce au toucher et d'un gris marbré, — l'une des mieux vendues, — particulièrement renommée parmi les dandys des villes européennes.

» Le chasseur, mon hôte, revenait de faire sa tournée, et se proposait d'écorcher les quadrupèdes qu'il avait rapportés. Il était entouré d'une demi-douzaine de chiens-renards originaires du pays, si je ne me trompe.

» Je ne fus pas longtemps à m'apercevoir que ces horribles cerbères à une seule tête avaient contre moi des dispositions fort hostiles. A peine m'eurent-ils éventé qu'ils aboyèrent avec rage, et s'élancèrent en grondant au poitrail de mon cheval. Deux entre autres poussèrent l'audace jusqu'à me sauter dessus : ils auraient indubitablement atteint mes mollets, si je n'eusse eu la précaution de replier mes jambes à la hauteur de ma selle et de les maintenir pendant quelque temps dans cette position. Je suis persuadé que si j'avais été à pied les maudits chiens m'auraient dévoré. Ce qu'il y a de certain, c'est que de toute la race canine celle des montagnes du Pérou est la plus méchante et la plus hargneuse. Ces mécréants avaleraient les amis de leurs maîtres, et ceux-ci ne peuvent eux-mêmes en venir à bout qu'en les fustigeant à grands coups de bâton. Tout me porte à croire que les chiens que l'on rencontre parmi les tribus des Indiens de l'Amérique du Nord ont les mœurs à peu près semblables, mais je ne pense pas qu'ils soient plus méchants que leurs cousins indomptables des déserts du Puna.

» Ces animaux ont ordinairement pour maîtres des Indiens, et un fait digne de remarque, c'est qu'ils sont plus hostiles aux blancs qu'aux hommes de couleur. Rien n'est plus difficile au monde, pour un visage pâle, que de se lier d'amitié avec un de ces chiens hargneux.

» Après bien des pourparlers entremêlés de coups de houssine et de bâton, mon hôte le chasseur parvint à faire comprendre à sa meute que je n'étais pas venu là pour me faire dévorer. Je descendis alors de cheval, et j'entrai ou plutôt je me glissai dans l'intérieur de la hutte.

» Je vous l'ai déjà dit, mes amis, cette habitation n'était pas autre chose qu'un antre sauvage composé d'un mur pétri de boue et de cailloux, haut d'environ cinq pieds, sur lequel étaient placés de longs pieux qui servaient de poutres. Ces pieux provenaient des longues tiges fleuries de l'aloès américain ou maguey (*agave americana*), la seule substance ligneuse qui poussât dans ces parages. Ces poutres, serrées l'une contre l'autre, étaient recouvertes d'une épaisse litière de gramen du Puna, dont chaque brassée se trouvait retenue au moyen de cordes faites avec cette même plante ; de cette manière, les rafales et les orages, très fréquents dans cette partie des Andes, n'avaient pas de prise sur cette construction éphémère. Au centre de la cabane, dans l'intérieur, quelques grosses pierres marquaient la place du foyer. La fumée s'échappait par le haut de cette hutte, à travers un trou laissé exprès pour cet usage sur un des côtés de la toiture.

» Le propriétaire de cette cabane était un Indien pur sang, issu de l'une de ces tribus des montagnes que la domination espagnole ne put jamais atteindre. Un certain nombre de peuplades de cette race, réfugiées dans des districts très éloignés, ne s'étaient point voulu soumettre aux *repartimientos* (séparations, répartiments), et cependant les missionnaires avaient réussi à les conquérir à la foi chrétienne. C'est ce qui faisait donner à ces Peaux-Rouges à moitié civilisés le nom de *Indios mansos* — Indiens apprivoisés — tandis que ceux qui vivaient à l'état sauvage, et qui, de nos jours encore, ne reconnaissent pas de pouvoir suprême, sont appelés *Indios bravos* — Indiens indomptables.

» Comme vous le voyez, mes camarades, j'étais arrivé à point pour prendre part à la chasse de mon nouvel hôte : il me reçut avec aménité, et m'engagea à partager son déjeuner, qu'il fit cuire lui-même, en sa qualité de célibataire, et qui se composait de maïs grillé et de millet bouilli — *macas* — placés sur un plat d'étain autour d'un chinchilla rôti.

» Heureusement pour moi, j'avais emporté une gourde pleine jusqu'au goulot d'eau-de-vie de Catalogne, et, grâce à une fontaine d'eau fraîche qui coulait à quelques pas, je pus faire descendre au fond de mon estomac ce déjeuner assez peu sybaritique. J'avais aussi avec moi du tabac bien sec et du papier à cigarettes, au moyen duquel je pus fumer à mon aise, tandis que mon Indien se prépara une chique de *coca*, sorte de thé péruvien très usité, et employé de cette manière par les habitants. Le chasseur de vigognes portait toujours avec lui un sachet rempli de feuilles de *coca* sèches à point ; à son cou était pendue une gourde contenant de la chaux calcinée provenant des cendres de l'arbre appelé *mollé* (1).

» Nos préparatifs une fois terminés, nous partîmes pour la chasse. Nous devions, afin de réussir, observer le plus profond silence : aussi nos chevaux furent solidement attachés à des pieux près de la hutte ; l'Indien enferma les chiens, à l'exception d'un seul, un féal et docile limier, et nous pressâmes le pas, dans la direction du nord.

» A l'extrémité de la plaine, nous entrâmes dans une gorge de la chaîne de montagnes qui nous conduisit au-dessus d'un ravin rocailleux, au fond duquel bouillonnait un torrent. L'eau, d'intervalles à intervalles, franchissait un obstacle et retombait écumante en forme de cascade. L'arête sur laquelle nous avancions était souvent très étroite, et nos pieds avaient toutes les peines du monde à ne pas glisser sur une couche épaisse de neige qui recouvrait le rocher. Nous avions l'intention de parvenir, si faire se pouvait, sur un plateau plus élevé, où, suivant l'opinion de mon guide, une harde de vigognes paissait tranquillement au milieu d'une prairie isolée.

» Au-dessus de ma tête, pendant que nous montions, un bruit se fit entendre, et machinalement je levai les yeux. J'examinai attentivement quelle était la cause de cette alerte, et je distinguai à trente mètres de nous, sur le rocher opposé, une demi-douzaine d'animaux de forte taille, d'une couleur brune très foncée, qu'au premier aspect je pris pour des cerfs. Peu d'instants me suffirent pour me convaincre de mon erreur. Ce n'étaient point des cerfs, mais des animaux aux pieds légers comme eux. Ils sautaient de roche en roche, et s'aventuraient le long des passes étroites des falaises ainsi que le fait un chamois au dessus des précipices alpestres.

» — Cela doit être des vigognes, dis-je à mon compagnon.

» — Non, répondit-il, ce sont des guanaques et pas autre chose.

» J'exprimai mon désir d'essayer mon adresse sur l'un d'eux.

» — N'en faites rien, ajouta le chasseur, qui devina mon intention, la commo-

---

(1) Arbre vénéneux du Pérou. *(Note du traducteur).*

tion de votre arme à feu effrayerait les vigognes, si, comme je le pense, elles sont dans la plaine qui se trouve très près d'ici. Je sais où retrouver ces guanaques, dans un défilé du voisinage : nous leur ferons visite à notre retour.

» Je retins donc mon index, prêt à toucher la détente de mon fusil, quoique les guanaques fussent à portée ; mais je ne voulais point empêcher mon Indien de faire une chasse plus profitable à ses intérêts, celle des vigognes, et nous continuâmes notre route. Je suivis des yeux les guanaques, qui disparurent enfin dans une gorge obscure, entre deux mamelons des Andes.

» — Nous les retrouverons là-bas, murmura mon camarade à mon oreille, car c'est là leur remise habituelle.

» Ce sont de magnifiques bêtes que ces guanaques, c'est là un noble gibier, comme l'est le cerf lui-même. Il existe pourtant entre eux et les vigognes une grande différence, car, tandis qu'on ne les trouve ensemble qu'au nombre de six à dix, douze tout au plus, les vigognes, au contraire, se réunissent souvent en troupeaux de quarante à cinquante. Les deux espèces ont aussi dans leurs mœurs des habitudes tout à fait opposées. Les guanaques se plaisent au milieu des roches escarpées, ils ne se sentent les coudées franches que lorsqu'ils peuvent sauter d'abîme en abîme, d'arêtes impraticables sur des pics impossibles à l'approche de l'homme. Mais, bien au contraire, si on les lance sur une plaine sans obstacle, couverte d'herbages divers, ils sont ahuris et ne savent pas courir ; leurs sabots ne semblent pas être faits pour un autre sol que celui des montagnes. D'un autre côté, les vigognes ne se défendent bien contre l'attaque de l'homme que sur un terrain horizontal ; là, elles fuient avec la rapidité des cerfs devant les chasseurs et les chiens. Comme vous le voyez, ces deux espèces, malgré leurs liens de famille, diffèrent entre elles en ceci, c'est que l'une ne se plaît qu'au centre des tables plates des Andes, et l'autre au milieu des difficultés insurmontables des Cordillières montagneuses. La nature les a, du reste, pourvues conformément à leur position sociale dans le pays qui leur est destiné. »

Notre ami le naturaliste interrompit à ce moment le narrateur, et, avec sa permission, il nous apprit qu'il avait souvent observé un fait analogue chez des quadrupèdes d'une espèce toute différente, appartenant d'une manière spéciale à la faune de l'Amérique du Nord.

« Les animaux dont je veux parler, fit-il, ne se rencontrent que dans la région des montagnes Rocheuses : ils sont très familiers à nos camarades les trappeurs. On les nomme, le bouquetin (*ovis montana*), et l'antilope à cornes fourchues (*antilopes furcifer*). Le bouquetin est classé dans l'espèce ovine, et cependant, à tout prendre, c'est bien plutôt aux cerfs et aux chamois qu'on pourrait l'assimiler. Comme ce dernier ruminant, il habite au sommet des montagnes, sur les pentes abruptes de cette chaîne immense : il ne se plaît nulle autre part que là, et ne saurait vivre ailleurs. Transportez un ou plusieurs de ces animaux au milieu d'une plaine, sur-le-champ ils perdent toute confiance en eux-mêmes, et rien n'est plus facile que de s'en emparer. C'est à la base des montagnes sur la cime desquelles s'ébaudit en liberté le bouquetin que le chasseur rencontre l'antilope, qui lui ressemble à peu près par la forme, la couleur du poil et les mœurs ; il ne diffère que par le besoin qu'il éprouve de pouvoir détaler sur une plaine, bornée par un horizon plane et distant. C'est là seulement qu'il se sent libre et prêt à défendre sa vie. Voyez quelle différence dans le mode d'existence de deux êtres à peu près congénères ! Je n'ai donc pas lieu d'être surpris, mon cher Thompson, que les guanaques et les vigognes aient des rapports si directs avec nos antilopes et nos bouquetins. J'ai dit, fit M. A..., vous pouvez continuer. »

Et Thompson, avec le flegme qui lui était particulier, reprit sa narration en ces termes:

« Nous nous hâtâmes de franchir encore quelques arêtes dangereuses taillées sur le flanc d'un rocher, et nous arrivâmes, l'Indien et moi, à l'entrée d'une plaine où, selon l'espoir de mon guide, nous devions rencontrer les vigognes. Notre attente ne fut point déçue. Devant nous, à deux cents mètres, paissait tranquillement une harde de ces quadrupèdes. C'était beau à voir, et leur aspect majestueux me rappelait celui des magnifiques dix cors de nos forêts d'Europe. A tout prendre, on aurait pu les confondre avec nos grandes bêtes, lorsqu'à une certaine époque de l'année leur bois est tombé. Il est certain que, de tous les animaux, à l'exception de l'antilope, celui qui se rapproche le plus du cerf est sans contredit la vigogne. Le lama, l'alpaga et le guanaque sont loin d'avoir des proportions pareilles. La forme de la vigogne est svelte, son allure légère et rapide, et ce qui ajoute encore plus à cette ressemblance avec le cerf, c'est la longueur du cou et la conformation de la tête. La couleur de cet animal est aussi toute particulière à l'espèce, et, pour ceux qui habitent le pays, rien n'est plus facile que de distinguer au milieu du paysage la robe soyeuse d'une vigogne rouge orangé, qui se découpe au loin sur l'horizon quel qu'il soit, formé de rochers ou bien de verdure. Cette couleur est si admirable, que, dans le Pérou, la *color di vicuna* est une qualification spéciale

» Mon guide chasseur avait donc déclaré que les animaux que nous avions devant nous étaient des vigognes: il y en avait environ une vingtaine, qui toutes, à l'exception d'une seule, broutaient tranquillement les herbages de la plaine.

L'animal qui s'abstenait de prendre sa nourriture marchait en avant, à quelque distance des autres, et paraissait faire l'office de sentinelle. C'est qu'en effet il faisait sa faction afin de remplir ses devoirs de chef de la harde, de mari et de père des vigognes qui l'entouraient. Nous avions devant nous le patriarche du troupeau, et les autres animaux, suivant le dire de mon compagnon, n'étaient que des faons ou des biches.

» Le mâle vigogne défend son habitation avec une rage dont rien ne saurait donner une idée. C'est lui qui veille sur sa famille pendant qu'elle est au pacage ou tandis qu'elle dort; c'est lui qui choisit et désigne la prairie sur laquelle on va faire halte pour se reposer ou pour brouter, c'est lui enfin qui marche en tête dans les excursions de découvertes et qui fuit le dernier, protégeant l'arrière-garde, lorsque la harde a été pourchassée.

» — Plût à Dieu, *senor* cavalier, me dit le chasseur, qui ne perdait pas de vue le troupeau de vigognes, que j'eusse la chance d'abattre le vieux mâle : je viendrais facilement à bout du reste, et je les tuerais toutes les unes après les autres.

» — Comment cela? lui demandai-je.

» — Oh! continua-t-il, c'est que... Ah ! voici justement ce que je désirais !

» — Quoi donc !

» — Les voilà qui se mettent en marche du côté de ces rochers que vous voyez là-bas ; et il me montrait un groupe de pierres abruptes, pareilles à des *dolmens* druidiques, qui surgissaient du sol à l'un des angles de la plaine : il faut, senor, nous rendre là. *Vamos*

» Nous nous glissâmes en conséquence avec précaution tout autour de la bordure de la montagne, jusqu'aux rochers qui se trouvaient entre nous et la harde de vigognes. Une fois là, rien ne fut plus facile que de nous faufiler entre les pierres, et nous prîmes position derrière un bloc percé au milieu, qui paraissait avoir été fait exprès pour nous servir de meurtrière. C'était bien le meilleur affût qu'il fût possible de désirer.

» Le moment était solennel, car les animaux se trouvaient près de nous, à portée de fusil : je tenais en main mon *rifle* à deux coups, chargé soigneusement de chevrotines, et mon compagnon caressait amoureusement la crosse d'une longue canardière de fabrique espagnole.

» Il murmura à mon oreille les instructions qu'il avait à me donner pour réussir dans notre chasse. Je ne devais pas tirer avant lui, et mon premier soin serait de tuer le vieux mâle, qu'il visait aussi lui-même. C'était là le point essentiel pour réussir, et je lui promis de faire de mon mieux.

» Les vigognes, ignorant le danger, avançaient toujours, le mâle marchant le premier. Il se prélassait, la tête en l'air, et laissait flotter au vent les longues soies de sa poitrine. Nous ne le perdions pas de vue. Il était si près de nous, qu'on pouvait facilement distinguer ses yeux brillants et sa démarche orgueilleuse chaque fois qu'il se retournait pour faire signe à sa famille de le suivre.

» Tout me porte à croire qu'il est tourmenté par les vers, me dit à voix basse mon compagnon, et, dans ce cas, il va venir se gratter contre le rocher.

» C'était en effet l'intention de la vigogne, car nous la vîmes allonger le cou et s'avancer au petit trot jusqu'à quelques pas de nous. Puis tout d'un coup il s'arrêta. Le vent nous favorisait ; il nous apportait les émanations de l'animal, et, c'était fort heureux, car, s'il en eût été autrement, nous eussions depuis longtemps été éventés. Néanmoins la vigogne éprouvait un vague soupçon, car elle s'arrêta soudain, releva la tête, frappa à diverses reprises le sol du pied, et poussa un cri étrange, qui ressemblait à s'y méprendre, à celui du cerf qui brame. Au même instant le rifle de mon compagnon fit feu : ce fut l'écho du cri de la vigogne mâle qui bondit à un mètre au-dessus de la terre et retomba morte, les quatre pieds en l'air.

» Je m'attendais à voir les autres prendre la fuite, et j'allais à mon tour décharger mes deux coups de fusil sur la harde effrayée, quoiqu'elle fût encore à une trop grande distance, lorsque la main de mon guide m'empêcha de donner suite à cette velléité bien naturelle.

» — Ne tirez pas, murmura l'Indien à mon oreille, vous allez, dans un moment, avoir une meilleure chance, — regardez ! feu ! maintenant, si cela vous plaît.

» A ma grande surprise, les vigognes, au lieu de chercher à fuir, s'avançaient en trottant vers l'endroit où le vieux mâle gisait étendu mort. Elles couraient autour de lui, s'arrêtant par intervalle devant la pauvre bête, et poussaient des gémissements qui fendaient le cœur.

» Vraiment c'était un triste spectable, mais le chasseur est sans pitié, surtout quand il a devant les yeux du gibier, du vrai gibier. Une seconde me suffit pour épauler, viser et lâcher mes deux coups de fusil : tous deux portèrent juste et firent chacun une victime.

» J'avais fait coup double, et malgré la détonation, quand la fumée se dissipa, nous aperçûmes encore la moitié de la harde couchée et frappant la terre du pied,

» Les autres n'avaient rien changé à leurs allures : elles trottaient, comme si de rien n'était, autour du cadavre de leur sentinelle.

» Un troisième coup de fusil fit une autre victime, et sans discontinuer le feu, au bout de dix minutes, nous avions abattu mortes ou mourantes toutes les vigognes de la harde !

» Notre chasse était donc terminée, et certes mon compagnon éprouvait une grande joie, car ce gibier devait lui rapporter environ cent dollars (525 francs.)

» — La chance nous a été favorable, me dit-il, car souvent je reste des jours entiers et des semaines même sans pouvoir tuer un seul de ces animaux : c'est la troisième fois seulement qu'il m'arrive d'avoir mis à terre toute une harde de vigognes. Dans une autre occasion, revêtu de la peau d'un guanaque, j'ai réussi à m'approcher et à me mêler au troupeau de ces quadrupèdes. Je les tuai presque tous sans qu'ils songeassent même à fuir.

» Pour ramener le gibier à la halte de l'Indien, il nous fallait aller chercher nos chevaux : cela exigeait au moins deux ou trois voyages.

» Mais comment empêcher les loups et les condors de dévorer les vigognes pendant notre absence ? Mon guide mit alors en pratique un moyen bien simple, employé par les trappeurs des prairies de l'Amérique du Nord, comme aussi par les chasseurs du Pérou. Il s'empressa d'ouvrir le ventre aux vigognes et de leur arracher les intestins ; puis prenant les vessies de chaque bête il les gonfla d'air. Coupant ensuite des tiges d'aloès, à l'extrémité desquelles il attacha ces vessies, il planta ces bâtons en rond tout autour du monceau de victimes. Ces ballons en miniature, agités par la brise, dansaient, sautaient, se trémoussaient comme des drapeaux, et cet ingénieux moyen suffit pour effrayer les loups et les condors, qui redoutent un piège et n'approchent jamais.

» Il faisait nuit lorsque nous arrivâmes devant la cabane du chasseur indien avec notre dernière vigogne. Nous étions harassés, morts de faim, mais une grillade de viande fraîche, arrosée d'eau-de-vie et accompagnée d'un cigare, pour dessert, nous fit oublier nos fatigues. Mon hôte était enchanté du résultat de la chasse du jour, aussi me promit-il de me mener le lendemain à la poursuite des guanaques.

CHAPITRE XVIII

Le Chacu

» Le lendemain matin, continua Thompson, nous eûmes notre chasse aux guanaques, dont le succès dépassa notre espérance. Nous en tuâmes un grand nombre appartenant à la harde que nous avions vue le jour précédent. La manière de chasser cet animal n'est pas différente de celle mise en usage pour la chasse aux vigognes : nous n'avions qu'à employer la ruse pour arriver à portée et tirer juste.

Ce n'est pourtant point chose aisée que d'approcher les guanaques. Ces animaux sont les plus farouches de tous ceux auxquels j'aie jamais fait la chasse, et, comme ils se tiennent habituellement sur des rochers élevés, ils peuvent surveiller tous les mouvements du chasseur qui les guette. Toutefois les rochers dont les arêtes surplombent en saillie, favorisent l'approche des chasseurs de guanaques en rampant à plat ventre, ils se trouvent bientôt à quelques mètres du quadrupède ruminant. Le seul moyen de tuer un guanaque c'est de le frapper aux parties vitales, de manière qu'il tombe mort sur le coup : n'est-il que blessé ? il escaladera les montagnes et s'enfuira, pour aller mourir au loin sur un plateau inaccessible.

» Pendant mon séjour dans la hutte de l'Indien, il me donna des détails sur une chasse singulière pratiquée par ses compatriotes lorsqu'ils veulent s'emparer de plusieurs troupeaux de vigognes à la fois. Cette chasse sans pareille s'appelait le *chacu*.

» On comprendra facilement que j'éprouvai le plus grand désir d'assister à un chacu quelconque, et mon guide me fit la promesse de me donner ce plaisir. Nous étions justement à l'époque de l'année favorable aux expéditions de cette sorte, et il m'apprit que ses amis devaient en entreprendre une à quelques jours de là. La tribu à laquelle appartenait mon hôte se préparait à faire une grande chasse, et mon Indien, homme pratique et de bon conseil, était désigné pour être l'un des chefs.

» La veille du jour où l'expédition devait se mettre en marche, nous quittâmes le désert et nous acheminâmes vers le village péruvien ; c'était un assemblage de huttes dont la forme ressemblait à celle de ruches d'abeilles. Elles étaient disséminées au fond d'une des vallées profondes des Cordillères, à plusieurs milliers de pieds au-dessous du niveau des tables du Puna. Le climat, comme on le pense bien, était d'une température beaucoup plus chaude : la canne à sucre et la plante grasse yucca (*yatropha mainhot*) élevaient leurs tiges verdoyantes et fleuries dans tous les jardins du village, tandis que le maïs indien livrait au vent ses épis soyeux au milieu des champs cultivés.

» Les habitants de cette bourgade appartenaient à la race des *Indios mansos* (Indiens-civilisés). Pendant une partie de l'année, ils se livraient à l'agriculture, mais pour la plupart du temps ils s'abandonnaient à l'oisiveté, aux plaisirs de toute sorte et surtout à celui de la chasse. Ces Indiens étaient convertis au christianisme ; ce qui le prouvait du moins, c'était une église surmontée d'une croix bâtie au centre du village.

» Le padre, ou plutôt le curé qui desservait cette église, était de race blanche, et encore la blancheur de sa peau était-elle un mythe. Quoiqu'il appartînt réellement à la race espagnole, on l'eût pris, en Europe ou aux Etats-Unis, pour un homme de couleur.

» Mon Indien chasseur me fit faire la connaissance du padre, par qui je fus reçu avec la plus parfaite cordialité. Je ne lui cachai pas mon étonnement lorsque j'appris l'intention qu'il avait de se joindre à ses ouailles pour le chacu. Bien plus, il devait être l'un des chefs, et il me parut être plus intéressé que personne autre à l'heureux résultat de l'entreprise. Il avait de bonnes raisons pour cela, comme je l'appris plus tard, car le produit de cette chasse annuelle formait en grande partie le revenu de ce vertueux missionnaire. Il y avait dans le pays une loi qui donnait à l'église les peaux de toutes les vigognes tuées dans le canton, et comme ces dépouilles valaient, même dans le pays, au moins un dollar la pièce, ce revenu n'était pas précisément à mépriser. Je n'eus donc pas de peine à comprendre comment il se faisait que le padre prît un intérêt si grand au résultat de l'expédition. La veille du jour où j'arrivai au village, le brave homme avait parcouru toutes les huttes de ses paroissiens pour leur donner à la fois des conseils, et au besoin un coup de main afin de terminer leurs préparatifs. J'avais reçu l'hospitalité sous le toit du curé péruvien, petite maisonnette assez confortable, et, cela va sans dire, la plus belle du village.

» Je partageai même son souper, consistant en une volaille bouillie qui avait été tuée tout exprès pour la circonstance et que le cuisinier avait fortement assaisonnée de piment rouge.

» Le lendemain, de bonne heure, l'expédition du chacu se mit en marche : ce ne fut pas toutefois sans qu'avant le départ on eût célébré dans l'église une grand'messe, afin d'intercéder le Très-Haut, pour qu'il favorisât la chasse aux vigognes. Une fois la cérémonie terminée, la cavalcade se mit en marche et s'avança au milieu des sentiers escarpés qui conduisaient sur les *altos* du désert Puna. La route que nous suivîmes n'était pas la même par laquelle mon ami l'Indien m'avait fait passer la veille.

» Les éléments de cette expédition de chasse étaient vraiment pittoresques ; il y avait des chevaux, des mules, des lamas, des hommes, des femmes, des enfants et des chiens ; en un mot, toutes les créatures vivantes du village s'étaient mises en route.

» Le chacu, n'était pas, vous le voyez, une affaire ordinaire ; il ne devait pas durer un seul jour, mais bien des semaines entières. Les Indiens transportaient des tentes grossières, des couvertures, des ustensiles de cuisine ; aussi la présence des femmes était-elle indispensable pendant le cours de l'expédition. Non seulement c'était à elles qu'était réservé le soin de préparer les repas, mais il leur fallait encore veiller à la propreté du camp, et donner un coup de main pour la chasse.

» Notre caravane escaladait les sentiers tortueux de la montagne dans une confusion des plus excentriques. C'était vraiment un coup d'œil pittoresque ! Les hommes étaient revêtus de leurs *ponchos* de poils de lama, aux couleurs éclatantes, et les femmes de leurs mantes rayées, taillées dans la *bayeta*, cette étoffe grossière si commune au Pérou. Parmi les bêtes de somme, je remarquai plusieurs mulets et quelques lamas qui portaient sur leurs dos, enroulés en paquets, des articles fort extraordinaires. Celui-ci était chargé de haillons ficelés ensemble, cet autre de rouleaux de cordes, tandis qu'un grand nombre d'entre eux transportait des faisceaux de petits bâtons courts. Ce chargement, dont j'avais vu les préparatifs dans le village, m'avait fort intrigué, mais je n'avais pas pu deviner à quoi il était destiné. Sans aucun doute, pensai-je, j'aurai la clef de cet énigme quand nous arriverons sur les lieux où doit se passer le chacu. Je m'abstins donc d'ennuyer mes camarades de route de mes questions obséquieuses, et, du reste, j'en avais fort peu le temps et le loisir, eu égard à la difficulté que j'éprouvais à guider mon cheval le long des passes glissantes dont nous suivions tous les méandres.

» A un mille du village la caravane fit halte, et je demandai quelle en était la cause.

» — C'est à cause du *Huaro*, me répliqua-t-on

» On m'apprit qu'au Pérou un huaro était un pont d'une espèce particulière, et que nous allions traverser un de ces passages suspendus. Je piquai des deux afin d'arriver en tête de la cavalcade. C'était une chose vraiment bizarre que ce pont, et je me demandais comment il serait possible de passer d'un bord à l'autre, lorsque le padre m'assura que le huaro était solide.

» — Une heure ou deux nous suffiront à tous, me dit-il, pour être transportés de l'autre côté.

» Je crus d'abord que le missionnaire plaisantait, mais je m'aperçus bientôt qu'il m'avait parlé très sérieusement. Deux heures suffirent exactement pour le transport des hommes et des bagages.

» Savez-vous ce que c'est qu'un huaro? C'est tout simplement un cable tendu au-dessus d'un précipice et fortement lié aux deux extrémités. Sur cette corde est fixée une poulie, à laquelle est suspendu un morceau de bois creusé dans la forme de la lettre U, que l'on fait mouvoir alternativement de l'un à l'autre bord. Naturellement il y avait deux cordes, une de chaque côté de l'abîme, au moyen desquelles on attirait d'un bord à l'autre chaque voyageur, et notez bien qu'il n'y avait place que pour une seule personne à la fois. Vous ne vous étonnerez donc pas du temps que nous mîmes à traverser ce précipice, car nous étions environ cent personnes, et nos bagages étaient considérables.

» Je n'oublierai jamais les sensations que j'éprouvai lorsque mon tour vint de traverser le huaro. La tête m'avait souvent tourné lorsque, dans de pareilles circonstances, j'avais été obligé de traverser les ponts *Sogas* et *Barbacoas*, les seuls que l'on rencontre au Pérou ; mais le passage du huaro est décidément un tour de force qu'un acrobate seul peut exécuter sans danger. On commença d'abord par me faire coucher sur le dos, dans le creux du morceau de bois, et l'on me lia solidement sur place. Quand à mes jambes, elles n'avaient pour appui que le câble lui-même, et je devais, pour ne pas choir, user de toute la force de mes muscles. A l'aide de mes mains, je me cramponnai au côté vertical de l'U de bois, et l'on me recommanda particulièrement de tenir la tête aussi haut que possible. Tout d'un coup, je me sentis lancer dans l'espace au-dessus d'un abîme qui avait près de trois cents pieds de profondeur, et au fond duquel les eaux d'un torrent écumaient blanchissantes sur des roches noires comme du jais. Mes chevilles s'écorchaient le long du câble, et la sensation que j'éprouvais était si étrange, que je fus plusieurs fois sur le point de tout lâcher. A vrai dire, ma situation ne se fût point améliorée, car je n'aurais plus eu alors que mes bras pour supporter le poids de mon corps. Je me cramponnai donc de toutes mes forces avec mes deux mains, car je m'imaginais que la corde avec laquelle j'avais été attaché allait se rompre d'un moment à l'autre.

» A force de m'abandonner aux saccades et aux tiraillements de ceux qui m'aidaient à traverser le huaro, je me trouvai enfin de l'autre côté, debout sur mes pieds, et en sûreté.

» Dans plusieurs parties des Andes, cette manière de traverser les torrents, quelque longue et difficile qu'elle soit, est fort usitée, particulièrement dans les districts éloignés dont la population est peu nombreuse, et n'a pas par conséquent les moyens d'élever des ponts de pierres. Comme vous le pensez bien, gentlemen, il n'y a qu'un voyageur qui puisse se risquer sur le huaro. Les chevaux, les mulets et les lamas doivent choisir un autre chemin et passer les torrents à la nage. Il arrive souvent que les pauvres animaux, emportés par les eaux rapides et poussés contre les rochers, périssent d'une manière misérable.

» Toutes les bêtes de somme de l'expédition du chacu eurent la chance de passer sur l'autre bord sans courir de dangers, et lorsque le dernier eut touché la rive opposée, l'on se remit en route en continuant à grimper sur les *altos* des Andes. Je me permis cependant de demander à mon compagnon de route pourquoi nous n'avions pas traversé le torrent à gué dans un autre endroit : car, à mon avis, nous eussions ainsi gagné beaucoup de temps, et nous nous fussions épargné bien des fracas. Il me répondit qu'il nous eût fallu, pour trouver un passage guéable, faire un détour d'environ vingt milles, afin de nous rapprocher du terrain de chasse. Ainsi, comme on le voit, le câble du huaro avait raccourci la distance.

» Nous n'arrivâmes que fort tard sur les hauteurs des Cordillères, et il fut décidé que l'on attendrait au lendemain pour attaquer les vigognes.

» Toute la soirée fut donc employée à dresser les tentes et à tout mettre en ordre dans le camp.

» La demeure du padre était plus belle, plus spacieuse que les autres, et je reçus de lui une invitation personnelle de partager avec lui cet abri de toile.

» Les chevaux et les bêtes de somme, solidement attachés à des pieux ou à des arbres, furent laissés libres de brouter l'herbe à tige courte et d'un vert sombre qui croît sur le Puna.

» L'air était frais, presque froid, et cela n'était vraiment pas étonnant, car nous nous trouvions environ à trois milles au-dessus du niveau de la mer.

» Les femmes et les enfants se mirent aussitôt à ramasser du *taquia* (fiente de vigogne et de guanaque) pour allumer le feu. Cet engrais desséché se trouvait en abondance sur cette plaine immense, au milieu de laquelle paissaient de nombreux troupeaux de lamas et autres bêtes à cornes. Ce n'était, du reste, pas là que nous comptions rencontrer les vigognes, mais bien sur un plan plus élevé qui leur servait de lieu de refuge. Notre premier campement était vraiment fort convenable pour commencer la chasse : on devait le laisser là jusqu'au moment où nous aurions exploré tout le voisinage, et aussi longtemps qu'il y aurait du gibier sur le Puna.

» Bien avant l'aube du jour, une troupe de chasseurs avait pris les devants emportant les cordages, les pieux et les haillons dont j'ai déjà parlé. Les femmes et les enfants se joignirent à eux, et l'on s'avança du côté d'une table immense, voisine de celle sur laquelle nous avions établi notre campement.

» Une heure après le lever du soleil, les autres Indiens quittèrent le camp ; tous à peu d'exceptions près, étaient à cheval ou à dos de mulet. Cette compagnie se composait de vrais chasseurs au chacu, et ils emmenaient avec eux les chiens du village. Je comptais les suivre, mais je rencontrai le *padre*, qui voulut à toute force m'emmener avec lui, m'assurant qu'il me conduirait sur un pic élevé, du haut duquel nous ne perdrions aucun des incidents de la chasse. Je fus donc forcé de lui obéir, et nous partîmes tous les deux, en prenant un chemin opposé à celui au milieu duquel les Indiens à cheval avaient disparu.

» Vingt ou trente minutes nous suffirent pour parvenir sur le plateau où s'était rendue la première escouade des chasseurs. Lorsque nous arrivâmes, ils étaient tous occupés aux préparatifs du chacu, et je vis alors à quel usage étaient destinés les cordes et les haillons. Les Péruviens construisaient aussi un enclos appelé *corral*, qui était à moitié achevé, et je m'aperçus qu'on lui avait donné une forme circulaire. Les pieux, ou pour mieux dire les échalas, étaient enfoncés dans le sol, sur une ligne courbe, à environ un mètre de distance les uns des autres. Chaque morceau de bois s'élevait à quatre pieds, et la corde s'enroulait à l'extrémité, passant ainsi d'un bâton à l'autre, comme la palissade d'une piste sur un terrain de course. Tout le long de cette corde pendaient des haillons et des bandes de cotonnade qui retombaient jusqu'à terre et flottaient au gré du vent. Cette barrière factice s'étendait à une distance d'environ trois milles : d'un côté seulement, sur une étendue de quelques centaines de mètres, elle était interrompue, et c'était par là que l'on entrait dans l'enclos. Comme on le pense bien, cette ouverture se trouvait du côté d'où la harde de vigognes devait être forcée dans l'enceinte.

» Aussitôt que ces préparatifs furent terminés, les Indiens se séparèrent en deux corps d'armée et se placèrent à quelques distances les uns des autres, sur une même ligne qui aboutissait à la piste, de telle sorte qu'ils formaient une sorte d'entonnoir vivant de deux milles de long. Une fois postés de la sorte, ils attendirent patiemment le résultat de la battue de leurs camarades, et pour la plupart, afin de mieux se reposer, ils se couchèrent sur le sol.

» Pendant ce temps-là, les chasseurs procédaient à la battue : ils se trouvaient à une si grande distance que c'est à peine si nous pouvions les distinguer dans le lointain. Cette seconde escouade s'était aussi divisée en deux, et chaque partie battait les montagnes afin de faire lever le gibier. Selon mes calculs, ils avaient décrit un circuit d'environ douze milles, et dès qu'ils se furent rejoints, ils formèrent une longue courbe dont le centre creux se dirigeait vers la corde de l'enclos. C'est dans cette position qu'ils s'avancèrent, et, conséquemment, tous les animaux qui paissaient sur la plaine devaient être forcés à se précipiter dans l'enceinte.

» Le padre m'avait conduit au sommet d'un pic élevé, d'où nous apercevions tout ce qui se passait dans la plaine à une distance fort éloignée. Peu à peu, nos yeux découvrirent les cavaliers à l'horizon extrême de la table, et devant eux, comme des points imperceptibles, des formes de couleur rouge, sautillant et se précipitant en avant. A n'en pas douter, c'était des vigognes. Il y en avait certainement plusieurs troupeaux, et on les voyait aller de çà, de là, en tous sens, cherchant à échapper à la battue et ne sachant quel parti prendre. Toutes les cinq minutes, nous apercevions une harde, le mâle en tête, prenant son élan en droite ligne, s'avançant au galop, puis s'arrêtant tout d'un coup. Ensuite, comme après avoir fait réflexion que la voie était mauvaise à suivre, les pauvres vigognes se mettaient à galoper dans une direction opposée. Leur magnifique pelage orangé, brillant aux rayons du soleil, nous permettait de les apercevoir à une fort grande distance.

» Peu à peu les rabatteurs se rapprochèrent, et nous distinguions sans difficulté la forme des cavaliers qui parcouraient en tout sens les monticules de la plaine. Nous entendions même leurs cris, le son de leurs trompes perforées dans des cornes de bœuf et les aboiements de leurs chiens. Le padre ne se sentait pas de joie, car, en avant de la ligne des chasseurs, il voyait bondir dans toutes les directions de nombreuses hardes de vigognes.

» *Mira*, s'écriait-il dans sa jubilation, *mira, senor*, une, deux, trois, quatre — quatre troupeaux et des plus nombreux encore ! ah ! *caramba !* Jésus ! — Ah ! fit-il tout d'un coup, *caramba ! esos malditos guanacos !* (voilà ces maudites guanaques !)

» Je regardai avec attention du côté qu'il m'indiquait du doigt, et je vis un petit troupeau de guanaques qui sautillait au centre de la plaine. Il n'y avait rien de plus facile que de les distinguer de leurs congénères, car non seulement elles sont d'une taille supérieure, mais encore leur pelage est d'une couleur marron assez terne. Quelle raison le padre avait-il de s'abandonner à un courroux inexplicable qui se traduisait par des malédictions contre les quadrupèdes inoffensifs ? Je me permis de lui en faire la demande.

» — Ah ! senor, répondit-il en soupirant, ces guanaques vont tout gâter, notre chasse est perdue ! *Caramba !*

» — Mais comment cela, monsieur le curé ? lui dis-je avec une naïveté sans pareille, persuadé comme je l'étais que les guanaques subiraient le même sort que leurs congénères et se jetteraient aussi dans l'intérieur de la piste.

» — Ah ! continua le missionnaire, c'est que vous ne savez pas, ces méchantes bêtes ne font aucune attention aux cordes, elles vont briser tout ce qui s'opposera à leur passage et feront échapper les vigognes.

» Il n'y avait rien à faire, si ce n'est d'attendre le résultat de la chasse : c'est ce que nous fîmes, et bientôt nous aperçumes les cavaliers resserrant les deux extrémités de leur arc mouvant de manière à rejoindre les deux pointes de l'endroit que j'ai décrit.

» Les vigognes, divisées en plusieurs groupes, s'élançaient de toutes parts, effrayées, ne sachant à quoi se résoudre, faisant volte-face aussitôt qu'elles se trouvaient à quelques pas des hommes et des femmes, et se rejetant brusquement du côté opposé.

» Il y avait là, dans le cercle, environ cinquante ou soixante quadrupèdes, qui, peu à peu, de disséminés qu'ils étaient, se groupèrent en une masse compacte.

» Les guanaques au nombre de huit ou dix, se mêlèrent à leurs congénères, et après une longue hésitation, tous, pêle-mêle, guidés par l'un d'eux, qui avait découvert l'ouverture, ils se précipitèrent au galop au centre de la palissade de cordes et de haillons.

» Les chasseurs à pied, accompagnés des femmes, s'élancèrent alors à l'entrée du cercle, et avec une rapidité sans pareille fichèrent de nouveaux pieux en terre, les lièrent les uns aux autres avec des cordes également ornées de haillons, de manière que l'arène fût entièrement cernée.

» Les chasseurs à cheval mirent leurs montures au galop tout autour du cercle de cordes, et puis, d'un commun accord, mettant pied à terre, ils se placèrent à une très petite distance les uns des autres. Chacun d'eux prépara ses *bolas*, afin d'être prêt à commencer l'œuvre de destruction aussitôt que le corral serait entouré par les femmes et les enfants, dont l'assistance devenait nécessaire pour empêcher le gibier de sortir de l'enceinte.

» Ils s'avancèrent ensuite au milieu de l'enclos, faisant tourner leurs bolas autour de leurs têtes et poussant des cris répétés, dont le but était de se donner mutuellement des avis pour le succès de la chasse. Les vigognes, effrayées, se précipitaient à droite et à gauche, et partout elles rencontraient un Indien. Bientôt elles s'éparpillèrent dans toutes les directions, pour se réunir ensuite et s'élancer après tout autour, comme le font les chevaux d'un cirque ou d'un hippodrome. Elles décrivaient les courbes les plus gracieuses que l'on puisse imaginer. Les bolas s'échappèrent en sifflant dans les airs, et peu d'instants après le gazon s'affaissait sous le poids des pauvres victimes, qui tombaient en bramant et en se débattant contre les étreintes de la mort. Le coup d'œil était vraiment étrange ! D'un côté l'on apercevait un chasseur faisant tourbillonner ces boules menaçantes ; de l'autre un Indien se précipitait avec furie contre une vigogne, qui tombait lourdement à terre ; un troisième s'agenouillait sur le corps de l'un de ces animaux, dans la gorge duquel il implantait son couteau effilé, puis soudain, déroulant son lasso plombé, il se relevait et se jetait en avant pour recommencer la chasse.

» Dès le commencement de cette mêlée sanguinaire, mon compagnon le padre eut l'occasion de se réjouir d'un incident grâce auquel il recouvra toute sa placidité habituelle. Les guanaques avaient réussi à franchir l'enceinte et à s'échapper sans nuire au succès de la chasse. Du reste, cette heureuse issue n'avait eu lieu que grâce à une manœuvre du célèbre chasseur du Puna. Les mécréants animaux s'étaient, on ne sait pas comment, séparés des vigognes, et cherchaient à se faire jour sur un des côtés du corral. A cet aspect, le vieux chasseur s'était élancé sur son cheval : et, sifflant sa meute, on l'avait vu se mettre à la poursuite des guanaques. En quelques bonds, ses chiens et son cheval s'étaient trouvés sur les talons des quadrupèdes maudits : c'est alors que le chasseur avait ordonné à ses camarades de faire place aux guanaques pour qu'elles sortissent, et en effet en peu d'instants elles avaient toutes disparu en longeant les cordes, qu'elles brisèrent en plusieurs endroits. Pendant que les Indiens réparaient le mal et rétablissaient la palissade légère, lui se tenait en avant, afin d'empêcher les vigognes de quitter l'enceinte.

» Les pauvres bêtes, au nombre d'environ cinquante, périrent toutes, sans exception, ou furent prises vivantes. Chaque fois, qu'en cherchant à fuir elles arrivaient contre un des pieux et se heurtaient à la corde, au lieu de franchir l'obstacle d'un seul bond, elles faisaient volte-face et se rejetaient effrayées contre leurs ennemis.

» Ce sport devint plus intéressant encore lorsque toute la harde, à l'exception de quelques bêtes, eut été mise hors de combat. C'est alors que les chasseurs se ruèrent sur les vigognes qui survivaient, et rien n'était plus curieux à voir que les courses désordonnées des hommes et des animaux, rien n'était plus horrible à entendre que les cris et les hurlements des spectateurs, le sifflement des bolas, qui tourbillonnaient en l'air et s'entre-choquaient souvent dans l'espace deux ou trois fois avant que de frapper juste et d'atteindre le but.

» Il y avait à peine vingt minutes que les quadrupèdes s'étaient précipités dans l'arène, lorsque le dernier mordit la poussière. Tel fut le dénoûment du fameux chacu. Bientôt les chasseurs s'adressèrent de mutuels compliments : le bourdonnement de toutes ces voix, montées au diapason de la joie, avait atteint le paroxysme de l'excitement le plus frénétique. On assembla, en un seul tas, toutes ces vigognes pantelantes, puis on les écorcha et on dépeça le gibier, qui fut distribué à tous ceux qui avaient pris part au chacu.

» On songea ensuite à enrouler de nouveau les cordes et à les mettre en rouleaux ; les haillons furent empilés et ficelés, les pieux arrachés et replacés en faisceaux, afin de servir à la chasse du lendemain sur un autre des plateaux du Puna. Quant à la viande, on la chargea sur le dos des mulets et des chevaux, et lorsque tout cela fut terminé, les chasseurs s'acheminèrent, à la file les uns des autres, du côté du camp. Inutile de vous raconter à quelles fêtes et quelles joies les pauvres Indiens, pour qui pareille chasse n'était pas journalière, se livrèrent pendant toute la soirée et le reste de la nuit. L'orgie fut complète !

» Cet excursion du chacu dura dix jours, et pendant tout ce temps là je demeurai avec mes Péruviens à moitié civilisés. Le nombre de têtes de vigognes tuées se monta à cinq cents et tant, sans y comprendre une ou deux guanaques, plusieurs arushs ou cerfs des Andes (*cervus antisensis*), et une demi-douzaine d'ours noirs, (*ursus ornatus*).

» Je n'ai pas besoin de vous dire que ces derniers animaux ne furent pas tués dans la chasse au chacu : leur mort fut accidentelle, ils périrent, les uns à coups de bolas, les autres grâce à l'habileté de quelques chasseurs armés de carabines qui leur logèrent une balle au bon endroit. »

Le chacu (1) des Indiens des Andes correspond au *surround* (entourage) des Peaux-Rouges de l'Amérique du Nord, quand ils font la chasse aux bisons. Seulement, dans ce dernier cas, on n'emploie ni cordes ni barrières. Les chevaux forment le cercle, afin d'empêcher les bœufs sauvages de s'enfuir.

L'enceinte appelée *pound* est encore un autre moyen pratiqué par plusieurs tribus indigènes du territoire de la baie d'Hudson ; mais c'est seulement pour la chasse au renne ou celle du caribou, et l'on ne se sert ni de cordes ni de barrières. La seule chose nécessaire, c'est une palissade de branches d'arbres solidement tressées ; aussi la construction d'un enclos de cette sorte est-elle un travail assez difficile. Il n'y a pas au monde un animal autre que la vigogne pour être capturé — aussi bêtement — par cette chasse pleine d'ingénuité, que l'on appelle au Pérou le *chacu*.

CHAPITRE XIX

Chasse à l'écureuil

La route que nous suivions sur la crête des monts Ozark était des plus difficiles, elle longeait des ravins d'une immense profondeur, et comme notre direction nous forçait à traverser la plupart de ces abîmes, nous étions à tous moments obligés de gravir ou de descendre des côtes escarpées. Il n'y avait pas d'autre chemin tracé qu'un sentier à peine visible, pareil à celui que font les Indiens Kansas pendant leurs courses aventureuses contre les habitations des blancs. De temps à autre, nous étions obligés de nous faire jour à travers des taillis, et d'employer la hache afin de débarrasser le passage obstrué par quelque vaste tronc d'arbre, obstacle insurmontable pour notre chariot. Tout cela faisait que nous n'avancions que fort lentement.

Pendant ces haltes, la plupart d'entre nous se dispersaient dans les bois, en quête de gibier. Le seul quadrupède qu'on y trouvât était l'écureuil : nous nous en procurâmes un assez grand nombre pour faire un bon pâté. Disons en passant qu'il n'y a pas de viande plus propre à cette espèce de mets que la chair de l'écureuil.

L'espèce la plus répandue au milieu de ces bois était l'écureuil cendré (*sciurus*

---

(1) Cette chasse aux toiles et aux haillons, comme on l'aimera mieux, n'est point particulière au Pérou ou à ses habitants. Elle a été longtemps pratiquée en Europe, et je possède dans ma bibliothèque de chasse un livre allemand intitulé : *Der Dianen* (la Diane, Leipzig, 1784), qui contient de nombreuses gravures des enceintes faites de pieux, de cordes et de pennons armoriés, disposées de manière à prendre des cerfs au milieu de ces réseaux légers. (*Note du trad.*)

cinereus), une des plus belles qui existent. A cette époque de l'année, grâce à l'abondance de graines, de noix et de fruits sauvages, ils étaient gras et dodus comme des perdrix. Cette espèce d'écureuil est toujours bien nourrie, et sa chair est la plus succulente de toutes. Au marché de New-York, l'écureuil cendré vaut trois fois plus d'argent que l'écureuil gris ordinaire.

Tout en marchant, le naturaliste nous racontait, au sujet de cet animal, une infinité de traits qui, pour la plupart d'entre nous, avaient tout le mérite de la nouveauté. Il nous dit que dans l'Amérique du Nord il n'y avait pas moins de vingt espèces différentes d'écureuils ne vivant que sur les arbres : et que si l'on ajoutait encore les écureuils qui marchent (*sciurus tamias*) et les écureuils qui volent (*sciurus pteromys*), on en aurait plus de quarante. En outre, il y en a encore, nous dit-il, plusieurs races inconnues, qui habitent les régions peu explorées du territoire occidental.

L'écureuil le plus connu est le gris, qui se trouve dans la plus grande partie des Etats-Unis. On assure même que quelques autres espèces, l'écureuil noir par exemple (*sciurus niger*), abandonnent entièrement les contrées envahies par l'écureuil gris ; de même que le rat indigène cède la place au rat belliqueux de Norvège.

Le véritable écureuil-renard (*sciurus vulpinus*) diffère essentiellement du cendré, et cependant, dans plusieurs Etats, on les confond sous la même dénomination. Le premier est plus gros, plus actif, et s'élance d'un seul bond jusqu'au faîte d'un pin pyramidal : tandis que l'autre, au contraire, plus lent et plus timide dans ses mouvements au milieu des branches, dépasse rarement la première bifurcation, à moins d'y être forcé par la poursuite d'un ennemi. Il préfère se cacher derrière le tronc, et faire le tour à mesure que le chasseur s'avance sur lui. Il a cependant une manière de s'esquiver qui souvent lui sauve la vie et laisse le chasseur tout désappointé. A moins d'être vivement poursuivi par un chien ou par quelque autre ennemi aussi rapide, il ne cherche à grimper sur aucun arbre, jusqu'à ce qu'il ait atteint celui qui renferme son nid, et alors il se glisse tranquillement dans son trou. Là il peut en toute sûreté défier ceux qui l'attaquent, à moins que ce ne soit une martre. Cet animal est le seul qui ose pénétrer jusque dans les profondeurs de sa caverne obscure.

Toutes les autres espèces d'écureuils se réfugient temporairement sur le premier arbre venu ; et s'il arrive que cet arbre ne leur offre pas de cavités pour se mettre à l'abri, ils restent dès lors exposés au plomb et même aux balles que le chasseur leur décoche d'en bas presque à coup sûr.

Il ne s'ensuit pas cependant qu'on les abatte très facilement. Dans les bois de haute futaie, l'écureuil grimpe souvent jusque sur les branches les plus élevées, et il y reste en sûreté, quand bien même il n'y aurait ni feuille pour le cacher, ni trou pour l'abriter.

On a vu d'excellents chasseurs tirer plus de vingt coups de fusil sur un seul de ces animaux ainsi perché sans pouvoir le faire tomber ni même le blesser dangereusement. D'autres sont quelquefois revenus bredouille au logis, et cependant l'écureuil était devant leurs yeux, changeant continuellement de place et s'offrant en plein à leurs yeux dans des positions et des attitudes toujours renouvelées.

La ruse de l'animal est, dans ces occasions, digne de remarque. Il s'étend sur le dessus d'une branche, et s'y allonge le plus possible ; de telle sorte que la branche, qui souvent n'est pas plus large que son corps, le couvre presque entiè rement et lui sert de rempart contre tout espèce de projectile. La tête aplatie contre le bois et la queue allongée ne donnent aucun indice de la présence de l'écureuil.

Cette chasse n'est pas sans attraits. C'est la plus ordinaire aux Etat-Unis, parce que l'écureuil y est le gibier le plus commun, et elle remplace dans ce pays la chasse à la perdrix ou à la bécassine, généralement pratiquée en Angleterre. Selon moi, la chasse à l'écureuil est bien supérieure à ces deux dernières, et le gibier ne le cède pas en valeur. Un bon écureuil bien gras peut s'apprêter de plusieurs manières et à plusieurs sauces : beaucoup de personnes le préfèrent au meilleur gibier à plume. Il est vrai qu'il a quelque chose du rat dans la physionomie, mais ce détail n'a seulement de l'intérêt que pour les personnes qui le connaissent peu. Lorsqu'on a séjourné dans les forêts reculées et mangé quelquefois des écureuils en pâté, tous ces préjugés s'évanouissent. On se dégoûterait plutôt du lapin qu'on sert sur les tables d'Europe, à cause de sa ressemblance avec le chat, qui souvent miaule à côté de vous à l'instant même où l'on goûte au civet.

Dans presque tous les Etats-Unis on peut, sans avoir la peine d'aller bien loin, se procurer le plaisir d'une journée passée à la chasse de l'écureuil. On trouve de vastes contrées boisées que la hache n'a pas encore entamées et où ces animaux aiment à faire leurs nids. Dans les Etats de l'Ouest, rien n'est plus facile que de se procurer cet amusement, en s'éloignant à peine de deux cents pas des habitations ; il y a même certains endroits d'où vous pouvez tirer ce gibier de vos fenêtres.

Pour faire une bonne chasse à l'écureuil il faut être au moins deux. Lorsqu'on est seul, l'animal peut facilement échapper en contournant le tronc de l'arbre et même une branche maîtresse. Lorsqu'on est deux, l'un reste à l'affût, tandis que l'autre fait le tour et force le gibier à revenir de l'autre côté. Il vaut encore beaucoup mieux être plusieurs, car alors on forme le cercle autour de l'arbre, et l'écureuil ne peut faire un mouvement sans voir un canon de fusil prêt à faire feu sur lui.

Quelques personnes se servent pour cette chasse de plomb de petit calibre, mais ce sont ordinairement des gens inexpérimentés. Un chasseur habile préfère sa carabine, et, dans les mains d'un bon tireur, c'est l'arme la plus sûre. Quel que soit son calibre, la balle de carabine tue la bête d'un seul coup, tandis que souvent l'écureuil gravement blessé avec du petit plomb conserve encore assez de force pour gagner l'arbre où est son trou, et réussit à s'y cacher ; c'est là qu'ordinairement il va mourir de ses blessures. Aucun animal n'a la vie plus dure, pas même le chat. Blessé à mort, il s'accroche aux branches jusqu'à son dernier soupir ; et, même après sa mort, ses griffes restent quelquefois implantées dans le bois, et son corps suspendu flotte dans l'espace.

La hauteur de laquelle un écureuil saute à terre sans se faire de mal est un tour de force extraordinaire connu de tous les chasseurs. Lorsqu'il voit que l'arbre sur lequel il s'est réfugié ne lui offre pas un abri suffisant et qu'il n'y en a pas d'autre assez rapproché pour pouvoir y sauter, il comprend qu'il y a pour lui nécessité de revenir à terre et de gagner une autre partie des bois. Quelques espèces de *scurius*, telles que l'écureuil cendré, n'osant pas s'élancer d'une hauteur si effrayante, quelquefois plus de cents pieds, se laissent glisser le long du tronc. Mais ceci n'entre pas dans les habitudes des écureuils plus actifs, et entres autres de l'écureuil gris ordinaire. Pendu à l'extrêmité d'une branche, il s'élance à terre dans une direction diagonale. Lorsqu'on le voit lancé dans l'espace, on s'attend à le retrouver sur le sol brisé par la chute : il n'en est rien. Le chien lui-même s'attend à ce résultat et se tient à l'endroit où doit retomber l'écureuil, mais il n'a pas même le temps de se jeter sur lui. Le gibier part avec la rapidité de l'oiseau qui vole, et on le voit, plus prompt que la pensée, grimper le long d'un autre arbre.

Ce saut périlleux demande quelque explication pour être compris. L'écureuil est doué de la faculté naturelle d'étendre son corps d'une façon extraordinaire. Toutes les fois qu'il s'élance, il a soin d'user de ce pouvoir, et il amortit ainsi sa chute au moyen de la résistance de l'air. C'est là, du moins, la seule manière d'expliquer comment et pourquoi il ne se tue pas sur le coup.

Presque tous les écureuils sont gratifiés de la même faculté, bien que tous ne la possèdent pas au même degré. Chez l'écureuil volant, elle est si développée, que cet animal peut d'un seul bond franchir des espaces considérables, absolument comme le ferait un oiseau au vol.

Le chasseur d'écureuils se fait souvent accompagner d'un chien, non que le chien puisse jamais par lui-même attraper un écureuil ; celui-ci ne le craint pas, il sait fort bien que les individus de la race canine ne montent pas aux arbres. L'office du chien se borne tout simplement à forcer l'écureuil à se réfugier sur un arbre, et, en restant au pied, à indiquer à son maître l'arbre où il est véritablement logé.

Ce service rendu par le chien est d'un grand avantage ; il remplit le même office d'utilité que le chien d'arrêt au chasseur en plaine. D'abord, le chien, dans son rabat d'une grande étendue, parcourt en tous les sens les sentiers de la forêt ; en second lieu, lorsqu'il aperçoit un écureuil, la vitesse de sa course force souvent le petit quadrupède à grimper sur un arbre autre que le sien, et ceci est de la plus grande importance. Lorsqu'on laisse trop de temps à l'écureuil, il en profite pour gagner l'arbre où est son nid, ou bien pour choisir à son gré un des chênes les plus élevés des environs : dans le premier cas, il devient impossible de l'atteindre, dans le second, c'est fort difficile.

Le chasseur qui n'a pas de chien est obligé de se fier à ses yeux, et il lui arrive souvent de ne pas découvrir l'arbre sur lequel l'écureuil s'est réfugié. Dans ce cas, le gibier est perdu pour lui.

Un bon chien à écureuil est un animal fort utile ; peu importe quelle est sa race. Les meilleurs sont des espèces de chiens d'arrêt ; il faut aussi qu'ils soient dans l'habitude de faire de grands rabats, comme il est aussi essentiel qu'ils soient rapides à la course. Des chiens pareils, bien dressés, ne chassent ni le lapin ni aucun autre gibier. Ils ne donnent de la voix que lorsque l'écureuil est perché ; dès ce moment ils restent de pied ferme au bas de l'arbre. Il est de toute nécessité qu'ils aient une forte gueule pour être entendus du chasseur, qui autrement, séparé de son chien par l'épaisseur du taillis, ne saurait pas quand il a forcé le gibier.

L'écureuil ne paraît pas avoir grand'peur du chien et ne grimpe pas bien haut pour éviter ses atteintes ; on le voit souvent, à quelques pieds seulement au-dessus de sa tête, balançant sa queue et ayant tout l'air de se moquer de son brutal ennemi.

Mais à l'arrivée du chasseur la scène change. L'écureuil comprend le danger de sa position, il s'élance le long de l'arbre et se cache aussitôt entre les branches les plus élevées.

A vrai dire, nous ne connaissons pas, parmi les plaisirs de la campagne d'un ordre inférieur, un amusement qui exige plus d'adresse et qui offre plus d'intérêt que la chasse à l'écureuil.

Notre camarade du Kentucky nous raconta une grande chasse à l'écureuil, arrangée par lui et quelques-uns de ses voisins; ces parties de plaisir ne sont pas rares dans les Etats de l'Ouest. Les chasseurs se partagèrent en deux bandes d'un nombre égal; chaque escouade s'aventura, à travers les bois, dans une direction particulière. Une gageure considérable avait été faite sur la quantité d'écureuils que rapporterait chacun des deux partis. Les parieurs étaient divisés par six, dans l'une et l'autre compagnie, tous armés d'excellents fusils à deux coups, et le nombre d'animaux tués dans l'espace d'une semaine — car la chasse avait duré six grands jours — fut de cinq mille d'un côté, et de quatre mille sept cent quatre-vingts de l'autre. Il faut dire que cette expédition se faisait dans une contrée où l'écureuil, peu pourchassé, n'était point très farouche; ajoutons encore qu'on en trouvait en quantités innombrables.

De pareilles chasses, organisées sur une grande échelle, sont, comme nous l'avons déjà dit, assez communes aux Etats-Unis. Outre l'amusement, il y a encore un motif en vue : c'est la destruction des écureuils et la protection des champs de blé et des cultures de maïs.

Ces petits animaux sont de si terribles destructeurs de toutes sortes de graines, que, dans quelques Etats, leur tête est mise à prix.

Dans les premiers temps de la possession anglaise, des règlements à ce sujet existaient dans la Pensylvanie, et d'après un registre de l'époque, le trésor paya 8,000 livres sterling en primes de cette espèce, ce qui, à six sous par tête, ferait monter à 640,000 le nombre d'écureuils tués cette année-là.

L'émigration de l'écureuil est un fait qu'on ne peut encore expliquer. Ce besoin de changement de logis ne se manifeste que chez l'écureuil gris et c'est de là que lui vient son nom de *scurius migratorius*. Ces émigrations ne sont pas régulières, et leur cause en est inconnue. On voit parfois d'immenses bandes de ces rongeurs se donner rendez-vous dans un certain endroit, puis, une fois réunis, ils partent et traversent les bois ou les pays découverts, en suivant tous la même direction. Rien ne les arrête : petits ruisseaux et larges rivières, ils franchissent tout à la nage; aussi, dans ces occasions, s'en noie-t-il un très grand nombre

Dans les circonstances ordinaires, ces lilliputiens animaux ont pour l'eau autant de répugnance que les chats, mais lorsqu'ils se sont formés en colonnes d'émigration, ils se plongent hardiment dans un fleuve sans savoir s'ils atteindront jamais le bord opposé. Lorsqu'ils ont regagné la terre, ils sont souvent si fatigués de leurs efforts, qu'on les attrape à coups de bâton. On en tue ainsi par milliers lorsque par hasard on vient à découvrir ces bandes vagabondes.

On rapporte qu'ils font rouler dans l'eau des morceaux de bois sec ou d'écorce sur lesquels ils se posent, et se laissent ainsi flotter jusqu'à l'autre rive, leur queue faisant l'office de voile; mais tout nous engage à considérer ce récit comme fort apocryphe.

Il serait cependant excessivement curieux de découvrir quel motif les porte à entreprendre ces longues et périlleuses pérégrinations. On croit, et tout porte à le supposer, qu'ils ne reviennent jamais à leur pays natal. La cause de cette émigration ne peut être la disette ou le changement de climat, car la direction qu'ils suivent invariablement met hors de propos chacun de ces deux motifs.

CHAPITRE XX

L'ours perché sur un arbre

Le docteur était le seul de la compagnie qui n'eût pas pris part à la conversation. Les guides eux-mêmes, tout ignorants qu'ils étaient, écoutaient de toutes leurs oreilles. Tout ce qui avait rapport au gibier était pour eux un sujet plein d'intérêt. Ils trouvaient même agréables à entendre les digressions scientifiques du savant naturaliste.

Le docteur était placé en tête de notre caravane, et l'un de nous remarqua en plaisantant qu'ayant probablement besoin d'eau pour faire un mélange avec le contenu de son flacon, il allait se mettre à la recherche d'un ruisseau. Quelle que fut son intention, nous le vîmes tout d'un coup enfoncer ses éperons dans les flancs de son grand cheval maigre, décrire une courbe, et revenir vers nous au galop, la figure toute bouleversée et donnant des marques évidentes de surprise et d'effroi.

— Qu'y a-t-il donc, docteur? lui demanda l'un de nous.

— Il aura sans doute vu des Indiens ! s'écria un autre.

— Un ours! un ours ! vociféra le docteur tout essoufflé. Un ours grizzly des plus farouches ! Un animal hideux et terrible, je puis vous l'assurer.

— Un ours ? dites-vous, fit Ike poussant en avant sa vieille jument.

— Un ours ! répéta Redwood franchissant les buissons et se mettant à la poursuite de la bête.

— Un ours ! nous écriâmes-nous tous à la fois, piquant des deux et galopant en corps de bataille.

— Où docteur, où donc? fut la question generale.

— Là-bas, tout près de ce grand arbre; c'est là que je l'ai vu. Oh ! c'est un ours grizzly, j'en suis sûr.

En effet la vue du redoutable quadrupède avait causé au docteur cette frayeur soudaine, et l'avait fait revenir vers nous en toute hâte.

— Bah ! docteur, fit le naturaliste, nous sommes encore trop à l'est pour rencontrer des ours grizzly; c'est un ours noir que vous aurez vu.

— Sur mon âme, répliqua le docteur, ce n'est pas du tout un ours noir. Je connais parfaitement cet animal, et celui que je viens de voir était d'un brun clair presque jaunâtre.

— Ce n'est pas précisément une preuve, fit M. A. ; l'ours noir est d'un pelage très varié. J'en ai souvent aperçu de la couleur dont vous parlez; ce doit en être un. L'ours grizzly ne s'aventure pas si avant à l'est, bientôt cependant nous pourrons en rencontrer, mais ce ne sera certainement pas dans des bois comme celui-ci.

Nous n'eûmes pas le temps d'en dire davantage, car nous étions arrivés à l'endroit où maître Martin avait été aperçu, et bien que l'œil le plus clairvoyant n'eût pu découvrir aucun signe qui indiquât sa présence, le vieil Ike, Redwood et le naturaliste pouvaient, sur la litière de feuilles sèches, suivre les traces espacées de l'animal.

Les deux guides avaient mis pied à terre, et tenant leurs chevaux en laisse, le corps légèrement penché, ils suivaient la piste de l'ours. A voir Ike presque couché sur le sol, on aurait cru qu'il se servait alors autant de l'odorat que du sens de la vue.

Cette poursuite nous éloignait de notre chemin, car nous nous étions enfoncés de quelques cents pas au cœur de la forêt.

La plupart d'entre nous pensaient qu'après avoir aperçu le docteur, l'animal ne s'était pas arrêté et avait dû aussitôt s'élancer en avant et franchir une grande distance. Si nous avions été seuls, la chasse se fut terminée là.

Mais les trappeurs savaient ce qu'ils avaient à faire. Ils affirmaient que l'ours s'était retiré tout doucement, qu'il avait fait des haltes fréquentes ; ils prétendaient même avoir découvert des signes qui prouvaient d'une manière certaine que son repaire était dans les environs, à quelques pas. Toutes ces raisons nous engagèrent à continuer la chasse.

Nous suivîmes donc les trappeurs pas à pas, tandis que Jack et Lanty restaient près du chariot, et devaient aller de l'avant dans la direction convenue.

Nous entendîmes bientôt le bruit des roues, le véhicule s'était remis en marche. La route décrivait une courbe, et l'ours avait aussi contourné le chemin : nous nous trouvions donc sur la même parallèle.

Dans ce moment même, du côté du chariot, des cris vinrent frapper nos oreilles. Lanty et Jack élevaient tous deux la voix, et s'égosillaient de leur mieux.

— Ohé ! sainte Vierge Marie ! regardez donc, Jack, quelle bête !

— Ah ! bon Dieu ! massa Lanty, c'est un ours !

Nous n'eûmes pas plutôt entendu ces paroles, que, sans songer davantage à suivre la piste, nous nous précipitâmes au galop dans la direction des voix, brisant tout ce qui se trouvait sur notre passage, les branches d'arbre comme les cailloux du chemin.

— Où est l'ours ? s'écria Redwood arrivé le premier, où l'avez-vous vu ?

— Le voilà ! répondit Lanty en désignant un arbre gigantesque entouré à la base d'un cannier fourré, et presque isolé au milieu de la forêt, car il était au centre d'un espace à moitié découvert : c'était un buisson de verdure encerclé d'une pelouse touffue.

Nous étions arrivés trop tard pour voir l'animal, mais peut-être allait-il s'arrêter dans le buisson ; tel était du moins notre espoir.

— Formons le cercle, mes amis, s'écria le Kentuckien, qui s'entendait à la chasse à l'ours bien mieux qu'aucun d'entre nous. Vite, entourons le bois pour l'empêcher de sortir.

Et tout en parlant il mettait son cheval au galop, tandis que d'autres allaient se placer du côté opposé, et quelques secondes après le taillis fut complètement cerné.

— Est-il dedans ? demanda quelqu'un.

— Vois-tu des traces de ton côté, Marc ? cria Ike à son camarade.

— Non, répondit-il, il n'est pas sorti par ici.

— Ni par ici, fit Ike.

— Ni par ici non plus, ajouta le Kentuckien.
— Ni par ici, acheva le naturaliste.
— Alors il doit être dans le cannier, dit Redwood. Maintenant, attention, vous tous, ayez les yeux ouverts ; je vais le faire déguerpir de son fort.
— Tiens bon, Marc, mon garçon, tiens bon là ! Que Dieu confonde cette vermine ! voilà ses traces, s'écria Ike. Bah ! voilà son gîte battu comme un parc à moutons ; je m'en vais le faire déloger.
— C'est bien, répliqua l'autre. Va toujours mon vieux, je veillerai par ici, et si maître Martin montre son museau, je lui enverrai quelques dragées dans les côtes. Fais-le sortir.

Nous étions tous en selle, immobiles et silencieux. Ike était entré dans les buissons, et cependant on n'entendait pas le plus léger mouvement. Un serpent n'aurait pas fait en rampant moins de bruit que le vieux trappeur.

Dix minutes se passèrent dans ce silence solennel, pendant lesquelles rien ne nous indiqua ce qui se passait. Enfin nous entendîmes la voix du chasseur audacieux.

— Par ici tout le monde ! cria-t-il, l'ours est perché

Cette nouvelle nous remplit l'âme de joie, car ce n'est pas tous les jours qu'on a la chance de tuer un ours ; aussi, comme l'ours était perché sur un arbre, nous étions sûrs de l'abattre. Quelques-uns d'entre nous mirent pied à terre, et attachèrent leurs chevaux à des branches solides ; d'autres s'élancèrent hardiment dans le fourré, dans l'espoir de tirer le premier coup et de remporter la victoire.

Pourquoi n'entendait-on pas la carabine d'Ike, si vraiment l'ours était perché ? Cette question nous embarrassa d'abord ; mais le problème fut résolu lorsque nous arrivâmes sur les lieux. Nous n'avions pas bien compris les paroles d'Ike, l'ours ne s'était pas réfugié sur un arbre, mais bien dans un tronc creux ; aussi notre guide ne l'avait-il pas encore aperçu.

Devant nos yeux se dressait un tronc d'arbre de plus de dix pieds de diamètre ; c'était un géant magnifique, aux racines duquel les traces encore toutes fraîches venaient aboutir. C'était là son repaire ; à n'en pas douter, l'animal ne pouvait être que là.

Comment l'en faire sortir, c'était la question que nous nous adressions les uns aux autres.

Plusieurs chasseurs se mirent en place, le fusil à la main, de manière à dominer l'entré de l'excavation. Un autre grimpa sur le tronc et le sonda avec la crosse de son fusil. Tout fut inutile, l'ours n'était pas assez sot pour sortir et s'exposer à nos balles.

On enfonça une longue perche dans le trou, mais rien ne bougea. Le nid de mon Martin était donc plus haut.

On essaya alors de l'enfumer : ce moyen ne réussit pas mieux. L'ours ne parut pas incommodé le moins du monde. On alla chercher des haches dans le chariot, et nous commençâmes à tailler ferme. C'était une rude besogne, car le tronc était celui d'un sycomore, dur comme du fer, excepté au cœur. Il n'y avait pas moyen de procéder autrement ; aussi Jack et Lanty se mirent à la besogne avec autant d'ardeur que si le gain de leur journée avait dû dépendre de leur travail.

Redwood et le Kentuckien, habitués tous deux à manier la hache, leur vinrent en aide, et, de chaque côté du tronc, on pouvait voir des entailles profondes. Tous les autres chasseurs se tenaient en garde près de l'entrée, dans l'espérance que le bruit chasserait l'animal hors de son gîte. Mais rien n'y fit. Pendant deux heures, les sapeurs continuèrent leur œuvre de destruction avec tant de rage, qu'à la fin leurs bras tombèrent inertes, incapables de travailler davantage.

Ce n'est pas une chose facile que d'abattre un arbre de dix pieds de diamètre On s'était guidé sur la longueur de la perche ; elle ne pouvait pas dépasser le gîte : aussi, comme elle devait en approcher, on espérait pouvoir alors, par cette nouvelle ouverture, parvenir jusqu'à la bête, et soit la tuer à l'aide d'une lame de couteau attachée au bâton, soit la forcer à sortir.

Notre plan étant ainsi conçu, nous nous remîmes donc à l'œuvre avec un courage sans pareil.

Enfin les parois ligneuses s'enfoncèrent, grâce aux coups de la hache, et nos regards eurent le loisir de plonger dans la sombre excavation. On avait taillé dans le bon endroit, juste au-dessus du repaire de l'animal ; mais l'ours n'était point là ! On enfonça des perches des deux côtés, sans toucher les côtes de la bête. La cavité ne s'étendait pas plus loin, et, après tout, ce n'était pas là qu'il était.

Nous étions presque tous fort contrariés, et de temps à autre la colère de chacun se manifestait par des jurements énergiques. Je puis même dire, sans blesser la vérité, que lke murmura plus d'un blasphème. Le vieux trappeur paraissait honteux de s'être ainsi laissé prendre. Ce désappointement lui était d'autant plus sensible, qu'il avait annoncé le premier, avec un certain accent de triomphe, que l'ours était logé.

— Il a dû s'échapper avant que nous n'eussions cerné le cannier, dit l'un de nous.

— Etes-vous sûr qu'il y soit entré ? demanda un autre. Ce fou de Lanty était si effrayé, que c'est à peine s'il a pu nous dire de quel côté était allé l'animal.

— Sur mon âme, messieurs, je l'ai vu, de mes deux yeux vu ; et je jure...

— C'est b... drôle ! murmurait Redwood avec dépit.

— Que Dieu confonde cette vermine ! criait Ike. Où diable peut-elle donc s'être fourrée ?

Où était donc M. A... pendant tout ce remue-ménage ? Nous le cherchâmes des yeux, car lui seul pouvait nous expliquer ce mystère. Il avait disparu, on ne l'apercevait nulle part. Déjà depuis quelque temps il s'était éloigné.

En ce moment même, la détonation bruyante et distincte d'une carabine vint frapper nos oreilles. Pendant quelques secondes, nous restâmes immobiles, retenant notre haleine, et nous pûmes entendre un bruit sourd, pareil à celui d'un corps pesant tombant sur le sol d'une hauteur considérable. Cette secousse inattendue fit tressaillir nos chevaux malgré la fatigue dont ils étaient accablés ; quelques-uns d'entre eux brisèrent leurs liens, et s'enfuirent au galop.

— Par ici, gentlemen, voici l'ours !

C'était M. A., le naturaliste, qui nous appelait de la voix la plus calme du monde ; et, sans songer à nos chevaux, nous nous précipitâmes dans la direction d'où nous étaient venues ces paroles. Rien n'était plus vrai ; à nos pieds gisait une bête énorme, perdant son sang à gros bouillons par le trou d'une balle qui lui avait traversé le flanc.

L'habile chasseur nous montra du doigt un arbre, un chêne gigantesque qui étendait ses branches au-dessus de nos têtes.

— C'est là qu'il était, au milieu de cette fourche, dit-il. Nous aurions pu nous épargner bien de la peine si nous avions tant soit peu réfléchi. Lorsque j'ai vu que la fumée n'avait aucun effet, j'ai commencé à soupçonner que l'ours n'était pas là. En effet, le rusé madré n'avait pas cru prudent de chercher un pareil asile. Ce n'est pas, du reste, la première fois que des chasseurs auraient été trompés par de semblables manœuvres.

Redwood contemplait notre ami avec admiration, et le vieil Ike lui-même ne pouvait s'empêcher de reconnaître sa supériorité dans l'art de la vènerie.

— Mister A..., lui dit-il, je puis vous assurer que vous feriez un coureur des bois numéro un. Il n'y a pas d'Indien capable de vous en remontrer.

Nous étions là tous occupés à examiner l'énorme carcasse de l'ours ; c'était un animal de la plus belle grosseur. Tout d'un coup le docteur fit un saut en arrière.

— Etes-vous sûr que ce n'est pas un ours grizzly? demanda-t-il.

— Non, mon cher Jasper, répondit le naturaliste en souriant, l'ours grizzly ne monte jamais sur les arbres.

CHAPITRE XXI

L'ours noir

Nous eûmes beaucoup de peine à rattraper les chevaux, et lorsqu'ils furent tous réunis, on hissa l'ours sur le chariot, puis on se remit en route. La nuit approchait, et il fallut songer à établir le campement du soir. Peu d'instants suffirent pour écorcher l'ours : Ike et Redwood s'acquittèrent de ce travail avec l'habileté de bouchers expérimentés, et la viande d'ours fit, comme on le pense le fonds de notre souper. Je laisserai dire à quelques personnes ce que bon leur semblera sur ce festin de sauvage ; mais je puis certifier ici que je leur souhaite d'être à même de se procurer un cuisson d'ours. Ils m'en diront alors de bonnes nouvelles.

Pendant toute la soirée la conversation roula sur maître Martin, et on raconta de nombreuses anecdotes sur ce quadrupède. A l'exception du docteur, de Jack et de Lanty, nous avions tous, plus ou moins, l'habitude de chasser à l'ours, et par conséquent nous avions tous quelque chose à dire à ce sujet.

L'ours noir d'Amérique (*ursus Americanus*) est un des animaux les plus connus aux Etats-Unis. C'est celui qu'on voit le plus souvent dans les ménageries et dans les jardins zoologiques, par la raison peut-être qu'il se trouve en grand nombre dans un pays qui a de grandes relations commerciales avec les autres nations, et qu'on en exporte fréquemment pour toutes les parties du monde.

Un coup d'œil suffit pour le distinguer de l'ours brun d'Europe, aussi bien que des autres ours du continent oriental. Ce n'est pas tant par la couleur, — car on en trouve aussi quelquefois de brun, — que par la régularité de ses formes et le brillant de son poil. On le distingue aussi très facilement de ses congénères de l'Amérique du Nord, dont on compte trois espèces : l'ours grizzly (*ursus ferox*), l'ours brun (*ursus arctus*), et l'ours polaire (*ursus maritimus*). Le poil de tous ces animaux, à l'exception de celui de l'ours polaire, vient par touffes, et est ordinairement rude et mal peigné. L'ours noir est en un mot plus rapproché de l'ours polaire pour la symétrie des formes et la disposition de sa fourrure. Il est cependant beaucoup plus petit, et le poids de son corps dépasse rarement les deux tiers de celui de l'ours blanc.

Sa fourrure est ordinairement tout à fait noire, à l'exception d'une tache d'un rouge brun qu'il a sur le museau, où le poil est plus court et plus lisse. Quelquefois cette pièce disparate s'efface complètement, et on rencontre certaines espèces d'ours noirs dont les couleurs sont très variées. Dans certaines régions, ils sont tous bruns; dans d'autres, de teinte cannelle; on en voit même de tachetés de blanc; mais ces derniers sont fort rares. Cependant c'est toujours la même race, malgré tout ce qu'en aient pu dire quelques naturalistes. La meilleur preuve de cette assertion, c'est qu'on a souvent vu des ours noirs suivis par des oursons blancs, *et vice versâ*.

L'ours noir est omnivore; il se nourrit également de chair et de fruits, de noix et de racines. Il n'est pas ordinairement carnivore; on le voit cependant quelquefois manger de la charogne et des animaux vivants. Ce dernier fait est de la plus grande exactitude, car, lorsqu'il attrape un animal quelconque, il ne se donne pas la peine de le tuer avant d'en faire son repas; comme la plupart des carnivores, il le déchire et le dévore tout pantelant, de sorte qu'on peut vraiment dire qu'il avale sa proie tout en vie.

Ce qu'il aime par-dessus tout, c'est le miel: partout où il rencontre une ruche d'abeilles, s'il peut y atteindre, il en fait son profit. Quand bien même les rayons seraient placés au plus haut d'un arbre, ils ne sont à l'abri de sa gourmandise que si l'ouverture de l'arbre qui contient la ruche est trop étroite pour qu'il puisse y pénétrer. Alors même, souvent à l'aide de ses griffes aiguës, il parvient à agrandir le trou. Il n'a rien à craindre ni de l'aiguillon ni de la colère des abeilles; son épaisse fourrure et la dureté de son cuir sont une protection suffisante contre des armes aussi peu redoutables.

On croit généralement que l'ours passe la plus grande partie de son temps à parcourir les forêts en quête d'arbres à ruches.

L'ours noir grimpe parfaitement aux arbres en étreignant le tronc, sans se servir de ses griffes. Il procède comme les animaux de race féline; et il en descend le derrière en avant, comme un homme qui descend d'une échelle; en cela, comme on le voit, il diffère encore de la race du chat.

L'ours noir se plaît dans les pays d'une étendue immense: on peut affirmer qu'il se trouve, dans les deux Amériques, partout où il y a des forêts. Sur le continent du Sud, on rencontre une autre race d'ours noir d'une taille prodigieuse nommée par les naturalistes *ursus ornatus*. Dans l'Amérique septentrionale, l'ours se trouve dans toutes les forêts, depuis l'Atlantique jusqu'au Pacifique; mais on n'en voit jamais dans les endroits découverts ni dans les prairies. C'est là seulement que l'ours gris a établi son empire: on rencontre cependant les deux espèces dans les vallées boisées des montagnes Rocheuses.

Tandis que l'ours grizzly n'habite que les pays situés à l'ouest du Mississipi et ne se plaît que dans les contrées arides et désertes de l'Occident, l'ours brun au contraire, qu'on croit être le même que l'*ursus arctus* de l'Europe septentrionale, ne se trouve que dans les savanes stériles et sans arbres appelées *Barren-Grounds* (pays dénudé), situées au nord du continent américain, depuis la dernière limite des bois jusqu'à l'océan Arctique ; dans ces contrées, l'ours noir est inconnu. La zone habitée par l'ours brun s'étend jusqu'à celle où vit l'ours blanc, et ce dernier s'aventure probablement jusqu'au pôle.

Lors de la colonisation de l'Amérique, le sol maintenant occupé par les Etats-Unis était le séjour favori des ours noirs.

Le pays, entièrement couvert d'épaisses forêts, offrait par conséquent un repaire convenable à cette race d'animaux. De nos jours encore, au centre même de nos établissements, on en rencontre en assez grand nombre. Dans presque tous les Etats de l'Union, il y a encore des restes de forêts vierges, des montagnes inaccessibles qui leur servent de refuge, et tuer un ours est un fait de courage ambitionné par tout vrai chasseur.

Dans toute la chaîne des montagnes Alleghany, les ours bruns sont en grand nombre ; il faudra bien des années avant qu'on puisse les détruire entièrement.

Dans les Etats de l'Ouest, ils sont encore plus communs, particulièrement au milieu des sombres forêts qui couvrent les rives des fleuves et des bas-fonds marécageux. Là ils trouvent un asile que les taillis et la nature fangeuse du sol rendent impénétrable au chasseur le plus audacieux.

Les ours se retirent ordinairement dans un arbre creux, et quelquefois dans un tronc abattu, à la condition cependant qu'il sera assez gros, et placé de manière à ne pas attirer l'attention des passants.

Ils choisissent aussi souvent une caverne parmi les rochers, lorsque la structure géologique du sol leur offre cet avantage. Là, ils sont bien plus en sûreté, car, lorsque l'arbre d'un ours est découvert ou par un chasseur ou par un colon, l'animal n'a guère de chance de salut.

L'écureuil peut vivre sans crainte, car il ne vaut pas la peine qu'on prendrait à couper l'arbre ; mais un gibier tel qu'un ours offre une ample récompense pour le mal qu'on se donne, car il faut souvent manier la hache pendant des heures entières.

Pendant plusieurs mois de l'hiver, l'ours noir reste dans un état de torpeur fort bizarre. La durée de ce temps d'hivernage dépend de la latitude du climat qu'il habite. A mesure qu'on avance vers le sud, le sommeil de l'ours va en décroissant, et dans les forêts tropicales, où la gelée est inconnue, l'ours noir est toute l'année sur ses quatre pattes.

La manière de faire la chasse à l'ours noir ne diffère pas de celle du renard ou du chat sauvage. On lâche à sa poursuite une meute de chiens pour le forcer à chercher un refuge dans une caverne ou dans un arbre. Dans le premier cas, on le tue au tir ; dans le second, on abat l'arbre lorsqu'il est creux. Quelquefois on e déloge en l'enfumant. On emploie aussi ce moyen pour le faire sortir de sa caverne ; mais, dans ce dernier cas, si on ne réussit pas du premier coup, il faut y renoncer, car il n'y a pas de chiens qui osent aller attaquer l'ours dans sa tanière.

Souvent on suit maître Martin à la piste dans les bois, et on le tue à coups de carabine. Il ne tient pas tête à l'homme, à moins qu'il ne soit blessé ou forcé; dans ce cas, il est terrible. Lorsqu'il parvient à saisir le chasseur entre ses pattes de devant, il est rare qu'il le lâche avant de l'avoir broyé et étouffé. Il n'essaye pas de se servir de ses dents, comme l'ours grizzly ; il se confie seulement dans le pouvoir musculaire de ses bras. Le nez paraît être la partie sensible de son corps. Si son ennemi est un habile chasseur, et s'il a gardé son sang-froid, il fera ordinairement tous ses efforts pour le frapper sur le museau. On a souvent vu un ours atteint dans cette partie lâcher sa victime et s'enfuir au loin très effrayé.

On emploie aussi quelquefois et avec assez de succès une espèce d'engin construit de telle sorte, que le moindre mouvement imprimé à l'appât agit sur un ressort au moyen duquel tombe sur l'animal une grosse pièce de bois qui le tue sur le coup ou le retient écrasé sous son poids. Quelquefois ce piège ne lui prend qu'un seul membre, mais cela même est plus que suffisant pour l'empêcher de s'enfuir.

Dans toutes les contrées septentrionales de l'Amérique, on se sert des mêmes pièges pour les animaux à fourrure, et principalement pour la martre et l'hermine (*mustela erminea*); seulement, pour les ours, ce piège est construit avec des bois plus pesants et dans de plus vastes dimensions.

Redwood nous raconta une aventure qui lui était arrivée dans sa première jeunesse en faisant la chasse au piège aux ours noirs. Il avait failli perdre la vie; et la terreur éprouvée par cet enragé trappeur avait donné à sa démarche une oscillation particulière dont il n'avait jamais pu se débarrasser.

Nous formâmes le cercle autour de notre foyer pétillant, afin de mieux écouter l'histoire du coureur des bois.

CAAPITRE XXII

Le trappeur pris au piège

« C'est donc pour vous dire, commença Redwood, que ce que je vais vous raconter m'arriva lorsque je n'étais encore qu'un enfant; certes, je ne pensais pas alors à venir jamais par ici, au milieu des prairies. Je n'avais pas encore atteint la taille d'un adolescent, et cependant, tout petit que j'étais, je commençais à être solide pour mon âge.

» J'ai été élevé dans les montagnes de l'est du Tennessée, tout près de la source du fleuve qui porte le même nom.

» J'atteignais à peine à genoux, la taille d'un canard, que déjà j'étais passionné pour la chasse. A douze ans, j'avais tué un ours noir. Mais, tandis que j'avançais en âge, l'ours diminuait de plus en plus dans mon pays natal, et c'était chose rare que de faire lever une pareille bête; cependant de temps en temps on avait la chance d'en rencontrer encore un.

» Un jour donc que je m'en allais furetant le long d'un ruisseau (car la cabane de ma vieille mère ne se trouvait pas sur le Tennessée, mais le long d'un petit courant d'eau qui allait s'y jeter), je découvris les traces d'un ours.

» On voyait distinctement dans la boue l'empreinte de ses pieds, et je les suivis le long de l'eau pendant plus d'un mille. Là, les traces s'enfonçaient au milieu d'un bas-fond, l'un des plus fourrés que j'aie jamais vus. J'aurais défié un chat d'y pénétrer.

» Lorsque je découvris que la trace s'éloignait du bord de l'eau pour entrer dans les buissons, je perdis tout espoir de la suivre plus loin, car là le terrain était dur et couvert de petits cailloux : il m'était donc impossible d'aller de l'avant.

J'étais pourtant sûr que l'ours était là, et en conséquence je fis le tour du taillis, pour voir par où il y était entré.

» Je restai là bien longtemps, m'étonnant de ne pouvoir découvrir l'endroit par où un animal aussi gros qu'un ours aurait pu passer sans faire une trouée. Enfin je pensai ou qu'il devait avoir pris une autre direction, ou qu'il avait traversé l'eau, ou enfin qu'il s'était laissé emporter par le courant.

» Je me disposais donc à m'en retourner lorsque j'aperçus un énorme tronc d'arbre à moitié renversé en dehors du taillis, et dont une extrémité était cachée dans les buissons. Je remarquai que la partie supérieure de ce tronc d'arbre était sale et boueuse comme si quelque animal avait marché dessus; je m'approchai alors pour l'examiner à mon aise, et je me convainquis que j'avais deviné juste.

» Je grimpai sur cet arbre, et non sans peine, car c'était un chêne gigantesque, plus gros que celui qui vient de nous faire faire une besogne si inutile, et tout en me cramponnant aux branches, je m'avançai du côté du fourré. Là, je découvris le trou par lequel l'ours était entré, et, un mètre plus loin, au milieu des taillis, un sentier parfaitement battu, qui s'en allait aussi loin que ma vue pouvait s'étendre.

» Je ne fis qu'un saut de l'arbre à terre, et je m'enfonçai hardiment dans le taillis. La trace n'était pas difficile à observer, mais le chemin était diablement pénible à suivre, je vous l'assure. Ce n'était que chardons, qu'orties, qui me piquaient à chaque pas, que ronces aussi grosses que le bras, hérissées d'épines pointues comme des hameçons. En dépit de ces obstacles, j'avançais toujours, persuadé qu'une trace si bien frayée devait me mener droit au repaire de l'ours, et j'étais certain de l'y trouver. Il devait avoir fait son lit dans un creux d'arbre, et je comptais, après l'avoir découvert, m'en aller à la maison chercher ma hache. De toute manière, je reviendrais le lendemain matin, si je ne pouvais pas le faire sortir au moyen de la fumée.

» J'avais déjà pénétré dans le fourré à plus de trois cents mètres, quelquefois en rampant sur les mains et les genoux, quelquefois même en me glissant à plat-ventre. J'étais tout en sang, et de temps à autre je m'arrêtais à penser que si je venais à rencontrer l'ours dans cet étroit passage il y aurait entre nous deux une bataille terrible. Mais heureusement le cas ne se présenta pas.

» Je parvins à un endroit où le taillis s'éclaircissait : au moment même où je royais être arrivé près de l'arbre à l'ours, que croyez-vous que je vis devant moi? Un rocher perpendiculaire, lisse comme du marbre et d'une hauteur considérable, qui dominait le bassin du ruisseau. Ma première crainte fut que l'animal n'eût son repaire dans une crevasse, et, de par Dieu! gentlemen, c'était vrai. Devant moi, au milieu du rocher, s'ouvrait un antre obscur; c'était là qu'il avait fait élection de domicile. Il n'y avait pas à s'y tromper, car on voyait distinctement la marque de ses pattes sur les pierres et dans la terre humide.

» Ma chasse fut terminée pour ce jour-là. Je restai devant l'ouverture de la caverne sans savoir que faire, et je ne me sentais nulle envie de m'y aventurer.

» Mais, me dis-je en moi-même, il faudra bien que la vermine sorte : c'est dans cet espoir que je m'accroupis à plat ventre dans les buissons, vis-à-vis de la caverne; j'avais mon fusil armé, et je me tenais prêt à lui envoyer une décharge de plomb aussitôt qu'il montrerait son museau à l'orifice du rocher.

» Tout fut inutile. L'ours m'avait sans doute entendu venir, et il devinait que j'étais toujours là. Je restai immobile dans la même position jusqu'à ce que la nuit fût venue ; l'obscurité était si noire, que je crus ne pouvoir jamais trouver mon chemin jusqu'à la rivière. Cependant, tout en rampant et en tâtonnant, je finis par sortir du bois et par retrouver le chemin de la maison.

» Pour rien au monde je n'aurais renoncé à tuer mon ours ; il me le fallait, dût-il m'en coûter une semaine entière de travail. Je retournai donc au repaire dès le lendemain matin, et toute la journée, je restai accroupi à la place de la veille, devant le rocher : rien ne bougea, rien ne sortit, et, le soir venu, je repris le chemin du logis, encore bredouille, jurant et grommelant entre mes dents

» Le surlendemain, je revins encore ; mais cette fois je n'avais pas l'intention de rester inactif : j'avais pris ma hache avec moi, dans l'intention de construire une trappe à l'entrée de la caverne. J'avais aussi apporté un pot de mélasse et quelques épis de maïs vert pour servir d'appât. Je savais le goût de la bête pour ces sortes de douceurs.

» Je me mis donc à l'ouvrage en faisant le moins de bruit possible. Le bois ne manquait pas dans les environs ; et, dans l'espace d'une heure, ma trappe fut dressée et le ressort prêt à jouer. Ce n'était pas chose facile que de lever la grosse pièce ; j'y parvins pourtant à l'aide d'un levier que je m'étais façonné, et en mettant en usage toute la force de mes muscles. Si l'assommoir tombait d'aplomb sur l'ours, j'étais bien certain qu'il serait pris.

» Tout était prêt, et je n'avais plus qu'à placer l'appât. Je me glissai donc dans l'intérieur de la trappe, et j'étais occupé à disposer les épis et la mélasse, lorsque tout d'un coup j'entendis derrière moi un reniflement terrible. C'était celui de l'ours.

» Je me retournai pour mieux examiner, car je n'avais fait qu'entrevoir la bête à l'entrée de la grotte, lorsque soudain je me sentis frappé d'un coup violent sur les jambes et renversé à terre, aplati comme une poêle à frire.

» Je pensais d'abord que quelqu'un m'avait asséné un coup de poing par derrière ! j'aurais donné gros pour qu'il en eût été ainsi ; mais c'était bien pis que tout cela. J'avais été frappé par l'assommoir de ma trappe, qui, détendu comme il l'était, pesait de tout son poids sur mes deux jambes. Dans ma précipitation à me retourner, j'avais touché le ressort, et le bloc de bois m'était tombé sur les cuisses.

» Dans le premier moment, je ne me sentis pas trop déconcerté par cet accident ; je ne croyais pas être aussi gravement blessé. — Je m'imaginais que dès que je pourrais me retirer de dessous la pièce de bois tout irait bien ; et je fis un grand effort pour y parvenir ; c'est alors que je commençai à m'effrayer pour tout de bon. Je ne pouvais pas me tirer de là. Mes jambes étaient si bien prises qu'il m'était impossible de les remuer, et plus je faisais d'efforts, plus j'aggravais mon mal. Je souffrais déjà beaucoup du poids qui m'écrasait, le moindre mouvement me faisait crier de douleur. Je ne pouvais ni me retourner, ni me glisser de manière à atteindre de la main le bloc de bois. J'étais pris dans mon propre piège.

» Oh ! alors, je l'avoue, je commençai à avoir peur ; il n'y avait dans le voisinage d'autre habitation que la cabane de ma vieille mère, et j'en étais éloigné de plus de deux milles. Il n'était pas probable que personne passât près de moi, et à moins de cette chance, je ne voyais pas de moyen de sortir de ma position. Je ne pouvais rien faire par moi-même.

» Je criai de toutes mes forces ; heureusement mes clameurs firent peur à l'ours qui rentra chez lui. Pendant plus d'une heure je ne cessai de pousser des cris ; enfin, me sentant épuisé, je fus forcé de me reposer un peu. Puis je recommençai ; et durant toute cette maudite journée, je ne cessai de crier que pour reprendre haleine.

» L'écho seul répondait à ma voix ; les hiboux qui voltigeaient autour de moi semblaient, par moquerie, imiter mes gémissements.

» J'avais perdu l'espoir d'être secouru par quelqu'un de la maison. Ma mère était seule, et mon absence ne pouvait l'inquiéter, car il m'arrivait souvent de demeurer à la chasse trois ou quatre jours sans rentrer au logis. La seule chance qui me restât, et je le savais bien, c'était que quelque voisin vînt à se promener le long du ruisseau : et je vous laisse à penser quelle sorte chance ce pouvait-être ; le voisin le plus proche habitait à plus de cinq milles de chez nous ; et cependant me disais-je, si personne ne passe par ici, il faudra me résoudre ou à mourir de faim, écrasé par le bloc de bois, ou à être dévoré par l'ours.

» La nuit vint escortée de ses longues heures. Ah ! c'est bien la plus longue nuit que je me rappelle avoir jamais passée dans ma vie. J'étais toujours aplati sur le sol, souffrant d'atroces douleurs, n'ayant pas d'autres distractions à mes maux que le cri des hiboux. De temps en temps j'entendais le souffle de l'ours, et je découvris alors que mon ours avait un compagnon. Je suivais des yeux les mouvements de leurs deux énormes corps, couverts d'un pelage noir ; ils erraient çà et là comme des ombres dans l'obscurité de la nuit.

» Les deux quadrupèdes paraissaient s'être accoutumés à mes cris et avoir moins peur de moi ; car de temps en temps ils s'approchaient, et, s'asseyant sur leur train de derrière, ils restaient à me regarder comme deux diables qui guettent une âme.

» Je commençais à craindre d'être attaqué par eux, et je suis presque sûr qu'ils l'auraient fait, sans une circonstance qui les empêcha d'y songer.

» Les lueurs grisâtres de l'aube commençaient à poindre, lorsque l'un des ours s'approcha si près de moi que je crus qu'il allait me sauter dessus. Par bonheur ma carabine était près de moi, à ma portée. Je la saisis sans faire de mouvement, et, relevant une de mes épaules aussi, tant que je le pus, je visai l'ours juste au-dessus de l'aisselle. La bête n'était pas à quatre pieds du canon, aussi reçut-elle la charge tout entière, bourre et tout, et elle tomba aussi lourdement qu'un bœuf qu'on assomme. Je vis sur-le-champ que l'ours ne se relèverait plus.

» Tout incommode qu'était ma position, je parvins à recharger ; car je savais que les ours se battent l'un pour l'autre jusqu'à la mort, et je pensais bien que le second viendrait m'attaquer à son tour. Le numéro deux n'était pas là pour l'instant ; mais bientôt après il se présenta devant moi, revenant du côté du ruisseau.

» Je suivais d'un œil inquiet sa marche nonchalante, ma carabine à l'épaule, prêt à faire feu. Dès qu'il aperçut le cadavre de son compagnon, il poussa un grognement saccadé, puis il s'arrêta.

» Cette vue parut lui causer une grande surprise ; mais son immobilité ne dura qu'un instant. Il se mit alors à hurler d'une manière effrayante, et courut vers son camarade, qu'il resta quelque temps à flairer.

» Je n'avais pas le moindre doute qu'en moins de deux secondes il allait sauter sur moi ; mais heureusement je fus plus prompt que lui, et je lui envoyai dans 'œil une balle qui alla se perdre au milieu des tendons du cou.

» Ce fut suffisant : j'eus la satisfaction de le voir tomber mort sur le cadavre du premier.

» J'avais bien tué les ours, mais à quoi cela m'avançait-il, puisque je ne pouvais pas me débarasser de l'étreinte du piège ? Eu égard au mal que j'endurais et au peu d'espoir que j'avais d'être secouru, autant eût valu me laisser manger par les bêtes.

» Mais, vous le savez, gentlemen, un homme ne renonce à la vie que quand il y est forcé, du moins tel est mon avis, et je résolus de vivre aussi longtemps que je le pourrais. Par moments l'espoir me revenait, et je recommençais à crier, puis je me disais que tout était inutile, et je retombais dans une inertie complète.

» J'avais une faim de loup. Les deux ours étaient là devant moi, comme pour me faire souffrir le supplice de Tantale, puisque je ne pouvais y atteindre. J'aurais volontiers dévoré une tranche de viande toute crue, si j'avais pu l'avoir sous la main, mais c'était là le plus difficile.

» La nécessité est, dit-on mère de l'invention, et je songeai à m'ingénier pour trouver un moyen. J'avais apporté une corde pour m'aider à construire ma trappe, je parvins à m'en saisir.

» Je fis aussitôt un nœud coulant à l'un des bouts, et, après plus de vingt essais infructueux, je réussis à jeter mon lacet sur la tête de l'un des ours et à l'assujettir solidement. Je me mis alors à l'œuvre pour attirer la bête jusqu'à moi.

» Si cet ours-là n'a pas eu le cou allongé d'un demi-mètre, je veux bien perdre mon nom ; car je fus bien une grande heure à le tirer avant de l'amener à ma portée. Il y arriva enfin, et, à l'aide de mon couteau, je lui coupai la langue, que je dévorai toute crue.

» J'avais satisfait un besoin ; mais un second plus impérieux encore, commença à se faire sentir : c'était la soif. J'avais la gorge sèche comme un four à plâtre. Comment allais-je faire pour me procurer de l'eau. Cette souffrance devint tellement insupportable, que je me crus sur le point de mourir. J'attirai l'ours encore plus près de moi, et je lui ouvris l'artère pour voir s'il en coulerait du sang. Rien !... Le sang s'était figé : il était aussi solide que de la gelée. Je ne pus pas en tirer une seule goutte.

» Je songeai alors à me rafraîchir la langue sur la lame de mon couteau : puis je me mis à mâcher une balle que je tirai de mon sac, et je m'arrangeai de manière à passer ainsi la journée entière du lendemain, criant de temps à autre aussi fort que possible.

» Vers le soir, comme la faim se faisait encore sentir, je mangeai un morceau de groin de l'ours, mais je crus que j'allais étrangler tant ma soif était grande.

» Je passai une terrible nuit ; les hiboux seuls me tenaient fidèle compagnie. J'entendis aussi plusieurs espèces de vermine rôder autour de moi et flairer les ours. Mais ces animaux, quels qu'ils fussent, eurent peur de mes cris et s'enfuirent. Ce devait être, à ce que je crois, des renards ou des loups, et, sans ma présence, ils auraient fait un bon repas de la carcasse de mes ours.

» Je ne vous ennuierai pas du détail de toutes les réflexions qui m'assiégèrent pendant cette longue nuit : ce que je puis vous affirmer, c'est qu'elles étaient d'une nature fort peu agréable. Je pensais à ma pauvre vieille mère, qui n'avait plus que moi au monde pour soutien, et cette idée ranimait mon énergie. Je résolus de prolonger ma vie en mangeant encore de l'ours cru, et de tenir bon aussi longtemps que je le pourrais

» Dès que le jour parut, je recommençai à crier, m'arrêtant à peu près toutes les quinze minutes, et reprenant ensuite de plus belle. Il y avait à peu près une heure que le soleil était levé ; je venais de cesser mes cris, après avoir fait des efforts considérables de vocifération, lorsqu'il me sembla entendre une voix qui répondait à la mienne.

» J'écoutai de toutes mes oreilles ; mon cœur battait à se rompre dans ma poitrine ; je n'entendis plus rien. Je me remis à crier plus fort que jamais, et je m'arrêtai tout d'un coup. Quelqu'un répondit à mes clameurs me disant :

» — Que Dieu vous confonde ! Qu'avez-vous à crier de la sorte ?

» Je répétai :

» — Ohé ! holà !

» — Qui diable appelle là ? demanda-t-on.

» — Est-ce vous, Cazey ? m'écriai-je, car je reconnus la voix d'un voisin qui demeurait plus haut sur la rivière. Pour l'amour de Dieu, arrivez ici !

» — Me voilà, répondit-il. Ce n'est pas chose facile que de pénétrer à travers ce taillis. Est-ce vous, Redwood ? Que vous est-il donc arrivé ? Que l'enfer confonde ces épines !

» J'entendis le voisin se frayer à grand'peine un passage dans le fourré. Ce que je vous dirai vous paraîtra peut-être étrange, mais c'est la pure vérité. Je ne pouvais m'imaginer que j'allais être délivré, et je n'en fus vraiment persuadé que lorsque je vis Cazey debout devant moi.

» Le voisin me rendit donc à la liberté ; mais il m'était impossible de me tenir sur mes jambes. Cazey me porta chez ma mère, où je restai au moins six semaines avant de pouvoir mettre le pied dehors ; et je ne suis pas encore bien guéri à l'heure qu'il est. »

Ainsi se termina l'histoire de Redwood.

CHAPITRE XXIII

Le cerf d'Amérique

Dans le courant de la journée du lendemain, nous tuâmes deux cerfs, un jeune mâle et une biche. C'étaient les premiers que nous eussions encore vus, et cela nous avait paru étrange, car nous venions de traverser une contrée fréquentée par ces animaux. Ils étaient de l'espèce commune répandue sur tout le territoire des Etats-Unis ; le cerf rouge ou fauve (*cervus virginianus*). Je ferai observer en passant que le cerf ordinaire des Etats-Unis, appelé quelquefois cerf rouge, est le même que le cerf fauve qu'on voit dans les parcs d'Angleterre, que l'élan d'Amérique est le cerf rouge d'Europe, et que l'élan du vieux continent est le renne des climats glacés de la baie d'Hudson. Cette promiscuité de noms est la source de bien des erreurs dans la classification des différentes familles de ces animaux.

Dans l'Amérique du Nord, il y a six espèces bien définies de cerfs : le renne (*cervus alces*), l'élan (*cervus canadensis*), le caribou (*cervus tarandus*), le cerf à queue noire ou cerf-mulet (*cervus macrotis*), le cerf à longue queue (*cervus leucurus*) et le cerf de Virginie (*cervus virginianus*). Celui qu'on trouve dans la Louisiane (*cervus nemoralis*) est, dit-on, d'une race entièrement distincte des précédents, aussi bien que le *mazoma* du Mexique. Cependant, tout porte à croire que ce sont des variétés du cerf de Virginie. La différence de la couleur et les autres traits particuliers peuvent provenir du changement de nourriture, des climats et de causes semblables.

Il est probable que les possessions russes, à l'ouest des montagnes Rocheuses, sont habitées par une petite espèce de cerfs entièrement distincts de tous ceux dont nous venons de parler ; mais on a si peu de connaissance de l'histoire naturelle de ces contrées sauvages, que leur existence est encore à l'état de conjecture. On peut remarquer aussi que le caribou (*cervus tarandus*) compte deux variétés si fortement nuancées, qu'on pourrait presque les considérer comme deux familles distinctes. La plus grande, connue sous le nom de caribou des bois, habite les rivages couverts de forêts, au sud de la baie d'Hudson ; l'autre, le caribou des terres stériles, est le renne des régions arctiques, si souvent décrit par les voyageurs.

Des six espèces les plus connues, c'est le cerf de la Virginie qui est le plus nombreux dans toute l'étendue du territoire américain. On le rencontre partout, si bien que, lorsqu'on parle de cerfs, c'est de cette seule espèce qu'il s'agit.

Les cerfs des Etats-Unis sont divisés en *courtes-queues* et en *longues-queues*. Ce sont deux espèces qu'on peut appeler nouvelles, bien qu'elles soient connues depuis fort longtemps des chasseurs et des trappeurs ; mais ce n'est que tout récemment qu'elles ont été fidèlement décrites par les naturalistes. Les pays qu'ils habitent sont les forêts les plus reculées de l'Ouest, dans la Californie, l'Orégon, les hautes prairies et les vallées des montagnes Rocheuses.

Il y a peu de temps encore, les naturalistes connaissaient très imparfaitement ces diverses contrées ; et c'est pour cela que leur faune est restée presque entièrement inconnue.

Le parcours géographique de chacune des quatre autres espèces est assez curieux à mentionner ici. Chacune d'elles occupe une zone latitudinale. La plus avancée vers le nord est celle du caribou ; on ne la rencontre pas dans les limites du sol des Etats-Unis.

La zone fréquentée par le renne est située bien plus au nord que celle où se plaisent les caribous ; mais, d'un autre côté, elle s'étend plus bas vers le sud. On rencontre aussi ces animaux vers l'extrémité septentrionale des Etats-Unis.

Après lui vient l'élan, qui, tout en parcourant à peu près les mêmes régions que le renne, s'aventure bien plus bas vers les régions tempérées. On le rencontre jusque dans le Texas.

Le cerf ordinaire a choisi pour lieu de séjour les zones tempérées et torrides des deux Amériques ; on ne le rencontre plus maintenant dans les latitudes au-dessus de celles des frontières du Canada.

Cet animal habite dans un territoire beaucoup plus étendu qu'aucun de ceux de son espèce. Presque tout le monde le connaît même de vue. C'est le plus petit de la race américaine ; il n'a ordinairement que cinq pieds de longueur sur trois de hauteur, et ne pèse pas généralement plus de cent livres. Ses formes sont gra cieuses, et il ne manque pas de grâce ; son bois n'est pas aussi élevé que celui du cerf d'Europe ; mais, comme chez ce dernier, il tombe tous les ans, au commencement de l'hiver, et il repousse au printemps. Ce bois rond près de la racine s'aplatit légèrement à mesure qu'il grandit, et forme même en quelque sorte la palme. Les branches ne s'élèvent pas perpendiculairement ; elles se jettent en avant d'une manière menaçante.

On ne peut cependant établir de règle certaine relativement à la forme et à la disposition de cet ornement frontal, qui varie chez presque tous les individus de la race. Le mâle seul a des cornes, on n'en voit jamais sur la tête de la biche. Elles sortent d'une protubérance osseuse placée sur le front et appelée meule. La première année, elles poussent en forme de deux pointes courtes et droites. Telle est l'origine du nom de *cerfs à pointes* qu'on donne aux animaux de cet âge. La saison suivante, chaque corne s'agrandit grâce à une petite ramification, et le nombre de ces andouillers augmente jusqu'à la quatrième année, époque à laquelle la coiffure du cerf a atteint son plus beau développement. Les andouillers, qu'on appelle aussi branches du cerf, augmentent souvent en nombre avec l'âge de l'animal ; on en a compté jusqu'à quinze. Ceci est cependant rare ; et, après tout, la nourriture entre pour beaucoup dans la beauté du bois. Chez un individu mal nourri il ne pousse jamais aussi fort, et ses andouillers sont loin d'être aussi beaux que ceux d'un cerf gras et bien nourri.

Nous avons dit que le bois tombe tous les ans. Ceci a lieu l'hiver, en décembre et en janvier. Il est rare cependant qu'on en trouve dans les forêts car il est immédiatement dévoré par les petits animaux rongeurs.

Le nouveau bois recommence à pousser aussitôt que l'ancien est tombé. Pendant le printemps et l'été il reste couvert d'une membrane fine et veloutée qui fait dire aux chasseurs que les cerfs sont dans le velours. Le sang circule librement à travers cette membrane, qui est si sensible, qu'un coup porté sur le bois d'un cerf à cette époque de l'année, pourrait lui faire beaucoup de mal. Au commencement de la saison du rut, vers le mois d'octobre, le velours est tombé, et les bois sont alors tout prêts pour le combat ; mais rien ne saurait être mieux calculé, car c'est le moment où les mâles se livrent entre eux des luttes terribles. Souvent leurs bois s'entremêlent dans leur conflits, et, ne pouvant plus se séparer, les combattants restent dans cette situation jusqu'à ce qu'ils meurent de faim, ou qu'ils deviennent la proie de leurs ennemis naturels, les loups-coyotes. On trouve fréquemment dans les forêts des paires de bois ainsi entrelacés : il n'y a pas en Amérique un musée qui ne possède un de ces débris de destruction mutuelle.

Le poil du cerf d'Amérique est épais et lisse ; beaucoup plus long en hiver, il prend alors une teinte grisâtre, et, en terme de chasse, le cerf est dans son gris.

En été, il change de poil, et devient d'une couleur rougeâtre ou fauve ; on dit alors qu'il est dans son roux. Vers la fin d'août, et pendant l'automne, il prend une teinte bleuâtre, et c'est le moment où il est dans son bleu. En toute saison, néanmoins, il a le cou, le ventre, et le dedans des cuisses blancs. Son poil est plus rude lorsqu'il est dans le *roux*, plus épais à l'époque du *bleu*, et plus fin à celle du *gris*. Du cerf *bleu* on fait un excellent cuir ; aussi, c'est en automne que l'animal est le plus apprécié.

Les faons de cette espèce de cerfs sont de charmantes petites créatures d'une couleur fauve, tout mouchetés de points blancs, qui disparaissent vers la fin de leur premier été, lorsque leur poil commence à grisonner.

Le cerf d'Amérique est un animal précieux. C'est lui qui fournit en grande partie les peaux appelées peaux de daims, universellement employées dans le commerce, et son bois sert à un grand nombre d'usages. Sa chair, servie à la table du riche, a, pendant des siècles, été presque la seule nourriture des Indiens; c'est avec la peau de ce quadrupède qu'ils fabriquaient leurs tentes, leurs lits et leurs habits, ses intestins leur fournissaient des cordes pour leurs arcs, des volants pour jouer à la balle, et les raquettes qui sont leurs chaussures d'hiver. La chasse de cet animal était aussi leur occupation principale et leur amusement favori.

Entourée d'ennemis aussi acharnés, on a lieu d'être étonné que cette race d'animaux n'ait pas été entièrement détruite depuis bien longtemps; car l'homme n'est pas le seul qui l'ait poursuivie avec une ardeur sans relâche; elle a encore bien d'autres ennemis, le couguard, le lynx, le wolvereine et surtout les loups-coyotes.

Ce dernier est le plus terrible de tous. Les chasseurs prétendent que tandis qu'eux tuent un cerf, les loups en détruisent cinq. Ceux qu'ils attaquent sont ordinairement les plus jeunes et les plus faibles. Les vieux cerfs peuvent leur échapper par la vitesse de leur course; mais dans des districts reculés, où les loups sont en grand nombre, ils se réunissent souvent huit ou dix et poursuivent le gibier, comme le ferait une meute de chiens, en poussant même une espèce de cri qui ressemble beaucoup à l'aboiement des limiers. Les loups suivent la piste, et, à moins que la bête ne rencontre de l'eau et ne leur échappe par ce moyen, ils finissent toujours par la forcer.

Bien souvent, en hiver, le cerf, ainsi poursuivi, se précipite sur la glace, où bientôt il devient la proie de ses ennemis affamés.

Malgré toutes ces attaques, le cerf d'Amérique est commun dans presque tous les Etats de l'Union; il est même très abondant dans quelques-uns. Dans les localités où des primes sont offertes pour la destruction des loups, et où la loi protége le gibier pendant l'époque de la reproduction (ce qui a lieu dans les provinces de New-York), on prétend que les cerfs deviennent très nombreux. Les marchés de toutes les grandes villes de l'Amérique sont approvisionnés de venaison, et le prix de ce comestible est à peu près le même que celui de la viande de boucherie, ce qui prouve que le gibier n'est pas rare.

Les mœurs de cet animal sont bien connues. Règle invariable, il vit en société. La harde est ordinairement conduite par un vieux mâle qui veille au salut de tous dans les pâturages. A l'approche d'un ennemi, ce chef ou cette sentinelle frappe vivement la terre du pied, souffle bruyamment, et fait entendre une espèce de sifflement. On le voit toujours s'exposer au danger, et présenter son bois en avant dans une attitude menaçante. Tant qu'il reste immobile, les autres continuent à paître tranquillement; mais au premier mouvement qu'il fait pour fuir, la harde entière se précipite sur ses pas, et chaque individu s'efforce de se placer en tête.

Les mâles sont généralement d'une humeur timide; mais à l'époque du rut ils s'enhardissent, et, soit qu'on les blesse, soit qu'on les force, il est difficile de les approcher sans danger. Un cerf peut porter des coups terribles, soit au moyen de ses pieds, soit avec ses cornes; et souvent, dans ces circonstances, des chasseurs qui les avaient attaqués avec trop de confiance, ont failli devenir victime de leur témérité.

Le cerf est l'ennemi déclaré du serpent ; il parvient à détruire les reptiles les plus venimeux sans en être mordu. Le crotale à sonnettes lui-même évite ses attaques. La manière dont le cerf s'y prend pour l'écraser ressemble à celle qu'emploie le peccari (*dicotyles*), c'est-à-dire qu'il saute dessus les quatre pieds réunis, de façon à le broyer sous ses pieds. On comprend l'inimitié du peccari pour le serpent, car il ne l'a pas plutôt tué qu'il se hâte de le manger ; mais le cerf n'opère pas de la même manière, et cela se comprend, car il n'est pas carnassier. Le seul moyen de se rendre compte de son aversion pour toute espèce de reptiles est de supposer qu'il a de leurs propensités malfaisantes une connaissance instinctive qui le porte à les détruire.

Le cerf d'Amérique se nourrit de jeunes poûsses, de feuilles d'arbre et d'herbe. Il préfère infiniment les bourgeons des arbres à l'herbe, mais son mets favori est la fleur des nénuphars, et surtout celle des nymphéas de marais. Pour atteindre ces plantes, il ne craint pas d'entrer en avant dans les lacs et dans les rivières, comme le fait l'élan, et, à l'exemple de ce dernier, il nage aussi bien qu'un poisson.

Les cerfs préfèrent les forêts de haute futaie aux terrains découverts ; ils fréquentent les lieux arrosés par des ruisseaux, dans les eaux desquels ils étanchent leur soif, et qui leur servent aussi à les protéger contre leurs ennemis. Lorsqu'ils sont poursuivis, leur premier mouvement est de se jeter à l'eau, et par ce moyen ils réussissent souvent à échapper aux chasseurs et à faire perdre leur piste aux chiens et aux loups. En été, ils recherchent l'eau pour se rafraîchir et se débarrasser des mouches et des moustiques, qui, cramponnés sur leur dos, ne leur laissent pas un instant de tranquillité.

Les cerfs aiment le sel avec passion et fréquentent en troupes considérables les salines ou sources salées, si nombreuses dans toute l'étendue de l'Amérique du Nord. Autour de ces localités, tout en léchant les couches légères de sel, ils enlèvent une grande quantité de terre, et forment de vastes excavations connues, d'après ces circonstances, sous le nom *salt-licks*. Eu égard à cette absorption de boue, les excréments de ces animaux ressemblent à des palets ronds et durs qui indiquent sûrement aux chasseurs qu'ils se trouvent dans le voisinage d'une source fréquentée par des cerfs.

Les biches mettent bas au printemps, — en mai ou en juin, selon la latitude, — un ou deux faons, mais rarement trois. Leur attachement pour leurs petits est passé en proverbe. La mère les traite avec la plus grande tendresse ; elle les cache lorsqu'elle va aux pacages. Le bêlement du faon rappelle immédiatement la mère à ses côtés. Le chasseur se sert souvent de ce moyen avec succès ; il imite ce cri tantôt avec son gosier, tantôt à l'aide d'un appeau fait d'un morceau de canne.

Parry raconte une anecdote qui prouve jusqu'à quel point les biches portent cette tendresse maternelle. « Une biche, voyant que son faon ne pouvait pas nager aussi vite qu'elle, s'arrêtait à tout instant pour lui laisser le temps de la rejoindre ; elle arriva la première sur le rivage, puis demeura là, tremblante d'anxiété, et semblant mesurer la distance qui séparait le faon du canot lancé à sa poursuite. Malgré les coups de fusil qu'on tira sur elle, elle ne bougea point avant que le petit animal n'eût pris pied, et alors tous deux s'enfuirent au galop. » Le cerf sur le compte duquel Parry raconte cette touchante histoire est la petite espèce de caribou ; du reste, la même affection existe entre les mères et les faons de toutes les autres familles.

On tue le cerf d'Amérique pour avoir sa chair, qui est un excellent manger, et afin d'obtenir sa peau ; sans compter aussi pour le plaisir de lui faire la chasse. Il y a plusieurs manières de le poursuivre. La plus simple et la plus usitée est la chasse à l'affût. Le chasseur, armé de sa carabine ou d'un fusil *ad hoc* (une espèce de lourde canardière), s'avance sans bruit à la rencontre du cerf, comme il le ferait pour tout autre gibier. Dans ce cas, ce n'est pas tant le couvert qui est nécessaire, que le silence le plus absolu. Comme certaines espèces d'antilopes, le cerf montre souvent des dispositions très excentriques, il laissera parfois le chasseur arriver ouvertement jusqu'à lui sans songer à s'enfuir ; mais le moindre bruit, le frémissement d'une feuille, le craquement d'une branche, suffisent pour l'alarmer. Il a le sens de l'ouïe excessivement exercé, et son odorat est fin au suprême degré. Presque toujours il flaire le chasseur, et s'enfuit avant que celui-ci ait pu arriver en vue ou à portée. Il faut, pour réussir dans ce genre de chasse, laisser son chien à la maison, à moins qu'il ne soit parfaitement dressé.

Une autre manière de chasser le cerf, c'est de le suivre à la trace sur la neige ; dans ce cas, on se fait accompagner par des chiens. Toutefois, on peut, au besoin en passer. Il faut que la neige soit assez durcie par la gelée pour que ses cristaux puissent blesser le pied de l'animal ; cette douleur le jette dans un état de terreur tel que le chasseur l'approche facilement à portée. J'en ai vu tuer de la sorte plus de vingt dans une matinée, et cela dans une contrée où ce gibier n'était vraiment pas très nombreux.

La chasse à courre est la façon la plus récréative de tuer le cerf ; c'est celle qu'emploient les personnes qui chassent pour le plaisir de chasser. Pour cela, il faut une meute de bons chiens, et les cavaliers qui la suivent doivent être armés d'une carabine. Il y a peu de chasses en Amérique dans lesquelles on ne se serve pas d'armes à feu.

Quelques individus sont chargés de lancer la bête : ce sont ordinairement des hommes connaissant parfaitement la carte topographique du pays, les ravins et les passes des environs. Un ou deux d'entre eux accompagnent les chiens comme piqueurs, tandis que le reste des chasseurs va se poster entre l'endroit où la meute est en quête, et quelque rivière vers laquelle on suppose que se dirigera l'animal lorsqu'il sera lancé. Ils forment ainsi une ligne très longue, occupant souvent plusieurs milles d'étendue. Chacun, en arrivant à son poste, met pied à terre, attache son cheval dans un taillis, et se cache derrière un tronc d'arbre. Ces postes sont choisis d'après la conformation du terrain, ou bien encore en égard aux sentiers connus pour être fréquentés par les cerfs. Dès que tout le monde est placé, on lâche les chiens, et la chasse commence.

Les hommes postés restent immobiles, le fusil en arrêt. La voix des chiens, retentissant au loin dans les bois, les avertit ordinairement qu'une bête est lancée, et chacun demeure là, l'œil au guet, dans tout le paroxysme de l'attente, espérant que le cerf passera de son côté.

Mais, quelquefois, des heures entières s'écoulent sans que le chasseur voie ou entende aucun être vivant. Il est seul avec son cheval, et, bien souvent, il lui arrive de rentrer chez lui sans avoir seulement aperçu ni un cerf, ni une biche, ni même un faon.

Un tel résultat est peu encourageant : mais, aussi, il y a des jours où l'on est amplement récompensé de sa patience et de ses longues heures de garde. On voit arriver, devant soi, un cerf bondissant, avec une vélocité inimaginable, poursuivi par la meute qui s'égosille à pleins poumons. De temps en temps l'animal s'arrête, en se cambrant sur ses hanches, comme le ferait un lièvre aux aguets ; les yeux lui sortent de la tête, il jette, derrière lui, des regards inquiets. Son cou, d'une forme si gracieuse, se gonfle, animé par la crainte et la colère, son bois s'élève majestueusement au-dessus de sa tête. Puis, il reprend sa course impétueuse et se rapproche du chasseur immobile et silencieux, qui, le cœur palpitant d'émotion, tient sa carabine prête à faire feu. L'animal s'arrête encore une fois, l'arme s'abaisse, le coup part, et la balle vient frapper, en pleine poitrine, le cerf qui bondit dans les efforts convulsifs d'une ultime agonie.

Certes, l'émotion d'une pareille chasse récompense amplement le chasseur de cet affût solitaire pendant lequel il a compté les heures.

La chasse aux torches ou au feu, comme on l'appelle quelquefois, est une autre manière de tuer les cerfs. Elle s'opère au moyen de torches allumées pendant une nuit très sombre, que l'on porte dans les bois habités par ces animaux. On emploie, pour cet usage, des pommes de pin bien sèches, non pas liées en faisceaux, comme l'ont prétendu quelques voyageurs, mais brûlant dans un vase de métal dur. Une poêle à frire munie d'une longue queue est, comme nous l'avons déjà dit, ce qu'il y a de mieux pour cet usage.

On allume donc les pommes de pin dans la poêle : si elles sont bien sèches elles jettent une clarté brillante qui éclaire la forêt dans une circonférence de cent mètres. Le cerf, effrayé ou animé par un motif de curiosité, approche à portée de fusil ; ses deux yeux brillent comme des charbons ardents, c'est ce qui le fait découvrir par le chasseur, qui, visant l'animal entre ces deux globes étincelants, lâche la détente de son arme et l'abat d'un seul coup.

Pendant que nous parlions de la chasse au feu, le docteur demanda la parole et nous raconta un fait dont il avait été témoin pendant son séjour dans le Tennessée.

« Je vais, dit-il, vous faire le récit d'une chasse au feu qui m'est personnelle, — *pars magna fuit*, — et qui se termine par une catastrophe. Je demeurais alors dans le Tennessée, il y a de cela quelque quinze ans. Je ne suis pas grand chasseur, comme vous le savez tous ; mais me trouvant dans un pays dont tous les habitants sont des chasseurs renommés, et dans les environs duquel le gibier abondait, je commençais à prendre goût à cet exercice. J'avais entendu parler, entre autres, de cette chasse au feu, j'en avais même lu quelques descriptions intéressantes, mais jamais je n'avais par moi-même assisté à une expédition de ce genre, et par conséquent j'avais le plus grand désir de faire partie d'une chasse au feu.

» Bientôt l'occasion se présenta : quelques voisins de mes amis avaient projeté de se donner ce plaisir, je me joignis à eux.

» Nous étions six en tout, et il fut décidé que nous nous séparerions en trois bandes de deux personnes, que chacune prendrait une torche et irait battre une partie séparée du bois. Dans chaque bande, l'un devait porter le feu, et l'autre se servir du fusil. Après la chasse, nous devions tous nous retrouver à un rendez-vous indiqué.

» Les dispositions préliminaires ainsi arrangées et les feux préparés, nous

nous mîmes en route chacun de notre côté. Mon compagnon et moi, nous nous enfonçâmes bientôt dans le plus épais de la forêt.

» La nuit était aussi noire que la bouteille à l'encre, et, comme vous le pensez bien, ces nuits-là sont les meilleures pour cette sorte de chasse.

» Dès notre entrée dans le bois, nous avions été forcés de chercher notre chemin à tâtons. Nous nous étions bien gardés d'allumer nos flambeaux, car nous n'avions pas encore pénétré jusqu'à l'endroit fréquenté par les cerfs.

» Mon compagnon était un vieux chasseur, et comme de juste, il aurait dû porter la carabine ; mais il s'y était refusé par politesse pour moi, en ma qualité d'étranger. Il avait à la main une énorme poêle à frire, et portait sur l'épaule un sac contenant plus d'un boisseau de pommes de pin.

» Lorsque nous fûmes arrivés à l'endroit où nous espérions trouver le gibier, nous allumâmes notre flambeau, et en quelques moments la flamme, couvrant d'une teinte de vermillon les troncs des arbres gigantesques, illumina un vaste cercle autour de nous.

» Nous nous avançâmes alors lentement, en faisant le moins de bruit possible. Nous ne parlions qu'à voix basse, sondant de l'œil les coins et les recoins : mais nous marchions toujours en montant et en descendant ; nous franchîmes ainsi sans exagérer, l'espace d'au moins dix milles, sans qu'une seule paire d'yeux vint se mirer dans les rayons brillants de notre lumière incandescente.

» Pendant tout ce temps-là nous avions entretenu notre feu, afin de le faire brûler avec le plus d'éclat possible : aussi, il nous restait à peine une pomme de pin dans le sac.

» Cette course inutile m'avait tout à fait fatigué, et mon compagnon lui-même paraissait rendu. Nous éprouvions tous deux un ennui et un découragement indicibles, et cette *bredouillerie* nous vexait d'autant plus que nos amis avaient fait la gageure d'un souper à qui tuerait le plus de cerfs. Deux ou trois fois dans la soirée, il nous avait semblé entendre des coups de fusil dans la direction qu'avaient prise les autres. Ainsi, il était probable que nous allions nous en retourner les mains vides, tandis qu'ils apporteraient chacun une pièce de gibier, et peut-être davantage.

» Nous revenions donc vers notre point de départ dans un état d'humeur qui ne tenait en rien de l'amabilité, lorsque tout d'un coup un objet, posté droit devant nous, attira mon attention. Je m'arrêtai tout court, sans m'amuser à faire des questions. Deux petits disques arrondis étincelaient dans l'ombre comme des globules de feu. Ce ne pouvaient être que des yeux, c'étaient infailliblement ceux d'un cerf.

» Je ne pouvais distinguer le corps, car les deux objets lumineux semblaient enchâssés dans un fond d'ébène ; mais je ne m'arrêtai pas à regarder sur quel front ils étaient fixés. J'épaulai mon fusil, je jetai un regard rapide le long du canon, mon doigt toucha la détente et le coup partit.

» Il me semblait bien avoir entendu mon compagnon me crier quelque chose, mais le bruit de la détonation m'empêcha de distinguer ce qu'il pouvait me dire.

» Cependant, lorsque la répercution se fut évanouie et que le silence me permit de l'entendre, sa voix parvint jusqu'à moi claire et sonore · il me criait :

» — Vous avez tué le taureau du squire Robbins.

» Au même instant, les mugissements du taureau expirant et les éclats de rire de mon compagnon, me convainquirent qu'il avait dit vrai.

» C'était un bon garçon, et il me promit de se taire ; mais il fallut confesser ma faute au squire Robbins. Je ne sais comment cela se fit, mais l'aventure s'ébruita, et pendant longtemps ma chasse aux flambeaux fut un sujet de plaisanterie continuel dans tout le comté. »

CHAPITRE XXIV

Une chasse au cerf en canot

Comme nous approchions des contrées où l'on ne trouve plus de cerfs de l'espèce ordinaire, qui y est remplacée par deux autres races distinctes, notre conversation fut naturellement emmenée sur ce sujet. Les ruminants en question sont les queues noires et les longues queues (*cervus macrotis* et *leucurus*).

Ike et Redwood connaissaient parfaitement ces deux espèces, car ils avaient souvent tendu leurs pièges à castors dans les pays qu'elles fréquentent ; aussi ils nous donnèrent sur les mœurs de ces animaux de nombreuses informations qui eurent pour résultat de nous prouver que ces deux races avaient beaucoup de points de ressemblance avec le cerf de Virginie. Cependant leurs formes, leur taille, leur couleur, ainsi que plusieurs signes particuliers, montrent évidemment que ces deux races sont tout à fait différentes de la première et qu'elles ont même peu de rapport entre elles. Il y a chez les queues noires deux variétés bien distinctes, quoique toutes deux aient le poil noir sur la queue et les oreilles longues, signe qui les distingue entièrement des autres cerfs. Les oreilles, en particulier, sont si longues qu'elles donnent à leur tête une certaine ressemblance avec celle du mulet, c'est pour cela que les trappeurs les appellent cerfs-mulets. C'est du moins ainsi que Ike et Redwood les nommaient, bien qu'ils les connussent aussi sous le nom de queues noires, qui est la qualification la plus en usage aux Etats-Unis. Ce nom leur vient de la couleur noir de jais du poil qui couvre le dessus de la queue ; cette partie est, en outre, fournie comme un pinceau et d'une longueur très remarquable.

On a souvent confondu ensemble les queues noires et les longues queues, bien que, sous plus d'un rapport, ces animaux diffèrent essentiellement. Le cerf à queue noire est plus grand, il a les jambes moins longues que l'autre et le corps plus trapu ; en somme, c'est un animal plus solidement bâti. Lorsqu'il court, il bondit en levant les quatre pieds à la fois ; tandis que l'allure du cerf à longue queue ressemble plus à celle du cerf fauve ; il opère toujours ainsi, faisant quelques pas au trot, puis un bond après lequel il reprend le trot comme devant.

Les oreilles du cerf à queue noire montent jusqu'à la moitié du bois. Son poil, d'un brun rougeâtre, est moins lisse que celui du cerf de Virginie ; en un mot, son pelage a plus de rapport avec celui de l'élan (*cervus canadensis*). Il a aussi le sabot plus court et plus large, et cela encore l'assimile à l'élan. La chair du cerf à queue noire ne vaut pas celle du cerf fauve, tandis que le cerf à longue queue fournit une venaison qui a beaucoup de ressemblance avec la dernière.

On trouve quelquefois les deux espèces dans des pays boisés, mais leur séjour favori est la prairie, ou bien encore ces contrées ondulées, divisées alternativement en prairies et en taillis, parsemées de marécages. On ne les rencontre que dans la partie occidentale du continent américain, c'est-à-dire dans les régions sauvages qui s'étendent du Mississipi à l'océan Pacifique. A la longitude même du Mississipi, on ne les trouve qu'en petit nombre ; mais en approchant des montagnes Rocheuses, et même au-delà, sur les rivages du Pacifique, ils deviennent le gibier ordinaire du pays. Le cerf à queue noire s'avance plus vers le sud ; on le trouve dans les deux Californies et au milieu des vallées des montagnes Rocheuses inclusivement jusqu'au Texas. Dans le Nord, il habite les frontières de l'Orégon et le versant oriental des montagnes Rocheuses, jusqu'au cinquante-quatrième degré. Le cerf à longue queue est l'espèce la plus commune sur les bordures de l'Orégon et de la Colombie, et on le trouve aussi à l'est des montagnes Rocheuses ; mais il ne s'aventure pas tout à fait jusqu'aux limites du Mississipi.

Le chasseur naturaliste avait, quelques années auparavant, fait un voyage du côté de l'Orégon, où il s'était familiarisé avec les mœurs du cerf à longue queue. Il nous donna sur ces animaux des détails pleins d'intérêt, qu'il compléta par le récit d'une aventure terrible dont il avait été le héros pendant une chasse sur le fleuve Colombia.

« Le cerf à longue queue, nous dit-il, est le plus petit de l'espèce. Son poids dépasse rarement cent livres. Pour la forme et les mœurs il a beaucoup de ressemblance avec le cerf fauve, dont il ne diffère que par la queue, qui chez lui est un objet remarquable, car elle a souvent plus de dix-huit pouces de long.

» Lorsqu'il court, il tient cette queue droite et la balance continuellement de côté et d'autre, de manière à produire, à l'œil du spectateur, un effet singulier et tant soit peu ridicule.

» L'allure de cet animal est aussi particulière : il fait d'abord deux pas d'amble ou de trot, suivis d'un bond qui le jette à une distance double de celle de ses premiers pas ; il se remet à trotter lorsqu'il est poursuivi de près ; quoique le chasseur soit près de lui, il ne change rien à son allure.

» Comme le cerf fauve, la biche produit au printemps des faons mouchetés de blanc, qui, dès l'hiver suivant, prennent la couleur du mâle. Vers le mois de novembre, ils s'assemblent en hardes et restent ainsi jusqu'en avril, époque à laquelle ils se séparent. C'est alors que les femelles vont se cacher pour mettre bas leurs petits.

» Le cerf à longue queue habite souvent les pays boisés ; cependant ses retraites favorites ne sont pas sous les grands arbres des forêts inexplorées des Etats-Unis. Il préfère les taillis pareils à ceux que l'on rencontre dans les vallées des montagnes Rocheuses, et qui ressemblent à de véritables parcs.

» Ces régions consistent en de vastes étendues de terrains divisés en taillis et en prairies, en montagnes à pentes douces mouchetées çà et là de bouquets d'arbres qui couronnent leur crêtes et ombragent leurs coteaux ; et au milieu de ces bouquets on aperçoit des hardes de cerfs à longue queue, paissant tranquillement sur le penchant des collines, et ajoutant à la beauté du paysage par l'élégance de leur attitude, et leurs mouvements gracieux.

» J'eus, il y a quelques années, l'occasion de faire une chasse aux cerfs, que je vais vous raconter. Je traversais les montagnes Rocheuses pour me rendre au fort Vancouver, lorsque je fus forcé, par des circonstances fortuites, de m'arrêter quelques jours dans un village composé de quelques maisons, vrai poste de commerce, situé sur un des affluents du fleuve Colombia. J'attendais là le bon vouloir des marchands de pelleterie avec lesquels je devais voyager, et qui ne pouvaient se mettre en route avant d'avoir préparé leurs ballots.

» Ce poste de commerce était tout simplement un trou qui ne pouvait offrir au voyageur que l'hospitalité la plus misérable ; il n'y avait même pas, dans les deux ou trois cabanes faites de troncs d'arbres superposés, assez de place pour loger la moitié de la société qui les envahissait en ce moment. Comme je n'avais aucune autre occupation que celle d'attendre mes compagnons de voyage, je m'ennuyais à la mort dans un pareil gîte. On ne voyait de tous côtés que des ballots de peaux de castor, de loutre, de martre, de renard et d'ours ; et on n'entendait que le bavardage incessant des voyageurs canadiens, s'exprimant dans leur jargon composé de français, d'anglais et d'indien. Ce qui mettait le comble au désagrément de ma position, c'est que, tout en n'ayant que peu de chose à manger, il n'y avait, en revanche, rien autre à boire que l'eau du petit ruisseau sur lequel le village était bâti.

» Cependant la contrée qui nous environnait était magnifique, et la beauté des paysages qui de tous côtés s'offraient aux regards étaient presque une compensation aux désagréments du poste. La campagne était ce que l'on appelle ondulée, c'est-à-dire formée de coteaux à pente peu rapide, et aux sommets arrondis en dômes, couronnés de bouquets d'arbrisseaux, parmi lesquels on distinguait le noisetier (*corylus*), différentes espèces de mûriers et de framboisiers (*rubus*) et des buissons de pruniers de juin (*amelanchier*) aux grappes d'un rouge pourpre. Dans les interstices de ces taillis le sol était couvert d'un gazon vert et touffu : en un mot le pays tout entier avait l'aspect d'un parc bien entretenu, et machinalement l'on cherchait, parmi les ondulations des collines, quelque noble demeure, quelque château seigneurial.

» C'est justement au milieu d'une nature de ce genre que se plaisent les cerfs fauves ; c'était aussi le séjour de prédilection de leurs congénères, les cerfs à longue queue. J'avais été informé de cette particularité par les gens du hameau, et par le fait même que la venaison nous servait de nourriture quotidienne, il m'était prouvé qu'on devait trouver des cerfs dans le voisinage. Aussi peu de temps après mon arrivée j'eus achevé mes préparatifs et pris toutes mes dispositions pour commencer la chasse.

» Malheureusement, j'étais le seul de toute la caravane qui eût assez de temps pour me livrer à ce plaisir ; tout le monde était trop occupé pour songer même à m'accompagner : quant aux nombreux employés du poste, il n'y fallait pas penser. Je me mis donc en route, seul avec mon domestique, un métis couleur de bois brûlé, qui, malgré son origine, était le meilleur guide que l'on put avoir pour une expédition de ce genre. Bien plus, c'était un chasseur de première force.

» Nous longeâmes, en partant, le ruisseau jusqu'à une certaine distance ; et, tout en longeant ses bords, nous aperçûmes incrustées dans la boue de nombreuses traces de cerfs, particulièrement aux endroits où ces animaux étaient entrés dans l'eau et en étaient sortis. Ces traces étaient encore fraîches, et plusieurs d'entre elles, au dire de mon domestique, avaient dû être faites la nuit précédente par les cerfs qui étaient venus se désaltérer, ce qui leur arrive fréquemment surtout lorsqu'il fait chaud.

» Quelque chose m'étonnait, c'est que nous avions déjà franchi plus d'un mille sans apercevoir ni un seul cerf ni aucun autre animal. Je commençais à me décourager, lorsque mon domestique me proposa de quitter le bord de l'eau et de nous aventurer parmi les collines ; c'était là, d'après son opinion, que nous devions trouver le gibier.

» Je me rangeai à son avis, et nous nous mîmes à gravir les collines, traversant les taillis d'arbustes odoriférants, parmi lesquels le prunier et le rosier sauvage étaient en grand nombre, et sondant du regard toutes les avenues qui s'ouvraient devant nous.

» Sans avoir fait beaucoup de chemin, nous avions déjà vu plusieurs cerfs. De temps en temps, derrière les bosquets dont nous étions entourés, nous entendions les mâles pousser une espèce de sifflement étrange pareil au son qu'on produirait en sifflant dans un canon de fusil. A cet appel, les femelles répondaient par un bêlement fort en rapport avec celui de la chèvre.

» Ces cerfs étaient si sauvages que, malgré tout le soin que nous prenions de nous coucher et de ramper dans les buissons, nous marchâmes pendant plus de sept heures sans arriver à une portée suffisante pour pouvoir en tirer un seul.

» Qu'est-ce qui pouvait les effaroucher de la sorte? Nous ne le savions pas alors. Nous apprîmes plus tard qu'une troupe nombreuse d'Indiens de la tribu des *Flat-Heads* (*Têtes Plates*) avait parcouru la contrée peu de jours auparavant, et qu'elle avait fait aux cerfs une chasse des plus acharnées, de sorte que ces animaux n'étaient pas encore revenus de leur frayeur. Nous découvrîmes aussi, sur notre route, des traces du passage des Indiens, et, dans un certain endroit, nous trouvâmes la tête ornée de son massacre d'un beau cerf mâle que, par un caprice bizarre, le chasseur avait laissé appendue à une branche d'arbre assez haute pour que les loups ne puissent y atteindre.

» La vue de ce trophée sembla jeter mon compagnon dans une extase indicible. Je ne pouvais concevoir comment un bois de cerf, d'une valeur minime, pouvait produire une si forte émotion de joie ; mais comme Blue-Dick (tel était le sobriquet sous lequel on désignait mon domestique) n'avait pas pour habitude de faire parade de ses sensations, je pensais qu'il avait une excellente raison pour exprimer son admiration.

» — Maintenant, maître, dit-il, en s'adressant à moi, si j'avais encore certaine chose, je pourrais vous promettre de vous amener dans un endroit où vous seriez à portée des longues queues, quelques farouches qu'ils soient !

» — Il te manque quelque chose? Que te faut-il donc? lui dis-je.

» — Quelque chose que je vais trouver ici, ou je me trompe fort. Allons voir là-bas.

» Et Dick me montrait un terrain bas et marécageux, dans la direction duquel nous marchions depuis quelque temps. Je l'y suivis.

» Nous étions à peine arrivés au bord du marécage, qu'une exclamation poussée par mon compagnon, m'apprit qu'il avait découvert ce qu'il cherchait.

» — Là-bas, maître, voilà la plante! Regardez-donc là-bas!

» Dick m'indiquait une longue plante herbacée qui croissait au bord du marais. Sa tige avait bien huit pieds de haut et était garnie de larges feuilles arrondies, et de bouquets touffus de fort jolies fleurs blanches. Je connaissais cette plante.

On la nomme dans quelques endroits *masterwort;* mais le plus ordinairement elle est appelée *panais des vaches.* Son nom botanique est *heracleum-lanatum.* Je savais que sa racine possédait des propriétés stimulantes et laxatives ; mais qu'est-ce que la plante elle-même pouvait avoir de commun avec la chasse aux cerfs ; j'avoue que je l'ignorais tout à fait.

» Sous ce rapport, Dick savait mieux que moi l'usage auquel on pouvait l'employer, et bientôt il déploya à mes yeux tous ses talents de chasseur.

» Il tira son couteau de son fourreau de cuir, il coupa une branche de la tige du panais à une longueur d'environ six pouces, il se mit à la façonner de manière à lui donner la forme d'une de ces trompettes dont se servent les enfants.

» En quelques minutes il eut donné à cette tige la façon et la dimension convenables, après quoi il remit en place son couteau, et, appliquant la trompette à ses lèvres, il souffla dans cet étrange instrument. Le son qu'il en tira ressemblait tellement au sifflement que je venais d'entendre, au cri ordinaire des cerfs, que je fus saisi d'étonnement.

» Comme je n'avais pas suivi avec beaucoup d'attention les mouvements de mon guide, je m'imaginai un instant que nous nous trouvions tout près d'un cerf longue queue. Mon compagnon se mit à rire, et, avec un geste de triomphe, il me montra l'appeau qu'il venait de fabriquer.

» — Maintenant, maître, me dit-il, nous ne tarderons pas à abattre quelques mâles de la harde.

» Puis, sans rien ajouter de plus, il ramassa la tête et les bois que nous avions trouvés, et me fit signe de le suivre.

» Nous continuâmes à nous avancer avec les mêmes précautions qu'auparavant, mais cependant avec assez de rapidité, à travers des taillis, et quelquefois en pénétrant au milieu du fourré. Nous avions déjà fait quelques cents pas, lorsque nos oreilles furent frappées par le sifflement d'un cerf.

» — Maintenant, murmura Dick, il est à nous. Couchez-vous à terre, maître, sous le buisson, comme çà.

» Je suivis le conseil de l'Indien et je me glissai sous les branches touffues d'un églantier. Mon compagnon s'accroupit à mes côtés, de manière à se cacher lui-même entièrement, tandis que la tête et le bois du daim dépassaient le feuillage, et pouvaient être aperçus de plusieurs endroits où le terrain était complètement découvert.

» Dès que nous fûmes convenablement postés, Dick appliqua l'appeau à ses lèvres, et fit entendre à plusieurs reprises des sons provocateurs. Presque immédiatement, nous entendîmes un bruit qui me parut produit par un écho invisible. C'était pourtant la réponse naturelle d'un animal à quatre pattes. Un bruit saccadé résonnait sur le gazon desséché et se faisait entendre au loin, comme si quelque animal bondissait dans notre direction.

» Un beau cerf vint tout d'un coup s'offrir à nos regards dans un espace découvert, entre deux taillis, à environ cent pas de l'endroit où nous étions cachés. Il s'était arrêté tout court, la tête tellement renversée en arrière que ses hanches touchaient presque à terre. Son œil large et arrondi parcourait tout l'espace découvert, comme s'il était en quête d'un objet encore inaperçu.

» Au même instant, Dick porta de nouveau l'appeau à ses lèvres, et il faisait mouvoir de tous les côtés le massacre qu'il tenait dans ses mains, l'agitant ainsi qu'eût pu le faire lui-même un cerf en fureur au moment du rut.

» Le nouveau venu aperçut alors ce bois, et il le prit apparemment pour les andouillers branchus d'un rival; ce qui le corrobora dans cette pensée, c'est qu'il entendait en même temps un appel de défi qui lui était bien connu. C'était une insulte qu'il ne pouvait endurer plus longtemps.

» Se dressant sur ses quatre pieds, son bois terrible en avant, il accepta le défi et s'élança vers nous au galop.

» A une vingtaine de pas, il fit encore halte, arrêté probablement par l'incertitude où il se trouvait du genre d'ennemi auquel il allait avoir affaire; mais ce repos lui fut fatal.

» D'après les conseils de Dick, j'avais apprêté ma carabine, et, après avoir visé en pleine poitrine, je lâchai la détente. Le résultat fut tel que mon compagnon l'avait prédit : le cerf fut abattu.

» Après nous être hâtés de dépouiller la bête et de pendre les quartiers au haut d'un arbre, hors de portée des loups, nous continuâmes à avancer, et bientôt après nous tuâmes un second cerf de la même manière que le premier.

» Ainsi finit notre chasse pour ce jour-là, car il était déjà tard lorsque Dick avait songé à fabriquer son appeau. Nous chargeâmes donc sur nos épaules les meilleurs morceaux des deux cerfs, et nous regagnâmes le poste.

» Une partie de notre route longeait la rivière, et nous eûmes le plaisir de voir plusieurs cerfs s'approcher de l'eau : mais chargés comme nous l'étions, il nous fallut renoncer à en tirer un seul. Cependant une pensée vint à l'esprit de mon compagnon, et cette idée nous promettait un grand amusement et beaucoup de gibier pour la chasse prochaine que nous devions faire de nuit.

» Dick me soumit son projet, auquel je donnai aussitôt mon approbation, car je prévis dans sa proposition un sport rempli d'intérêt. Ce qu'il me proposait, c'était une chasse aux flambeaux, non pas comme la pratiquent les habitants des bois de l'Ouest en portant une torche à travers la forêt. Loin de là, notre feu devait flotter sur l'eau, pendant que nous resterions tranquillement assis pour aviver la flamme. En un mot, nous devions placer nos flambeaux dans un canot, puis nous laisser aller à la dérive le long du courant, choisir l'occasion favorable, pour tirer sur tous les cerfs qui viendraient ou boire ou se baigner les pieds sur le bord de l'eau. J'avais quelquefois entendu parler de cette chasse; mais jamais je ne l'avais pratiquée, bien que j'en eusse souvent eu le désir. Quant à Dick, il avait souvent tué des cerfs de cette façon, et par conséquent il connaissait toutes les ruses nécessaires pour atteindre son but. Il fut donc convenu que le lendemain soir nous en ferions l'expérience.

» Pendant la journée qui suivit, nous procédâmes, Dick et moi, à tous nos préparatifs de chasse sans en rien dire à personne; nous voulions tenir secrète notre expédition nocturne, dans la crainte qu'en cas de non-succès nous ne fussions en butte aux plaisanteries de nos camarades. De l'autre côté, si nous rapportions un certain nombre de cerfs, ne serait-il pas temps alors de leur apprendre comment nous nous y étions pris?

» Du reste, nous n'eûmes pas grand'peine à garder notre secret, car chacun était si occupé de ses affaires, que personne ne faisait attention à nos allées et venues.

» La grande difficulté était de se procurer une embarcation. Enfin, en échange de quelques charges de poudre, je parvins à emprunter un vieux canot à un Indien

Flat-Head, qui avait fait élection de domicile à la porte d'entrée du poste, comme un commissionnaire à l'angle d'une rue.

» Ce canot consistait en un tronc d'arbre à coton, creusé sans art, à coups de hache, et grossièrement arrondi aux deux extrémités en forme de bateau.

» C'était une embarcation du genre de celles que, dans l'ouest de l'Amérique, on appelle *dug out* (un tronc creusé), dénomination qui explique par elle-même la nature de l'objet. Ce canot était vieux et quelque peu démantelé ; mais, après une inspection assez superficielle, Dick le déclara parfaitement convenable.

» Nous songeâmes ensuite à préparer nos flambeaux, et pour cela il nous fallut faire une excursion sur les hauteurs voisines, où nous trouvâmes en abondance le combustible qui nous était nécessaire, c'est-à-dire des pommes de pin résineuses très sèches. Nous emportâmes encore un énorme morceau d'écorce de hêtre, qui avait aussi sa destination.

» A la tombée de la nuit, tout était prêt ; nous nous embarquâmes sur notre canot, puis nous nous abandonnâmes silencieusement au fil de l'eau.

» Lorsque nous parvînmes à quelque distance du poste, nous allumâmes sur l'avant les pommes de pin, après les avoir placées dans une poêle à frire, et la flamme pétillante jetait un vif éclat sur toute la surface de l'eau, et répandait une lueur rougeâtre sur tous les objets qui bordaient les deux rives. Nous seuls nous étions dans l'obscurité la plus complète, grâce à cette écorce de hêtre que nous avions placée entre nous et le brasier.

» Dès que nous fûmes en plein courant, j'abandonnai l'aviron à Dick, qui se chargea du double soin de diriger le canot et d'entretenir le feu. Pour moi, je devais avoir l'œil au guet, et, à cet effet, je posai ma bonne carabine sur mes genoux, tandis que je parcourais des yeux les deux rives à mesure que le courant nous entraînait doucement en aval.

» Je n'oublierai jamais l'effet que produisait sur moi le paysage à la fois sauvage et romantique qui se déroulait sous nos yeux à mesure que nous avancions dans notre excursion. Les bords de la rivière sur laquelle nous avions lancé notre esquif offraient une variété de points de vue fort pittoresques. A la lueur du feu de pommes de pin, répandant partout ses teintes rougeâtres sur les arbres et les rochers, j'admirais les deux rives entre lesquelles l'eau miroitait, pareille à de l'or en fusion. Le paysage, autour de nous avait un caractère grandiose et sublime, et l'âme la moins impressionnable n'eût pu s'empêcher d'être vivement frappée de ce spectacle enchanteur.

» On était en automne, et le feuillage, encore attenant aux arbres, offrait ces nuances variées qui sont particulières aux forêts d'Amérique. Le vert et l'or, le safran et le violet foncé se mariaient admirablement sur les ombrages qui bordaient les rives ; çà et là quelques géants de la forêt venaient baigner dans l'eau leurs branches, semblables à des rideaux de pourpre brodés d'or. C'était une scène d'une beauté sauvage et pleine d'une expression pittoresque et sublime, qui forçait le spectateur à ramener ses pensées à la contemplation du créateur de toutes choses.

— Regardez là-bas, murmura une voix qui me tira de ma rêverie.

C'était celle de Dick, et dans l'ombre épaisse projetée par l'écorce de hêtre je vis un de ses bras étendu dans la direction de la rive droite.

» Mes yeux se portèrent de ce côté et s'arrêtèrent sur deux petits objets, qui scintillaient au centre de l'obscurité profonde de la feuillée et me parurent brillants et lumineux comme du phosphore. Ils étaient ronds et tous rapprochés l'un de l'autre. Du premier coup d'œil je reconnus les yeux d'un animal quelconque, reflétant la lumière de la torche.

» Mon compagnon me dit tout bas que c'étaient les yeux d'un cerf.

» Je pris ma carabine, et visant aussi bien que possible entre les deux points lumineux, je tirai : mon arme infaillible fit entendre un bruit sec pareil à celui d'un coup de fouet.

» La détonation ne fut cependant pas assez forte pour nous empêcher d'entendre ce qui se passait sur la rive. Ce fut d'abord comme un bruissement de feuilles suivit d'un grand éclat; on aurait dit un corps tombant à l'eau; le brasier pétillant, éclairait la scène en avant de la barque, et nous eûmes bientôt le plaisir de voir flotter sur l'eau le corps inanimé d'un beau cerf qui y était tombé. Le courant allait l'emporter; mais Dick le saisit par le bois et l'arrima au fond du canot.

» Puis nous recommençames à descendre au fil de l'eau, sondant du regard toutes les profondeurs du rivage afin de tâcher d'y découvrir encore des yeux brillants. En moins d'une demi-heure, nous en vîmes deux poindre à quelque distance, et nous eûmes la bonne chance de tuer encore un autre animal, une biche, que nous réussîmes à déposer aussi au fond de notre embarcation.

» Peu de temps après, ce fut le tour d'un troisième, que nous aperçumes dans la rivière même, se tenant debout sur un îlot de sable. C'était ce qu'on appelle un *cerf cornu*, parce que son bois n'avait pas encore poussé tous ses andouillers.

» A un quart de mille plus loin environ, j'en tirai un quatrième, mais je le manquai par la faute du canot, qui, au moment même où je tirais, se heurta contre un rocher, et le contre-coup fit dévier ma balle.

» Pas n'est besoin de vous dire, gentlemen, que cette chasse était tellement attrayante que nous étions déjà parvenus à plusieurs milles du poste sans qu'aucun de nous songeât ni à la distance ni même à la difficulté que nous devions éprouver pour remonter le courant à force de rames. Rien n'était plus facile en descendant, et Dick n'avait pas grand mal à s'acquitter de ses fonctions, qui consistaient simplement à maintenir la barque la pointe en avant au milieu de la rivière. Le courant avait une vitesse d'environ trois milles à l'heure, et par conséquent il nous emportait avec assez de rapidité pour les nécessités de la chasse.

» Nous ne songeâmes vraiment au retour que lorsque nous nous aperçumes que notre provision de pommes de pin tirait à sa fin; Dick venait d'empiler les dernières au fond de la poêle.

» En ce moment même un bruit vint frapper nos oreilles, qui ne laissa pas que de nous inspirer quelque alarme. C'était comme celui que produirait une chute d'eau. Ce n'est pas que la chose fût nouvelle pour nous, car, depuis notre départ du poste, nous avions passé devant l'embouchure de plusieurs ruisseaux qui venaient se jeter dans la rivière sur laquelle nous naviguions. Ces affluents tombaient, pour la plupart, du haut de quelques rochers et formaient une suite de bruyantes cascades. Mais celle que nous entendions alors se trouvait droit devant nous; elle devait, d'après nos calculs, être produite par le courant même qui nous entraînait, et qui plus est, le bruit surpassait par sa force et son fracas tout ce que nous avions entendu jusqu'alors.

» Nous n'avions pas employé beaucoup de temps à faire toutes nos conjectures, et la première impulsion de mon compagnon, dès que le son avait frappé son oreille, avait été d'arrêter le canot, et ce fut fait en quelques secondes. Cependant, à la lueur de notre torche, nous vîmes bientôt que la rivière faisait un coude assez abrupte, au delà duquel s'étendait une vaste nappe d'eau presque dormante. La cascade n'était donc pas formée par notre rivière elle-même ; elle devait être produite par les eaux de l'un de ses affluents.

» Dès que Dick en fut assuré, il cessa de ramer, et le canot s'en alla encore une fois à la dérive.

» Quelques instants après, nous passions devant l'embouchure d'un ruisseau impétueux, dont le courant, tombant d'une hauteur de plusieurs mètres dans la rivière venait y verser ses eaux bouillonnantes et blanches d'écume. La cascade était là à peu de distance ; nous l'apercevions au travers du feuillage, et lorsque nous passâmes devant elle, la lumière de notre flambeau s'y refléta comme sur la surface d'un miroir de métal poli.

» Un peu plus bas, mon attention fut attirée par deux globes aussi brillants que du feu, qui étincelaient derrière quelques buissons placés sur la rive gauche. C'étaient bien les deux yeux d'un animal ; mais de quelle espèce était-il, je n'aurais pas su le dire. J'étais presque sûr que ce n'était pas un cerf.

» A l'éclat particulier des yeux, à leur grandeur, à l'espace qui se trouvait entre eux, j'étais convaincu que ce n'était pas un cerf ; d'ailleurs je voyais ces yeux remuer de temps à autre, comme si la bête décrivait avec sa tête des cercles irréguliers. Or ce fait n'arrive jamais chez le cerf, qui toujours passe avec rapidité, ou s'arrête pour projeter un regard fixe et immobile.

» Je savais donc bien que ce n'était pas un de nos quadrupèdes ; mais qu'est-ce que cela me faisait? N'était-ce pas une bête sauvage, et tout n'est-il pas gibier pour un chasseur de prairies?

» Je visai donc, et je lâchai la détente. En ce moment j'entendis la voix de mon compagnon me crier, autant que je pus le comprendre, de ne pas faire feu. J'en fus très étonné ; mais il était trop tard pour obtempérer à son avis : ses paroles avaient été emportées par la détonation de ma carabine.

» Je regardai dans la direction de la rive, afin de voir l'effet de mon coup ; mais, à ma grande surprise, les yeux n'avaient pas cessé d'étinceler au milieu des buissons : ils s'agitaient avec plus de rapidité qu'auparavant.

» Avais-je manqué mon coup? A vrai dire, la voix de mon compagnon m'avait quelque peu dérangé ; mais j'avais visé avec soin, et ma balle devait avoir atteint son but.

» Je me tournai du côté de Dick pour lui demander ce qu'il en pensait, lorsqu'un bruit effroyable vint tout m'expliquer et m'inspirer en même temps un vif sentiment de terreur. C'était comme un cri poussé par un sanglier en colère, avec cette différence que le rugissement était plus fort et plus menaçant. Ce n'était pas la première fois que j'entendais ce cri..., gentlemen ; vous m'avez deviné, je le vois : ce cri c'était celui de l'ours grizzly !

» De tous les animaux d'Amérique, l'ours grizzly est le plus redoutable ! Qu'il soit armé ou sans armes, l'homme ne peut lutter contre lui, et le chasseur le plus courageux de notre pays l'évite comme la fièvre jaune. Vous comprenez aussi pourquoi mon compagnon m'avait averti de ne pas tirer. Je croyais l'avoir manqué, et je me trompais. Ma balle avait atteint cet animal féroce, et sa blessure le rendait furieux et enragé. Un craquement de bois brisé se fit entendre au milieu du buisson du rivage, suivi du bruit d'un corps pesant qui tombait à l'eau. L'ours était à nos trousses !

» — Bon Dieu, il nous poursuit ! s'écria Dick terrifié.

» Et son aviron imprima à notre esquif toute la rapidité possible.

» Rien n'était plus vrai ! L'ours venait à nous, et son élan avait été si bien calculé, qu'il était parvenu presque à portée de l'embarcation.

» Cependant, grâce à quelques vigoureux coups de rames, nous avions obtenu de l'avance, et nous glissions légèrement au gré du courant, toujours poursuivis par cette bête enragée, qui de temps en temps faisait entendre son grognement irrité.

» Ce qui rendait notre situation encore plus critique, c'est que nous ne pouvions apercevoir notre ennemi, et que par conséquent nous ne savions pas à quelle distance il se trouvait de notre canot.

» L'arrière de l'esquif était plongé dans des ténèbres épaisses produites par notre écran d'écorce de hêtre, et de ce côté-là il était impossible de rien distinguer ; seulement les cris de l'animal nous faisaient deviner qu'il nageait à quelques pas de nous. Qui plus est, ses grognements n'étaient pas toujours très distincts ; le bruit de la cascade les couvrait par instants presque entièrement, et quelquefois même il nous semblait les entendre tout contre le bordage du canot.

» Nous savions aussi que s'il parvenait à poser une patte sur l'embarcation nous chavirerions à coup sûr et nous coulerions bas. Nous songions aussi à nous jeter à la nage ; mais dans ce cas la mort atteindrait inévitablement au moins l'un de nous deux.

» Je n'ai pas besoin de vous dire, gentlemen, que mon compagnon pagayait avec toute l'énergie du désespoir ; je l'aidais autant que je le pouvais avec la crosse de ma carabine, que, dans mon effroi, au milieu de l'obscurité, je n'avais pas songé à recharger.

» Le courant nous avait emportés à une distance d'environ cent mètres ; nous concevions déjà l'espérance d'échapper à notre ennemi, lorsqu'un nouveau sujet de terreur vint s'offrir à notre imagination épouvantée.

» C'était encore le bruit d'une chute d'eau, et cette fois ce bruit n'était pas causé, comme le précédent, par un courant tributaire, mais par la rivière même sur laquelle nous nous trouvions. Evidemment la cascade était tout près.

» Nous n'en étions plus, en effet, qu'à trois cents mètres de distance. Tous nos efforts n'avaient jusque-là tendu qu'aux moyens d'échapper à l'ours ; le bruit de la première cascade nous avait assourdis, de sorte que nous ne nous étions aperçus du danger que lorsque nous étions déjà trop près pour l'éviter.

» Un cri de terreur poussé par mon compagnon pour m'avertir du péril me parut être l'écho de ma propre voix. Nous comprîmes tous deux l'horreur de notre situation, et tous deux sans parler, comme, d'un commun accord, nous essayâmes d'arrêter le bateau.

» Nous ramions de toutes nos forces, Dick avec son aviron, moi avec la crosse de ma carabine. Grâce à cet effort, nous étions déjà parvenus à maintenir notre canot dans une espèce d'équilibre ; nous espérions réussir à le pousser jusque sur le bord, lorsque tout à coup nous éprouvâmes une violente secousse.

» Un corps pesant venait de heurter l'arrière, tandis qu'au même instant l'avant s'éleva hors de l'eau, et plusieurs pommes de pin enflammées tombèrent au fond du canot. A la lueur qu'elles projetèrent de notre côté, nos regards s'arrêtèrent sur un objet qui nous glaça d'épouvante. L'ours s'était cramponné au bordage, et l'on pouvait voir au-dessus de l'eau de niveau avec la bande une tête effroyable de laideur et de férocité, qui, grâce aux longues griffes recourbées de l'animal, se hissait de notre côté.

» Bien que notre frêle esquif dansât sur l'eau comme un bouchon de liège, et que, selon toute apparence, il dût chavirer avant peu, l'animal ne témoignait nulle intention de lâcher prise ; bien au contraire, il semblait à tout moment prêt à prendre place dans le canot.

» Nous étions dans un danger imminent ; nous le savions, et l'horreur de notre position paralysait nos forces.

» D'un bond nous nous jetâmes vers l'avant, et pendant quelques secondes nous nous tînmes moitié assis, moitié accroupis, ne sachant quel parti prendre.

» Fallait-il faire usage des avirons et pousser la barque au bord ? C'était nous jeter dans la gueule de l'ours. De l'autre côté nous ne pouvions rester où nous étions, car quelques moments suffiraient pour nous précipiter par-dessus la cataracte. Quelle en était l'élévation, nous n'en savions absolument rien ; aucun de nous n'en connaissait l'existence. Avait-elle cinquante ou cent mètres ? Quoi qu'il en fût, elle devait être assez haute pour nous lancer dans l'éternité.

» La perspective était affreuse, et nos pensées se succédaient avec rapidité. Il fallait sans tarder prendre un parti. Je me rejetai vers l'arrière, et, tandis que je criais à mon compagnon de gagner la rive, à grands coups de crosse de fusil je m'efforçai de faire lâcher prise à l'ennemi. Tout considéré, nous préférions avoir affaire à l'ours sur un terrain plus solide.

» Grâce à quelques coups vigoureusement appliqués sur le museau de l'animal, j'étais parvenu à l'empêcher d'entrer dans le canot. Dick, de son côté, avait réussi à se rapprocher du bord, lorsqu'un craquement vint frapper mon oreille, et au même instant mon compagnon poussa un cri qui me répondit au cœur.

» A l'instant je jetai un coup d'œil derrière moi, afin de voir ce qui se passait : Dick ne tenait plus à la main qu'un bâton court et rond, et je reconnus dans ce débris le manche de l'aviron. La pelle s'était brisée, et flottait au gré du courant.

» Tout était perdu ! Nous ne pouvions plus gouverner le canot ; nous allions donc sauter par-dessus la cataracte.

» Nous pensâmes alors à nous jeter à la nage ; mais il était trop tard : nous étions presque au niveau du précipice, et le courant rapide qui entraînait notre canot nous eût aussi emportés nous-mêmes. Il nous eût été impossible de faire plus de douze brasses avant d'arriver à la chute. Il était donc trop tard !

» Nous comprenions parfaitement tous les deux l'horreur de notre position : chacun de nous connaissait les sensations de l'autre. N'étaient-elles pas les mêmes ? Nous n'échangions pas la moindre parole, et, couchés au fond de la barque, nous nous tenions cramponnés de toutes nos forces au bordage, en attendant l'issue de l'événement.

» L'ours semblait être frappé comme nous d'une certaine appréhension, car, au lieu de chercher à grimper dans le canot, il se contentait de s'y tenir accroché à l'arrière, et il manifestait même quelques symptômes d'alarme.

» Les pommes de pin brûlaient toujours, et le feu commençait à prendre au canot. C'était là peut-être ce qui épouvantait l'ours.

» Quant à nous, cette circonstance nous touchait fort peu. C'était là un danger trop infime en présence de la catastrophe qui nous menaçait. A peine y avions-nous fait attention, lorsque nous sentîmes que nous étions lancés sur l'abîme.

» Le canot fut jeté en avant, comme par une force motrice des plus puissantes puis un craquement épouvantable se fit entendre : nous pensions être tombés sur un rocher. L'eau et l'écume jaillissaient sur nos têtes, et l'instant d'après, à notre grande surprise aussi bien qu'à notre immense joie, nous nous trouvâmes encore en vie, assis dans le canot, qui flottait doucement sur une eau tranquille.

» L'obscurité la plus profonde nous entourait, car notre torche était éteinte. Cependant nos yeux, s'accoutumant bientôt aux ténèbres, nous laissèrent apercevoir l'ours, nageant et se débattant à peu de distance de nous. Heureusement il se dirigeait vers la rive, et paraissait faire tous ses efforts pour agrandir la distance entre nous et lui. Ce saut involontaire et inattendu par-dessus la cascade avait du moins refroidi son courage s'il n'avait pas annihilé ses sentiments d'hostilité à notre égard.

» Dick et moi nous parvînmes enfin à diriger vers le rivage notre canot à moitié rempli d'eau; nous y abordâmes bientôt en nous servant de la crosse de mon fusil et de nos mains, en guise de rames. Une fois revenus sur la terre ferme, nous attachâmes notre embarcation à un arbre, bien résolus à l'abandonner, vu qu'il nous était impossible de la faire remonter par-dessus la cataracte. Nous suspendîmes aussi notre gibier hors de la portée des loups, puis nous songeâmes à revenir au poste de la Columbia, où nous arrivâmes enfin après une marche longue et très fatigante.

» Le lendemain matin, on envoya quelques personnes pour chercher le gibier, on leur avait aussi recommandé de transporter le canot par delà la cataracte; mais nos émissaires trouvèrent le méchant esquif dans un état si déplorable; qu'il leur parut impossible de le faire passer par-dessus sans le mettre en pièces, aussi jugèrent-ils à propos de l'abandonner.

» Ce ne fut pas là une affaire très avantageuse pour moi, car je me vis obligé de verser dans les mains du vieux Indien Flat-Head une forte somme pour l'indemniser de la perte de sa misérable barque. »

CHAPITRE XXV

Rencontre d'Ike avec un ours grizzly

Le récit du naturaliste avait fini par une histoire relative à l'ours grizzly, et la conversation tomba naturellement sur cet animal célèbre, aussi écoutâmes-nous avec un intérêt plus qu'ordinaire différents faits curieux qu'il nous rapporta sur son compte.

L'ours grizzly (*ursus ferox*) est, sans contredit, la bête sauvage la plus terrible que l'on trouve sur le continent américain, sans même en excepter le jaguar et le couguard. Si cet animal était aussi agile que le lion ou le tigre du vieux continent, il serait tout aussi dangereux qu'aucun de ces deux carnassiers, car il a toute la force du premier et sa férocité égale celle du second. Heureusement le cheval court plus vite que l'ours grizzly, sans cela l'homme deviendrait souvent sa victime, car sa vitesse ordinaire dépasse celle d'un bon coureur à pied. Des récits sans nombre, tous parfaitement authentiques, attestent la vigueur de cette bête terrible, et on rencontre peu de chasseurs des montagnes, en Amérique, qui n'aient à raconter quelque aventure épouvantable avec un ours grizzly, dont le dénoûment a trop souvent laissé à déplorer la perte de quelque être humain sacrifié à la férocité de ce monstre sauvage.

L'ours grizzly est d'une taille énorme ; on a tué et mesuré des individus de cette espèce aussi gros que les plus grands ours polaires. Il y a cependant beaucoup de variétés dans la même race. En moyenne, il pèse à peu près cinq cents livres.

La taille de l'ours grizzly est bien plus gigantesque que celle de l'ours noir ou de l'ours blanc ; il a les oreilles plus longues, les pattes de devant plus fortes et l'aspect plus féroce. Ses dents sont longues et aiguës ; mais ce que les chasseurs redoutent le plus en lui, ce sont les armes qu'il porte au bout de ses pattes. Celles-ci sont par elles-mêmes d'une dimension telle, que souvent dans la boue on rencontre des traces de grizzly ayant douze pouces de long sur huit de large ; de l'extrémité de ces membres redoutables sortent des griffes ou plutôt des cornes de six pouces de longueur.

Il est bien entendu que nous parlons ici des individus de la plus grande taille.

Ces griffes sont faites en forme de croissant ; elles pourraient atteindre une dimension plus grande encore que celle qu'elles ont. Mais généralement la marche les use à un pouce de la pointe.

Cet animal fouille la terre pour y chercher des marmottes, des écureuils cuniculaires, ainsi que plusieurs espèces de racines nourrissantes : c'est à cette habitude qu'on doit attribuer l'état de ses griffes, qui sont cependant encore assez aiguës pour lui servir à dépouiller un cheval ou un bison, ou scalper la chevelure d'un chasseur, exploit dont les ours grizzly se sont acquittés en maintes circonstances.

Cet animal a ordinairement le poil brun mélangé de blanc ; c'est ce qui lui donne cette apparence grisâtre ou grisonnante d'où il a tiré son nom populaire ; mais bien que ce soit la couleur générale de l'espèce, on en rencontre de nombreuses variétés. On en voit de blancs, de jaunâtres, de roux et même de presque noirs. La saison influe beaucoup sur sa couleur. Sa fourrure est en général plus longue et moins lisse que celle de l'*ursus americanus*. Ses yeux sombres et perçants sont petits eu égard à son énorme taille.

L'ours grizzly parcourt une vaste étendue de contrées. On sait que la grande chaîne des montagnes Rocheuses commence aux bords de l'océan Arctique et se prolonge au sud en scindant en deux le continent de l'Amérique du Nord. Partout, dans ces montagnes, on rencontre l'ours grizzly, depuis leur extrémité septentrionale jusqu'aux limites où le Rio-Grande fait un coude pour se jeter dans le golfe du Mexique.

Dans les Etats-Unis et dans le Canada, on n'a jamais vu d'ours grizzly à l'état sauvage. Cela n'a rien d'extraordinaire. Cette espèce d'ours n'a aucune inclination pour les pays couverts de forêts, et, avant la colonisation de ces territoires, leur surface était entièrement boisée. Il est rare de trouver l'ours grizzly comme le noir, son congénère, sous des arbres de haute futaie, car il diffère de celui-ci en ce qu'il ne sait pas grimper aux arbres. L'ours noir, au contraire, s'élance sur un tronc en l'embrassant ; il tue ordinairement sa victime en l'étouffant entre ses bras ; l'ours grizzly n'a point la faculté de grimper de la sorte le long des arbres, et, s'il essayait, ses longues griffes lui seraient plus nuisibles qu'utiles.

Il se plaît surtout au milieu des taillis de cytises aux grappes rouges (*corysus rubus*) et d'*amélanchiers*, sous l'ombrage desquels il établit son repaire, et dont les fruits composent une partie de sa nourriture. Il aime le voisinage d'un ruisseau, afin de chasser parmi les saules de la rive.

On le rencontre encore errant sur les pics arides et escarpés, où le pin rabougri et le cèdre nain (*juniperus prostrata*) forment des buissons presque impénétrables. En un mot, l'ours grizzly d'Amérique se trouve dans des localités tout à fait semblables à celles que fréquente de préférence le lion d'Afrique, qui, après tout, règne moins sur les forêts que sur la montagne et sur la plaine.

L'ours grizzly est omnivore. Le poisson, le gibier, les volailles, il dévore tout avec la même jouissance, et n'épargne pas plus les grenouilles que les lézards et les autres reptiles.

Il a un goût prononcé pour les larves d'insectes qu'on trouve fréquemment attachées en quantités innombrables aux parois des troncs creux. Pour y parvenir, l'ours grizzly fait souvent tourner lui seul des arbres qu'une paire de bœufs aurait peine à remuer.

Il fouille la terre aussi bien qu'un sanglier, et parfois il laboure des arpents entiers de prairies pour y chercher le wapatoo et le navet indien. Comme l'ours noir, il aime les douceurs, et recueille avidement dans son énorme patte toute sorte de menus fruits, tels que la groseille, la fraise et plusieurs autres espèces de baies sauvages.

Il n'est pas assez agile à la course pour attraper les bisons, les élans et les cerfs, mais il les prend quelquefois par surprise, et lorsqu'il peut poser ses griffes dessus il terrasse le bison le plus fort.

Il lui arrive assez souvent d'enlever son repas à la panthère et de chasser une troupe entière de loups se ruant sur le cadavre d'un animal qu'ils viennent d'abattre.

On a fait plusieurs fois l'essai d'élever de jeunes oursons grizzly, mais ces tentatives ont été infructueuses. Lorsqu'ils sont jeunes, ces petits animaux se montrent fort peu traitables, mais dès qu'ils ont atteint une certaine taille, leur férocité naturelle prend le dessus, et leurs instincts féroces obligent de s'en défaire.

Pendant bien longtemps, le grand ours polaire a été l'animal le plus célèbre de son espèce ; il a servi de texte à la plupart des histoires que rapportent les chasseurs d'ours. Combien d'aventures n'a-t-on pas racontées dans lesquelles son audace et sa férocité avaient été fatales aux baleiniers et aux voyageurs des régions arctiques ? Malgré cela, de nos jours, tout porte à croire que sa réputation va être détrônée par celle de son congénère l'ours grizzly.

L'attraction irrésistible, cette soif de l'or qui a attiré près de la moitié de la population du monde dans la Californie, a eu ce bon côté de faire mieux connaître les mœurs de cet animal féroce, qui paraît se plaire surtout dans les vallées de la Sierra-Nevada. Les grandes troupes d'émigrants, en traversant les vastes plaines et les déserts qui s'étendent depuis le Mississipi jusqu'aux bords de la mer du Sud, ont aussi été constamment tenues en émoi par la rencontre de ces carnassiers. Aussi que de milliers de récits plus ou moins vrais, d'aventures et d'attaques d'ours plus ou moins fabuleuses, se sont glissés dans les colonnes des journaux et dans les livres de voyages ! L'ours grizzly est enfin devenu presque aussi intéressant que l'éléphant, l'hippopotame et le roi des animaux lui-même, le lion des déserts africains.

Pour parler sérieusement, l'ours grizzly est un terrible antagoniste. Les chasseurs de race blanche ne l'attaquent jamais à moins d'être montés sur de bons chevaux et parfaitement armés; les Indiens estiment autant le courage de celui qui en tue un que la valeur du guerrier qui scalpe la chevelure de son ennemi vaincu. Du reste, les Peaux-Rouges n'attaquent jamais un de ces animaux s'ils ne sont pas réunis en nombre considérable; cette chasse générale est alors précédée d'un festin de cérémonie et de la danse de l'ours.

Il arrive quelquefois au trappeur solitaire de faire la rencontre de ce terrible quadrupède. Autant alors vaudrait pour lui qu'il eût à combattre deux Indiens armés de leurs tomahawks et de leurs lances.

Il va sans dire que Redwood et Ike avaient été les héros de plus d'une aventure d'ours; nous engageâmes ce dernier à nous raconter une de celles qui offraient le plus d'intérêt.

« Etrangers, nous dit-il pour commencer en guise de préface, si jamais vous trouvez un ours gris sur votre route, suivez mon conseil : faites-lui place, c'est-à-dire qu'à moins d'être supérieurement montés, d'être tout à fait maître du cheval que vous avez entre les jambes, et de n'avoir autour de vous ni buissons ni fourrés, vous devez fuir. C'est aux seules conditions précédentes que vous pourrez être tranquilles; car je n'ai jamais vu d'ours grizzly capable d'attaquer un cheval dans un pays bien découvert. Cependant quand le bois est serré, lorsque le terrain est raboteux et susceptible de faire butter un cheval, il vaut mieux laisser passer le vieux grognard. J'ai vu un de ces ours abattre un cheval superbe, qui malheureusement se trouvait embarrassé dans les buissons, et son cavalier ne se sauva qu'en s'accrochant à une branche d'arbre.

» Ceci se passa deux minutes avant que l'individu qui vous parle n'arrivât sur les lieux attiré par le bruit du combat. J'apercevais l'animal en plein, et je lui envoyai une balle de soixante à la livre droit dans sa boîte à cervelle, ce qui lui fit faire la cabriole, malheureusement trop tard pour sauver le cheval : il était mort ! L'ours l'avait déjà à moitié dépouillé, et commençait à lui arracher les intestins. »

Parvenu dans cet endroit de son récit, le trappeur tira son couteau, et se coupant une chique à une tablette de ce fameux tabac de *James-River*, il l'enfonça délicatement dans sa bouche et continua son récit :

« Je puis dire avoir vu pas mal d'ours grizzly dans mon bon temps, et si tous ces barbouilleurs de papier qui écrivent des contes sur ces espèces de vermines en avaient rencontré autant que moi dans leur vie, ils pourraient consacrer un livre entier à cet animal. Si l'on me donnait un paquet de tabac pour chacun de ceux que j'ai abattus, je pourrais, j'en suis sûr, m'entretenir la mâchoire en mouvement pendant plus d'une année. Oui, gentlemen, j'ai tué quelques ours, et vous pouvez m'en croire. N'est-il pas vrai, Mark ?

» Eh bien, je vais vous raconter une aventure qui m'est personnellement arrivée à moi il y a environ deux ans. C'était sur la Platte, entre Chimbly-Rock et le fort Laramies.

» Je m'étais engagé, en qualité de chasseur et de guide, dans une caravane d'émigrants qui se dirigeaient du côté de l'Orégon

» Je n'ai pas besoin de vous dire que je me tenais toujours en tête, et que je choisissais moi-même chaque soir la place du campement.

» Or donc, une après-midi, j'avais fait halte près de bouquets d'arbres, et le bois est rare dans les environs de Chimbly-Rock. Voilà, me dis-je, un bon endroit pour dresser notre camp. Je mis donc pied à terre ; je débarrassai ma vieille jument de sa selle, et je l'attachai à un piquet au milieu de la meilleure pièce de gazon qui se trouvait dans le voisinage. Je voulais que la pauvre bête eût le temps de se remplir le ventre avant que le bétail de la caravane ne vînt la tourmenter et lui rogner la portion.

» J'avais tué un cerf de l'espèce à queue noire ; et, après avoir allumé du feu, j'en fis rôtir une tranche que je mangeai.

» On n'apercevait pas encore la caravane ; je profitai donc de ce retard, et suspendant mon cerf hors de la portée des loups, je pris ma carabine et je m'en allai faire une reconnaissance dans les environs.

» Ma jument était fatiguée, aussi je la laissai paître à son aise dans son herbage, et je me mis en route à pied. Cette imprudence, — permettez-moi de vous le dire, gentlemen, — est certainement la plus grande folie qu'un homme puisse commettre dans les prairies, et je ne tardai pas à m'en apercevoir. Mais je vous expliquerai cela en temps et lieu.

» Je commençai d'abord par gravir un coteau assez élevé, d'où il m'était facile d'examiner à mon gré tout le pays d'alentour. Au sud-ouest s'étendait une vaste prairie : on ne voyait des arbres que par-ci par-là, des cotonniers sauvages disséminés sur le penchant de la colline.

» A peu près à un mille de distance, j'aperçus un troupeau de chèvres, ce que vous appelez des antilopes, vous autres, bien que ce soient des chèvres, aussi vrai que chèvres sont chèvres.

» Il n'y avait pas de couvert de leur côté, pas une touffe de bois ; la prairie était aussi nue que la main ; de sorte que je vis du premier coup que ce n'était point la peine de chercher à les approcher à portée. Le seul moyen, pour réussir à en tuer une, c'était d'user de ruse pour attirer ces pauvres créatures.

» J'eus bientôt deviné quel plan je devais suivre, je retournai au camp pour y chercher ma couverture, qui était un vrai mackinaw rouge pur sang. Je savais, par expérience, que c'était là la seule chose capable d'amener les chèvres dans le piège, et je me dirigeai de leur côté.

» Pendant le premier demi-mille je portais ma couverture sous le bras ; puis je l'étendis devant moi de manière à m'en couvrir, et je marchai ainsi caché aux animaux jusqu'à ce que je fusse parvenu à environ deux ou trois cents pas du troupeau. Je tenais l'œil fixé sur les chèvres à travers un trou pratiqué dans la couverture ; elles commençaient à s'effrayer et à courir en cercle ; dès que je m'aperçus de ce mouvement, je vis qu'il était temps de m'arrêter.

» Je m'accroupis sur le sol en tenant devant moi la couverture, je la suspendis à un pieu que j'avais apporté du camp, et je l'enfonçai dans la terre ; ce n'était pas une besogne facile, car la prairie était gelée partout, et je fus obligé de creuser un trou avec mon couteau. Malgré la difficulté, je réussis à faire tenir l'engin de façon que la couverture me couvrait tout le corps. Je n'avais plus alors qu'à attendre que les chèvres vinssent à portée de ma carabine.

» Ce ne fut pas long. Comme vous le savez tous, gentlemen, les chèvres sont les bêtes les plus curieuses qu'on puisse voir, — aussi curieuses que des femmes, ce qui n'est pas peu dire, — après avoir couru de côté et d'autre pendant quelques minutes, en secouant leurs têtes et en reniflant, une des plus grasses, — c'était un jeune bouc aux cornes naissantes, — s'avança au trot jusqu'à cinquante pas de moi.

» Je pris à peine le temps de jeter un coup d'œil le long du point de mire de mon fusil, et, avant que l'animal n'eût eu le temps de remuer la tête, il était frappé d'une balle entre les deux yeux et renversé sur l'herbe.

» Vous tous, gentlemen, vous vous seriez élancés hors de la cachette, et vous auriez effrayé tout le reste du troupeau. Avouez que vous auriez tous agi de la sorte. Quant à moi, voyez-vous, je ne fus pas si bête! je savais que tant que les animaux n'auraient pas aperçu mon museau, ils ne feraient nulle attention à un coup de fusil; aussi je me tins coi, afin d'avoir au moins la chance d'en tuer un autre.

» Comme je l'avais prévu, les chèvres ne songèrent pas à se sauver, et je rechargeai mon fusil avec autant de prestesse que possible. Juste au moment où je me préparais à viser une chevrette qui s'était rapprochée de moi, je vis tout d'un coup la troupe entière faire un bond simultané et se sauver comme si chaque bête avait à ses trousses toute une meute de loups de prairies.

» Je restai stupéfait, car je savais n'avoir fait aucun mouvement capable de les effrayer; mais j'eus bientôt découvert la cause de l'alarme : j'entendis derrière moi une sorte de grognement, comme qui dirait un accès de toux d'un cheval enrhumé; je me retournai aussitôt, et que vis-je, grand Dieu! l'ours le plus monstrueux que j'eusse jamais rencontré de ma vie! Il s'avançait droit sur moi, et, en ce moment suprême, il n'était pas à plus de vingt pas de l'endroit où j'étais blotti. Je l'avais reconnu au premier coup d'œil, c'était un ours grizzly!

» Je crois inutile de vous dire, gentlemen, que j'eus peur. J'avais peur, et grand'peur, je le confesse humblement.

» Mon premier mouvement avait été de me relever et de courir de toutes mes forces, mais un instant de réflexion avait suffi pour me démontrer que ce serait peine perdue. Il y avait tout autour de moi au moins un demi-mille de prairie sans arbre, et je savais que le grizzly m'attraperait avant que j'eusse fait cent pas. Je n'ignorais pas non plus que si je me mettais à courir, la maudite vermine ne manquerait pas de me suivre et d'aller plus vite que moi. Il était facile de voir que cet ours-là avait de mauvaises intentions; on le devinait rien qu'au roulement de son œil féroce.

» Je n'avais pas de temps à perdre en hésitations inutiles, la bête approchait toujours. Cependant, je remarquai qu'elle marchait de plus en plus lentement, se levant parfois sur ses jambes de derrière, passant la patte sur son museau et aspirant l'air à pleins poumons.

» C'était la couverture qui l'inquiétait; aussi quand je vis cela, je me glissai derrière, le plus près possible, et je me cachai derrière ce léger abri de manière qu'il couvrît tout mon corps.

» Lorsque l'ours fut arrivé à environ dix pas, il s'arrêta court, il se releva comme il l'avait fait à plusieurs reprises, et présenta son ventre à mes yeux ébahis. Cette vue était trop tentante pour l'imbécile qui vous parle, lui qui jamais auparavant ne s'était laissé prendre ni aux frimes des ours ni aux ruses des Indiens.

» C'était un beau coup à faire, et je ne pus m'empêcher d'en tenter l'essai. Je passai ma carabine à travers le trou de ma couverture, et j'envoyai ma balle dans les côtes de l'ours.

» C'est peut-être le plus mauvais, le plus stupide coup de fusil que j'aie tiré de ma vie ! Si je n'avais pas fait feu, l'ours pouvait avoir peur de la couverture et se retirer ; mais j'eus tort de tirer, car j'avais les nerfs en mouvement, vu l'émotion de ma position désespérée, et, comme on le pense bien, je visai mal.

» J'avais visé au cœur, et je n'avais atteint la vermine qu'à l'épaule.

» Cette blessure ne servit qu'à le rendre plus furieux ; la couverture avait perdu son prestige. Il se mit à pousser des cris pareils à ceux d'un taureau, à déchirer l'endroit où je l'avais atteint, puis il courut sur moi de toute la force de ses quatre pattes.

» L'ouragan allait se déchaîner ; je jetai de côté mon fusil et je tirai mon couteau, dans l'attente d'une lutte à mort avec l'ours. Je savais qu'il n'était plus temps de songer à fuir, et je me préparai à un combat désespéré.

» L'animal se trouvait à dix pieds de moi, lorsqu'une idée soudaine me passa par la tête. Lors de mon séjour à Santa-Fé, parmi les peaux jaunes de Mexicains, j'avais assisté à deux ou trois combats de taureaux. J'avais alors remarqué la manière dont les matadors jetaient leurs manteaux rouges sur la tête juste au moment où on croyait les voir transpercés et éventrés par les cornes de l'animal furieux.

» Ce tour d'adresse me revint à la mémoire, et, avant que l'ours n'arrivât à portée, je saisis la couverture et je l'étendis devant moi, tout en prenant une position favorable pour attendre le choc.

» Ah ! quelle couverture que celle-là, gentlemen ; c'était la plus belle Mackinaw à cinq points qui jamais ait couvert les côtes d'un commerçant du nord-ouest. Quand il pleuvait, je la portais à la mode du Mexique, et, pour cela, j'y avais pratiqué un trou au milieu pour y passer ma tête comme on le fait d'un poncho.

» Eh bien donc, au moment même où l'ours s'élançait sur moi, je lui jetai la couverture droit à la face. J'eus le plaisir de voir son museau à travers le trou ; mais croyez-moi, je ne restai pas là à regarder davantage. Je sentais déjà sur moi les griffes de la bête et je lâchai tout.

» Voici maintenant, me disais-je, le moment de prendre les jambes à mon cou ; la couverture va l'aveugler pendant quelques instants, il me faut prendre l'avance.

» Aussi rapidement que possible, je me glissai derrière l'animal, et je me mis à arpenter la prairie.

» Le seul chemin que j'eusse à prendre me menait droit au camp, à environ un demi-mille de distance. Il n'y avait pas sur le penchant de la colline un arbre plus près de moi. Si je parvenais à arriver là, j'étais sauvé, l'ours grizzly n'est pas grimpeur, M. A... vous l'a certifié.

» Pendant les premiers cent mètres, je ne pris pas le temps de regarder derrière moi, mais après, tout en courant, je me donnai le plaisir de jeter un coup d'œil en arrière.

» L'ours était encore à peu près à l'endroit où nous nous étions quittés, toujours occupé de la couverte qu'il paraissait secouer avec fureur.

» J'en fus très étonné ; mais cependant, je ne m'arrêtai pas pour voir ce que cela signifiait que lorsque j'eus encore mis entre lui et moi une centaine de mètres. Alors, je me retournai à moitié et je pus regarder à mon aise. Soyez assurés, gentlemen, que la scène qui s'offrit à ma vue aurait fait rire un Mormon lui-même. Quelques minutes auparavant, j'avais éprouvé une peur de diable, et maintenant, que je me sentais en sûreté, je me pris à rire, mais si fort, que j'en avais mal dans les côtes.

» L'ours avait la tête entièrement passée dans le trou de la couverture. Par moments, il se dressait sur ses pattes de derrière, et alors l'objet pendait autour de lui tout comme un poncho mexicain ; un instant après il retombait sur ses quatre pattes pour courir après moi, et alors la couverture embarrassait ses jambes et lui faisait faire la culbute ; il roulait sur lui-même et se débattait comme un diable, cherchant à se débarrasser, et beuglant tout le temps comme un bison enragé. Par Jéhosaphat ! c'était bien la scène la plus comique que j'eusse vue de ma vie.

» Je restai un moment à m'amuser de ce spectacle, rien qu'un moment ; car je savais que si l'ours se débarrassait de sa guenille il pouvait bien encore m'attraper et me forcer à grimper à l'arbre. Je ne tenais pas à me livrer à cet exercice ; aussi je repris ma course, e j'arrivai bientôt au camp.

» Je sellai ma jument, et je revins à l'endroit où j'avais laissé mon fusil, tout disposé à le reprendre, si faire se pouvait, pour chatouiller mon ours au moyen de quelques autres grains de plomb.

» Arrivé au haut de la colline, je vis encore la bête dans la prairie, toujours enveloppée dans la couverture. Néanmoins, le grizzly paraissait se diriger vers les hauteurs, pensant peut-être que ma compagnie n'était pas des plus agréables.

» Je n'étais pas en humeur de lui laisser continuer tranquillement sa route après la peur qu'il m'avait occasionnée ; d'ailleurs, ce voleur-là n'emportait-il pas mon makinaw ? En un temps de galop j'arrivai à l'endroit où j'avais laissé ma carabine. J'y glissai une balle, et je courus après le vieux grizzly.

» J'arrivai bientôt tout près de lui, et il se retourna plus farouche que jamais. Mais cette fois, monté sur le dos de ma jument, je me sentais plus en sûreté que dix minutes auparavant ; j'étais moins agité, et conséquemment mon coup d'œil était plus certain. Je lui envoyai donc dans le crâne une balle qui le fit rouler à terre, enveloppé dans son linceul.

» Mais dans quel état était ma couverture ! ma pauvre couverture ! Je n'avais jamais rien vu de pareil. Il n'en restait plus un pied carré qui ne fut en lambeaux ! Ah ! messieurs, vous ne savez pas ce que c'est que de perdre un mackinaw à cinq points, bien sûr vous l'ignorez !

» Que le diable emporte les ours ! tel est mon vœu le plus sincère. »

CHAPITRE XXVI

Une bataille avec des ours grizzly

Le capitaine (l'auteur de ce livre) fut sollicité de raconter à son tour une aventure qui lui était arrivée avec des ours grizzly. Il avait voyagé en compagnie de gens de mœurs bizarres, des « chasseurs de chevelures », dans les montagnes près de Santa-Fé, où ils avaient été ensevelis, au moment où ils y pensaient le moins, dans les tourbillons d'une neige épaisse qui les empêchait de continuer leur chemin et de quitter l'endroit où ils se trouvaient alors.

» Le canon, vallée profonde dans laquelle ils avaient établi leur camp, était difficile à franchir en toute saison, et dans ce moment surtout le sentier, couvert d'une épaisse couche de neige trop molle pour supporter leur poids, était devenu impraticable. Lorsque le jour parut, ils se trouvèrent complètement enterrés.

» Partout, du haut en bas, la vallée était interceptée par une avalanche qui avait cinq brasses de profondeur. Les défilés immenses, les *barrancas*, étaient comblés; aussi c'eût été fort dangereux de s'aventurer même à quelques pas, dans n'importe quelle direction. Deux hommes avaient déjà disparu dans un gouffre rempli de neige.

» Des deux côtés du camp s'élevaient les murailles du canon, dressées presque à pic, à près de cent pieds de hauteur. Si le temps avait été plus doux, on eût pu essayer de les gravir, car le roc, dans sa conformation, offrait de nombreuses galeries; mais celles-ci étaient alors recouvertes d'une couche de glace et de neige qui rendait toute ascension impossible. Le terrain était glacé à plusieurs pouces de profondeur avant que la tourmente ne se fût déchaînée, et quoique depuis quelques heures il ne gelât plus, la neige ne pouvait pas encore nous porter. Tous les efforts que nous fîmes pour sortir de là furent inutiles, et nous y renonçâmes bientôt, nous abandonnant à une sorte de vague désespoir, pour attendre quoi, nous n'en savions positivement rien.

» Pendant trois jours entiers nous restâmes assis autour de nos feux, jetant de temps à autre du côté du ciel un regard sombre et investigateur. C'était toujours le même horizon, d'un gris monotone, parsemé de nuages que la brise poussait vers l'est, car la neige tombait toujours. Nous n'avions pas même la satisfaction d'entrevoir un point éclairci pour réjouir nos yeux fatigués.

» La petite plate-forme sur laquelle nous étions campés, et qui pouvait avoir deux ou trois arpents d'étendue, exposée, comme elle l'était, au vent qui la balayait sans cesse, n'avait pas jusqu'alors été encombrée par la neige ; sa surface était couverte de quelques pins épars, mal venus et totalement dépouillés de feuilles ; il y avait environ de cinquante à soixante pieds d'arbres en tout. C'était avec ce bois que nous entretenions nos feux; mais à quoi nous servait le feu puisque nous n'avions pas de viande à faire cuire?

» Depuis trois jours nous étions sans vivres! sans vivres, entendez-vous? mais cependant nous ne nous trouvions pas tout à fait sans nourriture. Les hommes avaient découpé les fourreaux de cuir de leurs fusils et les doublures de peau de chat de leurs poches à balles, et on en voyait qui mangeaient, pour dernière ressource, — je me trompe pourtant, il en restait encore une, — on en voyait, dis-je, qui décousaient la semelle de leurs mocassins afin de s'en rassasier.

Les femmes, enveloppées dans leurs *tilmas*, cherchaient un refuge sur le sein de leur père, de leur mari, car toutes les affections, tous les sentiments se trouvaient représentés dans notre caravane. Les derniers morceaux de *tasajo* conservés pour elles leur avaient été distribués le matin; il n'en restait plus. Avec quoi leur fournirait-on leur prochain repas? Parfois, lorsque la brise s'engouffrait, froide et coupante, dans les profondeurs de la vallée, on entendait murmurer tout bas : *Ay de mi, Dios de mi alma!* Mais sur le visage de ces belles créatures on ne lisait que l'expression d'une patience résignée, et c'était vraiment un spectacle poignant que d'examiner d'un œil sec cette endurance profonde, si caractéristique chez les femmes hispano-mexicaines.

» Les hommes qui les entouraient montraient moins de courage, malgré le stoïcisme empreint sur leur visage. On les entendait de temps à autre prononcer d'horribles blasphèmes, accompagnés de grincements de dents, et on pouvait suivre dans leurs regards cette expression étrange, cet éclat hagard qui dénote l'approche de la folie. Une fois ou deux je crus découvrir une pensée sinistre, encore plus sauvage que la démence. Aux anneaux bistrés qui encadraient leurs yeux, à la torsion des muscles qui frémissaient autour de leurs mâchoires pendantes et affamées, je devinai cette heure où les hommes qui se regardent les uns les autres préméditent un crime. Grand Dieu! c'était horrible à voir! la discipline, souvent impuissante pour dompter ces demi-brigands, n'existait plus en présence des souffrances communes. Je frissonnai en songeant... lorsqu'une voix s'écria :

» — L'horizon s'éclaircit un peu par là-bas!

» Le trappeur Garey, qui s'était levé de sa place et se tenait tourné du côté de l'est, venait de prononcer ces paroles.

» En un moment nous fûmes tous sur pied, promenant d'avides regards dans la direction indiquée. C'était vrai! On apercevait une éclaircie dans ce ciel de plomb qui nous assombrissait depuis si longtemps; une longue bande jaunâtre, qui s'élargit pendant que nous la considérions, scindait l'horizon en deux. La neige devenait moins épaisse et ses flocons plus légers; en moins de deux heures elle avait entièrement cessé de tomber.

» Nous partîmes bientôt, au nombre de six, armés de nos carabines, dans le but d'aller explorer le bas de la vallée. Malgré nos efforts inouïs pour nous frayer un sentier à travers les amas de neige, cela nous fut impossible. La neige nous venait souvent par-dessus la tête, et, après deux heures d'un travail opiniâtre, nous n'avions pas pu nous avancer à plus de deux cents mètres. Là, nous examinâmes avec stupéfaction la scène qui s'offrait à nos yeux. Aussi loin que notre vue pouvait s'étendre, on ne découvrait que les mêmes masses de neige infranchissables. Le désespoir et la faim paralysaient nos forces, et, l'un après l'autre, nous abandonnâmes l'entreprise pour retourner au camp.

» Nous étions accroupis autour de nos feux, gardant tous un sombre silence. Garey continuait à marcher de long en large; tantôt il contemplait le ciel, tantôt il s'agenouillait et passait la main sur la surface de la neige. Enfin il s'approcha du feu, et nous dit avec ce ton de voix lent, traînant et nasillard particulier aux Yankees :

» — Je crois qu'il va geler.

» — Eh bien, supposons qu'il gèle? demanda un de ses compagnons, sans se soucier qu'on répondit à sa question.

» — S'il gèle! répéta le trappeur, nous serons hors d'ici avant le lever du soleil, nous marcherons sur un sentier dur et bien battu.

» A ces mots, toutes les physionomies changèrent d'expression comme si elles eussent subi l'influence d'un pouvoir magique. Plusieurs d'entre nous se levèrent sur leurs pieds. Godé le Canadien, très entendu à tout ce qui avait rapport à la neige, courut vers une élévation, et passant la main sur le cône le plus élevé, s'écria :

» — C'est vrai, mes amis, il gèle, il gèle!

» Peu de temps après, un vent froid se mit à souffler, et, ranimés par une perspective plus consolante, nous songeâmes à rallumer les feux que nous avions presque laissés s'éteindre. Les Delawares, armés de leurs tomahawks, attaquèrent les pins, tandis que d'autres traînaient les arbres tombés, et en coupaient les branches à l'aide de leurs couteaux à scalper.

» En ce moment, un cri particulier attira notre attention ; lorsque nous tournâmes les yeux dans la direction d'où il était parti, nous vîmes un des Indiens tomber sur ses genoux et frapper le sol de sa hache.

» — Qu'est-ce donc ? qu'y a-t-il ? s'écrièrent plusieurs voix et presque autant de langages différents.

» — Yam-yam ! Yam-yam ! répondit l'Indien creusant toujours le sol glacé.

» L'Indien a raison, c'est le *man-root* (racine humaine), dit Garey tout en examinant quelques feuilles que le Delaware avait séparées avec sa hache.

» Je reconnus aussitôt une plante fort appréciée par tous les coureurs des bois, une espèce de convolvulus rare et merveilleuse, l'*iponea leptophylla*. Les chasseurs lui ont donné le nom de racine humaine ou plutôt d'*homme-racine*, à cause de sa ressemblance, pour la forme et quelquefois pour la grosseur, avec le corps humain. C'est une racine savoureuse et pouvant fort bien servir de nourriture.

» En moins d'un instant, une demi-douzaine d'individus étaient à genoux, cherchant à fendre à coups de hache la terre durcie, mais le fer y avait aussi peu de prise que sur un rocher de granit.

» — Attendez donc ! s'écria Garey, vous ne faites qu'endommager vos outils.. Coupez-moi un de ces troncs de pin, et allumez un bon feu sur la racine.

» On se hâta de suivre son conseil ; quelques minutes suffirent pour entasser une douzaine de bûches de pin à l'endroit désigné, et on se hâta d'y mettre le feu.

» Nous entourions le brasier dans une attente fiévreuse, dans une avidité doublée par les tiraillements de nos estomacs. Si la racine était un *homme* de bonne taille, nous pouvions tous espérer un bon repas. L'idée seule de manger suffit pour nous rendre nos forces et même pour ramener la gaieté ; quelques plaisanteries, les premières que nous entendions depuis bien longtemps, rendirent à tous l'espérance. Les chasseurs se réjouissaient de l'idée de déterrer le *vieux* tout rôti, et l'on se demandait mutuellement si ce serait un bon *vieillard* bien gras et bien dodu.

» Tout d'un coup, un craquement se fit entendre au-dessus de nos têtes, on aurait dit le bruit que fait un arbre mort en se fendant. Un être de dimension énorme, un animal, s'était précipité et tombait, en roulant comme un tourbillon, du haut d'une galerie taillée à mi-côte dans le rocher. Un instant après il touchait à terre, la tête en avant, avec un fracas terrible, et bondissant à plusieurs pieds de hauteur, il retombait d'aplomb sur ses quatre pattes.

» Un hurra involontaire fut poussé à l'instant par les chasseurs, qui tous, du premier coup d'œil, avaient reconnu le *carnero cimaron* ou bouquetin à grosses cornes. Il avait franchi le précipice en deux bonds, tombant chaque fois sur ses énormes cornes, dont la forme était celle de croissants dentelés.

» Pendant un instant, les chasseurs et le gibier parurent également surpris de se trouver en présence ; ils restèrent à se regarder en silence. Mais aussitôt les premiers coururent à leurs carabines, et l'animal, revenu de sa surprise, rejeta sa tête et ses cornes sur ses épaules, et s'élança en avant sur la plate-forme. En douze ou quinze bonds il était arrivé sur la bordure du terrain couvert de neige, et il s'enfonça dans ses molles profondeurs. En même temps plusieurs coups de feu retentirent, et on put apercevoir derrière lui de longues traces de sang. Il allait toujours néanmoins, sautant et bondissant au milieu de la neige, dans laquelle il disparaissait souvent tout entier.

» Nous nous élançâmes sur ses traces avec une ardeur pareille à celle de loups affamés ; les nombreuses taches qui rougissaient le sentier nous prouvaient que l'animal perdait tout son sang ; et en effet, à cinquante pas plus loin, nous le trouvâmes expirant.

» Un cri de joie fit connaître à nos compagnons l'heureux succès de notre chasse : nous commencions déjà à traîner notre proie vers le campement, lorsque des clameurs partant de la plate-forme vinrent frapper nos oreilles. C'était un mélange confus de voix d'hommes, de cris de femmes, entremêlés d'imprécations et d'exclamations de terreur.

» Nous nous précipitâmes vers l'entrée du sentier qui conduisait à notre lieu de halte, et là nos yeux furent témoins d'une scène bien faite pour frapper d'épouvante le cœur du plus courageux. Les chasseurs, les Indiens, les femmes, couraient çà et là comme des gens atteints de folie, poussant des hurlements horribles, impossibles à expliquer, se montrant l'un à l'autre du geste la cime des rochers. Nos regards se portèrent dans cette direction. Une rangée de créatures affreuses se tenaient au bord du précipice. Nous les reconnûmes aussitôt. C'étaient les monstres les plus redoutés de la montagne, c'étaient des ours grizzly.

» Il y en avait cinq ! cinq en vue, sans compter ceux qui pouvaient se trouver attardés. Cinq ours ! c'était plus qu'il n'en fallait pour nous exterminer tous, parqués dans un étroit espace, et affaiblis par la faim comme nous l'étions.

» Ils étaient arrivés là à la poursuite du bouquetin, et on pouvait deviner à la lueur sinistre qui s'échappait de leurs yeux que la faim et la rage de se voir privés de leur proie les pousseraient à quelque extrémité. Deux d'entre eux étaient déjà parvenus en rampant jusqu'au bord de l'escarpement, en reniflant et en sondant le sol avec leurs pattes, comme s'ils cherchaient un endroit favorable pour descendre.

Les trois autres quadrupèdes s'assirent sur leurs pattes de derrière et se mirent à faire manœuvrer leur train de devant d'une façon extraordinaire, en exécutant la pantomime la plus bizarre. On aurait dit des hommes recouverts de peaux de bêtes !

» Nous n'étions pas dans une situation d'esprit qui nous permît de prendre goût à ce divertissement. Chacun se hâta d'aller prendre ses armes, et ceux qui avaient fait feu les rechargèrent au plus vite.

» — Arrêtez sur votre vie, ne tirez pas ! s'écria Garey en saisissant le canon du fusil de l'un des chasseurs.

» L'avis venait trop tard. Une douzaine de balles sifflaient déjà dans la direction des ours.

» L'effet de la fusillade fut celui qu'attendait le trappeur. Les ours, rendus furieux par les balles qui ne leur avaient pas fait plus de mal que des piqûres d'épingles, retombèrent sur leurs quatre pattes, et, poussant des grognements de colère, se mirent en devoir de descendre.

La confusion fut alors à son comble. Quelques hommes, moins braves que leurs camarades, coururent se blottir dans la neige, tandis que d'autres grimpaient le long des pins qui se trouvaient à leurs portée.

» — Faites cacher les femmes ! s'écria Garey. Allons donc, maudits fainéants d'Espagnols ! Si vous ne voulez pas combattre, veillez auz femmes, tous tant que vous êtes, faites-les cacher dans la neige. Tas de lâches, pouah ! vers de terre ! pourceaux ?

» — Sauvez les femmes, docteur, dis-je à l'Allemand, qui, selon moi, nous etait d'un secours inutile pendant la bataille, et sans se faire prier celui-ci, aidés de quelques Mexicains, entraînait les femmes effrayées vers l'endroit où nous avions laissé notre gibier.

» La plupart d'entre nous savaient que, dans les circonstances actuelles, se cacher était pire que combattre. Les ours, rendus sagaces par leur férocité, nous auraient déterrés l'un après l'autre et massacrés en détail. Il fallait donc les attendre et leur livrer bataille : tel était le mot d'ordre, et nous étions résolus à ne pas nous départir de cette résolution.

» Nous étions une douzaine de combattants en tout, y compris les Delawares et les Shawanoes, Garey et les autres trappeurs.

» Nous ouvrîmes le feu sur les ours, qui couraient le long des arêtes tortueuses du canon pour arriver jusqu'à nous. Par malheur nos carabines n'étaient pas en état, nos doigts étaient roides de froid et nos nerfs affaiblis par la faim. Nos balles faisaient saigner ces hideuses brutes, mais aucune des blessures n'était mortelle : nos coups n'avaient d'autre résultat que celui d'exciter leur rage.

» Quel moment terrible fut celui où nous nous aperçumes que nos dernières munitions étaient épuisées sans que nous eussions eu la chance d'abattre un seul de nos ennemis ! Nous jetâmes de côté nos carabines, et, saisissant nos haches et nos couteaux de chasse, nous attendîmes de pied ferme ces farouches adversaires.

» Nous nous étions avancés tous contre le rocher, afin de porter les premiers coups aux ours grizzly, qui, ordinairement, descendent à reculons. Nous fûmes encore déçus dans cette espérance. Arrivés à une galerie, située à environ dix pieds au-dessus de la plate-forme, celui qui se trouvait en tête, s'apercevant de la position que nous occupions, hésita tout à coup : on aurait dit qu'il n'osait plus descendre. L'instant d'après, ses compagnons, rendus furieux par leurs blessures vinrent s'abattre sur la même galerie, et, soudain, tous les cinq se précipitèrent au milieu de nous.

» Alors commença une lutte désespérée, que je ne saurais décrire. Les clameurs des coureurs des bois, les cris sauvages de nos alliés indiens, les rauques hurlements des ours, le bruit des tomahawks résonnant sur les crânes comme sur des cailloux, le cliquetis inexprimable des couteaux de chasse, et puis, de temps à autre, un gémissement humain lorsqu'une griffe crochue s'enfonçait dans les muscles de l'un de nous ? C'était une scène d'horreur qu'aucune plume ne saurait décrire avec exactitude.

» Partout, sur la plate-forme, les hommes et les ours tombaient ensemble, se débattant dans cette lutte suprême, d'où dépendait la vie ou la mort, à travers les arbres et dans les profondeurs de la neige, qu'ils teignaient ensemble de leur sang.

» A droite, deux ou trois chasseurs n'avaient qu'un ennemi à combattre ; à gauche, un d'entre nous, plus brave, se défendait tout seul. Plusieurs étaient déjà étendus par terre, et à chaque instant, les ours, victorieux, diminuaient le nombre des nôtres.

» J'avais été renversé dès le commencement de l'action. Lorsqu'il me fut possible de me remettre sur mes jambes, je vis l'animal qui m'avait attaqué étreindre dans ses bras le corps d'un homme qui gisait à terre. C'était Garey. Je me penchai sur l'ours et je le saisis par l'échine, afin de me soutenir, car j'étais tout étourdi de faiblesse; nous en étions tous réduits là. Je frappai de toute ma force, et je lui enfonçai mon couteau dans les côtes.

» L'animal féroce lâcha aussitôt le Français, et se retourna contre moi. Je voulus éviter son étreinte, et tout en marchant à reculons, je me défendis avec mon couteau.

» Tout à coup j'arrivai près d'un trou rempli de neige et je tombai sur le dos. Au même instant, je sentis sur moi le corps pesant du grizzly, et le contact de ses griffes qui s'enfonçaient profondément dans mon épaule. L'haleine fétide du monstre me suffoquait, et tandis que je frappais au hasard de mon bras droit demeuré libre, nous roulâmes, à plusieurs reprises, l'un sur l'autre.

» J'étais aveuglé par la neige ; mes forces m'abandonnaient ; je perdais tout mon sang. Je poussai enfin un cri de désespoir; mais ma voix était si faible, qu'il eût été impossible de l'entendre à dix pas de moi. Un sifflement étrange parvint à mes oreilles ; une lueur brillante me passa devant les yeux ; un objet incandescent s'approche de mon visage au point de me roussir la peau ; je sentis une odeur de poils brûlés ; j'entendais des voix qui se mêlaient aux rugissements de mon adversaire. Tout à coup les griffes se retirèrent de ma chair, le poids qui oppressait ma poitrine disparut : j'étais seul, tout à fait seul.

» Je me remis sur mes pieds, et me frottai les yeux pour en faire disparaître la neige qui m'aveuglait. Lorsque j'eus recouvré la vue, j'eus beau regarder, je ne vis plus rien, j'étais plongé dans un trou profond, creusé par la lutte ; mais tout était calme devant moi.

» La neige qui m'entourait était rougie par le sang ; mais qu'était devenu mon terrible adversaire ? qui m'avait délivré de son étreinte mortelle ?

» Je parvins sur la plate-forme en chancelant. Là, une autre scène vint frapper mes regards. Un homme d'un aspect bizarre et fantastique courait de tous côtés tenant en main un tison gigantesque, la cime d'un pin tout entier enflammée comme une torche, qu'il brandissait dans l'air. Il poursuivait un ours, et l'animal, hurlant de rage et de douleur, faisait tous ses efforts pour atteindre les rochers. Deux autres de ces monstres les avaient déjà gravis à moitié, bien qu'avec peine, car le sang coulait en abondance de leurs flancs criblés de blessures.

» L'animal poursuivi atteignit les hauteurs, poussé par la flamme qui lui rôtissait les côtes. Il fut bientôt hors de la portée de son ennemi, qui aussitôt se tourna vers un quatrième aux prises avec deux ou trois de nos compagnons. Celui-ci fut encore mis en fuite et alla rejoindre ses camarades sur les rochers. Le chasseur fantastique cherchait le cinquième, mais il avait disparu. Le sol était jonché d'hommes blessés et presque sans mouvement; quant à l'ours, on n'en voyait point de traces. Il avait dû s'échapper sous la neige.

» J'en étais encore à me demander quel était l'homme au tison et d'où il avait pu venir. J'ai déjà dit que c'était un individu d'un aspect extraordinaire, et je n'ai rien exagéré. Il ne ressemblait à aucun des chasseurs de notre caravane, du moins je ne le reconnaissais pas. Il avait la tête chauve ou plutôt entièrement rasée. On ne découvrait aucun cheveu ni sur le crâne ni sur les tempes ; son front dénudé reluisait à la lueur du feu comme de l'ivoire poli. Mon esprit flottait encore dans une incertitude sans pareille, lorsqu'un de nos compagnons, Garey, encore étendu sur la plate forme où l'avait couché un des ours, se leva tout à coup sur ses jambes en s'écriant :

» — Bravo, docteur ! Mes amis, trois hurrahs pour le docteur !

» A mon grand étonnement, je reconnus alors les traits de notre camarade, qui, par l'absence de sa brune chevelure, avait opéré en lui une métamorphose si complète, que jamais je n'aurais pu croire qu'une perruque pût changer à ce point la physionomie d'un chrétien.

» — Voilà votre toupet, docteur ! s'écria Garey, qui accourait porteur du *gazon*. De par le tonnerre ! vous nous avez tous sauvés. Et le chasseur étreignit l'Allemand dans ses bras nerveux.

» Partout, autour de nous, on ne voyait que des blessés, qui, rampant sur la neige, se réunirent peu à peu. Mais où pouvait être le cinquième ours, puisqu'on n'en avait vu que quatre s'enfuir à travers les rochers ?

» — Le voilà, fit une voix.

» Une légère ondulation sous la croûte de la neige nous prouva que quelque animal cherchait à se frayer un passage en dessous.

» Plusieurs d'entre nous prirent leurs carabines pour se mettre à sa poursuite ; le docteur s'arma d'un nouveau tison ; mais bien avant que nous eussions eu le temps de faire nos préparatifs, un cri formidable vint encore faire figer notre sang dans nos veines. Aussitôt les Indiens, saisissant leurs tomahawks, s'élancèrent en bondissant vers l'ouverture du sentier. Ils savaient bien ce que voulait dire ce *whoop* inattendu : c'était le cri de mort d'un guerrier de leur tribu.

» Ils se glissèrent dans le sentier que nous avions frayé le matin, suivis de ceux qui avaient pu recharger leurs armes. Du sommet de la plate-forme, nous les suivions d'un œil inquiet ; mais avant qu'ils ne fusent arrivés au lieu du combat la voix s'était éteinte. Il nous parut évident que la lutte avait cessé.

» Nous attendions dans un morne silence. Le mouvement de la neige nous indiquait la rapidité de la course des Peaux-Rouges. Ils arrivèrent enfin sur le champ de bataille ; mais une fois parvenus là, comme tout rentra dans le calme le plus profond, nous prévîmes qu'une catastrophe était arrivée. Le sort de l'Indien nous fut bientôt annoncé par une exclamation sauvage pleine de tristesse qui fit retentir l'écho du canon entier de ses accents lugubres : elle annonçait la mort d'un guerrier thawano.

» Ils avaient trouvé leur brave camarade expirant au moment où il avait planté son couteau dans le cœur de son terrible adversaire !...

» Ce souper de viande d'ours nous coûtait cher ; mais la mort de notre camarade sauvait la vie des autres : c'était un sacrifice providentiel !

» Nous gardâmes le bouquetin pour le repas du lendemain ; le jour suivant nous mangerions la racine, et après cela... quoi ? — Un homme, peut-être !

» Heureusement, nous ne fûmes pas réduits à cette extrémité. La gelée était revenue, et la surface de la neige, détrempée d'abord par le soleil et la pluie, se durcit bientôt et put supporter notre poids. Il nous fut enfin possible de sortir de ce dangereux passage et de gagner tranquillement les régions plus tempérées de la plaine. »

CHAPITRE XXVII

Les cygnes d'Amérique

Nous avions jusqu'alors dirigé notre marche vers le nord, afin d'éviter les monts Ozork. Nous arrivâmes enfin au marais des Cygnes, affluent de l'Osage, où nous établîmes notre camp. Un peu plus loin, nous espérions rencontrer des bisons et nous nous bercions à l'avance des espérances les plus flatteuses. Les bords de la rivière étaient marécageux près de l'endroit où nous avions dressé nos tentes. On apercevait çà et là des flaques d'eau stagnante dans lesquelles s'ébattaient un grand nombre de cygnes, d'oies sauvages et autres oiseaux aquatiques.

Nos fusils nous furent du plus grand service, et nous parvînmes à tuer deux cygnes, une oie (*anser canadensis*) et une paire de canards. Les cygnes étaient énormes, ils appartenaient à l'espèce appelée cygne-trompette; on en fit cuire un pour souper, et cet oiseau suffit pour le repas de tous. Comme notre faim était apaisée, on mit de côté pour une autre occasion le second cygne, l'oie et les deux canards.

Tout en savourant la chair de ce noble et bel oiseau, nous nous entretînmes de plusieurs faits relatifs à son histoire naturelle.

Blanc comme un cygne est une comparaison aussi ancienne que le langage des hommes lui-même; mais ce dicton embarrasserait fort un habitant de l'Australie, accoutumé à voir cet oiseau sous une tout autre couleur. L'appellation est pourtant exacte quand il s'agit des cygnes de l'Amérique du Nord, dont les trois espèces, — car il y en a trois, — ont la blancheur de la neige.

Nous n'avons pas besoin de décrire en détail la forme et l'apparence extérieure du cygne; tout le monde a vu ces oiseaux et les connaît. Un cou long, fièrement redressé et gracieusement recourbé; la poitrine arrondie, la queue relevée, une légèreté sans pareille à se tenir sur l'eau, et une extrême facilité pour se livrer à des mouvements gracieux, telles sont les particularités que chacun a observées, admirées et gravées dans ses souvenirs. Ce sont là des qualités ordinaires à tous les oiseaux du genre *cycnus*, et qui par conséquent n'appartiennent pas exclusivement au cygne d'Amérique.

Bien des gens s'imaginent qu'il n'y a que deux espèces de cygnes, le blanc et le noir. Le cygne noir était, il y a peu d'années, inconnu du public, et par conséquent privé de l'admiration générale. Mais il y a en outre plusieurs espèces de cygnes bien distinctes, différents toutes les unes des autres par la taille, par la voix et par plusieurs autres particularités. En Europe seulement, il y a quatre races de cygnes qui se distinguent chacune par des traits particuliers.

On a longtemps cru que le cygne commun d'Amérique ne différait en rien de celui d'Europe, si répandu en Angleterre. Il est maintenant avéré que ces deux oiseaux sont de races tout à fait distinctes ; bien plus, dans l'Amérique du Nord, on en a classé deux autres espèces, qui non seulement diffèrent entre elles, mais qui n'ont pas la moindre ressemblance avec le cygne américain : la première est le cygne-trompette (*cycnus buccinator*), et la seconde est le petit cygne de Berwick (*cycnus Berwickii*), qu'on rencontre quelquefois en Europe.

L'espèce ordinaire d'Amérique a le plumage du blanc le plus pur, le bec, les jambes et les pattes d'un noir de jais. On remarque chez quelques individus une légère teinte jaune orange qui couvre le sommet de la tête, et qui s'étend des coins du bec jusqu'aux yeux. A la partie inférieure du bec se trouve un tubercule ou excroissance de chair, et le bout de la partie supérieure est recourbé.

Les petits de cette espèce de cygnes sont de couleur gris-ardoise, et la teinte rougeâtre de leurs plumes sur le sommet de la tête est plus prononcée. La membrane qui va de la bouche aux yeux est dans les jeunes oiseaux couverte de plumes, et leur bec est couleur de chair. Cette description se rapporte en tous points au cygne de Berwick ; seulement ce dernier n'atteint pas plus des trois quarts de la grosseur de l'autre ; il n'a, en outre, que dix-huit plumes à la queue, tandis que le cygne d'Amérique en a vingt. Le son de la voix est aussi complètement différent.

Le cygne-trompette ne ressemble à aucune de ces deux espèces. D'abord il est beaucoup plus gros ; on en voit quelquefois qui mesurent six pieds de long ; il n'a pas d'excroissance de chair dans le bec, pas plus que de tache sous les yeux. Il a les jambes, les pattes et le bec entièrement noirs, et le reste du corps tout blanc, à l'exception de la tête, qu'on trouve quelquefois couverte d'une teinte d'un brun rougeâtre ou châtain clair. Lorsqu'il est jeune, son plumage est d'un blanc gris mélangé de jaune, et la tête châtain foncé. Il a vingt-quatre plumes à la queue ; mais ce qui le distingue des autres oiseaux de sa race, c'est la conformation de son gosier. Chez le cygne-trompette, cet organe rentre dans une protubérance qui s'étend le long du sternum, et dont on ne trouve nulle trace dans les autres espèces. Il est fort probable que cette conformation influe sur son chant tout particulier, qui ne ressemble pas du tout à celui des deux autres. Ce cri est plus fort et plus sonore, et à une certaine distance on le prendrait pour le son tiré d'une trompette ou pour le son du cor. C'est ce qui lui a fait donner le nom vulgaire sous lequel le connaissent les chasseurs.

Tous les cygnes d'Amérique sont voyageurs, c'est-à-dire que chaque année ils émigrent du nord au sud, et qu'au commencement du printemps ils retournent vers les régions arctiques.

Le moment de l'émigration n'est pas le même pour les trois espèces. Le cygne-trompette est le premier ; il précède même tous les autres oiseaux, à l'exception de l'aigle. Puis vient le *cycnus americanus*, et enfin les cygnes de moindre taille, qui sont les derniers de tous les oiseaux émigrants.

Le cygne-trompette remonte au nord dès la première débâcle des glaces ; quelquefois ils arrivent, dans le cours de leur voyage, à un endroit où le dégel n'a pas encore été assez fort pour fondre les glaces ; alors ils retournent sur leurs pas, jusqu'à ce qu'ils trouvent un lac ou une rivière où les eaux soient plus libres : ils restent là quelques jours, attendant que les cours d'eau soient dégagés plus au nord.

Quand on voit des cygnes ainsi attardés et retenus en arrière, c'est toujours une preuve certaine de la rigueur extraordinaire de la saison.

Les cygnes vont au nord pour y pondre et couver leurs œufs. Pourquoi cela, cette habitude est encore un mystère. Peut-être se sentent-ils plus en sûreté dans les déserts, inhospitaliers pour nous, mais très hospitaliers pour eux, que renferme le cercle arctique. Le cygne-trompette bâtit son nid jusqu'au 61° de latitude, mais la plupart du temps il se retire dans la zone glaciale.

Les cygnes de la petite espèce ne nichent jamais dans des régions aussi méridionales; ils poussent leur vol jusqu'à l'Océan glacial. Leurs nids sont faits des morceaux de cette mousse qui croît sur la tourbe; ils ont souvent six pieds de long sur quatre de large et deux de hauteur; au faîte de ces monticules se trouve le nid, consistant en une cavité d'un pied de profondeur et d'un pied et demi de diamètre.

Le cygne-trompette et le cygne d'Amérique s'établissent dans les marais ou dans les îles au milieu des lacs. Dans les contrées où le rat musqué abonde, les demeures en forme de dôme de ces rongeurs, abandonnées à cette époque de l'année, servent de nid au cygne et à l'oie sauvage. Sur le faîte de cet édifice, isolé au milieu de vastes marais, ces oiseaux sont à l'abri des atteintes de tous leurs ennemis, à l'exception pourtant des attaques de l'aigle.

Les œufs du cygne-trompette sont très gros. Un seul suffit pour le repas d'un homme. Ceux du cygne d'Amérique, moins volumineux, ont une apparence verdâtre, tandis que ceux du cygne de Berwick sont plus petits, d'un blanc brun, et d'une teinte tant soit peu foncée.

Ils pondent ordinairement six ou sept œufs à la fois. Les jeunes cygnes qui ont atteint toute leur croissance, et même ceux qui ne sont encore qu'à moitié de la taille ordinaire, passent pour un manger très délicat; ils sont très recherchés par les chasseurs et par les Indiens pourvoyeurs de la compagnie des marchands de pelleteries.

Lorsque les jeunes ont pris tout leur développement, et lorsque la gelée commence à se faire sentir sur les lacs et les rivières des régions hyperboréennes, les cygnes commencent à prendre la route du sud. Ils ne vont pas alors en ligne directe comme au printemps; ils mettent plus de temps à voyager, et séjournent plus longtemps dans les pays par lesquels ils passent. La cause de ce ralentissement dans leur émigration vient sans doute de ce qu'ils n'ont plus les mêmes motifs de se presser. Au printemps, ils sont poussés par l'instinct qui les pousse à faire leur nid, tandis qu'en automne, ils vont de lac en lac, de rivière en rivière, en quête de nourriture. Dans l'arrière-saison, comme au *renouveau*, à la fin de l'hiver, ce sont encore les cygnes-trompettes qui s'aventurent les premiers, gagnant d'abord les grands lacs, puis les côtes de l'Atlantique, et enfin les rives du Mississipi jusqu'aux bords marécageux du golfe du Mexique.

Il est à remarquer que cette dernière espèce se trouve rarement sur les rivages de l'Atlantique, où l'on rencontre le cygne ordinaire en plus grand nombre. Le cygne-trompette ne fréquente pas non plus ni l'océan Pacifique ni le fleuve Colombia, où les cygnes d'Amérique abondent, mais où ils sont pourtant bien moins nombreux que la plus petite espèce; celle-ci l'emporte sur l'autre dans la proportion de cinq pour un. Le cygne de Berwick est complètement inconnu dans les territoires de l'intérieur, où l'on fait la chasse aux fourrures. Ces régions ne sont fréquentées que par le cygne américain et le cygne-trompette, qui s'y rencontrent en troupes innombrables. Les peaux des oiseaux de cette dernière espèce sont généralement exportées par la compagnie de la baie d'Hudson, et forment un article important de son commerce.

Les Indiens des pays à fourrures font une chasse acharnée à ce noble oiseau et ils en vendent les dépouilles aux marchands à un prix assez élevé. La peau et les plumes du cygne sont très estimées. En outre, leur chair est d'une ressource infinie pour ces pauvres gens, dont l'existence entière, il faut bien se le rappeler, est consacrée à se procurer des vivres, et qui la moitié de l'année sont à la veille de mourir de faim.

Aussi cet oiseau, qui pèse de vingt à trente livres, et qui compte parmi le gros gibier, est-il poursuivi à outrance par les chasseurs de race blanche comme par ceux de race de couleur. Toutes les ruses que peut produire l'imagination des Indiens sont mises en usage pour arriver à portée de ces monstrueux volatiles; ils inventent pour les surprendre des pièges, des engins et des appeaux qui feraient honneur au plus habile braconnier des pays civilisés.

Mais les cygnes sont, parmi toutes les créatures de Dieu, celles qui sont les plus faciles à effaroucher. Leur vol est si rapide, à moins qu'ils n'aient le vent en tête, qu'il faut être un tireur fort habile pour les atteindre. Même au temps de la mue, ou à l'époque où ils sont tout jeunes, ils évitent encore le plomb du chasseur, en courant et voltigeant sur l'eau de manière à devancer un canot dirigé par d'habiles rameurs.

Les moyens les plus usités par les chasseurs sont des pièges disposés de la manières suivante :

On choisit un lac ou un fleuve parmi ceux qui sont habituellement fréquentés par les cygnes lors de leur voyage vers le sud ; car c'est alors la meilleure saison pour faire cette chasse.

Quelque temps avant l'arrivée des oiseaux, on plante dans l'eau une certaine quantité d'échalas tressés d'osier, partant à l'angle droit de l'un des bords, et placés à quelques mètres les uns des autres. Dans l'espace laissé entre chaque échalas formant treillage, aussi bien que dans certaines ouvertures ménagées dans l'ouvrage même, on fixe des lacets faits de boyaux de daim, dont la forme est ovale, et qui se terminent par des nœuds coulants. On les dépose de manière que plusieurs de ces lacets puissent intercepter l'ouverture et que le cygne ne puisse pas passer sans être pris.

Le lacet est fixé à un pieu enfoncé dans le lit de la rivière assez solidement pour qu'il ne puisse pas être arraché par les efforts de l'oiseau en se débattant. En outre, afin que le vent ne dérange pas le nœud de la position dans laquelle il doit être placé, et de peur qu'il ne soit entraîné par le courant, on l'attache aux broussailles de la rive avec quelques brins d'herbe, qui offrent peu de résistance, et qui cèdent dès qu'un oiseau y a engagé sa tête et son cou.

Ces barages, ou treillages de broussailles, doivent toujous être attenants à la rive, car on sait que le cygne longe ordinairement les bords lorsqu'il est en quête de nourriture. Dans une rivière ou sur un lac où les eaux sont peu profondes, lorsqu'on peut facilement y enfoncer des pieux partout, on prolonge l'ouvrage d'un bord à l'autre.

On s'empare encore des cygnes sur leurs nids. Dès qu'on en a découvert un, on place un lacet de manière à attraper l'oiseau au moment où il revient à ses œufs. Ces volatiles ont cela de commun avec plusieurs autres espèces, qu'ils ont l'habitude d'entrer dans leur nid d'un côté et de sortir par l'autre ; c'est du côté de l'entrée qu'il faut poser le lacet.

Les Indiens croient que si la personne qui dresse le piège n'a pas les mains propres, l'oiseau n'approchera pas, et préférera abandonner ses œufs, même quand il les aurait couvés depuis quelque temps.

Ce qu'il y a de certain, c'est qu'on a observé chez plusieurs oiseaux cette habitude, qui peut-être appartient aussi au cygne sauvage, car chaque fois qu'il revient à son nid il en fait une inspection minutieuse, et le moindre dérangement qu'il remarquerait aux abords le ferait hésiter à en approcher.

On peut tirer le cygne comme tout autre oiseau si on parvient à l'approcher sans en être vu. Il faut, pour le tuer, du très gros plomb, le même qu'on emploie pour le cerf, et qu'on connaît en Europe sous le nom de chevrotines ; en Angleterre, on le nomme plomb à cygne.

Il est très difficile d'arriver à portée du cygne sauvage. Cet oiseau est naturellement farouche, et la longueur de son cou lui permet de voir au loin, par-dessus les bords du cours d'eau ou du lac sur lesquels il prend ses ébats. Quand par hasard il n'a pas de taillis, ce qui arrive assez souvent dans les endroits qu'il fréquente, il est impossible de l'approcher.

Quelquefois, le chasseur s'abandonne au courant pour arriver jusqu'à lui, monté dans un canot, autour duquel il a placé une garniture d'herbes et de buissons. Quelquefois encore, il arrive près du cygne caché sous la peau d'un cerf ou sous celle d'un quadrupède quelconque. Le cygne, ainsi que la plupart des oiseaux sauvages, a plus peur de l'homme que de tout autre animal.

A l'époque de l'émigration du printemps, lorsque le cygne se dirige vers le nord, le chasseur, caché derrière un rocher, un monticule ou un arbre, l'attire souvent en imitant son cri. Ce moyen n'a pas autant de succès en automne.

A la fin de l'hiver, lorsque les cygnes se sont trop tôt mis en route, on les voit arriver en bandes innombrables dans le voisinage des sources et des chutes d'eau, car partout ailleurs l'eau est congelée. Les chasseurs s'embusquent alors près de ces réservoirs liquides, et aussitôt que les oiseaux arrivent à portée, une décharge générale en fait un effroyable carnage.

M. A..., le naturaliste, nous raconta une chasse aux cygnes faite à la lueur des flambeaux, à laquelle il avait assisté quelques années auparavant :

« Je m'étais arrêté pendant quelques jours, nous dit-il, dans une plantation reculée, située sur un des affluents nord de la Rivière-Rouge. C'était en automne, et les cygnes-trompettes étaient arrivés dans les environs, se rendant vers le sud. J'étais plusieurs fois sorti avec mon fusil avec le désir d'en apercevoir, mais ces diables d'oiseaux étaient si farouches que jamais je n'avais pu arriver à portée. J'avais mis en usage tous les expédients imaginables, appeaux, déguisements, ruses de toutes sortes ; rien n'avait réussi. Enfin je me décidai à les aborder à la lueur des flambeaux.

» Aucun des chasseurs de plantation n'avait jusqu'alors employé ce moyen, mais comme la plupart avaient, d'une façon ou d'une autre, au moyen de pièges et de ruses, réussi à prendre plusieurs cygnes, mon amour-propre de chasseur se sentait humilié, et je voulais montrer que je pouvais aussi bien qu'eux abattre un de ces oiseaux. Je n'avais jamais vu chasser le cygne aux flambeaux, mais ce moyen, comme vous le savez déjà, m'avait réussi pour le cerf, et je voulais en faire l'essai sur les cygnes.

» Je gardai le plus profond secret sur mes intentions, voulant, s'il était possible, surprendre mes hôtes ; mon domestique fut le seul que j'admis dans ma confidence, et nous procédâmes à nos préparatifs, qui étaient complètement les mêmes que ceux dont je vous ai parlé pour ma chasse aux cerfs longues queues; seulement, au lieu de nous aventurer dans un canot creusé dans un tronc d'arbre, nous avions un esquif léger fait d'écorce de bouleau, pareil à ceux dont se servent les Chippeways et les Indiens des territoires du Nord. Nous l'avions emprunté à un colon, et, par mes soins et ceux de mon domestique, il avait été rempli clandestinement du combustible nécessaire pour entretenir le feu, et des autres objets indispensables pour la chasse.

» Tout était prêt, et je n'attendais plus qu'une nuit sombre pour mettre mon projet à exécution.

» Heureusement je ne tardai pas à en trouver une telle que je la désirais, noire comme l'Erèbe. Mon domestique prit les rames, et nous nous sentîmes bientôt emporté par le courant.

» Dès que nous fûmes à quelque distance des habitations, nous allumâmes dans la poêle nos pommes de pin. La flamme, réfléchie par la surface concave et noircie de l'écorce, jetait une lumière vive et brillante sur le demi-cercle en avant du bateau, tandis que nous, cachés derrière notre écran, nous nous trouvions dans les ténèbres les plus profondes. J'avais entendu dire que le cygne, loin de s'effrayer de la lueur de la flamme, se laissait facilement éblouir, et que, poussé par la curiosité, il s'approchait quelquefois du point lumineux, comme le font les cerfs et certains autres animaux. Rien n'était plus vrai ; nous en eûmes bientôt la preuve.

» A peine avions-nous parcouru un mille en descendant le cours de l'eau, que nous aperçûmes plusieurs objets blancs qui se mouvaient dans le cercle de notre lumière.

Quelques coups de rames nous en approchèrent assez pour nous montrer que c'étaient des cygnes. Nous distinguions la longueur démesurée de leurs cous, et il était facile de voir qu'ils avaient cessé de nager pour comtempler avec étonnement l'étrange machine qui s'avançait vers eux.

» Il y en avait cinq ensemble : j'ordonnai à mon domestique de se diriger vers celui qui paraissait le plus près de nous, et je lui recommandai surtout de faire avec ses rames le moins de bruit possible ; en même temps j'examinai les capsules de mon fusil à deux coups, afin de ne pas avoir le désagrément d'un raté.

» Pendant quelque temps, les cygnes conservèrent une immobilité complète, ils s'élevaient au-dessus de l'eau, et tenaient leurs longs cous élevés à une assez grande distance de la surface. Il était facile de voir qu'ils étaient moins effrayés que surpris.

» Lorsque nous fûmes à une portée de cent mètres, je les vis commencer à se mettre en mouvement et à se resserrer l'un contre l'autre, tout en poussant un sifflement particulier qui avait quelque rapport avec celui du cerf. J'avais entendu parler du chant du cygne, qui sert de prélude à sa mort, je fus donc fondé à m'imaginer que le son qui venait me frapper l'oreille était celui attribué à cet oiseau lorsqu'il touche à son heure dernière.

» Afin que le rêve devint une réalité, je me penchai en avant, j'armai les deux coups de mon fusil, je mis en joue et j'attendis le moment propice.

» Les oiseaux ne formaient plus qu'un groupe tellement serré, que leurs cous s'entrelaçaient presque l'un dans l'autre ; quelques efforts silencieux de la rame m'amenèrent à portée, et visant aux trois têtes qui se trouvaient sur la même ligne, je fis feu des deux coups à la fois.

» Le recul me jeta en arrière, et pendant quelques instants la fumée nous empêcha de voir ce qui s'était passé.

» Dès qu'elle se fut dissipée, nous eûmes le plaisir de voir flotter deux grands corps blancs dans le sillage de la lumière, tandis qu'un troisième oiseau, évidemment blessé, se débattait sur la surface de l'eau, qu'il fouettait avec ses ailes.

» Les deux autres s'étaient élevés dans les airs, et, malgré la hauteur prodigieuse où ils se trouvaient, on entendait encore les sons pareils à ceux de la trompette, qui trahissaient la direction de leur fuite au milieu des profondeurs ténébreuses de la nuit.

» Nous nous hâtâmes de ramasser notre gibier; celui qui se débattait était un mâle énorme, les deux oiseaux tués roide étaient deux jeunes cygnes.

» C'était un heureux commencement; aussi nous empressâmes-nous à raviver notre brasier et à continuer notre excursion en descendant le courant. Nous voulions savoir si nous ne pourrions pas tuer encore quelques cygnes. A un demi-mille environ plus bas, nous rencontrâmes trois autres oiseaux de la même espèce, et je réussis à en tuer un.

» Quelques coups de rames nous amenèrent en vue d'une troisième compagnie, et chacun des coups de mon fusil me procura une pièce de gibier. Un peu plus bas je réussis à tuer une paire d'oies sauvages.

» Nous descendîmes ainsi la rivière l'espace d'au moins dix milles, tuant sur notre route des cygnes et des oies à plaisir. La nouveauté de ce genre de chasse, l'aspect sauvage du paysage se déroulant à nos yeux, et que rendait encore mille fois plus pitoresque la flamme projetée par nos pommes de pin, l'ardeur que nous inspirait le succès, tout se réunissait pour nous offrir un charme infini, et si les pommes de pin ne nous eussent pas manqué, nous serions restés en chasse jusqu'au lendemain matin.

» Le manque de combustible nous força à revenir vers la plantation : nous virâmes de bord, avec la perspective bien moins agréable d'un travail beaucoup plus pénible, celui de remonter le courant à force de rames. Cependant la satisfaction d'avoir accompli un grand exploit, ou, pour nous servir du langage des chasseurs canadiens, d'avoir fait *un grand coup*, rendit notre tâche moins ardue, et nous parvînmes bientôt à l'habitation de nos hôtes.

» Le lendemain matin, nous étalâmes à leurs yeux le produit de notre chasse.

» Il consistait en douze cygnes-trompettes, outre trois cygnes ordinaires. Nous avions aussi deux oies du Canada, une oie d'hiver et trois grèbes : j'avais tué ces derniers d'un seul coup de fusil.

» Les chasseurs de la plantation se montrèrent quelque peu jaloux; ils ignoraient quels moyens j'avais pu employer pour obtenir un résultat de chasse aussi prodigieux. Je leur cachai mon secret pendant quelque temps ; mais la poêle à frire et le morceau d'écorce noircie trahirent mon procédé et firent découvrir tout notre stratagème. Aussi la nuit suivante, on voyait flotter au gré du courant une douzaine de canots portant chacun des feux allumés à l'avant, et les échos d'alentours répercutaient les sons d'une fusillade soutenue. On aurait dit une petite guerre. »

CHAPITRE XXVIII

Chasse au renne

En passant sur les bas-fonds marécageux au travers desquels s'étendait notre route, nous observâmes dans la boue l'empreinte d'un pied d'une forme bizarre. D'aucuns prétendaient que c'était la trace d'un grand renne : mais le chasseur naturaliste, plus expert que nous tous, nous assura que l'on ne trouvait jamais cet animal dans une zone aussi rapprochée du sud que celle où nous nous trouvions alors. Ce ne pouvait être qu'un élan de grande taille qui avait laissé ces traces, et nous nous rangeâmes tous à cet avis.

Cependant, le renne était par lui-même un sujet de conversation si intéressant, que chacun raconta, pendant le reste de la marche, ce qu'il savait sur les mœurs de cet animal.

Le renne (*cervus alces*) est le plus grand quadrupède du genre cerf. Le mâle atteint ordinairement la taille du cerf mulet, et on en tue quelquefois de bien plus gros. Un entre autres avait dix-sept palmes de hauteur, et pesait douze cents livres. Il était par conséquent plus grand que ne le sont ordinairement les chevaux. La femelle est beaucoup plus petite que le mâle.

La couleur du renne, comme celle de tous les animaux de l'espèce, varie suivant la saison et eu égard au sexe. Le mâle a le dos, les flancs et les cuisses d'un brun fauve; en hiver, le poil assume une teinte plus foncée, et chez les animaux âgés, elle devient presque noire. C'est ce qui fait donner au renne le nom d'élan noir dans quelques districts des Etats-Unis. Le dessous du corps est d'une couleur brun clair, mêlée de jaune ou de blanc grisâtre.

La femelle a le dos brun cendré et le ventre presque blanc. Les petits sont aussi brun cendré; mais jamais on n'en voit de mouchetés, comme cela arrive chez les daguets de l'espèce des cerfs de Virginie.

Le renne n'est autre que l'élan de l'Europe septentrionale; car, comme nous l'avons déjà dit, l'élan d'Amérique est un animal d'une race entièrement distincte. Les deux espèces peuvent se prendre l'une pour l'autre, lorsque leur bois n'a pas atteint son entier développement, ou bien lorsqu'il est dans le velours. C'est alors seulement qu'on peut les confondre; mais ceci arrive rarement, et la confusion n'existe que dans les noms. L'élan américain ne se trouve pas à l'état sauvage dans l'Amérique du Sud, quoiqu'il fasse souvent l'ornement de bien des parcs seigneuriaux.

La ressemblance du renne d'Amérique avec l'élan d'Europe est un fait qui mène à des considérations dignes d'être mentionnées. Les mêmes rapports existent entre le caribou du Canada et le renne de l'Europe septentrionale : tous deux sont évidemment celle que Pline appelait *cervus tarandus*. Il en est de même de l'ours polaire des deux hémisphères, du renard arctique, et de plusieurs autres animaux. Nous pouvons donc conclure de ceci qu'à une époque reculée il existait indubitablement aux extrémités septentrionales des deux continents une langue de terre ou quelque autre voie de communication qui donnait accès aux quadrupèdes des deux mondes pour se rendre d'un pays dans l'autre.

Le renne est non seulement le plus grand, mais c'est aussi le plus disgracieux individu de la famille des cerfs. Il a la tête longue, hors de toute proportion, ses jambes sont aussi d'une longueur démesurée, tandis qu'il a le cou extraordinairement court. Ses oreilles larges, tombantes, dans le genre de celles de l'âne, ont près d'un pied de long; son museau carré, partagé par une fente profonde, lui donne l'apparence d'un animal à deux faces; la lèvre supérieure dépasse l'inférieure de plusieurs pouces, et est très facile à saisir. Une longue touffe de poils rudes comme des crins recouvre une excroissance de chair qui lui pousse sur la gorge, dans l'angle formé par la tête et le cou. On remarque cette particularité chez la femelle aussi bien que chez le mâle, mais c'est seulement à l'époque où ils ont atteint toute leur croissance. Chez les jeunes rennes, cette protubérance est entièrement dénudée.

La crinière est roide et hérissée comme l'est celle d'un poney d'Ecosse lorsqu'on vient de la couper; elle commence à la naissance des cornes, et se prolonge le long du garrot et d'une partie de l'échine. Cet ornement ne fait qu'ajouter à la roideur et à la mauvaise grâce de l'aspect général du quadrupède.

Le bois du renne sert particulièrement à le distinguer des autres animaux de son espèce; il est palmé ou plutôt aplati en forme de pelle, et c'est de la bordure que sortent les pointes ou andouillers. La distance qui existe entre les deux cornes est souvent de plus de quatre pieds à l'extrémité supérieure, tandis qu'à la base elle est d'environ douze pouces. La largeur d'une seule corne, y compris le périmètre des andouillers, dépasse trente pouces. On a vu un bois qui, à lui seul, pesait soixante livres.

Cette coiffure donne au renne un aspect imposant, et les naturalistes ne peuvent et n'ont jamais pu expliquer quelle en peut être l'utilité.

Les mâles seuls sont munis d'un bois qui n'atteint tout son développement que lorsque l'animal a sept ans. Chez les jeunes rennes d'un an, on aperçoit deux protubérances qui n'ont pas plus d'un pouce. A deux ans, ce sont deux cornes pointues d'un pied de longueur. A trois ans, le bois commence à palmer, les andouillers poussent sur les bords, et ainsi de suite jusqu'à l'âge de sept ans, où le bois arrive à tout son développement. Suivant les lois de la nature, lois particulières à l'espèce, ce bois tombe tous les ans, et cette coiffure gigantesque repousse dans l'espace de quelques semaines.

Le renne diffère essentiellement des autres cerfs par ses mœurs et par les repaires qu'il fréquente. Il ne peut brouter sur les terrains plats sans se mettre à genoux ou sans écarter considérablement les jambes; ceci provient de la hauteur démesurée de ses membres et du peu de longueur de son cou. Il se plaît davantage sur le penchant des collines escarpées, où on les voit souvent paître la tête en l'air.

L'herbe n'est cependant pas sa nourriture favorite. Il préfère les pousses et les feuilles d'arbres, celles du bouleau, du saule et de l'érable. Il y a surtout une espèce d'érable qu'il recherche plus que les autres : c'est celle connue par les naturalistes sous le nom d'érable rayé (*acer striatum*), et dans la langue des chasseurs sous celui d'arbre du renne.

Ce quadrupède vit de l'écorce des vieux arbres de cette espèce ; il s'en nourrit, aussi bien que de plusieurs espèces de ces mousses, qui abondent dans les régions arctiques. On voit que sous ce rapport le renne ressemble à la girafe : on peut même le considérer comme la girafe des régions glaciales.

Le renne se plaît dans les bois ; on le trouve rarement dans les pays arides et dénudés, et jamais il ne s'aventure dans les prairies.

Sur un terrain uni et découvert, il est facile au chasseur d'atteindre cet animal car alors il ne peut courir que très faiblement, eu égard à la tendreté de ses pieds et à sa respiration fort courte. D'ailleurs, comme nous l'avons dit, il ne saurait manger là à son aise. Il se tient donc dans l'épaisseur des forêts et au milieu des marais impraticables, où il trouve la nourriture qu'il préfère.

En été, le renne se baigne presque continuellement, car il vit dans les lacs et dans les rivières, qu'il traverse fréquemment à la nage. Cette habitude en fait dans cette saison une proie facile pour le chasseur indien, car rien n'est plus facile que de le tuer dans l'eau. Malgré les dangers qu'il court dans cet élément favori, il aime à s'y aventurer ; d'abord parce que le long des rives, des lacs et des rivières, il peut se nourrir de grandes herbes et des lis aquatiques, dont il est fort gourmand, et ensuite parce qu'il y trouve un refuge contre les piqûres des mouches et des moustiques qui se rencontrent par essaims dans ces marécages. Cette habitude lui sert aussi à rafraîchir son sang échauffé par les insectes parasites, les larves et l'ardeur du soleil.

Le gestation du renne femelle est de neuf mois. En avril ou en mai, elle met bas un, deux, et quelquefois même trois petits. Dans le courant de l'été, la famille se compose du père, de la mère et de deux petits ; on trouve aussi quelquefois deux ou trois femelles dans le même groupe ; mais ce fait est assez rare.

Ordinairement, à l'approche de l'hiver, plusieurs de ces familles se réunissent et forment des hardes nombreuses. Lorsque la neige est épaisse, les rennes la piétinent et l'aplanissent sur un espace de plusieurs arpents, et ils demeurent là pour brouter l'écorce et les jeunes pousses des arbres. Les chasseurs appellent ces endroits parcs aux rennes ; et dans ce cas l'animal est pour eux une proie facile à conquérir. On le tue à coups de fusil sur la place même, et ceux qui veulent s'échapper en fuyant sur la neige aux endroits où elle n'est pas piétinée sont aisément forcés et arrêtés par les chiens.

Cette capture ne peut cependant avoir lieu que lorsque la neige est très épaisse et durcie à la surface par la gelée, autrement chiens et chasseurs y enfonceraient eux-mêmes avec leur gibier. Quand la neige est tombée depuis longtemps, la surface en est durcie par la fonte du soleil, la pluie et la gelée, de manière à porter le chasseur et son chien, mais elle n'est pas assez solide pour soutenir un renne, et elle se brise sous ce poids extraordinaire ; alors, comme cet animal a le pied fort tendre, il se fait à chaque pas une nouvelle blessure. L'animal, rebuté par la souffrance, renonce à s'échapper, et fait tête à ses ennemis.

Il est alors dangereux de l'approcher ; il frappe les chiens à l'aide de ses deux pieds de devant, et souvent d'un seul coup il abat le chien le plus vigoureux. On assure que plusieurs chasseurs ont perdu la vie dans des rencontres de ce genre.

Les Indiens prennent les rennes en les parquant, dans les endroits où ils sont nombreux. Pour cela il suffit de fermer, par un moyen quelconque, une vaste étendue de bois, et de ménager à cet enclos une entrée en forme d'entonnoir. La partie la plus large de cette avenue doit embrasser les sentiers ordinairement battus par ces animaux. Quand ces préparatifs sont achevés, les Indiens se dispersent en ligne sur une courbe immense et forcent le renne devant eux ; ils le font d'abord entrer dans l'avenue en entonnoir, puis dans le parc même, où ils ont placés des lacets. Quelques-uns s'y prennent, d'autres sont tués à coups de fusils par les chasseurs. Ce moyen est, du reste, plus fréquemment employé pour la chasse au caribou, animal bien moins grand et qui se réunit en nombre plus considérable que le renne.

Nous avons déjà dit que le renne se laisse prendre facilement en été, lorsqu'il se rend vers les lacs et les rivières afin de se rafraîchir. Les piqûres des mouches et des moustiques le disposent à devenir moins timide à l'approche de l'homme. Les Indiens attaquent alors les rennes en canot, et les tuent tantôt à coups de fusil, tantôt en les perçant de leurs lances au moment où ils passent près d'eux.

Il est bien moins dangereux d'attaquer un renne de cette manière que si on agissait de même avec un élan ou un cerf ordinaire (*cervus virginianus*) ; ce dernier surtout, lorsqu'il se sent pressé par ces frêles canots d'écorce de bouleau, les fait chavirer ou les défonce à coups de pied. Le renne, au contraire, est souvent pris par le bois, lorsqu'il est à la nage ; dans ce cas, il est amené le long du bord sans difficulté et sans danger.

Bien que dans ces occasions il soit facile de s'emparer de ces énormes créatures, il est bon d'ajouter, comme règle générale, que ce n'est pas toujours le cas. Il y a peu d'animaux plus timides que le renne. Il a la vue perçante et l'odorat fin ; mais l'organe dans lequel il se fie le plus, c'est indubitablement celui de l'ouïe. A une distance prodigieuse, il distingue le moindre bruit. Que le chasseur pose le pied sur les feuilles sèches ou sur la surface glacée de la neige, quelle que soit la légèreté de son pas, il est toujours éventé longtemps avant qu'il puisse se glisser à portée Les rennes se laissent cependant quelquefois surprendre par un chasseur isolé, qui arrive sur eux grâce à la ruse qu'on appelle dans le pays *l'approche*. Pour que ce moyen réussisse, il faut faire bien attention à passer sous le vent de la bête, sans cela, la moindre brise lui porterait le son des pas les plus légers, même ceux d'un Peau-Rouge.

Il y a encore pour la chasse du renne un moyen souvent mis en usage par les Indiens. Il consiste à les poursuivre à la piste jusqu'à ce qu'ils tombent épuisés de fatigue. Pour cela, le chassseur doit être chaussé de raquettes ou souliers pour la neige.

J'avais pris part à une de ces chasses, et je me fis un plaisir de la raconter à mes compagnons :

« Dans l'hiver de 18.., j'eus occasion de faire visite à un ami qui habitait le nord de l'Etat du Maine. Mon ami était allé coloniser les forêts les plus reculées, et s'était construit une maison confortable faite de troncs d'arbres. Il cultivait le blé, élevait du bétail et des pourceaux, et passait le reste de son temps à chasser dans les bois d'alentour. Il lui était facile de se procurer ce plaisir sans s'éloigner beaucoup de chez lui, car de tous côtés son défrichement solitaire était entouré de vastes forêts de bouleaux, de pins et d'érables, et son plus proche voisin demeurait à une distance d'au moins vingt milles de son *log cabin*. Mon ami était littéralement un chasseur des bois, et l'exercice de la chasse était devenu presque une nécessité pour lui ; c'était du moins son occupation quotidienne.

» Jusqu'à l'époque de mon excursion dans le Maine, je n'avais vu de renne que dans les musées, car je ne m'étais jamais aventuré aussi loin vers le nord sur le continent américain, et il faut se rappeler que ces animaux ne se plaisent que dans les régions glaciales. A peine fait-il de rares apparitions dans les extrémités septentrionales des Etats-Unis. Le Canada, ainsi que les vastes territoires de la compagnie de la baie d'Hudson, jusqu'aux bords de la mer Glaciale, sont les contrées où l'on trouve fréquemment les rennes à l'état de bien-être naturel.

» J'avais souvent vu des ours, j'avais maintes fois tué des couguards, forcé des élans et des cerfs, dépisté des ratons et des opossums ; en un mot, j'étais initié aux moyens de faire la chasse à presque tout le gibier d'Amérique, mais celle du renne m'était inconnue. J'avais donc un désir extraordinaire de tuer un de ces animaux, et je me rappellerai longtemps le plaisir que me fit mon ami en m'annonçant qu'il s'en trouvait plusieurs hardes dans les bois voisins.

» Dès le lendemain de mon arrivée, nous nous mîmes à leur recherche, armés l'un et l'autre d'un couteau de chasse et d'une carabine pour tirer le cerf. Nous partîmes à pied ; il eût d'ailleurs été impossible d'avancer autrement, car la terre était couverte d'un mètre de neige, et un cheval aurait eu de la peine à s'y frayer un passage. Bien plus, comme cette neige était tombée depuis quelques jours, il s'était formé à sa surface une croûte épaisse qui aurait estropié nos chevaux dès les premiers pas. Mais nous nous étions chaussés de larges raquettes, et nous glissions facilement sur la surface sans crainte d'enfoncer.

» Je ne sais si vous avez jamais vu une paire de ces raquettes dont les Indiens se servent pour marcher sur la neige, mais il sera facile de vous en faire une exacte description. Savez-vous ce que c'est que cet instrument de bois et de cordes à boyaux au moyen duquel on joue à la balle ? Eh bien, imaginez-vous un cerceau comprimé en forme d'ellipse allongée, et terminé en pointe, ressemblant beaucoup à l'empreinte que laisserait sur la neige un bateau renversé. Figurez-vous cet instrument dans des dimensions de trois pieds de long et d'un seul pied dans sa plus grande largeur, recouvert d'un tissu serré de boyaux de daim ou de lanières de cuir, garni vers le milieu de deux barres transversales pour appuyer le pied, et percé d'un petit trou pour laisser le mouvement aux orteils, et vous aurez quelque idée d'un soulier à neige. Deux de ces ustensiles, le droit et le gauche font la paire. Vous les liez simplement à vos bottes, et, grâce à la surface qu'ils présentent, vous vous maintenez sur la neige alors même qu'elle est molle, et à plus forte raison lorsqu'elle est gelée.

» Une fois accoutrés de la sorte, nous nous mîmes en route mon ami et moi, suivis de deux vigoureux chiens courants, et nous nous dirigeâmes immédiatement vers une partie du bois où mon camarade m'assurait que l'érable rayé croissait en abondance. Nous avons déjà dit que le renne est friand de l'écorce de cet arbre ; aussi comptions-nous en trouver là, occupés à prendre leur nourriture favorite.

» L'érable rayé est un gracieux arbuste d'une existence éphémère, qui s'élève jusqu'à environ douze pieds de haut dans le climat qui est favorable à sa crue ; lorsqu'il est cultivé, il atteint jusqu'à trente pieds. On en voit un à Schœnbrunn, près de Vienne, qui a quarante pieds de hauteur, mais c'est une exception et le plus grand qu'on ait vu ; sa hauteur ordinaire est de dix à douze pieds, et il forme plus souvent le taillis de la forêt que la forêt elle-même. Ainsi placé à l'ombre d'arbres majestueux, on le prendrait pour un simple buisson.

» Le tronc et les branches de l'érable rayé sont couverts d'une écorce verte et unie, marquée dans toute sa longueur de raies alternées decouleurs claires et foncées : cette particularité, qui lui a valu son nom, fait aisément distinguer cet arbre de tous les autres.

On connaît encore l'érable rayé sous d'autres dénominations. Dans l'Etat de New-York on l'appelle cornouiller, mais sans raison aucune, car le cornouiller réel (*cornus florida*) est un arbre d'un genre tout différent. On l'appelle encore le faux cornouiller et l'érable à écorce de serpent. Les chasseurs et les habitants des frontières, par la raison que nous avons indiquée plus haut, lui ont donné le nom de bois de renne.

» Dans les contrées où cet arbre est indigène, c'est lui qui se charge d'annoncer l'approche du printemps. Ses boutons et ses feuilles, en commençant à s'épanouir, ont une teinte rosée qui se change bientôt en un vert jaunâtre. Les feuilles sont épaisses, filandreuses, arrondies à la base, et terminées par trois pointes compactes. Elles ont ordinairement trois ou quatre pouces de longueur et autant de largeur. Cet arbre fleurit aux mois de mai et de juin, et porte des fleurs d'un verdâtre pâle, groupées en longs panaches. Son fruit, comme celui de toutes les autres espèces d'érables, consiste en graines ailées vulgairement nommées *clefs de serrure*. Cette faîne est fort abondante et murît en septembre ou octobre. Le bois est blanc et d'un beau grain. Les ébénistes l'emploient quelquefois à la place du houx pour faire les châssis sur lesquels ils plaquent l'acajou.

» Au Canada et dans les provinces des Etats-Unis, où l'érable croît en abondance, les fermiers envoient, au printemps, leur bétail et leurs chevaux brouter les feuilles et les jeunes pousses de cet arbuste, et ces animaux en sont d'autant plus friands que l'érable ne se trouve que dans les climats très froids, et qu'il commence à bourgeonner bien avant que l'herbe pointe hors du sol. Tel est l'arbre qui sert au renne de nourriture favorite.

» Je reviens à mon récit :

» Après avoir glissé sur la neige sur une étendue d'un ou deux milles, nous pénétrâmes, mon ami et moi, dans un bois de haute futaie, dont le taillis se composait en grande partie d'érables rayés. A vrai dire, cet arbuste ne poussait pas régulièrement ; on ne l'y voyait que par touffes ou petits bouquets. Nous avions déjà fait lever quelque menu gibier ; mais nous ne voulions pas nous déranger, car nous ne songions qu'à la chasse au renne. Nous rencontrâmes bientôt des indices qui nous prouvèrent la présence des animaux que nous cherchions. Dans plusieurs des bosquets du taillis, les érables étaient dépouillés de leurs pousses et de leur écorce. Jusqu'alors nous n'avions pas encore vu de fumées, mais nous ne tardâmes pas en découvrir. En traversant un endroit découvert où il n'y avait que fort peu de neige, nos yeux s'arrêtèrent sur les larges empreintes d'un sabot fendu qui nous parurent, à mon ami et à moi, être celles d'un renne.

» Nous suivîmes ces traces pendant quelque temps, et elles nous conduisirent vers une neige plus épaisse et dans une partie plus reculée de la forêt. Ces traces étaient évidemment toutes fraîches, et, comme l'assurait mon camarade, ce devaient être celles d'un vieux mâle.

» Un demi-mille plus loin elles se réunirent à d'autres, et formèrent un sentier frayé dans la neige pareil à celui qu'aurait fait un troupeau de bétail marchant sur une seule file. Quatre rennes étaient passés par là, ainsi que l'affirmait mon compagnon, un des plus habiles veneurs du canton. Quant à moi, il m'eût été impossible de deviner le nombre des animaux, du moins à la simple inspection des fumées.

» Mon Nemrod américain alla même plus loin dans ses assertions, car il m'assura qu'il reconnaissait la présence d'un mâle, d'une femelle et de deux jeunes rennes de neuf mois.

» — Vous allez voir, me dit-il lorsqu'il s'aperçut de mon incrédulité. Regardez, et il se baissa pour ramasser un peu de neige qu'il écrasa dans ses doigts, c'est tout frais ; il n'y a pas une heure qu'ils ont passé par ici. Parlez à voix basse, les bêtes ne peuvent être bien loin. Là-bas, sur ma vie, les voilà ! Silence !

» Tout en parlant, le chasseur me désignait un taillis situé à trois cents pas de nous. Je jetai mes yeux dans la direction indiquée ; mais je ne pus d'abord apercevoir que les branches touffues des érables.

» Un instant après je commençai à distinguer une ligne noire et allongée; c'était, à ne pas s'y méprendre, le dos d'un animal qui m'était inconnu. Enfin je vis distinctement au-dessus de la ramée un bois dont les andouillers étaient palmés. Nous avions donc évidemment devant nous un renne mâle de la plus belle espèce. Auprès de lui se trouvaient trois autres animaux de plus petite taille et dépourvus de cornes, la femelle et les petits : et la troupe, ainsi que l'avait prédit mon compagnon, se composait seulement de ces quatre individus.

» Nous nous étions arrêtés aussitôt, retenant nos chiens et faisant tous nos efforts pour les maintenir en repos, car ces bons limiers avaient déjà éventé le gibier. Cependant nous vîmes bientôt qu'il nous était impossible de rester à notre place. Les rennes se trouvaient à trois cents pas de nous, bien au delà de la portée même de nos grandes carabines.

» Il ne fallait pas non plus songer à les approcher, même avec les plus grandes précautions. On ne voyait nulle part dans les environs de buissons au moyen desquels notre marche pût être couverte, et aucun des arbres n'était assez gros pour nous abriter derrière leurs troncs.

» Nous n'avions donc pas d'autre moyen que celui de lâcher les chiens et de nous élancer à leur suite. Il était évident que nous ne pouvions arriver à portée qu'en courant; mais tout nous portait à croire que cette course ne devait pas être longue, car la neige était dans l'état le plus convenable pour servir nos projets.

» Les chiens furent donc lâchés ; ils s'élancèrent en donnant de la voix, tandis que mon ami et moi nous les suivîmes avec toute la vitesse dont nous étions capables.

» Au premier bruit de gueule poussé par les chiens, les rennes manifestèrent une épouvante sans pareille, et nous entendîmes le craquement des branches qu'ils brisaient en prenant la fuite.

» Ils traversèrent une éclaircie, évidemment avec l'intention de se réfugier dans les bois plus épais qui se trouvaient au loin vers l'horizon. Le sol en cet endroit n'était couvert que d'une légère couche de neige, et en y arrivant nous pûmes considérer à notre aise le noble gibier que nous avions devant nous. Le vieux mâle était en tête, les autres le suivaient à la file. Aucun d'eux n'avait pris le galop ; c'est là une allure assez rare chez cet animal. Tous s'éloignèrent d'un trot qui tenait de l'amble, et qui pourtant me parut aussi rapide et aussi allongé que celui du cheval. Ils portaient la tête horizontalement, le museau en avant, tandis que le bois du mâle reposait sur ses épaules. Une autre particularité me frappa : lorsque ces animaux levaient le pied de terre, les deux parties séparées de leurs sabots fendus se rencontraient et produisaient un son sec pareil à celui de la détonation d'une capsule de fusil; et, en les voyant courir tous les quatre ensemble, on aurait cru entendre un feu roulant de pétards. J'avais souvent remarqué le même effet produit par le bétail ordinaire, mais jamais autant de pieds réunis n'avaient fait résonner à mon oreille une fusillade si bien soutenue, et cette nouveauté m'impressionna étrangement.

» En quelques instants les quadrupèdes furent hors de vue; cependant nous entendions la voix des chiens qui les serraient de près, et nous courions toujours en suivant les traces qu'ils laissaient derrière eux.

» Nous avions fait ainsi près d'un mille en glissant sur la neige, lorsque les gueulements commencèrent à retentir dans les bois avec une vigueur et une colère soutenues. C'était un indice que les rennes leur tenaient tête, et nous nous élançâmes en avant dans l'espoir de les tirer.

» En arrivant sur le lieu du combat, nous vîmes que le mâle seul s'était retourné, et qu'à l'aide de ses sabots et de ses andouillers il avait jusque là réussi à tenir les chiens à distance. Les autres avaient continué leur course, et étaient déjà hors de vue.

A notre approche, le renne reprit son trot, et, suivi par les chiens, disparut bientôt à nos regards.

» A l'endroit où il s'était arrêté, sa trace s'éloignait de celle des trois autres, et prenait une direction tout opposée. L'avait-il fait à dessein pour faire perdre aux chiens la piste de ses compagnons moins forts que lui? Je ne saurais le dire. Peut-être notre apparition imprévue lui avait-elle fait oublier son instinct, et il avait alors pris sa course sans regarder la direction qu'il allait suivre.

» Dans ce moment suprême, je ne réfléchis pas à tout cela, et mon camarade, qui songeait probablement plus à se procurer de la venaison qu'au plaisir de la chasse, se mit à la poursuite de la femelle et des petits, tandis que moi, guidés par des motifs tout différents, je suivis la piste des chiens. J'étais trop pressé pour faire attention à quelques mots d'avis que me donna mon compagnon au moment de notre séparation; je l'entendis me crier de prendre garde à ce que j'allais faire, mais la distance qui me sépara bientôt de lui m'empêcha de comprendre le reste de ses paroles.

» Je suivis la chasse un demi-mille plus loin, toujours guidé par les traces et par la voix des chiens; et j'entendis encore les accents pleins de rage qui annonçaient qu'un second combat s'était engagé entre eux et le renne.

» En approchant du champ de bataille, je remarquai que les voix commençaient à faiblir; puis j'entendis un hurlement incessant qui me fit supposer que les agresseurs n'étaient pas les plus forts. Il me sembla même que l'un d'eux ne criait plus du tout.

» Peu de temps après j'arrivais sur le lieu du combat, et j'eus bientôt appris, *de visu*, la cause de ce changement. Un des chiens se traîna vers moi, ne marchant plus que sur trois pattes, et horriblement maltraité. Le renne se tenait dans un trou creusé dans la neige par les animaux pendant la lutte; à ses pieds était étendu l'autre chien, cruellement mutilé, et paraissant sans vie. L'animal, dans sa rage, continuait à exercer sa fureur sur le cadavre du chien, et, à l'aide de ses pieds de devant, il trépignait sur lui d'une telle façon qu'on entendait craquer les côtes.

» A ma vue, il s'élança de nouveau dans la neige, et prit la fuite. Cependant, j'eus le temps de voir que l'animal, dont les jambes étaient déchirées par les glaçons, courait avec moins de force, et laissait derrière lui des traces sanguinolentes sur le sol.

» Je ne m'arrêtai pas aux chiens : l'un était mort, et l'autre ne valait guère mieux. Je suivis toujours le gibier.

» Nous étions arrivés dans un endroit où la neige était plus profonde que d'habitude, et à l'aide de mes patins j'avançais si rapidement, que je devançais le renne lui-même; je voyais clairement qu'il perdait ses forces à chaque pas. Evidemment, je gagnais du terrain sur lui ; encore quelques minutes, et nous allions nous trouver côtes à côtes. Le taillis que nous traversions n'était pas trop fourré, de sorte que je pouvais suivre tous les mouvements de la bête.

» J'étais à cent pas du renne, et je pensais à le tirer à la course, lorsque tout à coup il s'arrêta, et, faisant volte-face, vint se placer droit devant moi. Son bois gigantesque était rejeté en arrière et allait presque toucher les flancs ; sa crinière était hérissée, chaque poil de son corps semblait se dresser, enfin toute son attitude respirait la rage ; et ses yeux brillants me défiaient au combat. En somme, c'était l'ennemi le plus formidable qu'il m'eût jamais été donné de rencontrer sur mon chemin.

» Ma première impulsion, lorsque je fus assez près, fut d'armer mon fusil et de tirer : c'est ce que je fis. Je le visai à la poitrine qu'il me présentait en plein ; mais je ne fus pas adroit ; peut-être avais-je les doigts engourdis par le froid, peut-être aussi fus-je ébloui par le soleil au moment où je pris mon point de mire. Je l'atteignis cependant, mais dans une partie du corps où la blessure n'était pas mortelle ; je lui avais logé une balle dans l'épaule.

» Ce morceau de plomb ne fit que doubler la rage de l'animal, et sans attendre que j'eusse rechargé mon fusil, il se précipita furieusement vers moi; en quelques bonds il me rejoignit, et je n'eus d'autre ressource que celle de me cacher derrière un arbre.

» Heureusement j'aperçus à ma portée quelques pins gigantesques, et je me réfugiai derrière un de ces arbres : il était temps, car je courais grand risque d'être jeté en l'air par cette bête enragée. Au moment où je me glissais derrière le tronc, elle me suivait de si près que son bois vint se heurter contre l'arbre, et ce choc terrible l'ébranla en entier. Le renne recula lui-même d'un pas ou deux, puis il s'arrêta immobile, contemplant l'arbre avec un air de rage désappointée; ses yeux étincelaient, et son long poil hérissé semblait trembler de fureur.

» J'avais l'espérance d'avoir tout le temps nécessaire pour recharger mon fusil ; mais concevez-vous quel fut mon désappointement lorsque je découvris que je n'avais pas de munitions! En partant le matin, mon ami et moi nous n'avions pris qu'une poire à poudre, et c'était lui qui l'avait emportée. Mon fusil m'était désormais aussi inutile qu'une barre de fer.

» Que faire? Je n'osais pas attaquer le renne à coups de couteau ; j'aurais eu tout au plus cinq minutes à vivre. Son bois et ses larges sabots étaient des armes bien supérieures à celles qui se trouvaient dans mes mains. Il pouvait me renverser au premier choc, me déchirer en morceaux et m'écraser dans la neige. Je ne savais quel parti prendre.

» Après quelques instants de réflexion, je conclus qu'il valait mieux laisser l'animal où il était, et m'en aller par où j'étais venu. Mais comment m'éloigner de ce lieu? J'étais toujours derrière mon arbre, et la bête enragée était à trois pieds de moi, de l'autre côté, me paraissant peu disposée à se retirer. Je n'avais qu'à faire un pas d'un côté ou de l'autre, et il s'élancerait sur moi : dans ce cas, ma mort était certaine.

» Je commençai à m'apercevoir que ma position devenait fort critique et tout à fait désagréable; cette idée n'avait donc rien de réjouissant. Je ne pouvais dire combien de temps j'allais être ainsi gardé à vue; peut-être le renne ne m'abondonnerait-il pas avant que je fusse mort de faim. La blessure que je lui avais faite l'avait certainement rendu plus furieux et plus enragé; il paraissait donc disposé à prolonger indéfiniment le siège.

» Je restai ainsi près d'une heure dans cette position; l'impatience et la colère commençaient à s'emparer de moi. J'essayai d'effrayer le renne par mes hurrahs; mais ces efforts furent inutiles. Je me mis à crier autant que mes poumons me le permirent, espérant que mon ami pourrait m'entendre : rien ne répondait à ma voix, si ce n'est l'écho de mes clameurs retentissant à travers la forêt. Enfin cette captivité ridicule finit par m'impatienter, et je résolus d'en finir d'une manière quelconque.

» En jetant un coup d'œil derrière moi, j'aperçus un arbre aussi gros que celui qui me servait d'abri, je me décidai à courir vers celui-là. Si j'y arrivais sain et sauf, je ne serais pas du moins ni plus en danger ni plus mal là qu'à l'endroit où j'étais. Je réussis dans mon projet, mais ce ne fut qu'à force de vitesse; car le renne me suivit de si près, que je sentis la pointe de ses andouillers dans... mes reins. Une fois caché par ce nouvel arbre, je ne me trouvai pas mieux qu'avant, seulement je m'étais rapproché d'une vingtaine de pas de l'habitation de mon camarade de chasse.

» Le renne était toujours à quelques pieds devant moi, aussi menaçant que jamais. J'attendis quelques minutes pour reprendre haleine, puis je choisis un troisième arbre sur mon chemin et j'y courus de la même manière, toujours poursuivi par mon ennemi.

» Un autre temps d'arrêt et une troisième course m'amenèrent derrière un troisième arbre; j'atteignis ensuite un quatrième, puis un cinquième abri; enfin je parcourus ainsi au moins un mille à travers la forêt sans pouvoir néanmoins faire lâcher prise à cet infatigable et implacable animal. Je savais pourtant que j'étais dans la bonne route, car je me guidais sur les traces que nous avions laissées pendant la chasse du matin.

» J'espérais pouvoir de cette façon regagner notre domicile, lorsque tout d'un coup je m'aperçus que les gros arbres allaient me manquer. Le paysage était coupé par un espace de terrain sauvage et presque entièrement découvert; on n'y voyait que quelques pins rabougris, fort espacés, et qui ne m'offraient aucun refuge contre la poursuite acharnée de la maudite bête.

» Il ne me restait d'autre parti à prendre que celui de demeurer où j'étais et d'y attendre mon ami, qui, aussitôt sa chasse terminée, ne pouvait manquer de venir à ma rencontre. Dans cette espérance bien incertaine, je continuai ma faction, bien que je fusse harassé de fatigue. Pour surcroît de malheur, la neige commença à tomber, et jugez quel devait être mon effroi: je savais que cette neige nouvelle aurait bientôt effacé les traces, et comment alors mon ami pourrait-il les reconnaître et venir me chercher? Le renne était toujours devant moi dans la même attitude menaçante, poussant par intervalles un cri de colère et déchirant la terre de ses pieds. Toutes les fois que je changeais de position, il s'élançait en avant, si près, que j'aurais pu le toucher du bout de mon fusil.

» Cette manière d'agir de sa part me suggéra une idée que je résolus de mettre à exécution; je m'étonnai même de ne pas y avoir songé plus tôt. J'étais armé d'un long couteau de chasse pointu comme une aiguille, et si je pouvais parvenir à portée du renne, j'aurais bientôt mis fin à notre combat. L'idée qui m'était venue consistait à convertir mon couteau en une sorte de lance. Il me fallait pour cela le fixer solidement au bout du canon de mon fusil. Avec cette arme, j'espérais pouvoir atteindre mon adversaire sans m'exposer ni aux atteintes de son bois ni à ses terribles ruades. Ma lance fut bientôt préparée. Les guêtres de peau de daim, qui entouraient mes jambes, me fournirent d'excellentes lanières; la carabine que j'avais en main était heureusement une espèce de canardière; grâce au couteau attaché au bout du canon, elle était devenue une arme formidable; aussi, lorsque mon travail fut terminé, je me sentis plus à mon aise que je ne l'étais depuis quelques heures.

L'affaire fut bientôt décidée. Selon mes prévisions, je n'eus qu'à me montrer un peu sur l'un des côtés de l'arbre, et le renne s'élança sur moi. Un coup habilement porté suffit pour lui enfoncer mon couteau entre les côtes. La lame pénétra jusqu'au cœur, et je vis rouler l'animal dans la neige, qu'il teignit de son sang en s'agitant dans les convulsions de la mort.

» A peine ma victoire était-elle assurée, qu'un cri vint frapper mon oreille; je levai les yeux, et j'aperçus dans la plaine mon ami qui accourait vers moi. La chasse était terminée. Il avait tué la femelle et les deux jeunes rennes, en avait dépecé la chair, et avait suspendu à un arbre ces dépouilles opimes, afin d'envoyer chercher toute cette venaison dès que nous serions de retour à son habitation.

» Nous nous hâtâmes de faire subir la même opération à l'animal que j'avais tué; et, contents de notre journée, bien que nous regrettassions le beau chien éventré par le renne, nous reprîmes, en glissant sur nos raquettes, le chemin du *log cabin* du Nemrod de l'état du Maine. »

CHAPITRE XXIX

Le loup des prairies et le tueur de loups

En sortant du marais de la rivière du Cygne, nous entrâmes dans un pays très découvert. Le sol que nous foulions était entremêlé de taillis et de prairies, et plus nous avancions vers l'est, plus le paysage offrait une régularité identique. Les éclaircies de la forêt allaient en s'élargissant, jusqu'à ce qu'enfin nous nous trouvâmes dans d'immenses prés verdoyants, encerclés de bosquets que de loin on eût pris pour des haies de clôture. On voyait aussi çà et là des bouquets de bois isolés du reste de la forêt, semblables à des îles disséminées sur une mer verdâtre ; du moins c'est ainsi que ces bouquets détachés sont connus des chasseurs et des autres habitants de la prairie. Quelquefois le terrain était ondulé, ou bien, suivant l'expression de nos guides, le sol moutonnait, et la monotonie de notre route était variée par la montée et la descente de collines peu rapides. Les forêts que nous avions traversées jusqu'alors étaient composées de hêtres, de chênes, de noyers, de châtaigniers, d'érables, d'ormes, de sumacks et de cornouillers, et, dans les lieux bas et humides, de sycomores et de saules à larges feuilles. Tous ces arbres, y compris bien d'autres espèces, forment en grande partie les vastes forêts des bords du Mississipi, à l'est et à l'ouest.

A mesure que nous nous enfoncions au milieu des régions occidentales, Besançon nous fit remarquer que toutes ces espèces de bois disparaissaient l'une après l'autre du paysage, et qu'elles étaient remplacées par un seul arbre, qui, à lui seul, constituait toute la haute futaie. C'était le célèbre arbre à coton, une espèce de peuplier (*populus angulata*) ; je dis célèbre, parce qu'étant à peu près le seul arbre de grande taille qu'on trouve dans la région des grandes plaines, il est parfaitement connu des chasseurs et de tous les voyageurs des prairies, qui ont pour lui la plus grande vénération. Un bouquet de bois à coton est toujours un lieu de repos ou de halte, salué de loin avec joie par ceux qui traversent ces plaines sans bornes ; c'est la promesse d'un abri contre le vent ou le soleil, de bois pour allumer le feu du bivouac, et surtout d'eau pour étancher la soif. Le marin ne revoit pas avec plus de plaisir le port auquel il va aborder, que le trappeur aventuré dans cet océan de prairies n'aperçoit, au bout de ce désert sans bornes, le feuillage argenté des arbres sous lesquels il va établir momentanément sa demeure, son lieu de repos et son refuge contre le danger.

Après avoir traversé quelques centaines de ces petites prairies, séparées l'une de l'autre par des bosquets d'arbres à coton, nous arrivâmes sur un point élevé, près des bords du Petit-Osage, affluent du grand cours d'eau du même nom. Jusqu'alors, nous n'avions encore aperçu aucune trace des bisons, et nous commencions à penser que nous avions été induits en erreur à Saint-Louis, lorsque nous rencontrâmes une tribu d'Indiens Kansas, qui nous firent l'accueil le plus cordial et nous reçurent avec la plus parfaite hospitalité. Ces chasseurs émérites nous racontèrent que les bisons s'étaient montrés, au printemps de la même année, dans les parages du Petit-Osage, mais que, poursuivis et décimés par les chasseurs de leur tribu, ils s'étaient enfuis plus loin vers l'ouest : selon toutes probabilités, ces animaux devaient donc se trouver de l'autre côté du Néosho, ou Grande Rivière, qui se jette au nord dans l'Arkansas.

Cette nouvelle n'était pas très rassurante. Nous avions devant nous un voyage d'au moins cent milles, avant d'arriver près de notre gibier. Cependant, il n'y avait pas à reculer. Ce n'était pas le moment ! d'une voix unanime, nous décidâmes que, plutôt que de renoncer au but de notre expédition, nous franchirions même les montagnes Rocheuses, au risque de nous faire scalper par les Indiens ennemis de la race blanche.

Notre serment méritait, il est vrai, d'être taxé de fanfaronnade ; mais nous étions déterminés à ne pas revenir à Saint-Louis sans avoir fait notre chasse au bison. Aussi, après avoir remercié nos amis les Indiens Kansas de leur amicale réception, nous reprîmes notre route dans la direction du Néosho.

A mesure que nous avancions, les bois devenaient plus rares, et bientôt on ne rencontrait plus un seul arbre, si ce n'est sur les bords des cours d'eau, très distants l'un de l'autre. Quelquefois, pendant toute une journée de marche, on ne voyait pas même un arbuste. Nous étions en pleine prairie.

Enfin nous traversâmes le Néosho, sans pourtant apercevoir les bisons.

Nous marchions toujours, et il nous fallut traverser plusieurs grandes rivières coulant toutes dans la direction du sud-est, vers l'Arkansas; les bisons ne se montraient pas encore.

Nous commencions à nous impatienter de cette absence de gros gibier. Les quelques daims que nous tuions de temps à autre n'étaient plus pour nous qu'une chasse sans intérêt, et la chair qu'ils nous fournissaient suffisait à peine à nos besoins.

Nous étions dégoûtés de manger du lard fumé, et nous avions besoin de mettre nos dents en contact avec de la viande fraîche de bison ; l'éloge que nos guides ne cessaient de nous faire de cette viande succulente et délicate, leurs conversations devant le feu du bivouac relatives aux vaches grasses, aux boudins, aux entre-côtes, etc., nous faisaient souffrir le supplice de Tentale, et nous nous pourléchions à l'avance à l'idée de tous ces mets exquis. Les traces des bisons étaient cependant invisibles, et pendant plusieurs jours nous fûmes obligés de modérer notre impatience et de nous contenter de notre lard.

Le paysage changea tout à coup d'aspect. Le bois devint encore plus rare, le sol plus sec et plus sablonneux. Sur notre route se montraient quelques espèces de cactus (*opuntia*) et d'autres plantes entièrement nouvelles pour la plupart de nous, mais qui, pour Besançon, paraissaient pleines d'intérêt; ce qui nous fit le plus de plaisir, ce fut la trouvaille d'une nouvelle espèce d'herbe, entièrement différente de toutes celles que nous avions vues jusqu'alors ; nos guides surtout fêtèrent cette découverte par des acclamations de joie. C'était la plante si connue sous le nom d'herbe à bisons (*buffalo grass*), et les trappeurs nous assurèrent que nous n'aurions pas beaucoup de chemin à faire avant de nous trouver en présence de l'animal lui-même ; car, partout où cette herbe croît en abondance, on est toujours sûr de rencontrer les bisons, à moins qu'ils n'aient été éloignés par les chasseurs.

Le *buffalo grass* est une herbe courte, ayant à peine quelques pouces de longueur, aux pointes recourbées et acérées, poussant des rejetons qui prennent racine et produisent d'autres feuilles, de manière à former un gazon assez épais. Lorsqu'elle est en fleur ou en graine elle forme de nombreux épis d'un demi-pouce de long, sur lesquels les grains sont régulièrement rangés deux par deux. C'est une espèce de *sesiéra* (*S. dactyloïdes*); mais Besançon nous assura que cette plante possédait des propriétés particulières qui la classaient dans un genre différent, et la raprochaient du *chondrosium*.

Il ne faut pas confondre l'herbe à bisons avec une autre herbe bien connue dans les prairies du Texas et du Mexique du nord, le *gramma* des Espagnols, qui est véritablement une espèce de *chondrosium*, et qui se divise en plusieurs familles. Le *chondrosium fœneum* est un des meilleurs fourrages pour le bétail. Il est presque égal, en qualité, à l'avoine coupée tandis qu'elle est verte.

L'herbe à bison est, pendant la saison de chasse, la nourriture favorite de ces animaux. Ils errent alors sur toutes les prairies pour la chercher et s'en nourrir. Cette découverte nous avait mis sur le qui-vive. Du haut de chaque coteau que nous avions à gravir en suivant les ondulations de la prairie, nos yeux plongeaient de tous côtés dans l'espace, et pendant quelques jours nous eûmes plus d'une alarme.

Un fait singulier, et digne d'être raconté, est celui de l'hallucination causée par la limpidité de l'atmosphère dans ces climats lointains. Non-seulement les objets grandissent, mais encore ils prennent des formes insolites, et il n'y a qu'un chasseur expérimenté qui puisse reconnaître un bison à première vue. Souvent on aperçoit un buisson, qui passe à vos yeux pour un taureau sauvage, et nous prîmes plus d'une fois pour des bisons quelques corbeaux perchés sur un tertre. Tout à coup nous les voyons prendre leur essor, et alors seulement notre illusion s'envolait avec eux.

Bien avant l'époque à laquelle nous étions arrivés nous avions rencontré sur nos pas cet animal, fort connu dans les grandes plaines, que l'on nomme le loup des prairies (*lupus latrans*). Ce quadrupède habite particulièrement les territoires immenses et encore déserts qui gisent entre le Mississipi et le bord de l'océan Pacifique, et cependant la zone qui lui est réservée ne se borne pas à ce qu'on peut strictement appeler la prairie ; on le trouve dans les ravines boisées de la Californie et dans quelques districts attenant aux montagnes Rocheuses. Il est commun dans tout le Mexique, où on le connaît sous le nom de coyote ; j'en ai vu des bandes considérables déchirant les cadavres sur les champs de bataille, même jusque dans la vallée de Mexico. Son nom de loup des prairies n'est donc pas en tout point exact, d'autant plus que les loups de la grande espèce fréquentent aussi ces régions désertes. Il est probable que cette dénomination lui a été donnée par les voyageurs qui explorèrent les prairies à l'ouest du Mississipi, et qui l'y virent pour la première fois. Dans les pays boisés situés à l'est de ce grand fleuve on ne connaît que le loup de la grande espèce.

Toutes les variétés de loups forment-elles une même espèce, c'est là un sujet de contestation ; quant au *lupus latrans*, il ne peut y avoir le moindre doute. Il diffère essentiellement de tous les autres et par la taille et par les mœurs. Il ressemble peut-être plus au chacal qu'à aucun autre quadrupède aboyeur. A vrai dire, le loup des prairies est dans le nouveau monde le congénère représentant le chacal, si connu sur l'ancien continent.

Sa taille tient le milieu entre celle du loup et celle du renard ; son pelage ressemble à celui du premier, et il possède moralement toute la finesse du second. Sa couleur est ordinairement d'un gris plus ou moins foncée, suivant les circonstances. On en trouve quelquefois dont le poil est teint de brun ou de roux.

Le renard d'Europe aurait, en fait de ruses, des leçons à prendre du loup des prairies. Il est impossible de le prendre au piège. On a fait des essais toujours inutiles, et dont les résultats confondent toutes les théories que l'on ait imaginées sur l'instinct de ces animaux. On en a vu creuser un trou sous une trappe et enlever l'appât sans faire jouer le ressort. En vain le chasseur cache-t-il le piège en fer, le loup des prairies sait l'éviter, et il n'est pas de cage qui puisse le tenter ; c'est là, pour l'animal rusé, un jeu auquel il ne se fie jamais.

Mais ce qui prouve plus que toute chose la finesse du loup des prairies, c'est la manière dont il s'y prend pour capturer les antilopes et les autres animaux dont il fait sa nourriture ordinaire.

Cet animal tient donc autant du renard que du loup ; car réellement un petit loup est un renard, et un gros renard est un loup. Pour le voyageur et le trappeur des prairies, le loup est un véritable fléau. Il enlève les provisions du premier, et va les chercher jusque sous sa tente ; il mange l'appât des trappeurs, et dévore les bêtes qui se trouvent prises dans les pièges ; il suit avec persévérance les caravanes qui traversent les prairies. Parfois une meute de ces loups accompagne les voyageurs pendant des centaines de milles rien que pour dévorer ce qu'ils ont laissé sur l'emplacement du camp. On les voit au loin couchés dans l'herbe hors de la portée de carabine ; et encore n'usent-ils pas toujours de cette précaution, car ils sont certains de n'avoir pas grand'chose à craindre. Un bon chasseur tire rarement sur un loup, car sa peau n'en vaut pas la peine, et il ne se soucie pas de perdre une charge de poudre sur de pareilles bêtes. Mais ces carnassiers montrent bien plus de prudence lorsqu'ils se trouvent à la suite d'une caravane d'émigrants se rendant en Californie ; ces expéditions sont ordinairement composées d'individus sans expérience ou d'amateurs toujours prêts à tirer sur n'importe quelle bête. Les loups savent cela et se tiennent cois.

On les voit aussi constamment rôder autour des troupeaux de bisons et les poursuivre à des distances considérables. Les lieux fréquentés par ce bétail deviennent en quelque sorte leur séjour temporaire. Ils se tiennent couchés sur la prairie à quelque distance du troupeau, et attendent patiemment, avec l'espérance qu'un de ces animaux se trouvera par accident estropié ou séparé du reste, ou bien encore qu'une vache restera en arrière pour protéger son veau. Dans ce cas, la meute entière cerne la malheureuse bête et la harcelle jusqu'à ce qu'elle tombe morte. Un taureau blessé ou retardé par l'âge se trouve aussi quelquefois isolé : aussitôt les loups l'attaquent, et le combat est terrible ; le bison ne tombe que lorsqu'il est littéralement déchiré par les blessures ; mais aussi plus d'un ennemi a perdu la vie pendant l'action.

Il arrive souvent que le voyageur peut sonder des yeux les profondeurs de la prairie sans apercevoir un seul de ces animaux ; mais à peine a-t-il tiré un coup de fusil que tout à coup, comme par enchantement, une vingtaine de loups s'élancent de leurs cachettes et se présentent pour participer à la curée.

Pendant la nuit ils font retentir la prairie de leurs hurlements affreux, et le voyageur se passerait volontiers d'une pareille musique. Leur cri ressemble à l'aboiement du chien terrier, répété trois fois, et suivi du véritable hurlement prolongé familier à l'espèce du loup. J'ai souvent entendu des chiens de ferme pousser des hurlements semblables. C'est à cause de cette particularité que certains naturalistes ont voulu donner à ce carnassier le nom de loup qui aboie, et la dénomination de *lupus latrans* est celle qui est généralement adoptée. Say est le premier qui en ait fait la description.

Le loup des prairies a toute la férocité des animaux de sa race, mais il y a peu de bêtes aussi lâches que lui ; aussi n'épouvante-t-il personne dans les circonstances ordinaires. Cependant on les a vus se réunir pour attaquer des personnes blessées, surtout pendant la saison rigoureuse, lorsque la faim leur donne une audace inaccoutumée. Malgré cela, ni les chasseurs ni les voyageurs n'éprouvent la moindre crainte à sa vue, et tous deux dédaignent d'user leur poudre sur un gibier de si peu de valeur.

Ike, notre guide, faisait exception à la règle. Il était le seul de sa profession qui tirât sur les loups de prairie, et il le faisait à première vue. Je crois même qu'il ne lui fût resté qu'une balle dans son sac, qu'il n'eût pas manqué l'occasion de l'envoyer à un loup si elle se fût présentée. Nous lui demandâmes un jour combien il en avait tué dans sa vie. Il tira alors de sa poche un morceau de bois marqué de crans, et nous pria de les compter. Il y en avait cent quarante-cinq.

— Vous en avez donc tué cent quarante-cinq ! nous écriâmes-nous tous ensemble en manifestant notre étonnement devant ce chiffre énorme.

— Oui, fit-il en riant tout bas, c'est-à-dire cent quarante-cinq douzaines, ca. chacun de ces crans signifie douze loups. Je ne fais jamais la marque avant que la douzaine soit complète.

— Cent quarante-cinq douzaines ! répétâmes-nous frappés de stupeur. Et cependant je crois fermement qu'il disait la vérité, vu qu'il n'avait aucun intérêt à nous tromper. D'après tout ce que je savais de lui, j'étais convaincu qu'on pouvait le croire. Ike avait donc tué *onze mille sept cent quarante loups !*

Nous avions le plus grand désir d'apprendre la cause de cette antipathie particulière de notre guide contre cet animal, car nous étions intimement convaincus que c'était une haine réelle qui le poussait à en faire un tel massacre; du reste, Ike était connu sous le sobriquet de Tueur-de-loups. A force d'adresse, nous l'amenâmes à parler des causes de cette aversion, si bien qu'il finit par nous raconter son histoire à peu près dans les termes suivants :

« Eh bien, gentlemen, il y a environ dix hivers que je voyageais tout seul aux environs du fort de Bent's sur l'Arkansas, me rendant à Laramie, sur le fleuve Platte. J'avais entrepris cette excursion pour terminer certaines affaires qu'il ne vous importe pas de savoir.

» J'avais traversé les frontières, et j'étais déjà en vue des montagnes Noires, lorsqu'une nuit il me fallut camper en pleine prairie, sans trouver un buisson pour m'abriter ou une pierre pour reposer ma tête.

» C'était bien la nuit la plus froide dont il me souvienne. Il venait du haut des montagnes une brise qui aurait gelé la voix d'un chien de fer. Je m'enveloppai dans ma couverture, mais le vent passait à travers comme si ce n'avait été qu'une planche de sapin. Ce n'était donc pas la peine de me coucher, il m'eût été impossible de dormir ; aussi je me décidai à rester assis.

» Vous me demanderez peut-être pourquoi je ne faisais pas de feu, je vais vous le dire. D'abord, il n'y avait pas un copeau de bois à dix milles à la ronde ; et en second lieu, lors même qu'il y en aurait eu, je n'aurais pas osé faire de feu. Je me trouvais sur le plus dangereux territoire indien de tout le pays, et dans le courant de la journée, j'avais découvert des traces de Peaux-Rouges. Il est vrai que dans les environs j'aurais pu ramasser pas mal de fiente de bison desséchée, et en allumer du feu. Je finis par me résoudre à ce dernier parti, et je procédai de la manière suivante.

» Il était évident que grâce à ce maudit froid il me serait impossible de fermer l'œil ; je ramassai donc un tas de fiente de bison, puis, à l'aide de mon couteau, je creusai un trou dans la terre ; mais ce ne fut pas sans peine. Enfin je réussis à rompre la croûte de terre glacée, et je fis un four d'un pied ou d'un pied et demi de profondeur. Je garnis le fond d'herbes ou de branches de sauge sèches, auxquelles je mis le feu, et j'empilai la fiente par-dessus. Ça brûlait assez bien, mais la fumée de la fiente aurait suffi pour suffoquer un putois ou une fouine.

» Dès que mon feu fut bien allumé, je m'assis au-dessus du trou, de manière à ramasser toute la chaleur dans ma couverture, et je me trouvai bientôt assez à mon aise.

Les Indiens ne pouvaient apercevoir la fumée dans l'obscurité de la nuit, et pour voir le feu ils auraient eu besoin de meilleurs yeux que ceux qu'ils ont ordinairement.

» Eh bien, gentlemen, le cheval que je montais était un jeune poulain très indocile et à demi-sauvage. Je l'avais acheté d'un Mexicain, à Bent, il y avait à peine huit jours, et c'était son premier voyage, du moins avec moi. J'avais cru pouvoir lui ôter la bride ; mais jusqu'alors par prudence je retenais à la main le bout du licol : dans la journée, le bâton qui me servait de piquet était tombé sur la route ; aussi, comme je pensais ne pas pouvoir dormir, je pouvais tout aussi bien tenir le bout de la corde.

» Cependant peu à peu je commençai à sommeiller. Le feu que j'avais entre les jambes promettait de ne pas me laisser geler, et je me dis qu'il valait autant me donner le plaisir de faire un somme. Je passai donc le licol autour de mes jarrets, j'inclinai la tête entre les genoux, et en moins de rien je m'endormis profondément. Tout en fermant les yeux, je remarquai que le poulain était à quelques pas de moi, broutant l'herbe sèche de la prairie.

» Il y avait une heure que je dormais, moins peut-être, je ne sais pas au juste ; mais tout ce que je sais, c'est que ce ne fut pas de mon plein gré que je me réveillai. J'ouvris les yeux cependant, et je ne dormais plus que je croyais pourtant encore rêver. Le songe, en supposant que ça en eût été un, n'eût pas été des plus agréables ; mais, malheureusement pour moi, ce n'était pas du tout une illusion : c'était une réalité bien positive.

» D'abord, il me fut impossible de me rendre compte de ce qui se passait ; puis, je me crus entre les mains des Indiens, qui me traînaient dans la prairie ; et, bien vrai, j'étais bien traîné comme je le pensais, mais ce n'était pas par les Indiens. Une ou deux fois je restai immobile pendant quelques secondes, puis je repartis, secoué et bousculé comme si j'avais été attaché à la queue d'un cheval au galop ; et puis j'avais les oreilles assourdies par des hurlements abominables, comme si tous les chiens et tous les chats du monde se fussent mis à mes trousses.

» Je restai quelques temps à comprendre ce que signifiait ce traitement bizarre. J'y réussis enfin. Les secousses que j'éprouvais aux jambes m'en donnèrent l'idée. C'était le licol qui y était attaché ; mon poulain avait pris l'épouvante et me traînait au grand galop par la prairie.

» Les cris et les hurlements que j'entendais étaient proférés par une meute de loups. Pressés par la faim, ils avaient attaqué le cheval, qui avait pris la fuite.

» Toutes ces pensées me vinrent à l'esprit d'un seul coup. Vous allez me dire qu'il n'y avait rien de plus facile que de me saisir du licol et d'arrêter ma monture. C'est facile à dire, j'en conviens, mais je puis vous assurer que c'était plus difficile à faire. Je ne pus en venir à bout. J'avais les pieds serrés dans un nœud coulant qui les étreignaient sans qu'on pût les remuer. D'ailleurs, tant que mon cheval galopait je ne pouvais me relever, et alors qu'il s'arrêtait un instant je n'avais pas le temps de me redresser et d'atteindre la corde : il reprenait sa course et me rejetait tout de mon long par terre. Une autre chose m'embarrassait encore : avant de m'endormir j'avais endossé ma couverture à la mode des Mexicains, c'est-à-dire que j'avais passé ma tête par une fente pratiquée au milieu, et, dès le commencement de cette course effrénée, mon mackinaw s'était enroulé autour de ma tête, de façon à presque m'étouffer. Peut-être aussi, et j'y réfléchis plus tard, cette couverture m'épargna de nombreuses meurtrissures, bien que pour le moment elle me fît faire tout le mauvais sang imaginable.

» Je finis enfin par m'en débarrasser, après avoir fait un bon mille, suivant mon calcul; il me fut alors permis de distinguer ce qui se passait autour de moi. Que vis-je! gentlemen, la lune était levée et la terre couverte de neige; elle était tombée pendant que je dormais. Mais cela n'était rien; ce qu'il y avait d'affreux à voir, c'est que tout près de moi et tout autour de moi la prairie était couverte de loups, de maudits loups de prairies. Je pouvais distinguer leurs langues pendantes et la vapeur qui sortait de leurs gueules béantes.

» Dès que je ne fus plus embarrassé de ma couverture, je me servis de mes bras avec toute l'habileté possible. Deux fois je saisis le licol, mais avant que je pusse me redresser et arrêter le cheval, une nouvelle secousse me l'arrachait des mains.

» Je réussis pourtant à prendre mon couteau, et dès que j'en trouvai l'occasion j'essayai de couper la corde. J'entendis le bruit sec de l'acier, et je restai immobile sur la prairie; je crois même que j'étais à moitié évanoui.

» Cette faiblesse ne fut pas de longue durée, car en revenant à moi, je vis mon cheval à un demi-mille plus loin, galopant de toute la vitesse de ses jambes, et serré de près par une troupe nombreuse de loups. Il en était resté quelques-uns autour de moi, mais je me remis sur mes jambes, et je me jetai sur eux à coups de couteau. Je puis vous assurer, gentlemen, qu'ils ne restèrent pas longtemps à me contempler.

» Je jetai ensuite les yeux dans la direction que suivait mon cheval, jusqu'à ce qu'il fut hors de vue. Alors, je me mis en quête de ma couverture, que je n'eus pas de peine à retrouver. Puis, guidé par les traces, je retournai sur mes pas pour chercher mon fusil et mes autres effets à l'endroit où j'avais établi mon bivouac. La piste n'était pas difficile à suivre; je pouvais voir sur la neige le sentier par lequel j'avais été traîné, et où mon corps avait tracé son sillon.

» Une fois en possession de mon bagage, je songeai à rattraper mon poulain: je le suivis à la piste pendant au moins dix milles, mais, oncques je ne l'ai pas revu. Les loups l'avaient-ils dévoré ou non, je l'ignore, et je m'en inquiète fort peu! Quelle stupide brute! Je voyais dans la neige l'empreinte des pattes des loups couvrir les pas de mon cheval, et je finis par me dire qu'il était inutile d'aller plus loin. Il était évident que je me trouvais entraîné au beau milieu des prairies, et qu'il me fallait gagner à pied le fort Laramie. Je marchai pendant trois jours, et je vous fais grâce des malédictions que j'adressai à ce méchant cheval mexicain.

» C'était vraiment trop de malheur! Je n'avais pas dans tout le corps un os qui ne fût ébranlé dans sa place naturelle; on eût dit qu'on m'avait broyé dans un moulin à sucre; ma peau et mes vêtements se trouvaient en lambeaux, et sans la couverture qui entourait ma tête et la couche de neige qui rendait le terrain plus glissant, j'eusse été cent fois pour une écrasé sur les pierres de la route.

» J'arrivai cependant sain et sauf au fort Laramie, où je pus me procurer un équipement tout neuf de peau de daim et un bon cheval.

» Depuis ce jour, je n'ai jamais pu voir un loup de prairie à portée de ma carabine sans lui envoyer une balle; et, comme vous le voyez, gentlemen, j'en ai abattu pas mal sur mon chemin. N'est-ce pas, Mark? Que le diable confonde ces maudits loups de prairie! »

CHAPITRE XXX

Chasse au tapir

A l'un de nos bivouacs dans la prairie, notre camarade, l'Anglais Thompson, nous raconta quelques particularités sur l'animal étrange qu'on appelle le tapir :

« Quiconque s'est amusé à feuilleter un volume illustré de l'*Histoire des Mammifères* ne peut oublier la forme bizarre de l'animal qui porte ce nom. Son long museau en forme de trompe, son cou garni d'une crinière hérissée, son corps épais et mal bâti, de la forme de celui d'un pourceau, font de cette créature un ensemble si particulier, qu'on ne peut le confondre avec aucun autre animal.

» Lorsqu'il a atteint sa plus grande taille, le tapir ou l'*anta*, comme on l'appelle quelquefois, a six pieds de long sur quatre de haut. Son poids égale celui d'un bœuf de petite taille. Ses dents ressemblent à celles du cheval ; mais au lieu de sabots il a les pieds garnis d'ongles, quatre à ceux de devant et trois à ceux de derrière. Ses yeux sont petits et placés latéralement, et ses oreilles longues et pointues. Il a la peau très épaisse, à peu près comme celle de l'hippopotame, et couverte de poils soyeux très clairsemés ; cependant, le long du cou et sur la queue, le poil est plus long et plus épais. La mâchoire supérieure dépasse de beaucoup l'extrémité de l'inférieure. Malgré cette proéminence, le tapir saisit facilement tous les objets, et il s'en sert pour arracher les racines qui forment sa nourriture principale. En un mot, ce groin remplit jusqu'à un certain point le rôle de la trompe de l'éléphant.

» Bien que ce soit le plus grand quadrupède indigène de l'Amérique du Sud, le tapir n'est pas bien connu des naturalistes. Les lieux qu'il fréquente sont tout à fait éloignés des limites de la civilisation, et d'ailleurs c'est un animal timide et solitaire, qui ne sort presque jamais que la nuit. Aussi, les naturalistes ont-ils eu peu d'occasions d'observer ses habitudes. Le chapitre de son histoire naturelle ne saurait donc être bien long.

» Le tapir se plaît dans les régions tropicales de l'Amérique du Sud ; il fréquente le bord des rivières et des petits lacs marécageux. C'est le représentant américain du rhinocéros et de l'hippopotame ou plutôt du *maïba* ou tapir indien (*tapirus indicus*) de Sumatra, que les naturalistes ne connaissent que depuis peu de temps. Ce dernier, en effet, touche de bien près au tapir de l'Amérique du Sud, et lui ressemble à peu de chose près.

» Le tapir est amphibie, c'est-à-dire qu'il se plaît dans l'eau, qu'il nage et plonge avec facilité, qu'il cherche ordinairement sa nourriture au fond de l'élément liquide ou sur les bords détrempés et marécageux. Lorsqu'il est au repos, il vit sur terre, et établit son repaire dans les fourrés épais des bois ; dans ce cas, il a soin de se choisir un endroit bien sec. Il y reste couché et endormi pendant la plus grande partie du jour. A la nuit il sort, et suivant un sentier bien battu, qui le mène au bord de quelque rivière, il y plonge pour y chercher sa nourriture, qui consiste en tiges et en racines de plusieurs espèces de plantes aquatiques. Il passe dans cette occupation la nuit presque tout entière. Au point du jour, il revient à l'endroit par où il était entré dans l'eau, et reprend le même chemin pour retourner à son gîte, où il reste à dormir jusqu'au coucher du soleil.

» Quelquefois, par un temps de pluie, il quitte sa demeure même en plein midi. Il se rend alors à la rivière ou dans quelque endroit marécageux, où, comme les pourceaux, il se plaît à se vautrer dans la boue pendant des heures entières. Cependant, sous certains rapports, le tapir ne ressemble pas au cochon ; c'est un animal très propre. Aussi, après s'être bien vautré, il ne retourne à son gîte qu'après avoir plongé à plusieurs reprises dans l'eau claire, jusqu'à ce qu'il ne lui reste plus sur la peau une seule tache de boue.

» Son allure ordinaire est le trot. Toutefois, lorsqu'il est serré de près, il se lance au galop, mais un galop qui lui est particulier. Il allonge les jambes de devant, entre lesquelles il place sa tête de la façon la plus bizarre, à peu près comme le fait un baudet rétif.

» Le tapir ne se nourrit absolument que de végétaux. Il vit de racines et de feuilles de plantes aquatiques, de plusieurs espèces de fruit, et de jeunes pousses juteuses des arbres. C'est un animal timide et craintif, sans méchanceté aucune, bien qu'il soit doué d'une force prodigieuse, dont il ne fait usage que pour sa défense, et même alors seulement pour essayer de fuir. Il se laisse souvent tuer sans la moindre résistance, et cependant, s'il voulait user de sa force et employer les dents qui garnissent sa mâchoire, il pourrait faire beaucoup de mal à ses agresseurs.

» La chasse au tapir est un amusement ou plutôt une occupation sérieuse pour les indigènes de l'Amérique du Sud. Non que la chair de cet animal soit pour eux un mets recherché, car elle est sèche et a un goût désagréable (quelques tribus même ne veulent pas en manger et préfèrent celle du singe, du macaque et de l'armadillo) ; mais ce qu'il y a de précieux pour eux dans le tapir, c'est sa peau rude et épaisse, dont ils font des boucliers, des sandales et plusieurs autres ustensiles. Cette peau est donc d'une grande ressource dans un pays où les mammifères à peau épaisse qui peuvent fournir du cuir sont presque entièrement inconnus.

» Tuer un tapir n'est pas chose facile, car non-seulement il est farouche à ne pas attendre son ennemi à une portée de canon, mais encore il a l'avantage de se réfugier dans l'eau et de se soustraire en plongeant à la vue pour éviter ainsi les coups qui lui sont destinés. Dans presque toutes les tribus indigènes de l'Amérique du Sud, le jeune chasseur qui a tué un de ces animaux est considéré comme un héros qui a accompli un exploit dont il peut être fier.

» On chasse le tapir avec l'arc et les flèches, ou bien à coups de fusil ; quelquefois on se sert d'une *gravatana*, espèce de sarbacane qui lance des traits empoisonnés. De toutes manières le chasseur s'embusque, attendant le gibier à l'affût, ou bien il se fait suivre d'une meute de chiens pour le faire sortir du fourré et le tirer à la course.

» Une fois la piste du tapir trouvée, il est facile de se rendre maître de l'animal. Un fait bien connu de tous les chasseurs, c'est que cet animal, qu'il aille de son repaire à l'eau, ou qu'il retourne à sa bauge, suit toujours le même chemin ; de sorte qu'il se fraye un sentier bien battu et facile à reconnaître. C'est ce qui trahit le tapir et cause souvent sa perte.

Quelquefois le chasseur le prend au moyen d'une fosse recouverte de branches et de feuilles de palmier, ou bien encore il se met en embuscade avant le coucher du soleil ou le matin de bonne heure, et tire l'animal, qui s'avance tranquillement sur sa route accoutumée.

» Il arrive communément que lorsqu'on a découvert le repaire du tapir, une tribu tout entière se met de la partie pour ne pas manquer l'animal. J'ai eu pour ma part l'occasion de voir une chasse semblable sur un des affluents de l'Amazone.

» Dans le courant de l'année 18.., je visitais la tribu des Jurunas, sur le Xingu. Leurs *maloccas* (villages composés de huttes en branches de palmier) sont situés au-dessus de la cataracte formée par cette rivière. Bien que rangés parmi les Indiens sauvages, les Jurunas se montrent envers les commerçants pleins de douceur et d'affabilité. Ils récoltent chaque année une quantité considérable de *seringa* (gomme élastique), de salseparelle et de noix du Bresil, et prennent des oiseaux rares et des singes, tous objets que les Portugais leur achètent pour être exportés en Europe.

» J'étais sur le point de m'en retourner à Para, lorsque le Tuxava, ou chef des maloccas, insista pour me faire passer quelques jours dans son village et prendre part à certaines fêtes qui se préparaient. Il me promettait, entre autres, une chasse au tapir.

» J'y consentis d'autant plus volontiers que je savais que parmi les Jurunas il se trouvait quelques chasseurs renommés pour leur adresse, et que j'étais curieux de jouir d'un sport de ce genre. La chasse devait avoir lieu le surlendemain même.

» Dès le matin, les chasseurs s'assemblèrent, au nombre de cinquante à soixante, dans un endroit découvert près du malocca. Après avoir préparé leurs armes et leur équipage, ils se rendirent sur la *praya*, ou rive étroite et sablonneuse qui séparait la rivière de l'épais fourré de la forêt. Nous y trouvâmes vingt ou trente *ubas* (canots faits de troncs d'arbres creusés) prêts à nous recevoir. Il y en avait de différentes grandeurs : quelques-uns pouvaient contenir une demi-douzaine de personnes, d'autres, au contraire, étaient destinés à un seul individu.

» En quelques minutes, tout le monde fut embarqué. La troupe ne se composait pas seulement de chasseurs ; une grande partie des femmes et des enfants du malocca nous avaient suivis ; nous avions en outre avec nous une quarantaine de chiens.

» Ces derniers avaient un aspect vraiment bizarre. Un étranger qui n'aurait pas été au courant des coutumes des Jurunas n'aurait pu se rendre compte des étranges teintes de leur poil. Jamais auparavant je n'avais vu de chiens semblables Les uns étaient de l'écarlate le plus vif, d'autres jaunes, quelques-uns bleus, et plusieurs enfin bigarrés des couleurs les plus variées.

» Qu'est-ce que cela voulait dire? Je le savais bien, moi : les chiens étaient teints !

» C'est un usage fréquent, chez plusieurs tribus indiennes de l'Amérique du Sud, de peindre non-seulement leur propre corps, mais encore le poil de leurs chiens, avec les couleurs brillantes qu'ils retirent de jus végétaux, tels que le huitoc, le roucou jaune (*annato*) et le bleu de l'indigo sauvage. Le poil gris clair et quelquefois blanc de ces animaux se prête à cette teinture, et l'effet qu'elle produit plaît à l'œil des sauvages.

» Pour moi c'était une scène étrange et fantastique. Je ne pouvais m'empêcher de rire en regardant ces bêtes ainsi bariolées. Figurez-vous une meute de chiens teintés d'écarlate, d'orange et d'indigo, et riez avec moi.

» Aussitôt embarqués sur nos ubas, nous nous mîmes à remonter le courant. Le Tuxana et moi nous avions un canot pour nous deux ; il n'avait pas d'autres armes qu'un fusil léger, dont je lui avais fait cadeau. C'était une carabine excellente, dont il était fier et dont il allait se servir pour la première fois. J'étais moi-même muni d'une carabine, et le reste des chasseurs s'étaient munis d'armes de toutes sortes. Les uns portaient des fusils, d'autres un arc et des flèches, quelques-uns avaient des *gravatanas*, avec des traits trempés dans du poison *curare* ; les autres n'avaient que des *machetes*, sorte de coutelas pour éclaircir les taillis, dans le cas où il faudrait chasser la bête du fourré.

» A environ deux ou trois milles au dessus du malocca, le lit de la rivière s'élargissait et formait une nappe d'eau de plusieurs milles de largeur, semée d'îles que les Indiens savaient être fréquentées par le tapir. C'était là que devait se faire notre chasse.

» Nous employâmes à peu près une heure pour y parvenir. Pendant ce trajet, je ne pouvais m'empêcher d'admirer l'aspect pittoresque de notre troupe, qui ne ressemblait en rien à aucune de celles que l'on trouve réunies à un rendez-vous de chasse dans les pays civilisés. Les ubas, voguant sur une longue ligne irrégulière, obéissaient à l'impulsion vigoureuse des rameurs, et remontaient rapidement le courant. Tout en maniant la rame, les Indiens accompagnaient leurs mouvements d'un chant irrégulier, dont les paroles improvisées rappelaient les anciens exploits des chasseurs, et en promettaient de nouveaux pour l'avenir. J'entendais souvent répéter le mot *tapira*, tapir. Les femmes mêlaient dans les chœurs leurs voix fraîches et sonores, et de temps en temps interrompaient la mélodie par de joyeux éclats de rire. Cette flotille, d'un aspect tout nouveau pour moi, le bronzé des Indiens à moitié nus, leur noire chevelure qui flottait au gré du vent, leurs ceintures de verroteries bleues et leurs bracelets de coton rouge ; les *tangas*, ou tabliers éclatants des femmes, leurs colliers massifs, les plumes de perroquet qui ornaient la tête des chasseurs, la bizarrerie de leurs armes et de leurs costumes, tout concourait à former un tableau plein d'intérêt pour moi, qui jamais n'avais assisté à une pareille scène.

» Enfin nous arrivâmes dans le parage des îles. Aussitôt tout bruit cessa, et les rameurs dirigèrent leurs canots aussi lentement et aussi silencieusement que possible.

» Je commençai à comprendre le plan de la chasse. Il consistait à découvrir d'abord une île qu'on pût supposer habitée par un tapir, et alors de la faire cerner par des chasseurs embusqués dans leurs canots, tandis qu'une partie débarquerait avec les chiens pour lever le gibier et le chasser du côté de l'eau. Ce plan nous promettait une chasse superbe.

» Les canots se séparèrent, et au bout de quelques minutes on les vit côtoyer tranquillement les bords des îlots, tandis qu'un homme de l'équipage, penché en avant, interrogeait la rive étroite de sable qui sortait de l'eau.

En quelques endroits, cette rive n'existait pas. Les arbres penchés sur le fleuve trempaient leurs branches dans le courant, et formaient une voûte ensevelie dans une profonde obscurité. Au milieu de pareilles retraites, le tapir pouvait se dérober à l'œil du chasseur le plus exercé; aussi la plus grande difficulté de cette chasse consistait-elle à découvrir le repaire de l'animal.

» Au bout de quelques temps, un léger coup de sifflet partit à bord de l'un des ubas. C'était le signal pour appeler les autres canots. On avait découvert les traces d'un tapir.

» En deux ou trois coups de rames, le chef amena notre esquif à l'endroit où, à n'en pas douter, l'on voyait empreinte sur le sable les traces d'un tapir se dirigeant vers une ouverture dans le fourré; et là commençait un sentier qui s'enfonçait dans l'intérieur de l'île, probablement jusqu'au repaire de l'animal fantastique. Les fumées étaient fraîches, elles avaient été faites le matin même sur le sable mouillé. La bête devait donc se trouver au gîte.

» L'île avait peu d'étendue, tout au plus cinq ou six arpents de superficie. Les canots s'élancèrent dans diverses directions, et en quelques minutes l'île fut cernée. Au signal donné, plusieurs chasseurs sautèrent à terre, suivis de leurs chiens aux couleurs brillantes, et alors le craquement des branches tombant sous les coutelas, les cris des hommes, la voix des chiens se confondirent en un bruit assourdissant.

Une forêt épaisse couvrait l'île. Le *vaussu* et le palmier *piriti* y croissaient si serrés que leurs têtes couronnées de feuillage se touchaient et formaient un toit impénétrable. Plus haut encore s'élançaient les sommets des grands arbres forestiers, le *cécrélas*, le *ramags* et le cotonnier (*bombax*) aux feuilles longues et soyeuses. Au-dessous de ce dôme de verdure, le sentier était intercepté par un épais réseau de *sipos*, ou plantes grimpantes, et de lierres, et les chasseurs étaient obligés de s'y frayer un passage à coups de hache. Les chiens eux-mêmes, malgré toute leur ardeur, ne pouvaient avancer que très lentement à travers les branches épineuses du *smilax* et les pointes aiguës qui couvraient les troncs des palmiers.

Sur toute la ligne des canots qui bloquaient l'île régnait le plus profond silence. Chacun avait un endroit à garder, et les chasseurs étaient assis, la main sur leurs armes et les yeux fixés sur le feuillage du taillis qui faisait face à sa station.

Le canot du chef était resté à l'endroit où on avait découvert les traces du tapir. Nous avions tous deux nos fusils armés et prêts à faire feu. On entendait distinctement les chasseurs et les chiens pénétrer au centre de l'île. Ceux-ci donnaient de la voix par intervalles. Mais tout à coup leurs aboiements prirent une expression plus sonore et plus terrible. Plusieurs hurlaient à la fois, et l'on entendit bientôt comme le bruit d'animaux qui se précipitaient dans la direction de l'eau.

» C'était de notre côté, il est vrai, mais pas tout à fait en face de nous; cependant il était probable que le gibier sortirait à portée de nos armes. Un coup d'aviron nous plaça dans une position plus propice, et en même temps plusieurs canots nous rejoignirent.

» Le taillis s'agitait et craquait; des formes rougeâtres parurent entre les feuilles, et un instant après une douzaine d'aimaux, ressemblant à une troupe de pourceaux, sortirent du fourré et se jetèrent lourdement dans l'eau.

» — Ce n'est pas un tapir! non, ce sont des capivaros, s'écria le chef. Mais sa voix fut couverte par le bruit des armes à feu et le son vibrant des cordes d'arc, qui décrochèrent un nuage de flèches. Une demi-douzaine de capivaros restèrent morts sur la plage, tandis que les autres plongèrent et disparurent à nos regards.

» C'était un beau commencement de chasse, car une douzaine d'animaux tués d'une seule volée, ce n'était pas un coup à dédaigner, même pour des Indiens.

» Cependant la bête la plus convoitée, le tapir, occupait toutes nos pensées ; aussi, laissant les femmes ramasser les capivaros, les chasseurs retournèrent-ils à leur poste.

» Nous étions sûrs de lever un tapir : l'île paraissait être habitée par un ou par plusieurs de ces animaux ; et d'ailleurs les traces étaient des preuves évidentes de leur présence dans ces parages. On poursuivit donc la battue avec plus d'ardeur que jamais, et les chasseurs et les chiens pénétrèrent jusqu'au centre du fourré.

» Les coups de gueule vifs et irrités de ces derniers vinrent encore frapper nos oreilles, et le taillis s'agita encore en craquant.

» Pour cette fois, c'est le tapir, me dit le chef à demi-voix : puis il ajouta d'un ton plus élevé : Là-bas, s'écria-t-il, voyez là-bas !

« Je jetai les yeux dans la direction qu'il m'indiquait, et je vis un objet se mouvoir dans le feuillage, une forme brune et sombre, polie et arrondie ; c'était évidemment le tapir.

» Je ne fis que l'entrevoir au moment où il s'élança dans l'ouverture ; il arrivait au grand galop, la tête entre les genoux ; il était serré de près par les chiens. Aussi, sans regarder devant lui, il se précipita vers nous comme s'il eût été aveugle.

» Il venait à l'eau, à quelques pieds seulement à l'avant de notre esquif ; le chef et moi nous tirâmes ensemble. Je crus avoir touché l'animal. Le chef, de son côté, ne pensait pas avoir manqué son coup. Néanmoins, le tapir ne parut pas faire attention à nos coups de feu, et, plongeant dans l'eau, se déroba à nos regards.

» Au même instant, toute la meute bariolée sortit du taillis et s'élança vers l'endroit où la bête avait disparu.

» L'eau était teinte de sang.

» Le tapir est donc blessé, pensai-je. J'allais faire part au chef de mes observations, lorsqu'en me retournant je le vis le couteau à la main, debout sur l'arrière du canot, prêt à s'élancer dans la rivière. Son œil était fixé sur un objet qui se trouvait au fond de l'eau.

» Je suivis la direction de son regard. Les eaux du Xingu sont claires comme du cristal, et sur le fond sablonneux je vis se dessiner la forme sombre et brune du tapir. Il cherchait à gagner le lit plus profond de la rivière ; mais il avait évidemment de la peine à se traîner : nos balles lui avaient cassé une jambe.

» J'avais à peine eu le temps de l'apercevoir, que le chef s'élança en avant et retomba dans l'eau la tête la première. Je pus bientôt voir qu'une lutte s'était engagée au fond ; une eau trouble remonta jusqu'à la surface, puis tout à coup, la tête noire du chef s'offrit à mes yeux.

» — Ugh ! fit-il en secouant son épaisse chevelure toute ruisselante d'eau et me faisant signe de l'aider, ugh ! senor, vous mangerez du tapir rôti à dîner. *Mui bueno*, voici le tapir !

» Je l'aidai à remonter dans le canot, et ensuite à nous assurer de la carcasse monstrueuse de l'animal.

» Nous vîmes alors que nos deux coups avaient porté ; mais c'était la balle de carabine qui avait cassé la jambe de la bête, et le généreux sauvage reconnut qu'il n'aurait eu que peu de chance de s'en emparer sous l'eau, s'il n'avait été estropié.

» La journée fut des plus heureuses. Nous tuâmes encore deux tapirs, plusieurs capivaros et un *paca*, animal fort estimé des Indiens tant pour sa chair que pour ses dents, qu'ils emploient dans la fabrication de leurs sarbacanes. Nous nous emparâmes aussi de plusieurs perroquets et de toute une famille de singes guaribas. Nous revînmes au malocca chargés, comme on le voit, d'animaux et d'oiseaux aussi variés que nombreux, et la fête se termina par une grande danse des femmes jurunas. »

CHAPITRE XXXI

Les bisons du désert

Il arriva enfin, ce jour si ardemment désiré où nous devions rencontrer les bisons à la poursuite desquels nous étions partis, et ce fut moi qui eus l'honneur suprême, non seulement d'être le premier à découvrir ces énormes animaux, mais encore d'en abattre deux au milieu du troupeau dans la plaine. Cet incident eut pourtant son côté aventureux, et me procura des émotions fort peu agréables du reste, car l'aventure était aussi fort dangereuse. Depuis quelques jours nous avions l'habitude de nous disséminer pour trouver le gibier ; nous étions surtout à la recherche des cerfs pour pourvoir aux besoins de notre caravane ; mais ce qui nous tenait surtout en haleine, c'était l'espoir de rencontrer des bisons. Quelquefois nous partions trois ou quatre ensemble ; mais le plus souvent on s'en allait seul à l'aventure, guidé par son caprice. Parfois ces excursions solitaires avaient lieu pendant la marche, ou bien le soir, quand nous avions dressé nos tentes.

Une après-midi, lorsque nous eûmes établi notre bivouac suivant l'usage ordinaire, quand mon bon cheval eut mangé son picotin d'avoine, je me jetai en selle, et je partis dans l'espoir de trouver quelques vivres frais pour le souper général. La prairie au milieu de laquelle nous nous étions arrêtés était ondulée, et comme notre camp était établi entre deux coteaux assez élevés, sur le bord d'un ruisseau, la vue ne pouvait s'étendre fort loin : aussi à peine avais-je franchi la première crête, que mes compagnons me perdirent de vue. Je comptais sur les étoiles pour me diriger, et je continuai ma course sans la moindre crainte.

J'avais à peine fait un mille, que je découvrais des traces de bisons. C'étaient des cavités circulaires creusées dans le sol, pouvant avoir cinq à six pieds de diamètre, que l'on appelle, parmi les chasseurs des prairies, *trous de bisons*. Au premier coup d'œil je compris que ces trous étaient fraîchement creusés ; il y en avait plusieurs, et cela suffit pour me prouver que des taureaux avaient passé par là. Je continuai donc ma route dans l'espoir de découvrir les animaux eux-mêmes.

Peu de temps après, je parvins à un endroit où le sol était labouré comme s'il eût été fouillé par une troupe de pourceaux. Là, devait avoir eu lieu un combat terrible entre les bisons. C'était donc un signe de bon augure; peut-être sont-ils encore dans le voisinage, pensai-je; et ranimé par cette espérance, j'éperonnai vigoureusement mon cheval.

Je me trouvais éloigné d'environ cinq milles du camp, lorsque mon attention fut tout à coup éveillée par un bruit étrange qui se faisait devant moi. Une ondulation du terrain m'empêchait de voir ce qui se passait; mais je reconnus aussitôt la cause de ce bruit insolite; c'était le mugissement d'un bison mâle.

De temps en temps on éprouvait le contre-coup atmosphérique d'une secousse formidable, comme si deux substances dures s'entrechoquaient violemment l'une contre l'autre. Je gravis le coteau avec quelque précaution, et j'avançai doucement la tête pour voir ce qui se passait devant moi. Un peu plus loin s'étendait une vallée, au fond de laquelle s'élevaient des tourbillons de poussière; et à travers ce nuage je distinguai les formes sombres et velues de deux animaux gigantesques. C'étaient deux taureaux engagés dans une lutte terrible. Ils étaient seuls, aucun animal de leur espèce ne se montrait, ni dans la vallée, ni au delà, sur la prairie lointaine.

Je m'arrêtai à peine pour m'assurer si la capsule tenait bien à la cheminée de ma carabine. De la façon dont ils étaient occupés, je ne pensais pas qu'ils fissent attention à moi; et s'ils prenaient la fuite, je pouvais facilement atteindre l'un ou l'autre. Aussi, sans plus d'hésitation ou de précaution, je m'élançai droit sur eux.

Je m'étais pourtant trompé; les animaux m'éventèrent et partirent au galop. Le vent soufflait assez vivement de moi sur eux, et le soleil couchant avait projeté mon ombre jusqu'à leurs pieds, comme pour mieux attirer leur attention.

Ils n'avaient pourtant pas l'air de s'enfuir comme s'ils étaient fort effrayés; on eût dit, au contraire, à les voir s'en aller, qu'ils étaient indignés d'avoir été dérangés dans leur duel. De temps à autre ils faisaient une conversion rapide sur eux-mêmes, poussaient un court mugissement et frappaient du pied d'une façon violente et irritée.

Une ou deux fois je crus qu'ils allaient se précipiter sur moi; et, si je ne m'étais senti parfaitement bien monté, j'aurais hésité à m'exposer à pareille rencontre. Il eût été difficile de trouver sur son chemin deux ennemis à quatre pattes plus formidables, du moins en apparence. Leur taille énorme, leur tête couverte d'une épaisse crinière, leurs yeux farouches et étincelants, tout concourait à leur donner un aspect sauvage et plein de méchanceté, rendu plus terrible encore par leurs mugissements et par les attitudes menaçantes dans lesquelles je les voyais se poser à chaque instant.

Malgré cela, me sentant sur ma selle à l'abri de l'attaque des bisons, je courus au galop sur celui qui était le plus près de moi, et je lui envoyai ma balle dans les côtes. Le plomb fit son effet, car l'animal tomba sur ses genoux, se releva, écarta les jambes comme pour résister à une nouvelle chute, chancela d'un côté, puis de l'autre, comme le berceau d'un enfant qu'on agite, puis il retomba sur les genoux. Il resta quelques minutes dans cette position, — le sang lui sortant par les nazeaux, — puis il se coucha tranquillement sur l'épaule, et exhala le dernier souffle en poussant un mugissement terrible.

J'avais guetté avec le plus grand intérêt tous les mouvements de l'animal;

aussi, pendant ce temps-là, son compagnon s'était sauvé; je l'avais vu disparaître par delà le faîte de la colline.

Je ne me souciais pas de courir à sa poursuite; mon cheval était quelque peu fatigué, et je savais qu'il m'en coûterait un bon temps de galop pour atteindre le second bison; aussi, sans y penser davantage, je mis pied à terre et me préparai à dépecer celui que j'avais tué.

J'aperçus tout près de moi un arbre solitaire, un arbre à coton d'assez chétive apparence. On en voyait bien d'autres dispersés par la prairie, mais ils étaient éloignés, tandis que celui-ci n'était pas à vingt pas du bison. Je conduisis mon cheval jusque-là, et, prenant le licol attaché au pommeau de ma selle, j'en assurai un bout au crochet du mors et l'autre à l'arbre; ensuite je tirai mon couteau, et je me mis en devoir de dépecer la bête.

A peine avais-je eu le temps de repasser la lame, lorsque derrière moi un bruit inattendu me fit lever la tête afin de voir quelle était la cause de ce dérangement. Un être tout noir et de taille monstrueuse franchissait la crête de la colline, et se précipitait vers moi au grand galop. C'était le bison qui s'était enfui quelques instants auparavant.

Au premier abord, sa vue me fit plus de plaisir que de peine. Bien que j'eusse déjà de la viande en abondance, je comptais sur le plaisir de porter au camp deux langues au lieu d'une. Je remis donc rapidement mon couteau dans sa gaîne, et je saisis ma carabine, que, selon ma coutume invariable, j'avais eu soin de recharger.

J'hésitai d'abord un instant; fallait-il courir à mon cheval et me jeter en selle, ou bien tirer de l'endroit où je me trouvais? Le bison décida la question. L'arbre et le cheval ne se trouvaient pas sur la ligne qu'il suivait en courant, mais attiré par les hennissements de ma monture, qui à la vue de cet animal étrange s'était mise à se cabrer et à ruer, mouvements que le bison prit sans doute pour un défi, il se détourna subitement de sa course, et se précipita sur le malheureux quadrupède, qui d'un bond s'élança aussi loin que le lui permit le licol; un bruit sec retentit à mes oreilles, et je vis mon cheval, ayant recouvré sa liberté, galoper à travers la prairie, comme s'il avait eu des orties sous la queue. Je n'avais pas pris assez de précaution en attachant le licol au mors, et le nœud s'était complètement défait.

Cet accident me contraria, mais je ne m'en effrayai pas davantage. Mon cheval ne pouvait manquer de reprendre le chemin par lequel il était venu, et ce qui pouvait m'arriver de pire, c'était de m'en retourner au camp à pied. J'allais du moins avoir la satisfaction de punir le bison du méchant tour qu'il venait de me jouer, et, dans cette intention je me retournai dans sa direction. Il n'avait pas suivi le cheval; au contraire, il s'avançait sur moi.

Alors, pour la première fois, il me vint à l'esprit que l'aventure pouvait avoir un fâcheux résultat. Le taureau s'avançait avec fureur; si je manquais mon coup, ou même si je ne faisais que le blesser, comment pourrais-je me tirer de là? Cet animal m'atteindrait infailliblement à la course en moins de trois minutes; j'en étais sûr.

Il ne me restait pas beaucoup de temps pour réfléchir; les moments étaient courts, car la bête furieuse était déjà à dix pas de moi. Je levai ma carabine, je visai à l'épaule de devant, et je fis feu.

Je m'aperçus bien que je l'avais atteint, mais, à mon grand effroi, il ne tomba point, il ne chancela même pas, et continua sa course avec plus de fureur que jamais.

Recharger mon fusil était chose impossible. Le cheval avait emporté mes pistolets. Il ne fallait même pas songer à arriver à l'arbre, le taureau me barrait le passage.

Prendre ma course dans la direction opposée, c'était le seul moyen de prolonger ma vie de quelques minutes ; c'est aussi ce que je fis.

Je sais courir avec une légèreté sans pareille, et dans la présente occasion je me surpassai. Gildersleeve aurait sué sang et eau pour me tenir tête ; mais il y avait à peine deux minutes que j'étais parti, lorsque je m'aperçus que le bison gagnait sur moi et me touchait presque les talons. Le bruit seul m'avertissait de sa présence, car je n'avais ni le temps ni la possibilité de regarder en arrière.

En ce moment un obstacle se présenta devant moi, et je m'aperçus bien vite qu'il allait, d'une façon ou de l'autre, mettre fin à cette course. C'était une ravine, ou plutôt une fissure, qui coupait à angle droit le sentier que je suivais. Ce précipice avait plusieurs pieds de profondeur ; le fond en était parfaitement sec, mais les bords se trouvaient taillés à pic.

Je me vis presque lancé dessus avant de m'en apercevoir, et dès que je compris la nature de cet obstacle je me dis que c'était un moyen de salut au moins momentané ; il me fallait donc franchir cette gorge, car j'étais bien persuadé que le bison ne pourrait pas en venir à bout.

C'était un saut périlleux : dix-sept pieds au moins d'un bord à l'autre ; j'avais fait mieux que cela dans mon bon temps, et sans rien perdre de mon élan, j'arrivai sur le bord, et vlan !... je m'élançai par-dessus le fossé.

Je retombai légèrement sur mes pieds de l'autre côté, et je me retournai sur-le-champ pour voir ce que l'animal allait faire. Je compris alors le danger auquel je venais d'échapper. Le bison était déjà au bord du précipice, et si je n'avais pas sauté sans hésiter, comme je l'avais fait, j'aurais eu... mon pantalon endommagé par ses cornes.

Il était évident que le saut lui faisait peur ; cette fissure béante comme la gueule d'un abîme l'avait effrayé. Il avait l'instinct de deviner qu'il ne pouvait le franchir, et il restait sur l'autre bord, la tête baissée, les naseaux ouverts, se battant les flancs avec sa queue, et l'œil étincelant de tout le feu de sa rage impuissante.

Je vis, à une trace de sang qui dégouttait de sa longue crinière, que je l'avais blessé à l'épaule. Je me félicitais déjà d'avoir échappé à ce danger, lorsqu'en jetant un coup d'œil rapide à ma droite et à ma gauche, mon illusion se dissipa des deux côtés ; à moins de cinquante pas de distance, la gorge remontait vers la plaine et allait se perdre dans la prairie : on pouvait donc passer par les deux extrémités.

Le bison s'en aperçut presque aussitôt que moi ; aussi, se remettant tout d'un coup au galop, il suivit le bord du précipice, dans l'intention évidente de le tourner.

Une minute après, nous nous trouvions encore du même côté ; ma position prenait une tournure aussi désolante qu'auparavant ; je me reculai néanmoins de quelques pas pour prendre mon élan, et je franchis de nouveau le fossé, qui se trouva encore une fois entre nous deux.

Pendant toutes ces manœuvres, je n'avais pas lâché ma carabine. Je vis bien que je pouvais prendre le temps de la charger, et je cherchai ma poire à poudre.

Quel fut mon désespoir en ne la trouvant pas ! Je portai mes mains sur ma poitrine, afin de chercher le cordon auquel elle était suspendue, il n'y était pas ; mon ceinturon et mon sac à balles avaient aussi disparu ; je n'avais plus rien. Je me rappelai enfin que je m'en étais débarrassé lorsque je me préparais à dépecer mon gibier : j'avais tout laissé auprès du bison mort, devant le cotonnier où j'avais attaché mon cheval.

Ce fut pour moi une nouvelle source de contrariété ; sans ma négligence, j'aurais pu mettre bas l'animal.

Parvenir jusqu'à l'endroit où j'avais laissé mes munitions, c'était chose impossible ; le bison m'aurait atteint avant que j'eusse fait la moitié du chemin. Il ne me resta, à vrai dire, pas beaucoup de temps pour me livrer à mes regrets. Le taureau revenait sur ses pas et se trouvait encore du même côté que moi, aussi je fus forcé à faire une troisième fois le saut périlleux.

Je ne me rappelle pas au juste combien de fois je franchis ainsi ce précipice d'un bord à l'autre, mais je suis persuadé que je ne sautai pas moins de douze fois ; aussi je commençais à me fatiguer de cet exercice. La distance des deux rives était grande, j'avais donc toute la difficulté possible de parvenir, en sautant, au bord opposé, même en employant toutes mes forces, et je me sentais faiblir à chaque bond. Je me voyais menacé de tomber dans un moment donné et de me briser le crâne contre les parois rocailleuses du précipice.

Si je tombais au fond, l'animal qui me poursuivait pénétrerait dans la gorge par l'une des extrémités, et je commençais à redouter un autre genre de mort. La bête vindicative ne paraissait pas avoir l'intention de se retirer ; bien au contraire, toutes les fois qu'elle apercevait que sa poursuite était encore une fois sans succès, elle semblait redoubler de fureur.

Une idée se présenta enfin à mon esprit.

J'avais regardé de tous côtés pour voir si je ne découvrirais pas quelque chose qui pût m'offrir un refuge plus assuré. Il y avait bien quelques arbres, mais ils étaient à une trop grande distance ; le seul qui fût à ma portée était celui auquel j'avais attaché mon cheval. Il n'était pas très élevé, et, comme tous les arbres de son espèce (c'était un cotonnier), son tronc était dégarni de branches.

Si je pouvais l'atteindre, il me serait facile d'y grimper en embrassant le tronc, qui n'avait pas plus de dix pouces de diamètre, et j'y serais au moins plus en sûreté que sur la rive de mon ravin, où j'étais contraint de faire un exercice qui commençait à me fatiguer horriblement. Mais la question était de savoir si j'arriverais là avant le taureau. Je me trouvais environ à trois cents pas de l'arbre ; et, prenant toutes mes précautions, je pouvais avoir à peu près cinquante pas d'avance, et cependant, même avec cet avantage, c'était une course bien hasardée. L'évènement me confirma la justesse de mes prévisions.

Je touchai cependant le but, et je me hissai comme un écureuil. Le bison soufflait sur mes talons, et sa chaude respiration montait en spirales jusqu'à moi tandis que je grimpais à l'arbre. Je fis un violent effort, je parvins à gagner les branches. L'animal se servit alors de son crâne épais comme d'une catapulte : il attaqua le tronc du cotonnier, et l'ébranlement faillit me renverser sur ses cornes.

J'étais donc à l'abri de tout danger immédiat ; mais comment cette aventure finirait-elle ?

Je savais par ouï-dire que le bison pouvait rester autour de l'arbre des heures, peut-être même des journées entières.

Les heures seules me paraissaient déjà trop longues. Je ne pouvais rester là, car la faim se faisait sentir, et un besoin plus affreux encore, la soif, commença bientôt à me tourmenter. La chaleur du soleil, la poussière, le violent exercice auquel je me livrais depuis soixante minutes, tout avait contribué à m'altérer. Dans ce moment, j'aurais, je crois, risqué ma vie pour quelques gouttes d'eau. Qu'adviendrait-il plus tard si on ne venait pas à mon secours ?

Je n'avais qu'un espoir, c'est que mes compagnons arriveraient pour me délivrer, et encore ce ne pouvait être avant le lendemain matin. A n'en pas douter, ils s'étonneraient de mon absence ; peut-être mon cheval retournerait-il au camp et en le voyant seul, ils se hâteraient de partir à ma recherche : mais cela n'arriverait pas avant la nuit. Dans l'obscurité ils ne sauraient trouver mes traces, car à peine cela eût-il été possible pendant le jour.

Cette dernière réflexion acheva de me déconcerter. J'étais dans une position qui me portait à envisager tout en noir, et je me persuadai qu'il leur serait impossible de me retrouver.

C'était le côté le plus probable de la question. La prairie était sillonnée de traces de chevaux qu'y avaient laissées en passant des tribus d'Indiens ; je les avais remarquées moi-même en poursuivant les bisons. Outre cela, il pouvait pleuvoir pendant la nuit, et tout disparaîtrait, mes traces aussi bien que les autres. Il n'était pas très probable que le hasard les amenât précisément de mon côté, car ce n'est pas chose aisée que d'explorer un cercle de dix milles de diamètre. Le terrain, comme je l'ai déjà dit, était une plaine ondulée, remplie d'inégalités et de collines entrecoupées par des ravins. L'arbre sur lequel j'étais perché se trouvait dans un de ces bas-fonds ; c'est à peine si on pouvait l'apercevoir à trois cents pas de distance. Mes amis pouvaient, tout en me cherchant, passer à portée de la voix, sans prendre garde ni à l'arbre ni à la vallée.

Je restai longtemps plongé dans ces tristes pensées et dans ces sombres pressentiments. La nuit arrivait, et l'animal, obstiné dans sa fureur, ne montrait aucune envie de lever le siège. Il montait une garde opiniâtre, tournant autour de moi en se battant les flancs, et faisant, à différents intervalles, entendre ce son guttural si bien connu des chasseurs habitués aux prairies, et qui a quelque ressemblance avec le grognement d'un cochon effrayé ; puis il se mettait à mugir comme fait le taureau domestique.

Tout en observant ses mouvements, mon attention fut attirée par un objet qui gisait au pied de l'arbre ; c'était le licol qu'y avait laissé mon cheval. L'un des bouts était toujours attaché au tronc, l'autre était étendu sur le gazon, jusqu'à l'endroit où le cheval s'en était débarassé. C'était le taureau lui-même qui m'avait fait y prendre garde ; en passant par-dessus, il l'avait remarqué, et s'était arrêté deux ou trois fois pour le fouler aux pieds.

Tout à coup une idée lumineuse vint me tirer de ma torpeur, et m'offrit une nouvelle espérance : ce moyen de sortir de ma position était si facile à exécuter que j'en tressaillis de joie sur ma branche.

La première chose était de s'emparer de la corde, et ce n'était pas le plus aisé. La corde était fixée à l'arbre, mais le nœud avait glissé en bas du tronc et touchait à terre. Je n'osais pas descendre pour l'attraper, la nécessité m'en suggéra le moyen.

Mon épinglette en fil de laiton, terminée par un anneau, pendait à un des boutons de mon habit ; j'en recourbai l'extrémité en forme de crochet ou d'hameçon.

Je n'avais pas de ficelle ; mais à l'aide de mon couteau, que j'avais eu soin de garder dans son fourreau, je découpai sur ma veste de peau de daim des lanières que j'attachai solidement l'une à l'autre, de manière à en former une ligne assez longue pour descendre jusqu'à terre ; je fixai l'épinglette à un des bouts, et je me mis en devoir de pêcher ma corde.

Après quelques efforts infructueux, l'hameçon atteignit le licol, et je l'amenai jusqu'à moi, avec toute la précaution possible, jusqu'à ce que j'eusse le bout entre les mains ; quant au nœud, je le laissai où il était. Il tenait fortement à l'arbre, c'était tout ce qu'il me fallait.

Je voulais prendre l'animal au lasso, et dans ce but je me mis à faire un nœud coulant à l'extrémité du licol. Je ne négligeai rien pour le rendre solide ; j'y mis tout le soin et toute l'adresse possible. Je pouvais me fier à la force de la corde ; elle était faite de lanières d'un cuir sans apprêt, solidement tressées ensemble ; mais je savais que si la moindre chose venait à manquer il y allait de ma vie, aussi je ne négligeai rien pour consolider mon ouvrage et être assuré que rien n'y manquât. Tout fut prêt enfin : je n'avais plus qu'à agir.

Je lançais assez bien le lasso, mais les branches de l'arbre m'empêchaient de le faire tourner autour de ma tête. Il fallait donc prendre l'animal dans une position favorable, et, à force de gestes et de cris, je l'amenai à se placer comme je le voulais.

Le moment du succès était arrivé. Le bison était précisément au-dessous de moi ; je jetai le lasso, que j'eus la satisfaction de voir s'enrouler autour de son cou, et que je serrai aussitôt au moyen d'une forte secousse. Le nœud faisait admirablement son office, et bientôt il fut complètement enfoui dans la crinière hérissée qui couvrait le cou de l'animal. Il lui serrait la gorge dans le bon endroit, et je compris dès lors que mon succès était assuré.

Dès que le taureau se sentit pris à la gorge, il fit un mouvement furieux et s'éloigna de l'arbre ; puis il se mit à en faire le tour.

Contre ma volonté, la corde m'avait glissé des mains dès les premiers tiraillements. Je n'étais pas trop solidement assis, car les branches n'étaient pas fortes, et je ne pouvais agir aussi bien que j'aurais voulu.

Cependant la confiance m'était revenue. Le taureau était attaché ; tout ce qu'il me restait à faire, c'était de parvenir au dehors du périmètre que le lien lui permettait de parcourir, et de prendre immédiatement ma course.

Mon fusil était par terre, à côté de la corde, à l'endroit où je l'avais laissé dans ma fuite.

Il me le fallait à tout prix.

J'attendis que cet animal, en décrivant son cercle furieux, fut arrivé à son point le plus éloigné ; je me laissai glisser alors sans faire de bruit, je ramassai ma carabine et pris mes jambes à mon cou.

Je savais que le licol avait au moins vingt mètres de long, mais j'en avais fait au moins cent avant de songer à m'arrêter. J'avais presque envie de continuer ma course, car la corde me donnait encore de l'inquiétude. Le bison dont j'avais peur était un taureau des plus grands et des plus forts ; la corde pouvait se rompre, ou bien il était possible que le lasso passât par-dessus sa tête.

Cependant la curiosité, ou plutôt le désir de voir jusqu'à quel point j'étais en sûreté, me fit tourner la tête. Quelle fut ma joie ! Le monstre gisait sur les herbes de la plaine, le licol était tendu comme la corde d'un arc, et sa langue pendante me démontrait clairement que l'animal s'étranglait lui-même avec autant de complaisance que si je m'étais chargé moi-même de l'exécution.

A cette vue, l'idée de manger une langue de bison pour mon souper s'empara de moi avec plus de force que jamais ; bien plus, c'était la langue même de mon bison et non pas celle du premier venu, qu'il me fallait.

Je revins donc sur mes pas, et je retournai chercher ma poire à poudre et mon sac à balles, dont le souvenir, pendant ma fuite précipitée, m'était complètement sorti de la mémoire. Dès que je les eus entre les mains, je chargeai ma carabine, et, me glissant légèrement derrière l'animal, qui se débattait de toutes ses forces, je ne m'arrêtai que lorsque le bout du canon de mon fusil fut à trois pieds de la tête. Je fis feu, quelques mouvements convulsifs agitèrent ses membres, et il retomba : tout était fini.

En un clin d'œil je lui eus coupé la langue, puis je retournai vers l'autre buffalo pour achever l'opération que j'avais commencée sur sa carcasse. J'étais trop fatigué pour m'embarrasser d'une trop lourde charge, de sorte que je me contentai des langues, que je suspendis au canon de ma carabine, et, mon trophée sur l'épaule, je me mis en route pour regagner le camp aussi vite que je le pourrais.

La lune s'était levée, aussi je n'eus pas trop de difficulté pour retrouver la trace de mes pas. A peine avais-je fait la moitié du chemin, que je rencontrai plusieurs de mes compagnons : ils s'étaient mis à la recherche, et, dans le but d'attirer mon attention, ils poussaient des cris et tiraient des coups de fusil.

Plusieurs d'entre eux voulaient manger de la viande fraîche, ils partirent au galop pour enlever aux deux animaux les morceaux les plus délicats; et quand nous fûmes tous réunis, lorsque assis devant le foyer, dont les charbons ardents crépitaient au contact de la graisse de nos entre-côtes de bisons, nous eûmes apaisé notre faim, je me fis un plaisir de raconter, en guise de dessert, mon aventure dans ses moindres détails

CHAPITRE XXXII

Le bison

Le bison, communément appelé buffalo, bien que cette dénomination ne lui convienne en aucune manière, est peut-être l'animal le plus remarquable de l'Amérique. Sa taille énorme, sa force prodigieuse; l'habitude qu'il a de se réunir en troupeaux innombrables, les pays particuliers qu'il fréquente, la valeur de sa chair et de sa peau, ressources inestimables pour le voyageur aussi bien que pour les nombreuses tribus indiennes, la manière de le chasser et de le prendre, tout concourt à faire du bison un animal précieux et digne d'intérêt.

C'est d'ailleurs le plus grand des ruminants originaires d'Amérique ; son poids dépasse même celui du renne, dont la taille est cependant au moins égale à la sienne. A l'exception du bœuf musqué, c'est le seul animal indigène de la race bovine, encore ce dernier, se tenant renfermé dans une zone étroite sur les bords de la mer Arctique, n'a-t-il pas été de la part du monde civilisé l'objet d'une attention et d'une étude aussi suivie. On peut donc regarder le bison comme le représentant du bœuf en Amérique.

Tout le monde connaît l'aspect extérieur de cet animal, représenté si souvent dans les gravures de notre pays.

La tête énorme, le front large et triangulaire, la bosse conique qu'il porte sur les épaules, les yeux petits, mais vifs et perçants, les cornes, courtes et noires, en forme de croissant ; la crinière épaisse qui lui couvre le cou et tout le devant du corps, la petitesse comparative du train de derrière, la queue courte et garnie à l'extrémité d'une touffe de poils, tels sont les détails particuliers et les traits caractéristiques de cet animal. Le train de derrière est couvert d'un poil plus court et plus lisse que celui de devant, ce qui ajoute encore à l'apparence exiguë et tout à fait disproportionnée de cette partie de son corps. Cette particularité, jointe à l'épaisse crinière qui lui couvre la poitrine, le cou, la bosse et les épaules, donne au bison, surtout lorsqu'il est représenté dans une gravure ou sur un tableau, quelque chose de l'apparence du lion. La queue, nue et garnie d'une touffe de poils à l'extrémité, ajoute encore à cette ressemblance.

Quelques-uns des traits que nous venons d'esquisser n'appartiennent qu'au taureau ; la femelle a la crinière moins épaisse, la tête plus petite et l'aspect moins redoutable ; en un mot, elle a beaucoup de rapport avec le bétail noir domestique.

Le bison est d'un brun foncé, tirant sur le noir ; on en voit quelquefois d'une couleur brûlée, ou brun verdâtre, mais cela dépend de la saison ; au printemps, le poil est plus foncé et change de couleur à mesure que la saison avance ; en automne, il est presque noir, et alors la fourrure de l'animal est lisse et brillante ; mais à l'approche de l'hiver le poil s'allonge et blanchit. Au commencement de l'été, il est d'un brun jaunâtre ; et à cette époque, à force de se frotter et de se vautrer par terre, l'animal en perd une partie. On le voit les flancs couverts de larges flocons de sa crinière pendants et prêts à tomber.

Pour la taille le bison américain rivalise avec le buffalo d'Europe (*bos aurochs*), maintenant fort rare. Ces animaux sont essentiellement différents pour la forme du corps, mais les plus grands individus de chaque espèce seraient à peu près égaux en poids, car tous deux atteignent la grandeur du bœuf ordinaire, à l'exception toutefois du bétail qui concourt pour les prix d'agriculture aux concours annuels.

Un bison mâle dans toute sa force a six pieds de haut du garrot à l'épaule, huit pieds du noyau à la naissance de la queue, et il pèse à peu près quinze cents livres.

On rencontre, mais rarement, des animaux de la même espèce qui dépassent de beaucoup ces proportions. Les femelles sont plus petites que les taureaux, et atteignent rarement la taille du bétail ordinaire.

La chair du bison est succulente et délicieuse, elle est d'une qualité aussi bonne sinon supérieure, à celle du bœuf le mieux nourri. On peut la comparer à la viande de bœuf réchauffée d'un fumet de gibier. Beaucoup de personnes, principalement parmi les voyageurs et les chasseurs, la préfèrent à toute espèce de viande.

La chair de la femelle est naturellement plus tendre et plus agréable au goût que celle du mâle. Dans les chasses où l'on ne cherche l'animal que comme objet d'approvisionnement, les femelles deviennent les premières le point de mire de toutes les flèches et de toutes les balles.

Les morceaux les plus estimés sont la langue, la bosse, c'est-à-dire la côte appartenant à la première vertèbre, et la moelle des os de la cuisse. Les Indiens et les chasseurs mangent aussi avec plaisir une partie des intestins qu'ils appellent *boudins*.

Les langues, bien séchées, sont réellement supérieures à celles des bœufs de nos campagnes, et véritablement on peut en dire autant de tous les autres morceaux ; cependant on fait une grande différence de la qualité de la viande de bison selon l'âge et le sexe de la bête. La dénomination de *vache grasse* s'applique à la viande la plus savoureuse, tandis que celle de *pauvre bœuf* ou *vieux bœuf* désigne un mets peu succulent, et sur lequel les chasseurs n'aiguisent leurs dents que dans les moments de disette.

Les bisons se trouvent sur une immense partie du territoire américain, bien que de nos jours ce ne soit plus comme par le passé. Les chasseurs, aussi bien que la marche de la civilisation, ont peu à peu empiété sur les contrées où ils régnaient en maîtres, et maintenant leur domaine est borné à une immense langue de terrain, de forme longitudinale, terminée à l'ouest par les montagnes Rocheuses, et à l'est par le Mississipi, et même ce n'est que vers la source de ce fleuve qu'on rencontre les bisons, qui d'ordinaire ne s'avancent pas tant à l'est. Au-dessous du confluent du Missouri, et même à deux cents milles plus haut, on ne rencontre aucun de ces animaux sur les rives du Mississipi ; ce n'est réellement qu'après avoir franchi les forêts qui croissent sur ses bords, et s'être enfoncé assez loin dans les prairies, qu'on commence à découvrir les traces de l'énorme quadrupède.

Au Texas, le bison parcourt tout le pays, jusqu'aux sources des fleuves Brazos et Colorado ; mais il devient rare au Mexique. En suivant les montagnes Rocheuses, depuis la grande courbe décrite par le Rio-Grande, et en remontant vers le nord, on ne trouve plus de bisons à l'ouest, avant d'avoir atteint les latitudes plus élevées où le Saskatchewan prend sa source. Dans ces régions, on en rencontre des troupeaux innombrables, qui, après avoir traversé les montagnes, parcourent les plaines situées à la base de l'autre versant. Cette émigration ne date que de quelques années ; elle a été occasionnée par la poursuite incessante des chasseurs, sur les collines qui s'élèvent du côté oriental. La même chose a été remarquée, à différentes époques, sur d'autres points des montagnes Rocheuses.

Les bisons étaient d'abord venus se fixer momentanément sur les bords de l'océan Pacifique ; mais à cette heure ils ont tous disparu, et on n'en trouve plus de traces. Il est maintenant prouvé, d'après les traditions des tribus Indiennes du versant occidental, que cet animal était pour elles un nouveau venu, et qu'il n'était pas originaire de cette partie du continent américain.

Si nous remontons avec les bisons dans la direction du nord, nous voyons qu'il ne s'avance jamais plus loin que les prairies. Celles-ci se terminent dans un angle formé par la rivière Peace et le grand lac du Slave ; le bison ne va donc jamais plus loin. Il y a cependant sur cette ligne un point où on en rencontre quelquefois ; c'est au delà de l'un des affluents du lac, à un endroit appelé *slave point* (pointe de l'esclave). Ce pays, bien qu'attenant aux rochers primitifs des terrains stériles, a la même conformation géologique que les prairies de l'ouest. C'est là un fait très intéressant pour les géologues.

Du lac Slave, si l'on tire une ligne presque directe des sources du Mississipi, à travers le lac Winnipeg, on a à peu près la limite du pays des bisons au nord-est; il s'en rencontre encore des troupeaux considérables sur les rives occidentales du Winnipeg, dans les plaines du Saskatchewan et sur la Rivière-Rouge du nord; la chasse de cet animal est une des principales occupations des habitants de cette colonie à moitié indienne, désignée sous le nom d'établissement de la Rivière-Rouge.

Le fait le plus curieux peut-être, fait particulier à ces animaux seulement, c'est leur quantité prodigieuse. Dans nulle autre contrée du monde on ne trouve, comme en Amérique, des pâturages sans bornes pour nourrir des troupeaux aussi considérables que ceux-là. Des milliers de bisons se réunissent pour paître ensemble, et le voyageur qui traverse le pays trouve pendant des milles entiers la plaine couverte de leurs bataillons épais et compacts. Quelquefois on les voit s'allonger en une colonne interminable et passer d'un endroit à un autre ; pendant leur marche, ils tracent des routes qui ressemblent aux grands chemins de nos pays. Quelquefois ces routes, défoncées par les pluies, se transforment en immenses ravins qui traversent la plaine, et guident le voyageur altéré dans la direction d'un cours d'eau.

Un autre fait encore assez étrange, et dont on n'a jamais pu se rendre compte, c'est leur habitude de se vautrer par terre. Peut-être, à cause de leurs mœurs particulières, sont-ils portés comme le cochon, afin de se rafraîchir le sang, à mettre leurs membres en contact avec le sol, comparativement plus froid, ou bien est-ce pour se gratter, comme le font les bestiaux et se délivrer des insectes parasites qui les rongent : car il faut se souvenir que dans leurs pâturages, ils ne trouvent ni arbres ni poteaux contre lesquels ils puissent se frotter, et alors ils sont forcés de se rouler à terre. Ils se renversent donc sur le flanc, et, se servant de l'épaule ou de la hanche comme d'un pivot et de leurs pieds comme point d'appui ils tournent rapidement sur eux-mêmes pendant des heures entières. Ce mouvement rotatoire défonce et creuse le sol en forme de bassins arrondis qui sont souvent d'une profondeur considérable : on les nomme, dans le pays, trous de buffalos. Dans les parages qu'ils fréquentent, on rencontre souvent ces excavations circulaires, tantôt recouvertes de gazon, tantôt fraîchement creusées, et fort souvent remplies d'eau. C'est là que le voyageur vient étancher sa soif, c'est là que l'animal lui-même vient s'abreuver à loisir. C'est probablement à ces habitudes bizarres des bisons de prairies qu'il faut attribuer l'idée singulière conçue par quelques-uns des premiers voyageurs qui ont visité ces contrées. Suivant leur dire, il y avait sur le continent américain une espèce d'animal qui creusait les puits.

Les bisons émigrent quelquefois en troupes considérables. Ces pérégrinations ne sont pas périodiques et ne paraissent pas causées par l'influence du climat. On ne pense pas non plus que ces animaux suivent toujours une direction régulière dans leurs excursions lointaines. Les uns se dirigent vers le sud, les autres vers le nord, l'est ou l'ouest, sans qu'ils aient pour cela un motif apparent. Ils s'avancent ainsi, sans aucun doute, pour trouver de l'eau ou pour chercher de meilleurs pâturages, comme le font les pigeons de passage et quelques autres animaux voyageurs.

Pendant la durée de l'émigration, les troupes de bisons prennent une allure impétueuse que rien ne peut interrompre. Ravines, plaines stériles et desséchées, rivières infranchissables, ils traversent tout sans hésiter. Souvent ils rencontrent des cours d'eau aux bords escarpés ou marécageux, et il en périt des milliers qui se voient emportés par le courant ou engloutis dans la fange du marais d'où ils ne peuvent sortir, et ils meurent ainsi de la mort la plus horrible. C'est alors que les aigles, les vautours et les loups trouvent, sans se déranger, le moyen de faire un festin sans pareil. Quelquefois aussi les chasseurs prennent leur part à la fête, car toutes les fois que les Indiens viennent à découvrir une troupe de buffalos dans un embarras semblable, ils en font un carnage incroyable.

La chasse aux bisons est, parmi les tribus indiennes, une occupation plutôt qu'un amusement. Ceux qui la font par plaisir sont en petit nombre ; car pour jouir de ce sport unique, il faut, comme l'avait fait notre petite caravane, entreprendre un voyage de plusieurs centaines de milles, au risque d'être scalpé par les Peaux-Rouges, et c'est là un danger que l'on court très souvent. Aussi le bison n'a-t-il pas à redouter les atteintes des chasseurs amateurs.

Le véritable chasseur de profession, les trappeurs de race blanche et les Indiens poursuivent sans relâche les troupeaux de bisons, et en éclaircissent les rangs à coups de lances, de flèches et de carabines.

Cette chasse ne se fait pas sans péril; on y risque souvent de perdre la vie, et on raconte bien des accidents funestes arrivés aux chasseurs qui se livrent à la poursuite de ces animaux. On ne saurait approcher des taureaux, même blessés, quelque bien monté qu'on puisse être, sans courir les plus grands dangers, et le chasseur à pied a fort peu de chance de se sauver.

L'allure du bison est en apparence lourde et disgracieuse. Il roule de côté et d'autre comme un navire balloté par les vagues au milieu de l'Océan; et cependant cette allure, si elle n'égale pas tout à fait en vitesse le galop d'un cheval est beaucoup trop rapide pour permettre à un homme à pied d'atteindre l'animal qu'il poursuit. Le coureur le plus agile, s'il ne rencontre pas un arbre ou quelque autre lieu de refuge, est à peu près sûr d'être atteint par le bison, qui le transperce à coups de cornes, ou bien l'écrase sous ses pieds. Les accidents de cette espèce sont loin d'être rares, et si les amateurs de chasse pouvaient suivre plus aisément la piste des bisons, on en verrait des exemples nombreux.

M. Richardson, voyageur et naturaliste distingué, raconte un fait qui corrobore les observations qui précèdent. Tout nous porte à croire que ce récit est véridique en tous points, et nous le rapportons tel quel à nos lecteurs.

« Pendant ma résidence à Charlton-House, dit ce voyageur, il arriva un accident digne d'être consigné dans mes remarques sur la chasse. M. Finnan Mac Donald, employé de la compagnie de la baie d'Hudson, descendait en bateau de la rivière Saskatchewan. Un soir, après avoir dressé sa tente, il sortit à la brune pour voir s'il ne trouverait pas quelque pièce de gibier.

» Il faisait presque nuit, lorsqu'il tira sur un bison mâle qui franchissait au galop une petite éminence, et comme il s'élançait en avant pour voir si son coup avait porté, l'animal blessé se jeta sur lui sans lui donner le temps de se reconnaître. Il eut la présence d'esprit, au moment où la bête le frappait de ses cornes dans le côté, de la saisir par le long poil qui lui couvrait le front, et, comme c'était un homme de haute taille et solidement bâti, il s'ensuivit une lutte terrible qui dura jusqu'à ce que son poignet fût presque arraché de la jointure et que son bras retombât sans force; alors il fut renversé, et deux ou trois coups de cornes que lui asséna l'animal lui firent perdre connaissance.

» Un peu plus tard, ses compagnons le trouvèrent baigné dans son sang et perforé dans plusieurs endroits. Près de lui était couché le taureau, attendant, selon toute apparence, pour renouveler l'attaque, que l'infortuné chasseur donnât signe de vie. M. Mac Donald se rétablit pourtant des blessures qu'il avait reçues, mais il mourut quelques mois après. »

Le docteur Richardson ajoute en terminant son récit:

« On pourrait citer bien d'autres exemples de l'obstination de cet animal lorsqu'il désire se venger, et l'on m'a dit qu'un chasseur, monté sur les branches d'un arbre, avait été assiégé pendant plusieurs heures par un vieux bison qui faisait sentinelle au pied du tronc sans le perdre de vue un seul instant. »

La quantité des troupeaux de bisons, bien qu'encore considérable, diminue toutes les années. Leurs peaux laineuses, bien préparées, ont une immense valeur dans le commerce. Les Canadiens en font une grande consommation; c'est le manteau obligé du voyageur qui s'aventure dans ce climat glacial. On s'en sert pour garnir les carrioles, les voitures et les traîneaux. Dans les provinces septentrionales des Etats-Unis, on emploie aussi des milliers de ces peaux pour le même usage. On a donné à ces dépouilles le nom de *robes de buffalos*, et les fourreurs les garnissent et les ornent souvent avec un luxe qui leur donne une valeur fort élevée. On en exporte aussi beaucoup en Europe, particulièrement pour les pays froids, la Russie et la Norvége.

Cette grande demande de peaux doit naturellement être une cause de destruction pour le bison; mais ce n'est pas tout encore. Des tribus entières d'Indiens, composées de plusieurs milliers d'individus, se nourrissent exclusivement de la chair de ces animaux, comme le Lapon vit du renne et l'Indien Guarani des fruits et des choux du palmier *moriché*. Les couvertures de ces Indiens sont tout simplement des robes de bisons; une partie de leurs vêtements est faite avec le cuir, aussi bien que les tentes sous lesquelles ils s'abritent, et la viande de cet animal est leur seule nourriture pendant une partie de l'année. Les grandes tribus de Peaux-Rouges qui habitent les prairies, les Sioux, les Pawnées, les Pieds-Noirs, les Crows, les Schiennes, les Aropahoés et les Comanches, ainsi que quelques autres peuplades moins considérables, ne se nourrissent absolument que de viande de bison. Toutes ces tribus réunies forment un total d'environ cent vingt-cinq à cent cinquante mille âmes. Il n'est donc pas étonnant que le nombre de ces animaux décroisse de jour en jour.

Quelques personnes prétendent que, dans plusieurs années, la race en sera éteinte. On a dit la même chose des Indiens. Les soi-disant prophètes se complaisent à énoncer les présages les plus sinistres; leur but est probablement d'obtenir par là une réputation de philanthropie, et puis, en outre, ce rôle a pour eux un côté poétique qui a son charme.

Selon moi, la race indienne ne peut pas disparaître de la surface du monde: c'est un sang qui ne tarira pas. Les Peaux-Rouges subsisteront autant que les blancs ou les noirs. La civilisation détruit tout principe de destruction : c'est elle qui conservera la race des Indiens américains, et qui contribue à la faire multiplier. La civilisation doit avoir aussi une heureuse influence pour l'espèce des bisons : car dans un temps donné le chasseur disparaîtra pour faire place à l'agriculteur. Les prairies sont immenses ; ces vastes étendues, ces territoires dont le sol est improductif, doivent rester dans le même état sauvage au moins pendant des siècles, et les bisons pourront trouver là un abri contre tous les ennemis de leur espèce.

CHAPITRE XXXIII

La poursuite des bisons

Le lendemain matin, notre première pensée fut de nous régaler encore de viande de bison, et aussitôt que notre déjeuner fut achevé, nous nous mîmes en route dans les meilleures dispositions. Nous allions enfin nous livrer à cette chasse si ardemment désirée.

A chaque pas nous rencontrions des traces distinctes, des empreintes de pieds, des trous creusés dans le sol, des bouses toutes fraîches.

Aucun animal n'était encore en vue ; mais la prairie était accidentée, et tout nous portait à croire que nous devions rencontrer un troupeau dans un des vallons au moment où nous nous y attendrions le moins.

A quelques milles de là, nous découvrîmes un chemin tracé par les bisons. Cette route traversait à angle droit le sentier que nous suivions alors. Nous nous arrêtâmes pour tenir conseil. Fallait-il suivre ce chemin ? Ce fut l'avis unanime. Les traces étaient fraîches, la piste profondément battue ; des milliers de bisons avaient dû passer par là. Où étaient-ils maintenant ? Peut-être à cent milles de là, car, lorsque ces animaux se mettent en voyage, ils cheminent ordinairement à grandes journées, et il est très difficile de les atteindre. Lorsqu'ils s'arrêtent pour paître dans les prairies, le cas est alors bien différent. Ils font tout au plus quelques milles par jour, et le chasseur qui les poursuit parvient sans peine en vue du troupeau.

Nous demandâmes à Ike et à Redwood quel était le parti le plus sage à prendre. Tous deux avaient soigneusement examiné les traces ; courbés jusqu'à terre, ils avaient pris note de tous les indices qui pouvaient leur donner quelque renseignement sur la condition du troupeau, le nombre d'animaux dont il était composé, l'époque à laquelle il avait dû passer, sa vitesse, etc.

— Ils sont très nombreux, nous dit Ike ; je croirais bien qu'il y en a là près de deux mille têtes ; des taureaux, des vaches, des veaux et de jeunes bêtes d'un an, de sorte que nous n'aurons qu'à choisir la viande qui nous conviendra le mieux ; bœuf ou veau, à notre fantaisie. Nous ne pouvons rien faire de mieux que de les suivre. Qu'en dis-tu, Mark ?

— Eh ! c'est aussi mon avis, répondit Redwood. Ils ont passé par ici hier à l'heure de midi. La plus grande partie du troupeau a, selon moi, suivi cette route.

— Mais comment le savez-vous ? demandâmes-nous tous à la fois.

— Oh! ce n'est pas bien difficile à voir, répliqua le guide évidemment peu embarrassé de cete question, qu'il pouvait résoudre sans difficulté, vous voyez que la plus grande partie de ces empreintes ont un jour de date et qu'elles ne peuvent en avoir deux?

— Et pourquoi pas?

— Comment en serait-il autrement, puisqu'il a plu hier matin avant le lever du soleil. Ces traces n'ont été faites qu'après la pluie, j'aime à croire que vous n'avez aucune objection à cette réponse.

Nous nous rappelâmes tous l'ondée de la veille, et chacun de nous s'inclina devant la justesse du raisonnement de notre guide. Les animaux avaient dû passer par là après la pluie ; mais pourquoi ne s'étaient-ils pas mis en route dès qu'elle avait cessé, c'est-à-dire de grand matin. Comment Redwood pouvait-il savoir que c'était vers midi, voici ce qui nous surprenait.

— Rien n'est plus facile à expliquer, fit-il.

— Le chasseur le moins expérimenté vous répondrait tout comme nous ajouta Ike à son tour; et malgré cette assertion, nous conservions toujours le même doute en attendant la solution du problème.

— Voici ce que c'est, continua le guide. Si les bisons avaient passé par ici immédiatement après la pluie, leurs pieds se seraient enfoncés plus profondément dans le sol, et il y aurait plus de boue sur la voie; or, comme vous le voyez, il n'y a pas beaucoup de gâchis, et je suis porté à croire que le terrain a dû avoir le temps de bien sécher avant que les bisons n'aient franchi ce passage; et après une ondée pareille à celle d'hier, le sol n'a dû être un peu sec que vers le milieu du jour; voilà pourquoi j'ai calculé qu'il devait être environ midi lorsque les bisons ont laissé les traces que vous apercevez tout autour de nous.

Chacun de nous prenait le plus grand intérêt à ces explications remplies de sagacité démontrées par nos guides, car, sans se consulter, et au moyen d'un simple raisonnement, Ike et Redwood étaient arrivés au même résultat; ils avaient aussi deviné certains faits relatifs aux animaux que nous allions poursuivre. Ainsi, d'après eux, les bisons ne voyageaient pas en troupeaux compacts, mais en divisions partielles et disséminées, dont quelques-unes s'étaient avancées beaucoup plus vite que les autres ; aucun chasseur n'était à leur poursuite, et il n'était pas probable que ces animaux fussent en route pour un long voyage ; ils marchaient probablement dans la direction d'un cours d'eau ; et la route qu'ils suivaient rendait cette dernière supposition très vraisemblable ; la plupart des grands chemins tracés par les bisons mènent à des rivières, et ils ont souvent servi à guider le voyageur altéré au cours d'eau ou à la source si ardemment désirée, et sans laquelle il aurait pu périr de soif dans la plaine. Le bison est-il doué d'un instinct particulier qui lui permet de se rendre, sans se tromper, jusqu'au bord des fleuves et des rivières? C'est là une question qui n'a pas encore été résolue. Il est certain que beaucoup d'animaux qui occupent un rang inférieur dans la création ont sous ce rapport un instinct, ou plutôt un sentiment beaucoup plus vif que celui donné à l'homme. Longtemps avant que le voyageur altéré ait pressenti le voisinage de l'eau, sa mule plus clairvoyante lui annonce par de joyeux hennissements et une allure plus légère qu'il n'en est plus éloigné.

Nous pensâmes donc que si les bisons s'étaient rendus sur le bord d'une rivière pour se désaltérer ou pour se baigner, ils y feraient une halte, et nous donneraient ainsi le temps de les rejoindre. Ils avaient, il est vrai, une journée d'avance sur nous; mais nous allions faire de notre mieux pour les atteindre. Les guides nous assuraient que le gibier ne nous manquerait pas, avant même que nous arrivassions près du nombreux troupeau. Il devait y avoir, selon eux, des groupes épars, qui n'éprouvant pas une soif ardente, restaient en arrière. Aussi nous nous mîmes en route sur la piste des bisons, animés des plus vives espérances.

A peine avions-nous fait quelques cents pas, qu'une scène singulière s'offrit à nos yeux. Nous nous trouvions au faîte d'une colline, et nous sondions du regard la vallée peu profonde que traversait le sentier des bisons.

Du fond de ce vallon s'élevait constamment un nuage de poussière, que le vent emportait avec une grande difficulté, car ce jour-là maître Borée n'avait pas grande force pour souffler. Bien qu'il y eut à peine trente heures que la pluie était tombée, le sol était déjà sec comme du poivre pilé. Mais quelle pouvait être la cause de cette poussière? A coup sûr ce n'était pas le vent, car l'atmosphère était calme comme pendant la canicule. C'était, à n'en pas douter, un tourbillon produit par quelque animal, ou plutôt par une réunion d'animaux.

Ce nuage était d'abord si intense, que nos regards ne purent parvenir à le percer; mais au bout de quelques instants, nous aperçûmes un loup qui fit deux ou trois tours hors du cercle, et s'y rejeta de nouveau; celui-ci fut suivi par un autre, puis par un troisième. Ils avaient tous la gueule ouverte, les yeux étincelants, le poil hérissé; leur queue se tenait droite, et ils se battaient les flancs de la façon a plus furibonde. De temps en temps nous distinguions quelques parties de leur corps et leurs queues longues et fournies, que la colère et la rage semblaient roidir plus qu'à l'ordinaire. D'après leurs hurlements incessants, nous jugions bien qu'ils étaient engagés dans une lutte terrible qu'ils se livraient entre eux, ou qui était dirigée contre un ennemi d'une autre espèce que la leur.

Ike et Redwood nous assuraient qu'ils ne se battaient pas entre eux.

— Ils attaquent probablement un vieux taureau, nous dirent-ils; et sans plus attendre les deux trappeurs s'élancèrent au galop et furent suivis par tous les autres chasseurs.

Nous arrivâmes bientôt au fond de la petite vallée. Ike nous avait tous précédés, et déjà il s'occupait à tuer des loups, ses ennemis intimes; quelques autres, cédant à ce mauvais exemple, déchargèrent leur carabine sur ce gibier sans valeur et en abattirent un assez grand nombre; mais bientôt le reste, qui se montait à peu près à une douzaine, s'enfuit à toutes pattes, et disparut derrière les coteaux.

La poussière se dissipa peu à peu, et à mesure que le nuage s'éclaircit nous pûmes distinguer l'objet qui avait été attaqué par les loups. Au centre d'un trou qu'il avait formé lui-même par ses mouvements rotatifs et par les efforts qu'il avait faits pour se défendre, nous vîmes un bison de taille monstrueuse. Tout chez cet animal annonçait une vieillesse très avancée; il était maigre et très efflanqué; son échine était à peine couverte de quelques touffes de poils longs et à peine attenant au cuir; son pelage était de couleur de poussière, et le sang coulait en abondance de ses flancs, de ses naseaux et de ses lèvres. Le cartilage du nez avait été déchiré par les farouches ennemis que nous venions de mettre en fuite, et, en le regardant de plus près, nous découvrîmes qu'il avait les yeux littéralement arrachés de leurs orbites. C'était un spectacle affreux. Sa queue avait dû céder aux attaques continuelles qu'elle avait subies, et le train de derrière se trouvait dans un état déplorable. Malgré toutes ces blessures, le vieux taureau restait encore sur ses jambes, et comme preuve de ses prouesses, nous vîmes étendus à ses pieds cinq loups qu'il avait immolés avant notre arrivée. C'était un aspect triste et terrible à la fois que celui de ce vieil animal réduit en un si piteux état, et nous fûmes tous d'avis qu'il valait mieux mettre fin à ses souffrances en lui envoyant une balle dans la tête. C'est ce que fit l'un de nous, et la pauvre bête tomba bientôt à terre les quatre pieds en l'air.

La chair de ce bison était trop dure pour que nous pussions songer à nous en nourrir. Elle était tout au plus bonne pour des loups de prairies, et nous allions le laisser où il était, lorsque Ike, qui ne pouvait penser à laisser à ces maudits animaux une proie si facile à dévorer, tira son couteau de sa gaîne, et retira du corps du bison la vessie et quelques-uns des petits intestins, qu'il enfla en un instant. Il attacha cet épouvantail à un bâton, et le plaça au-dessus de la carcasse, de manière que le moindre souffle de vent les tînt en mouvement. C'était, comme on nous l'avait déjà assuré, le meilleur moyen d'éloigner les loups d'un objet quelconque; et le chasseur des prairies, lorsqu'il sait que ces animaux rôdent dans les environs, s'en sert pour les empêcher de se jeter sur la viande du cerf ou du bison qu'il est obligé de laisser derrière lui.

Après avoir ainsi dressé son épouvantail, le guide remonta à cheval et nous rejoignit tout en se complimentant lui-même à voix basse de ce qu'il venait de faire. A quelques portées de fusil plus loin, notre attention fut de nouveau attirée par un bruit qui s'élevait à quelque distance en avant; et du sommet de la colline prochaine nous contemplâmes une scène plus intéressante encore que celle dont nous venions d'être témoins. Comme dans la première, les acteurs étaient encore des loups et des bisons, mais cette fois il n'y avait pas beaucoup de poussière, car le combat se passait sur le gazon, et nous pouvions suivre à notre aise les mouvements de tous les combattants.

Il y avait là trois bisons : une vache avec son veau et un taureau de belle taille qui leur servait de champion et de protecteur. Ces animaux étaient entourés par une bande de loups, parmi lesquels il s'en trouvait quelques-uns de la grande espèce ; avec un acharnement indicible, ils ne leur laissaient pas un instant de repos, et leur intention évidente était de s'emparer du veau et même de la mère, s'ils pouvaient y parvenir. C'est là ce que le taureau cherchait à empêcher de toutes ses forces. Il y parvenait même avec quelque succès, car on voyait autour de lui plusieurs loups étendus à terre, tandis que quelques autres se retiraient poussant des hurlements arrachés par la douleur. Mais ce qui rendait douteuse l'issue du combat, c'est qu'à chaque instant on voyait arriver au galop de nouvelles bandes de loups et tout faisait présumer qu'avant peu les bisons devaient succomber. C'était vraiment un spectacle amusant que celui des ruses employées par les loups pour séparer le veau de ses protecteurs naturels. Quelquefois ils l'entraînaient un peu de côté et le renversaient à terre ; mais avant qu'ils eussent eu le temps de lui faire grand mal, le taureau et la mère accouraient et se ruaient sur ces lâches animaux, qui fuyaient comme une nuée d'oiseaux de proie. Alors le veau se plaçait entre eux deux et y restait quelque temps en repos, jusqu'à ce que les loups eussent combiné un nouveau plan d'attaque et revinssent à la charge pour enlever la position. Une fois tout l'avantage parut devoir rester du côté des bisons. Cette tactique, que dans la chaleur du combat on aurait pu prendre pour un effet du hasard, était réellement l'effet d'une combinaison, car de temps en temps la vache et le taureau essayaient de reprendre le dessus. Mais à chaque tentative ils se voyaient empêchés de réussir par l'inconséquence de leur veau.

Dès que celui-ci se trouvait en sûreté entre eux deux, ils se plaçaient de manière à faire face à leurs ennemis, chacun dans une direction opposée, et à défendre ainsi les deux flancs à la fois, ce qui leur eût permis de tenir indéfiniment ; mais outes les fois que le petit animal stupide se sentait pressé par les loups, il s'élançait en avant, et forçait ses protecteurs à prendre une nouvelle attitude défense.

C'était vraiment un combat curieux à observer dans ses phases, comme aussi un tableau touchant de tendresse paternelle ; mais il était facile d'en prévoir l'issue. Les loups ne pouvaient manquer de fatiguer le taureau et sa compagne, et alors ils s'empareraient infailliblement du veau ; mais tout portait à croire qu'ils seraient forcés de soutenir une lutte désespérée. Le gros du troupeau de bisons était déjà bien loin, et il n'y avait pas la moindre apparence que la mère parvint à ramener son petit; leur perte était donc assurée.

Malgré toute la sympathie que nous éprouvions pour cette petite famille ainsi maltraitée, notre désir intime était d'obtenir le même résultat que celui projeté par les loups, c'est-à-dire de tuer et de manger la vache et le veau. Dans cette intention nous piquâmes des deux, et nous nous élançâmes au galop vers le lieu du combat.

Aucun des animaux, assaillants et assaillis, ne prit garde à nous avant que nous fussions parvenus à quelques pas d'eux. Les loups s'enfuirent aussitôt, et le bruit des carabines et des fusils domina bientôt les cris des chasseurs et le bruit des trépignements de nos chevaux ; la vache et le veau tombèrent ; mais le aureau, l'œil étincelant, jeta un regard courroucé sur ses nouveaux agresseurs, et quand il se fut assuré que toute défense devenait inutile, il allongea le cou, et forçant la ligne des chasseurs, il partit à fond de train.

A cette vue nous éperonnâmes nos chevaux et nous les lançâmes sur la piste, commençant ainsi la plus belle chasse à courre à laquelle j'aie jamais assisté de ma vie. Nous galopions tous les huit à travers la plaine, et comme nous avions déchargé nos fusils à la première attaque, aucun d'entre nous n'était prêt à tirer, eussions-nous même forcé la bête. Dans l'excitation de la course personne ne songeait à recharger son arme. Cependant nous avions nos pistolets en main et nous nous tenions prêts à faire feu.

C'était une chasse des plus émouvantes. Là, devant nous, sans que rien le cachât à notre vue, galopait un animal monstrueux ; aucun buisson, aucun obstacle ne pouvait interrompre le sport de notre course furieuse... C'était un des bisons les plus agiles de sa race ; sous ce rapport, on trouve parmi ces animaux des différences bien marquées. Il nous avait déjà entraînés au moins pendant un demi-mille à travers les vallées et les collines, et aucun de nos chevaux n'avait pu l'atteindre ; nous commencions à le serrer de plus près, lorsque tout à coup, sans qu'il y eût un coup de feu de tiré, nous le vîmes tomber lourdement en avant et rester étendu sans mouvement.

Quelques-uns d'entre nous s'imaginèrent que le pied lui avait manqué, et que ce n'était qu'une simple chute ; mais, en arrivant plus près, nous vîmes qu'il ne donnait plus aucun signe de vie ; l'animal était bien mort : une balle de carabine l'avait atteint dans les parties vitales lors de la première volée, et cette course furibonde n'avait été que le dernier effort convulsif de la vie qui l'abandonnait

Nous laissâmes deux ou trois de nos compagnons pour s'assurer de la peau et des morceaux choisis de la chair du bison, et nous revînmes en toute hâte à l'endroit où nous avions laissé la vache et son veau, qui tous deux étaient bien plus précieux pour nous. Quelle ne fut pas notre fureur lorsque nous découvrîmes que nous avions été devancés par ces maudits loups ! Il ne restait plus que quelques lambeaux de cuir de ce veau si tendre, si succulent, et la vache était si déchirée, si mutilée, qu'elle ne valait plus la peine d'être dépecée. Le morceau même le plus délicat, la langue, avait été enlevée par ces brigands des prairies, et dévorée jusqu'à la racine.

Dès qu'ils nous avaient vus revenir, ils s'étaient enfuis emportant chacun un morceau de chair dans sa gueule, et nous pouvions les voir dans la prairie, dévorant notre gibier sous nos yeux. Ike était furieux et les accablait d'imprécations; et si les loups n'avaient pas été si rusés, il n'eût pas tardé à se venger d'une manière éclatante; mais les fins matois eurent le soin de se tenir hors de la portée de ses balles; aussi le vieux trappeur fut-il obligé de réserver son courroux pour une meilleure occasion.

Nous revînmes donc à l'endroit où nous avions laissé le taureau, et près de sa carcasse nous établîmes notre camp pour la nuit. Quelque dure que fût la chair de cet animal, nous fîmes un excellent souper, composé de la langue, de la bosse, des boudins, et des os à moëlle; puis nous nous mîmes en devoir de dormir et de rêver à la chasse du lendemain.

CHAPITRE XXXIV

Ruses de trappeurs

Le lendemain matin, au moment même où nous allions nous remettre en route, nous aperçûmes sur le sommet d'un coteau, à environ un mille ou un mille et demi devant nous, un troupeau d'une douzaine de bisons, que nos guides nous assurèrent être entièrement composé de vaches. Cette rencontre nous remplissait de joie; car, ainsi que je l'ai déjà raconté, la chair de la femelle est bien plus délicate que celle du mâle, et nous désirions en faire une bonne provision.

Nous tînmes conseil à la hâte pour délibérer sur le meilleur moyen d'arriver à la portée du troupeau. Quelques-uns furent d'avis de se porter hardiment en avant et d'atteindre les animaux grâce à la vitesse de nos montures; mais plusieurs d'entre nous s'opposèrent à ce projet. Les vaches sont souvent très timides; elles pouvaient donc prendre l'épouvante longtemps avant que nous arrivassions près d'elles; alors nous aurions pu faire faire à nos chevaux un temps de galop qui les eût mis sur les dents pendant le reste de la journée; puis encore, nos montures n'étaient pas en état d'entreprendre une course pareille; notre provision d'avoine était épuisée, et leur nourriture, qui se composait d'herbe de la prairie, sans compter la fatigue de nos courses quotidiennes, les avait en grande partie réduits à l'état de squelettes. Il fallait donc autant que possible renoncer à un galop aussi violent.

Parmi ceux qui proposaient des moyens différents, nous comptions les guides, Ike et Redwood. Ces deux hommes pensaient qu'il valait mieux essayer d'arriver jusqu'aux vaches par la ruse, c'est-à-dire de nous avancer en rampant jusqu'à ce que nous fussions arrivés à portée, et alors on ferait une décharge générale. Le terrain était favorable à cette manœuvre ; il était couvert en différents endroits de petits bouquets de cactus et de buissons de sauge sauvage (*artemisia*) derrière lesquels un chasseur pouvait facilement se cacher. Les trappeurs ajoutèrent en outre, qu'à moins que le chasseur ne se découvrît, les bisons ne s'effrayeraient pas du premier coup de fusil ; qu'au contraire, ils pouvaient tous tomber l'un après l'autre sans que le reste en prît l'alarme, à moins que nous ne fussions placés au-dessus du vent, et qu'alors les animaux ne fussent avertis de notre présence par l'odorat.

Nous avions le vent pour nous ; c'était un point important ; sans cela les bisons nous auraient flairés à un mille de distance ; car ils savent distinguer l'odeur particulière de l'homme, et comprendre le danger du voisinage d'un pareil ennemi. C'est à l'extrême finesse de leur odorat que ces animaux se fient le plus pour se protéger contre le danger. Leurs yeux, et principalement ceux des taureaux sont couverts de poils épais et pendants, de sorte qu'ils sont la plupart du temps aveuglés, et qu'un chasseur, s'il s'abstient de faire du bruit, peut s'avancer sans crainte et parvenir à quelques pas sans que son approche ait été remarquée ; ceci ne peut cependant arriver qu'autant que le chasseur reste sous le vent ; car autrement, comme le bison est aussi facile à effaroucher que tout autre animal, tout le temps que le trappeur aura mis à se cacher et à ramper vers sa proie aura été employé en pure perte. La moindre émanation suffit pour épouvanter la bête et lui faire prendre la fuite.

Ike et son camarade soutenaient toujours que si on ne réussissait pas à approcher le bison en rampant, il serait toujours temps de courir sus aux vaches, d'autant plus que, pendant que quelques-uns tenteraient le premier moyen, les autres resteraient en selle et se tiendraient prêts à prendre le galop.

L'exécution de ce plan n'offrait aucune difficulté, et il fut résolu qu'on essayerait le moyen d'attaque proposé. Les trappeurs s'étaient déjà préparés. Ils avaient évidemment la plus grande envie de nous donner un échantillon de leur savoir-faire de chasseurs, et nous étions tout prêts à assister à leurs évolutions. Nous les avions remarqués, arrangeant deux grandes peaux de loups, auxquelles étaient restées la tête, les oreilles et la queue. Elles devaient servir à leur déguisement, et c'était à l'aide de ce costume de bête qu'ils espéraient approcher les bisons.

Ce que je raconte peut paraître étrange ; c'est cependant un fait certain. Quoique, comme nous l'avons déjà dit, le bison n'ait pas de plus grand ennemi que le loup, il le laisse arriver tout près de lui sans essayer de le chasser, et sans manifester la moindre crainte. Il ne saurait empêcher le loup de rôder autour de lui, car celui-ci a assez d'agilité pour s'enfuir sans peine lorsqu'il est poursuivi par un taureau ; d'ailleurs le bison, à moins d'être séparé de sa troupe ou d'être estropié d'une façon ou d'une autre, n'a pas peur des loups ; et même, dans les circonstances ordinaires, il ne daigne pas remarquer leur présence ; aussi, d'après toutes ces considérations, une peau de loup est-elle, parmi les Indiens, un déguisement favori pour la chasse aux bisons, et nos trappeurs Ike et Redwood s'en étaient souvent servis. Nous allions donc, suivant toute apparence, assister à un spectacle nouveau et amusant.

Nos deux guides furent bientôt enveloppés dans les peaux blanches des loups ; leur tête abritée par la peau de la tête des coyottes, et leurs épaules se cachaient sous le reste de la dépouille, qui était attachée à l'aide de courroies. Il s'en fallait pourtant de beaucoup que leurs corps fussent entièrement couverts ; mais heureusement, comme nous l'avons déjà dit, le bison n'a pas la vue très percante, et tant que les chasseurs resteraient sous le vent, ils ne couraient aucun risque d'être remarqués.

Une fois déguisés comme ils l'entendaient, Ike et Redwood nous quittèrent, laissant leurs chevaux au camp ; quant à nous, nous restâmes en selle, prêts à prendre le galop au cas où leur ruse viendrait à échouer ; nous aurions fait alors ce qu'on appelle la chasse à courre.

D'abord les trappeurs marchèrent tout droit aussi longtemps qu'ils purent le faire sans crainte ; mais longtemps avant d'être arrivés à portée de fusil, nous les vîmes se pencher et s'avancer courbés en deux, jusqu'à ce qu'enfin ils se couchèrent presque sur le terrain et s'avancèrent en rampant sur les mains et les genoux.

Il leur fallait du temps pour parvenir à portée, et nous, qui étions à cheval, bien que nous suivissions leurs mouvements avec le plus grand intérêt, nous commencions à nous impatienter. Cependant les bisons, qui broutaient tranquillement l'herbe du pâturage, ne paraissaient pas s'apercevoir de l'approche de l'ennemi ; de temps en temps même on en voyait un, saisi d'un accès d'humeur folâtre, se jeter à terre, gigoter des jambes et se rouler quelques minutes, puis se remettre sur ses pieds. C'était, on nous l'avait annoncé, un troupeau de vaches guidées par un taureau, qui semblait en être constitué le chef et le gardien. A plus d'un mille de distance, nous pouvions distinguer cet énorme animal, dont la forme et la taille étaient complètement différentes de celles des autres. Il semblait plus actif que le reste du troupeau, car il allait et venait, comme pour veiller à la sûreté commune.

Lorsque les trappeurs se trouvèrent assez près, nous crûmes un instant que le taureau les avait aperçus ; il s'était avancé de ce côté du troupeau, et semblait sonder du regard l'endroit où se trouvaient nos camarades. Mais cette alarme ne dura qu'un moment ; car, apparemment satisfait de son examen, l'animal fit volte-face et retourna se mêler au troupeau.

Ike et Redwood étaient déjà si près, qu'à chaque instant nous nous attendions à voir briller l'éclair qui devait jaillir de leurs armes. La distance qui nous séparait d'eux nous induisait en erreur ; ils étaient plus éloignés du troupeau que nous ne le pensions.

Dans ce moment même nous aperçumes un autre bison, un taureau gigantesque, qui arrivait derrière eux : il descendait du sommet d'un coteau voisin, et se disposait à rejoindre le troupeau. Les trappeurs se trouvaient placés sur sa route, et leur attention était tellement absorbée par les autres, que jusqu'au moment où l'animal vint se placer entre eux et les vaches, ils ne parurent pas l'avoir remarqué. Cette visite inattendue sembla les déconcerter.

Elle détruisait évidemment leur plan d'attaque, qu'ils étaient sur le point de mettre à exécution. Ils furent aussi à n'en pas douter, légèrement émus par l'apparition soudaine de ce monstre hérissé ; car tous deux, comme poussés par un mouvement d'effroi, se relevèrent tout d'un coup et lâchèrent à la fois la détente de leurs carabines. Nous vîmes aussitôt l'animal disparaître au milieu de la plaine.

Comme on le pense bien, la ruse des peaux de loups était éventée. Le taureau gardien du troupeau avait été témoin du combat, et, poussant un long mugissement en signe d'alarme, il bondit, s'élançant d'un galop pesant et rapide, tandis que tous les autres le suivaient de toute la vitesse de leurs quatre jambes.

Heureusement la direction qu'ils prirent ne les éloignait pas tout à fait de nous ; la ligne qu'ils suivaient inclinait vers notre gauche, de sorte qu'en prenant une diagonale nous pûmes nous trouver sur leur route. Tous, d'un commun accord, nous piquâmes des deux et nous nous élançâmes dans la plaine au grand galop de nos chevaux.

Il nous fallut franchir cinq grands milles avant d'arriver à portée de fusil, et même encore quatre seulement d'entre-nous parvinrent-ils au but : le naturaliste, Besançon, le Kentuckien et moi. Nos chevaux n'en pouvaient plus ; mais, à force d'encouragements, nous les amenâmes sur les flancs des farouches bisons.

Chacun de nous choisit sa bête et déchargea sa carabine à la distance qui lui convint le mieux. Quatre vaches grasses restèrent étendues sur le sentier, comme pour nous récompenser du galop prolongé auquel nous nous étions livrés. La fatigue de nos chevaux nous empêcha de poursuivre les autres, qui bientôt disparurent à nos yeux dans les méandres de la prairie.

Nous avions donc en abondance de la viande excellente. Aussi résolûmes-nous de dresser nos tentes dans ces parages, afin de laisser reposer nos chevaux de la secousse d'une course aussi longue ; alors seulement nous nous remettrions sur la piste des bisons, et nous leur donnerions encore deux ou trois fois la chasse.

CHAPITRE XXXV

Les hôtes inattendus

Nous trouvâmes Ike et Redwood pestant et sacrant contre le bison qu'ils avaient tué. Ils prétendaient qu'il s'était élancé sur eux, et que c'était à cause de cette attaque insolite qu'ils s'étaient redressés et avaient fait feu. Ce fait pouvait bien être exact, car de la place où nous étions restés nous avions remarqué un mouvement extraordinaire de la part de l'animal. Sans cet incident, nos guides étaient persuadés que leur stratagème eût été couronné d'un vrai succès ; ils auraient d'abord abattu le taureau qui guidait le troupeau, et ensuite les vaches se seraient laissé tuer jusqu'à la dernière sans bouger.

Lorsque nous eûmes choisi un endroit pour y établir notre camp, nous y apporâmes la chair des bêtes féries par nos guides, et en peu de temps nous fîmes griller sur un brasier de bois de cotonnier le souper le plus splendide que nous eussions fait depuis longtemps.

La viande du bison femelle est bien supérieure à celle du bétail domestique, et les morceaux de choix sont vraiment des mets dont le goût ne s'oublie jamais. Cela tient peut-être aussi à l'appétit que donne au chasseur l'air vif de la prairie, et qui y ajoute un fumet particulier. Je ne puis rien affirmer ; mais il est bien certain que l'aloyau renommé de la bonne vieille Angleterre ne m'offre pas de souvenirs plus juteux et plus succulents qu'un rôti de filets d'entre-côte de vache grasse cuit sur un feu pétillant de bois de cotonnier, et mangé en plein air sous le ciel pur des prairies.

L'endroit où nous avions dressé nos tentes était situé au bord d'un petit ruisseau formé par une source jaillissante qui sortait de terre à quelques pas de notre camp, et serpentait à travers la prairie pour aller se jeter dans une des branches peu éloignées de l'Arkansas. A la place occupée par notre camp les rives étaient peu élevées ; mais à deux cents pas plus loin le courant était encaissé entre deux collines peu escarpées, il est vrai, mais assez profondes pour empêcher un homme placé au centre du ruisseau d'avoir vue sur la prairie. Ce bas-fonds était couvert d'une herbe épaisse quoique rude au toucher, tandis qu'un peu plus haut on trouvait un paturage bien meilleur pour nos montures, où l'herbe à bisons croissait en abondance : aussi nous hâtâmes-nous de les y établir, nous proposant de les rapprocher du camp à la nuit, ou tout au moins lorsque nous nous sentirions disposés à dormir. Le camp lui-même, c'est-à-dire les deux tentes et le chariot de Jack se trouvaient tout à fait au bord du ruisseau ; mais les mules de l'attelage étaient sur la plaine avec le reste de la *cavallada*.

Nous avions encore devant nous deux heures de jour avant le coucher du soleil. Notre repas était terminé, et satisfaits de notre chasse du matin nous fumions en dégustant quelques gouttes d'eau-de-vie qui restaient encore dans un baril d'assez forte taille dont nous avions eu soin de nous munir. Après avoir passé en revue les incidents de la journée, nous arrangeâmes entre nous nos plans de bataille pour le lendemain. La fraîcheur du soir nous avertissait que l'hiver était proche, et tous d'un commun accord nous décidâmes qu'un séjour d'une semaine était tout le temps que nous pouvions prudemment passer dans ces parages. Lorsque nous nous étions mis en route la saison était déjà un peu avancée, et le temps que nous avions perdu à la recherche des bisons, que nous avions espéré rencontrer plus à l'est, avait dérangé nos calculs ; aussi, maintenant que nous les avions trouvés, huit jours de chasse devaient suffire à nos plaisirs avant de revenir sur nos pas. Déjà pendant la nuit la gelée s'était fait sentir, et nous avait fait grandement souffrir. Du reste, nous n'ignorions pas que dans les prairies la transition de l'automne à l'hiver est aussi soudaine qu'imprévue.

Les plus anciens et les plus expérimentés chasseurs de notre caravane furent d'avis de ne pas retarder de plus d'une semaine le moment de notre retour, et les autres se rangèrent de cet avis. C'était aussi l'opinion des guides, à qui, pour eux-mêmes, il était parfaitement indifférent d'hiverner dans ces parages, et qui par conséquent étaient prêts à rester autant que cela nous ferait plaisir. Nous savions cependant que les privations et les fatigues que nous pourrions endurer ne seraient pas du goût de certains d'entre nous ; il valait mieux, par conséquent, retourner à Saint-Louis avant que l'hiver fût dans toute sa rigueur.

J'ai dit que nous étions tous dans les meilleures dispositions. Huit jours de chasse bien employés devaient donc nous satisfaire. Nous ne pouvions manquer de tuer un grand nombre de bisons, soit en les surprenant, soit en les chassant à courre, soit en les entourant. Nous ferions alors provision de viande excellente que nous sècherions sur le feu, et dont nous remplirions notre chariot; puis, chargés de nos trophées, c'est à dire de robes et de cornes de bisons, nous ferions une entrée triomphale dans les pays civilisés. Telles étaient les espérances flatteuses dont nous nous bercions pendant notre veillée de chasse.

Il est triste de l'avouer cependant; tous ces rêves ne devaient jamais se réaliser aucun de tous ces projets ne devaient être exécutés. Lorsque nous arrivâmes à la colonie la plus rapprochée du désert, — ce qui eut lieu environ six semaines plus tard, — l'aspect de notre compagnie était bien loin de ressembler à celui d'une marche triomphale. Nous étions tous à pied; tous, jusqu'au petit docteur, qui naguère encore était si gras et si replet, maigres et décharnés, couverts de haillons, à moitié gelés, les pieds en sang, plus qu'à demi-morts. Nous avions encore, il est vrai, quelques robes de bisons, mais elles étaient suspendues à nos épaules, et nous les portions pour en couvrir notre nudité, et non pour en faire parade. Pendant des semaines entières elles nous avaient servi la nuit de lits et de couvertures afin de nous garantir du froid, et le jour de manteaux pour nous défendre des pluies torrentielles d'hiver. Mais n'anticipons point. Revenons à notre camp le long du ruisseau.

Je racontais donc que nous étions assis autour de notre feu pétillant occupés à décider nos plans de bataille et à anticiper sur le bonheur futur. Les heures s'écoulèrent rapidement ainsi, et nous causions encore lorsque la nuit vint nous surprendre.

Quelqu'un d'entre nous fut alors d'avis qu'il était temps d'aller chercher les chevaux; tandis qu'un autre prétendit qu'il valait mieux les laisser paître encore quelque temps, vu que dans cet endroit l'herbe était excellente, et que depuis quelques jours ils avaient fait maigre chère.

— Il n'y a pas de danger pour eux, continua l'orateur. Nous n'avons pas vu de traces d'Indiens, ou si quelqu'un de vous croit qu'il y ait le moindre péril, un des guides montera sur la colline afin de surveiller l'horizon; mais du moins, croyez-moi, laissons les pauvres bêtes manger à leur faim.

Cette proposition fut agréée; Lanty fut désigné pour faire sentinelle auprès des chevaux, et nous demeurâmes étendus près du feu en continuant notre conversation.

A peine l'Irlandais avait-il eu le temps d'arriver à son poste qu'un mélange de sons confus, qui nous fit refluer le sang jusqu'au cœur, vint frapper nos oreilles: simultanément, et comme mus par un ressort inconnu, nous nous dressâmes sur nos jambes.

Il était impossible de s'y méprendre, ce que nous entendions c'était des cris poussés par des Indiens; le moins habile de la bande aurait compris ce dont il s'agissait. Ces *whoops*, mêlés aux hénissements des chevaux, aux trépignements de leurs pieds, aux vociférations de notre sentinelle; tel était le bruit qui parvenait jusqu'à nous.

— Ce sont les Indiens, de part Dieu! s'écria Ike, et, saisissant sa carabine, il s'élança en avant.

Cette brusque exclamation eu plus d'un écho, et chacun quitta le feu pour courir à ses armes.

Quelques secondes nous suffirent pour franchir les buissons qui garnissaient les bords du ruisseau, et, gravissant le coteau, nous rencontrâmes l'Irlandais revenant sur ses pas de toute la vitesse de ses jambes et hurlant à pleine voix :

Au meurtre ! aux bêtes sauvages ! Il y en a au moins un millier. Ils ont enlevé les chevaux — tous ! — et les mulles aussi, par le saint nom de Jésus !

Cette nouvelle était terrible, et nous pûmes bientôt nous assurer qu'elle n'était hélas ! que trop vraie. En arrivant à l'endroit où nous avions parqué notre *cavallada*, nous n'aperçumes plus l'ombre d'un seul cheval ; on avait enlevé jusqu'aux piquets et aux licols. Au loin, sur la prairie, on distinguait encore confusément une sombre masse de cavaliers ; et, comme ils s'éloignaient en fuyant sur les gazons de la prairie, nous entendions encore leurs éclats de rire et leurs cris de triomphe.

Nous ne revîmes plus ni les chevaux ni les voleurs.

C'était, comme nous l'apprîmes plus tard, une bande d'Indiens Pawnées, et il est bien certain que s'ils nous avaient attaqués, nous ne nous en serions pas tirés sans des pertes cruelles ; mais ils étaient en petit nombre, et ils se contentèrent d'enlever nos chevaux. Tout faisait croire qu'après les avoir mis en lieu de sûreté, ils se proposaient de revenir nous attaquer, si Lanty ne les avait découverts tandis qu'ils étaient à l'œuvre. Après une pareille alarme, ils se doutèrent que nous serions sur nos gardes, et ils partirent, satisfaits du butin précieux qu'ils nous arrachaient par la ruse.

Ce malheureux événement opéra un changement des plus fâcheux dans le bien être relatif de notre excursion de chasse, aussi bien que dans notre situation réelle. Se trouver ainsi sans monture, en pleine prairie, et à une distance prodigieuse des pays civilisés, quelle affreuse perspective ! Il nous fallait faire la route à pied, chargés de nos provisions et de tout notre attirail. Peut-être même ne serions-nous pas trop chargés de vivres ; cela dépendait de circonstances excessivement incertaines, de notre chance à la chasse. Ce qui restait dans le chariot suffisait à peine pour quelques jours, nous ne pouvions espérer que cela durât plus longtemps et cependant nous avions en perspective plusieurs semaines auxquelles il faudrait pourvoir.

Ces réflexions ne nous vinrent que plus tard, le lendemain matin, car, pendant toute la nuit, nous ne songeâmes qu'aux Indiens, et nous ne pensions pas en être quittes à si bon marché. Retourner dormir auprès du feu, c'eût été pure folie. Quelques-uns d'entre nous mirent leurs armes en état, et, dès qu'ils eurent terminé, nous allâmes nous échelonner le long du coteau, près du sentier qui menait au bas-fond, et nous y restâmes jusqu'au jour, l'œil fixé sur la prairie. Chacun gardait le plus profond silence, et, si l'on ouvrait la bouche, ce n'était que pour communiquer à voix basse à son voisin une pensée qui paraissait opportune, un avis de circonstance.

Quand je dis que nous restâmes ainsi jusqu'au jour, cette assertion n'est pas encore strictement exacte. Avant de voir briller l'aurore qui devait mettre fin à cette nuit fatale, nous eûmes à subir un nouveau malheur, aussi cruel que le premier. Le bas-fond était, comme nous l'avons déjà dépeint, couvert d'une herbe longue et épaisse, entremêlée d'épines et de touffes de grands pois sauvages ; çà et là l'on apercevait quelques buissons. Il était donc difficile de pénétrer dans ce fourré, à moins de suivre les sentiers tracés par les bisons et par d'autres animaux. Dans cette saison, les plantes annuelles formaient une masse épaisse de tiges flétries et brûlées par le soleil d'automne, aussi sèches que de l'amadou.

Tandis que nous étions absorbés dans l'occupation de sonder les méandres et les profondeurs de la plaine, nous n'avions songé ni à notre camp, ni au feu que nous y avions laissé ; tout à coup, un bruit pétillant vint éveiller notre attention. Nous nous relevâmes à la hate, et, jetant les yeux sur la vallée qui se trouvait derrière nous, nous aperçûmes notre camp en flammes.

Les buissons formaient un brasier tout à l'entour, et les flammes s'élevaient déjà à plusieurs pieds de hauteur. Nous pouvions voir la lueur de l'incendie qui rougissait la toile blanche des tentes et du chariot ; aussi, en quelques secondes, tout ce qui se trouvait dans notre camp fut atteint par le feu et disparut à nos yeux.

Nous ne tentâmes aucun effort pour sauver notre propriété ; tout eût été inutile, c'eût été même un acte de folie. Nous ne pouvions approcher du foyer sans risquer d'y perdre la vie ; car depuis le temps où nous demeurions ainsi à contempler ce spectacle émouvant, le feu avait gagné tout le bas-fond, et s'étendait le long des bords du ruisseau.

Quant à nous, personnellement, nous ne courions aucun danger. Nous étions sur une hauteur, en pleine prairie, dans un endroit couvert d'une herbe courte ; et quand bien même ce gazon aurait pris feu, nous connaissions le moyen de nous sauver. Du reste, ce plateau élevé, séparé du sol par un coteau escarpé, ne pouvait être atteint par l'incendie, qui continuait ses ravages à quelques pas de nous.

Nous restâmes longtemps ainsi enchaînés à la même place, considérant le progrès des flammes, lorsque enfin le jour parut. Le feu était éteint dans le bas-fond, près de nous, et l'emplacement de notre camp n'offrait plus à nos yeux qu'un sol noirci couvert de cendres et de débris encore fumants. Nous descendîmes, et nous nous dirigeâmes vers l'endroit où la veille nous avions dressé nos tentes. Tout était détruit, à l'exception des ferrements du chariot, qui seuls n'avaient pas été dévorés par l'élément destructeur. Nos vêtements de rechange, nos provisions, les flammes avaient tout consumé, tout, jusqu'au produit de notre chasse de la veille, dont les débris gisaient calcinés au milieu des cendres.

CHAPITRE XXXVI

Un souper de loup rôti

Notre position était vraiment déplorable, nous avions faim, et il ne nous restait même pas de quoi déjeuner ; le feu avait tout dévoré. Quelques-uns d'entre nous se détachèrent pour aller à la recherche du taureau tué par les guides ; mais ils ne trouvèrent plus un seul morceau de viande, les loups en avaient fait un squelette digne de figurer dans un musée d'anatomie. Ce qui restait, c'étaient les os à moelleon ; les recueillit comme aussi ceux des vaches que nous avions tués la veille, et nous déjeunâmes de moelle crue, non que nous n'eussions pas de feu, mais parce que ce mets est moins agréable au goût lorsqu'il est cuit.

Qu'allions-nous faire ? Nous tînmes conseil ; et, comme on peut le penser, l'avis unanime fut de se diriger vers la plus prochaine colonie, c'est-à-dire sur la ville frontière d'Indépendance, élevée au bord du fleuve Missouri. Nous en étions éloignés d'environ trois cents milles, et, d'après nos calculs, nous pouvions y arriver en vingt jours ; mais nous ne réfléchissions qu'au nombre de milles que nous avions à parcourir, sans tenir compte des nombreux délais que devait nous causer le passage des marais et des rivières ; et la suite nous prouva qu'elle était l'exactitude de tous nos calculs, car ce ne fut qu'au bout de quarante jours que nous arrivâmes à Indépendance.

Suivre la trace des Indiens pour tâcher de rattraper nos chevaux, c'était peine inutile. Nous savions à n'en pas douter que les Peaux-Rouges avaient dû se mettre à l'abri de toute poursuite, et quand bien même nous eussions pu les atteindre, c'eût été peut-être risquer notre vie dans une lutte inégale. Toute idée de retourner à cheval fut donc abandonnée, et nous nous mîmes à délibérer sur les moyens les plus praticables pour faire la route à pied.

Ici s'éleva une question sérieuse. Si nous nous dirigions en droite ligne vers les habitations, comment vivrions-nous le long du chemin ? En mettant le cap sur Indépendance, nous abandonnions aussitôt les régions fréquentées par les bisons, et quel autre gibier rencontrerions-nous ? Un cerf égaré, un lapin, un coq de prairie auraient suffi sans doute pour soutenir quelque temps la vie d'un homme voyageant seul, mais nous étions dix ; comment nourrir tant de monde pendant un si long voyage ? Alors même que nous étions montés sur nos chevaux à l'aide desquels nous poursuivions le gibier, nous n'avions pu, pendant la première partie de notre voyage, nous procurer assez de provisions pour le besoin de nous tous.

à bien plus forte raison devions-nous désespérer de mieux réussir maintenant que nous étions à pied.

Il ne fallait donc pas songer à marcher en droite ligne dans la direction des endroits habités, car nous courions risque de mourir de faim en route.

Après une discussion assez prolongée, il fut résolu que nous demeurerions encore quelques jours dans les parages fréquentés par les bisons, jusqu'à ce que nous eussions réussi à nous procurer une quantité raisonnable de vivres, dont chacun porterait sa part; alors seulement nous nous mettrions en route. En somme, il n'y avait aucune objection à faire à ce plan; c'était le seul moyen qui nous restât pour ne pas mourir de faim. Les seules discussions qui existassent entre nous avaient lieu au sujet de la direction que nous devions suivre pour rencontrer les bisons. Nous savions bien que nous n'étions pas très éloignés d'un troupeau considérable; mais nous n'étions pas positivement sûrs de l'endroit où il se trouvait alors. Il était donc à craindre qu'en prenant une fausse direction nous ne nous éloignassions tout à fait.

Par un hasard bizarre, la fortune, qui depuis quelque temps ne cessait de nous être défavorable, se décida pourtant en notre faveur. Le grand troupeau de bisons s'offrit un jour à nos yeux sans que nous nous fussions donné beaucoup de peine, et même, pour tout dire, sans que nous eussions d'autre fatigue que celle de charger nos fusils et de faire feu, comme on le verra. Nous en tuâmes assez pour fournir de viande fraîche une armée tout entière. Nous éprouvâmes, en outre, toutes les émotions d'une grande chasse, et cependant ce n'était plus pour le seul but du sport que nous chassions alors.

Pendant toute cette journée, nous nous dispersâmes de côté et d'autre dans la prairie, après être convenus d'un rendez-vous pour le soir. Le but de cette séparation momentanée était de parcourir une plus vaste étendue de terrain, et d'avoir ainsi plus de chances de rencontrer du gibier. A notre grand chagrin, nous revînmes tous le soir au lieu indiqué le sac absolument vide. Le seul gibier qui fut apporté par l'un de nous était une paire de ces marmottes nommées *chiens de prairie*, qui n'auraient pas suffi pour le souper d'un chat; il n'y en avait pas assez pour en faire goûter une bouchée à tout le monde. Il fallut donc se résigner à se passer de souper. On ne s'étonnera pas que des gens qui n'avaient fait qu'un maigre déjeuner, et dont le dîner avait été nul, éprouvassent une faim de loup. L'idée nous vint que cet horrible genre de mort nous menaçait peut-être plus que nous ne pensions. On avait vu dans la journée plusieurs compagnies de bisons, mais ils étaient si farouches qu'on n'avait pu les approcher. Si la chasse du lendemain n'était pas plus favorable, nous nous trouverions dans une position vraiment critique; et comme toutes ces pensées se présentaient à notre esprit, nous jetions les uns sur les autres des regards qui exprimaient toutes nos appréhensions et nos alarmes. Le froid nous avaient forcés à allumer du feu; mais le vif éclat de la flamme n'éclairait plus de joyeuses figures: ces lueurs se reflétaient sur nos visages, que la faim rendait hagards et pâles d'effroi. On n'entendait plus raconter ces récits faits pour charmer l'oreille des auditeurs attentifs; chacun de nous paraissait avoir perdu la mémoire. Notre rôle d'historiens avait cessé, nous étions les acteurs véritables d'un drame dont le dénoûment pouvait être lugubre et terrible.

Nous étions donc silencieusement assis, nous contemplant mutuellement dans l'espoir de donner ou de recevoir quelques parcelles de consolation, lorsque nous vîmes le vieil Ike quitter sa place auprès du feu, et, après nous avoir recommandé à voix basse de ne pas bouger, il partit en rampant sur ses mains et ses genoux. Il avait indubitablement aperçu quelque chose; on ne pouvait s'expliquer autrement cette conduite singulière. Au bout de quelques minutes, son ombre rampante se perdit dans les ténèbres, et nous ne le vîmes ni ne l'endendîmes plus. Enfin la détonation de sa carabine, pareille au son que produit un coup de fouet, nous fit tous tressaillir ; dans la crainte que notre guide eût été surpris par les Indiens, nous nous levâmes précipitamment pour nous jeter sur nos armes. Mais la vue du trappeur nous rassura bientôt ; il revenait tranquillement vers nous, et la clarté de notre feu de bivouac nous permit de distinguer un objet assez grand qui lui pendait au côté et traînait jusqu'à terre.

— Hurrah ! s'écria l'un de nous, Ike a tué quelque chose.

— Est-ce un daim, une antilope, quoi donc? se demandait-on

— Rien de tout cela, fit Redwood d'un ton nasillard et d'une voix traînante, ce n'est ni l'un ni l'autre. Mais je crois que nous ne ferons pas fi de la viande quelle quelle soit. Pour mon compte, je crois qu'à cette heure je mangerais un âne avec ses oreilles et sa queue sans le faire cuire !

Au moment où il lâchait cette plaisanterie, Ike arriva et nous montra son gibier, qui n'était pas autre chose qu'un loup de prairie. Mieux valait goûter à l'animal carnassier qu'endurer la faim, tel fut l'avis général. Aussi, en quelques secondes, l'animal fut-il suspendu au-dessus du feu et rôti dans sa peau.

Cet incident ramena quelque gaieté au milieu de nous, et l'idée de souper avec de la viande de loup réveilla même les plaisanteries et les bons mots de quelques-uns d'entre nous. Pour les trappeurs, ce mets n'avait rien d'extraordinaire, mais ils étaient les seuls de la caravane qui en eussent jamais mangé. Cependant personne n'était disposé à faire la petite bouche, et lorsque le loup fut rôti à point, chacun dévora son morceau avec autant d'appétit que si c'eût été du faisan.

Avant la fin du repas, le tueur de loups fit une seconde excursion et tua un second loup de la même manière que le premier ; de sorte que nous eûmes le plaisir de savoir, avant de nous coucher, que nous avions de quoi déjeuner pour le lendemain. Ces animaux, que nous avions maudits tant de fois dans le courant de notre voyage, allaient vraisemblablement voir notre haine se changer en tendre prédilection... pour leurs gigots. Nous ne pouvions nous empêcher de désirer leur compagnie, bien que ce ne fût que pour les tuer et les manger ensuite.

Ce souper de loup rôti nous rendit à la fois nos forces physiques et morales ; aussi, quand il fut achevé, nous mîmes-nous à écouter avec le plus grand intérêt nos guides, qui, inspirés par notre position actuelle, nous racontèrent plusieurs aventures curieuses qui leur étaient arrivées pendant de lointaines excursions, et dans lesquelles ils avaient plus d'une fois failli périr de faim.

Un de ces récits fixa particulièrement notre attention : c'était un trait caractéristique de la vie du trappeur, dont les détails circonstanciés me parurent dignes d'être notés.

CHAPITRE XXXVII

Les lièvres et les cigales

Nos deux trappeurs, réunis à deux autres individus de leur profession, étaient partis pour une expédition de chasse sur un des affluents de la rivière du *Great-Bear* (fleuve du Grand-Ours), à l'ouest des montagnes Rocheuses. Ils y furent attaqués par une tribu ennemie d'Indiens Utahs, qui non-seulement les dépouillèrent de tout le produit de leur chasse, mais qui encore leur volèrent leurs chevaux et leurs bêtes de somme, de magnifiques mules. Ce qu'il y avait de pire, c'est qu'ils prirent aussi les armes et les munitions des deux chasseurs. Ces infortunés coururent aussi le risque de perdre la vie; et, si on les épargna, ce fut grâce à l'intervention de l'un des chefs qui connaissait le vieux Ike. Le sachem obtint qu'on laissât la vie sauve aux trappeurs de race blanche; mais au milieu de ces contrées désertes, c'était une faveur qu'ils n'appréciaient guère. Ils avaient, en effet, toutes les chances possibles de mourir de faim avant d'arriver aux premiers défrichements américains, dont le plus rapproché était Fort-Hall, sur la rivière Snake, à trois cents milles de là. Ni l'un ni l'autre n'avaient un caractère assez faible pour se laisser aller au désespoir, même au milieu d'un désert; aussi prirent-ils aussitôt leur parti en braves.

Le cours d'eau sur lequel ils avaient tendu leurs pièges était fréquenté par des troupeaux de cerfs, par des ours et plusieurs autres espèces d'animaux. Mais que leur importait cette abondance, du moment qu'ils n'avaient pas d'armes? Les cerfs et les antilopes qui bondissaient dans les taillis et détalaient sur la plaine leur faisaient souffrir le supplice de Tantale.

Près de l'endroit où les Indiens les avaient ainsi laissés dénués de tout, s'étendait une prairie couverte de sauge, espèce de plante connue sous le nom d'*artemisia*, dont les feuilles et les fruits, tout amers qu'ils sont, forment la nourriture d'une espèce de lièvre que les trappeurs appellent familièrement *lapin de sauge*. Ce lièvre est aussi léger à la course que la plupart des individus de son espèce; et pourtant, quoique nos trappeurs n'eussent ni chiens ni fusils, ils découvrirent un moyen pour les attraper. On s'imagine peut-être qu'ils les prirent aux lacets ou à l'aide de pièges; non, car ils n'avaient rien de ce qui était indispensable pour confectionner des engins en ce genre, et voici le procédé qu'ils mirent en usage.

Ils eurent la patience de construire une haie circulaire, en tressant ensemble les plantes de sauge dont ils laissèrent un côté ouvert; puis ils s'en allèrent au milieu de la plaine faire une battue, et, à force de battre les buissons, ils réussirent à faire entrer une assez grande quantité de lièvres dans l'enclos. Les chasseurs terminèrent alors la partie inachevée de leur clôture, et, entrant dans le parc, ils tuèrent à leur aise toutes les bêtes qui s'y trouvaient renfermées, jusqu'à ce qu'il n'en restât plus une seule. Quoique la barrière n'eût pas plus de trois pieds de haut, les lièvres ne faisaient aucun effort pour la franchir, ils s'y jetaient tête baissée, et se laissaient prendre à la main, ou assommer à coups de bâton.

Cette méthode ingénieuse n'avait pas le mérite de la nouveauté, de l'aveu même d'Ike et de Redwood; car c'était celle employée, pour la chasse aux lièvres, par quelques tribus occidentales de Peaux-Rouges, tels que les infortunés Indiens Shoshonées, et les misérables Diggers, dont la vie tout entière n'est qu'une lutte continuelle contre la faim et les moyens de l'apaiser. Pour s'emparer des petits animaux qui habitent leur pays stérile, ces Indiens mettent en usage des procédés qui tiennent plutôt à l'instinct des animaux de proie qu'à l'invention humaine; on peut même dire que la plupart d'entre eux ne méritent pas le nom de chasseurs. Quelques-uns n'ont pour toute arme qu'un long bâton recourbé à l'un des bouts, qui leur sert à faire sortir le lézard ou l'*agama* des fissures au milieu desquelles ils vivent, ou des trous creusés dans les rochers où ils se sont glissés en fuyant. A peine ces pauvres Indiens se sont-ils emparés du reptile, que ce gibier d'un nouveau genre est immédiatement transféré du bout du bâton aux lèvres, aux dents, et de là dans l'estomac du chasseur. Ils avalent ces mets hideux avec la même voracité qu'un mâtin avalerait une souris.

S'emparer d'un lièvre de sauge est pour eux le *nec plus ultra* de l'habileté en fait de chasse: c'est là le sport qui fait leur principale occupation pendant une partie de l'année.

Nos quatre trappeurs se rappelèrent la manière indienne pour attraper ces animaux, et ils en firent leur profit. Grâce à la capture d'un, ils purent d'abord satisfaire leur appétit; et au bout de deux ou trois jours de chasse, ils se furent emparés de plus de vingt pièces de gibier; bientôt cependant ces quadrupèdes commencèrent à devenir de plus en plus rares, et enfin on n'en vit plus aucun.

Naturellement, nos trappeurs ne mangèrent que ce qui leur était nécessaire pour subsister: ils firent sécher le reste sur un feu de sauge, de manière à pouvoir conserver cette viande pendant quelques jours.

Puis ils chargèrent leurs provisions sur leur dos, et se mirent en route pour rejoindre la rivière Snake; mais longtemps avant d'arriver à Fort-Hall, ils avaient épuisé leurs vivres, et se trouvaient dans une position aussi déplorable qu'en partant. La contrée qu'ils traversaient alors était encore, s'il se peut, plus déserte que celle qu'ils venaient de quitter. Les lièvres eux-mêmes ne pouvaient y vivre et ceux qu'on y voyait à de rares intervalles se sauvaient avant qu'il fût possible de les approcher. L'*artemisia* n'y croissait pas en quantité suffisante pour en faire un enclos; il était même inutile d'y songer, ils auraient perdu des journées entières sans prendre une seule pièce de gibier.

De loin en loin la vue d'un coq de sauge venait encore exciter leur convoitise; mais ils n'avaient pas d'autre satisfaction que celle d'entendre le crépitement de ses ailes lorsqu'il prenait sa volée et de le suivre des yeux jusqu'à ce qu'il s'abattît sur un point éloigné de la plaine. Cet oiseau est celui que les naturalistes appellent le coq des plaines (*tetrao urophasianus*), et c'est le plus gros de la famille des coqs de bruyère. Il n'est, du reste, remarquable ni par la beauté de son plumage ni par la saveur de sa chair. Au contraire, le fruit de l'absinthe sauvage, dont il fait sa nourriture, lui donne un goût amer et désagréable, et malgré cela, ce faisan de l'Amérique du Nord eût satisfait l'appétit de nos trappeurs s'ils avaient pu s'en emparer. Mais n'ayant pas de fusil, il n'y fallait pas songer. Pendant plusieurs jours ils ne vécurent que de racines et de menus fruits, heureusement encore c'était la saison de ces baies et ces légumes étaient mûrs.

De temps en temps ils trouvaient aussi des navets de prairie (*prosalea esculenta*), et, dans un marais qu'il leur fallut traverser, ils récoltèrent une provision de racines de kamas, si célèbres aux Etats-Unis.

Ces ressources étaient cependant loin d'être suffisantes, il leur fallait encore faire quatre ou cinq jours de marche, et ils commencèrent à craindre de ne pouvoir avancer davantage, car le pays à travers lequel ils allaient voyager était un désert entièrement nu.

Dans ce moment critique, ils se procurèrent encore une nouvelle subsistance, et en quantité suffisante pour leur permettre de poursuivre sans crainte leur voyage. Tout d'un coup, comme par enchantement, la terre se couvrit de gros insectes rampants de couleur brun foncé, appartenant à l'espèce connue des trappeurs sous le nom de *grillons des prairies*, mais que le naturaliste, d'après la description que lui en firent les trappeurs, affirma devoir être des cigales. C'est une espèce célèbre en Amérique et que l'on appelle *locustes de dix-sept ans* (*cicada septendecem*), eu égard à une croyance populaire qui assure que ces insectes ne paraissent en vols innombrables que tous les dix-sept ans. Tout porte à croire néanmoins que cette croyance est erronée et que leurs apparitions, à des périodes plus ou moins éloignées, dépendent de l'influence du climat ou d'autres circonstances.

On a souvent vu ces insectes paraître dans une grande ville, sans venir de bien loin ; ils sortaient du sol même, entre les fissures des pavés ou parmi les crevasses des murailles et couvrant les rues de leurs bataillons innombrables. Cette espèce de cigales diffère des autres en ce qu'elle ne nuit pas à la végétation. Nombre d'oiseaux et de quadrupèdes s'en nourrissent avec plaisir ; les pourceaux les recherchent avec avidité et en détruisent des quantités considérables, et les écureuils les dévorent avec autant d'appétit que si c'était des noix. Tous ces faits nous furent racontés par le naturaliste ; mais nos trappeurs avaient à nous faire un récit plus intéressant encore.

A peine ses camarades et lui eurent-ils aperçu les cigales qui rampaient sur le sol, qu'ils se sentirent rassurés : ils n'avaient désormais plus peur de mourir de faim. Ils savaient que ces insectes étaient un article de nourriture important parmi les Indiens qui chassent les lièvres de sauge. Ils connaissaient en outre les moyens praticables pour s'en emparer, et ils se mirent aussitôt à commencer la provision.

Ils commencèrent d'abord par creuser un trou circulaire dans la terre sablonneuse, et puis se plaçant à quelque distance les uns des autres, ils y chassèrent les insectes comme vers un centre commun. Peu d'instants leur suffirent pour rassembler une grande quantité de cigales, qui, pressées de tous les côtés, s'arrêtaient en masses compactes sur les bords de la fosse, et de là tombaient jusqu'au fond. Les trappeurs avaient eu soin de creuser le trou assez profondément, de manière à empêcher les cigales de sortir avant qu'on eût le temps de les ramasser.

A chaque battue, ils prenaient près d'un demi-boisseau d'insectes : ils allèrent ensuite creuser plus loin un autre trou dans la plaine, où ils firent aussi bonne chasse, et ils ne s'arrêtèrent qu'au moment où ils eurent fait une provision suffisante.

Il fallut alors tuer le gibier et le faire légèrement griller sur une des pierres chauffées au feu. Les Indiens ont l'habitude de les écraser et d'y mêler les graines d'une plante qui croît abondamment dans ces contrées. Ils en font ainsi une espèce de pain que les trappeurs appellent *gâteau de cigales*. Nos voyageurs ne purent cependant pas se procurer cet assaisonnement, et ils se virent contraints à manger leurs cigales dans leur état naturel et sans sauce. Néanmoins, dans la position terrible où ils se trouvaient, aucun d'eux ne songea ni à s'en plaindre ni à faire le délicat.

Chacun d'eux prépara sa provision et l'on se remit en route. Enfin, après bien des fatigues, après avoir beaucoup souffert particulièrement de la soif, ils arrivèrent à Fort-Hall, où, par bonheur, ils avaient des connaissances, et où ils trouvèrent toute espèce de secours et les objets nécessaires pour s'équiper et recommencer une autre expédition.

Ike et Redwood nous assurérent qu'ils avaient plus tard tiré une vengeance éclatante des Indiens Utahs pour les mauvais traitements qu'ils leur avaient fait subir; mais ils refusèrent de nous dire comment ils s'y étaient pris. Ils jurèrent tous deux que les Pawnées n'avaient qu'à prendre garde à eux, car ni l'un ni l'autre ne supporteraient l'insulte d'être ainsi abandonnés à pied au milieu de la prairie sans avoir rien fait pour subir un pareil traitement.

Après avoir écouté le récit de nos guides, nous décidâmes qu'on ferait la garde, chacun à son tour, pendant toute la nuit ; et nous réunissant les uns contre les autres autour du feu du bivouac, nous fûmes bientôt aussi profondément endormis que si nous avions été couchés sous des rideaux de damas et sur les matelas d'édredon.

CHAPITRE XXXVIII

Le grand troupeau de bisons

L'emplacement que nous avions choisi pour passer la nuit était situé sur les bords d'un petit cours d'eau dont les rives étaient peu élevées. En un mot, la surface de l'eau était presque de niveau avec le sol de la prairie. Les seuls arbres que l'on aperçût dans les environs étaient quelques cotonniers épars, et des saules à longues feuilles d'une espèce particulière à ces contrées.

Nous avions allumé notre feu de bivouac avec du bois de cotonnier, à environ vingt ou trente pas du bord de l'eau, non pas sur une hauteur, mais bien au contraire au fond d'une excavation creusée dans le sol en forme d'entonnoir. C'était un caprice de la nature des plus curieux, et dont aucun de nous ne pouvait se rendre compte On aurait pu croire ce trou creusé par la main de l'homme, car il était circulaire, et ses côtés descendaient graduellement vers le centre, comme le cratère d'un volcan. Sans sa vaste capacité, nous l'eussions pris pour un trou de bisons; mais il était bien plus grand, plus profond et plus pointu que les bauges des taureaux de la vaste prairie.

Nous avions remarqué dans les environs plusieurs bassins de la même espèce, et si nous nous étions trouvés dans des circonstances propices, nous nous serions amusés à tâcher de nous rendre compte de l'existence de ces dépressions; mais, dans ce moment, nous ne songions guère à nous inquiéter de la géologie du sol sur lequel nous passions : nous étions trop pressés de nous en éloigner. Lorsque nous eûmes réfléchi que ce trou singulier était un endroit sûr pour y faire du feu, — car nous pensions toujours à ces maudits Pawnées, — nous nous y établîmes pour y passer la nuit. Ce fut donc au fond de ce bassin, à demi couchés contre les parois en pente douce et les pieds appuyés au fond, que nous nous arrangeâmes pour dormir.

Nous devions avoir une sentinelle debout toute la nuit; c'est-à-dire que chacun devait prendre son tour et éveiller celui qui devait le relever.

Le docteur devait monter la garde pendant la première heure, et tous, en nous endormant, nous apercevions au fond de l'excavation sa taille ronde et raccourcie se dessiner sur le ciel. Aucun de nous n'avait grande confiance dans la vigilance du docteur; mais son heure de garde se trouvait au moment de la nuit où il y avait le moins à craindre de la part des Indiens. Ces sauvages ne font jamais leurs attaques qu'après minuit, car ils savent bien que c'est alors le moment où le sommeil est le plus profond. L'enlèvement des chevaux pendant la soirée précédente avait été une exception à la règle, et n'avait été effectué probablement que parce qu'en s'approchant ils avaient compris qu'il n'y avait pas de garde; c'était là un cas tout particulier. Ils savaient que nous étions désormais sur nos gardes, et s'ils méditaient encore quelque nouvelle entreprise contre nous, ils ne devaient pas la mettre à exécution avant le milieu de la nuit. Nous n'éprouvions donc pas de crainte, et, fatigués comme nous l'étions d'avoir chassé à pied toute la journée, nous dormions profondément. Le sol sur lequel nous reposions était sec et commode; le feu nous envoyait une douce chaleur, et nous ne demandions pas mieux que de passer une bonne nuit.

Il paraît que le docteur s'endormit à son poste; car s'il en eût été autrement, nous eussions été préparés à repousser une invasion qu'il nous fallut subir cette nuit-là même.

Je fus tiré de mon sommeil par des cris étourdissants que poussaient nos guides, et je me levai en toute hâte, dans la ferme croyance que nous étions attaqués par les Indiens : mon premier soin fut de m'emparer de mon fusil. Tous mes compagnons s'éveillèrent en même temps sous l'influence de la même idée, et, comme moi, ils saisirent leurs armes.

En levant les yeux, nous vîmes le docteur étendu sur le bord du trou et ronflant de toute la force de ses poumons. Nous ne savions vraiment pas ce que cela voulait dire.

Cependant, Ike et Redwood, qui ne dormaient jamais que d'un œil, s'étaient éveillés les premiers, et s'élançaient déjà au sommet de l'entonnoir. Le bruit de la double détonation de leurs carabines nous confirma dans l'idée que nous étions attaqués par les Indiens ; autrement, sur quel ennemi auraient-ils pu ainsi tirer leur poudre et user leurs balles?

— Par ici tout le monde, cria Redwood en nous faisant signe de monter à l'endroit où lui et son compagnon avaient déjà pris position, faisant tournoyer leurs fusils autour de leurs têtes, et se livrant à des gestes étranges, par ici ! Apportez vos fusils, vos pistolets, tout. Dépêchez-vous !

Nous nous mîmes à gravir le talus aussi vite que possible, et nous parvenions à côté de nos guides au moment même où le docteur s'éveillait en sursaut et, frappé de terreur, roulait jusqu'au fond de l'entonnoir.

Tout en montant, nous entendions un mélange de sons confus, pareils à ceux que produit un corps nombreux de cavalerie et le bruit de mugissements furieux poussés à la fois par des centaines de bisons.

En effet, il n'y avait pas a s'y méprendre, car c'était en réalité un troupeau de taureaux que nous entendions. Il faisait un clair de lune magnifique, et nous n'eûmes pas plutôt dépassé de la tête les bords de notre excavation, que nous vîmes d'un seul coup d'œil quelle était la cause de l'alarme. Tout autour de nous la plaine était couverte de bisons : le sol en était noir. Il devait y avoir des milliers et des milliers d'animaux dans les deux épaisses colonnes qui passaient de chaque côté de nous. Ils allaient d'un trot rapide, quelques-uns même au galop, et en quelques endroits leurs rangs étaient tellement serrés qu'ils montaient les uns sur les autres ; quelques-uns même tombaient renversés, et étaient foulés aux pieds par leurs compagnons.

— Par ici, par ici, tout le monde, répéta Ike ; ici, près de moi, ou ils vont venir dans le trou, et ils nous écraseront comme des vers !

Nous vîmes d'un coup d'œil ce que voulait dire notre guide. Dans la fureur de leur course, ces animaux se précipitaient en avant, et rien ne semblait pouvoir les arrêter. On les voyait se jeter dans le petit cours d'eau et le traverser sans y prendre garde ; si par malheur ils venaient à se diriger sur nous, tout le troupeau suivrait les premiers, et nous nous trouverions mêlés dans la confusion. Il n'y avait pas sur la prairie un seul endroit où nous pussions être en sûreté. Cette masse impétueuse était poussée par derrière, et ne pouvait ni s'arrêter, ni changer de direction. Déjà deux énormes taureaux avaient été abattus par les balles de nos guides, et leurs corps gigantesques empêchaient jusqu'à un certain point les autres de se rapprocher de nous, ce qu'ils auraient cependant pu faire encore sans les avis et les gestes menaçants des guides. En un instant nous fûmes tous au poste indiqué, et nous nous préparâmes à faire feu. Les plus prudents attendaient un moment favorable, tandis que les autres s'empressèrent de tirer ; et un feu roulant de carabines, de fusils à deux coups et de revolvers produisit bientôt un monceau de cadavres qui fermèrent la route aux autres, comme une barrière que l'on aurait construite tout exprès.

Nous eûmes alors le temps de respirer, et chacun rechargea ses armes avec toute la prestesse possible. Il n'y avait pas un instant à perdre, car le flot vivant roulait toujours, et les points de mire n'étaient pas rares ; il n'y avait même pas à choisir.

Nous restâmes ainsi un grand quart d'heure à charger et à tirer sans relâche. Le troupeau commença alors à s'éclaircir, et nous vîmes enfin le dernier bison passer nonchalamment au milieu d'une grêle de balles.

Nous regardâmes autour de nous pour contempler les résultats de l'action. De tous côtés le sol était jonché de cadavres de couleur sombre, dont le poil paraissait être hérissé ; près de nous il y en avait un véritable monceau. On en voyait dans toutes les attitudes : les uns étendus sur le flanc, les autres sur les genoux ; quelques-uns se tenaient encore sur leurs jambes, mais évidemment ils étaient grièvement blessés.

Nous allions nous précipiter hors de ce cercle enchanté pour achever notre œuvre, mais la voix de nos guides nous rappela à notre poste.

— Si vous tenez à la vie, ne bougez pas d'ici, s'écria Redwood, ne faites pas un pas que nous ne les ayons tous abattus. Il y a encore des taureaux qui ont assez de force pour vous faire plus de mal que vous ne pensez.

Et en parlant ainsi, le trappeur mit en joue sa longue carabine, choisit un bison encore debout, et l'abattit.

Nous les achevâmes l'un après l'autre de la même manière ; puis ce fut le tour de ceux qui étaient à genoux, et tous ceux qui donnaient encore signe de vie tombèrent sous nos coups.

Lorsque le massacre fut fini, nous sortîmes de notre trou, et nous fîmes le dénombrement de nos victimes ; il n'y en avait pas moins de vingt-cinq autour de nous, et encore nous ne comptions pas plusieurs blessés que nous voyions errer dans la plaine.

Naturellement il nous fut impossible de nous endormir avant d'avoir mangé chacun une ou deux livres de viande fraîche taillée dans les côtes d'un bison. Ce repas, médianoche du désert, assaisonné par les émotions diverses de cette chasse singulière et par les quolibets nombreux adressés à notre sentinelle endormie, nous fit veiller jusqu'à une heure fort avancée de la nuit. Il faisait déjà presque jour lorsque nous songeâmes à reprendre notre sommeil interrompu.

CHAPITRE XXXIX

Retour à Saint-Louis

Nous nous réveillâmes plus rassurés sur l'avenir. Nous avions des provisions en abondance, et plus même qu'il ne nous en fallait, car il y avait là des milliers de livres de viande que les loups allaient se disputer entre eux. Il fallait seulement songer à préparer tout cela de manière à pouvoir le transporter facilement et à faire sécher ces tranches de bisons pour les conserver le plus longtemps possible. C'était l'affaire de trois grandes journées. Nos guides savaient préparer la viande sans le secours du sel, et aussitôt après déjeuner, nous nous mîmes à l'œuvre, sans nous occuper des taureaux, que nous abandonnâmes aux coyotes, qui déjà rodaient en troupes autour de nous ; nous ne dépeçâmes que les vaches.

On alluma d'abord un grand feu ; puis on construisit un treillis de branches d'arbres, sur lequel on posa la chair coupée par tranches effilées. Le tout fut placé à quelque distance du feu, de manière que la chaleur desséchât le jus de la viande ; et en moins de quarante-huit heures elle devint si roide et si dure, qu'on aurait pu la garder des mois entiers sans crainte de la voir se corrompre. Pendant ce temps-là d'autres étaient employés à préparer les peaux des bisons, à les assouplir et à diminuer leur poids. C'est ainsi qu'on procède pour faire ces robes qui devaient nous servir de couvertures.

A la fin du troisième jour tout était terminé et nous étions disposés à partir. Chacun devait porter sa ration de viande sèche, ses armes, ses fourrures et son équipage. Chargés de cette manière, nous n'espérions pas faire beaucoup de chemin du matin au soir ; mais nous avions environ trente jours de provisions devant nous et nous ne doutions pas qu'avant l'expiration de ce terme nous ne fussions parvenus à Indépendance. Nous étions pleins d'ardeur au moment du départ, et cependant nous n'étions pas encore très éloignés que la pesanteur de nos fardeaux vint tant soit peu refroidir notre courage. Il y avait à peine cinquante heures que nous étions en marche lorsqu'il nous arriva un accident qui nous replongea dans le désespoir et mit encore une fois nos jours en danger. Dans un voyage à travers les prairies on a tout à craindre de la terre et de l'eau, et mille périls imprévus viennent en un instant déranger vos prévisions les mieux calculées.

Le danger qui vint nous surprendre était de la nature la plus déplorable. Nous étions sur le bord d'un ruisseau qui n'avait pas plus de cinquante mètres de largeur, mais dont les eaux étaient fort profondes. Nous descendîmes pendant plusieurs milles le long de ces rives sans pouvoir trouver un passage guéable, et nous nous déterminâmes à le traverser à la nage plutôt que de perdre du temps à en chercher un. Ce n'était pas chose difficile, car nous étions tous bons nageurs ; en quelques minutes la plus grande partie de la bande parvint de l'autre côté. Cependant il nous restait à faire passer sur le bord opposé nos provisions et le reste de nos équipages ; dans ce but, nous construisîmes un petit radeau sur lequel nous embarquâmes nos rouleaux de viande, nos manteaux, nos armes et nos munitions. Nous y attachâmes une corde dont l'un de nous prit un bout en se mettant à la nage, tandis que d'autres l'aidaient en poussant le radeau chargé.

Quoique le ruisseau ne fût pas très large, le courant était fort rapide. Au moment où le radeau se trouvait à moitié chemin, la corde se cassa, et notre *raît* s'en alla au fil de l'eau.

Nous courûmes le long des rives dans l'espoir de saisir le radeau lorsqu'il arriverait à notre portée. Tout d'abord nous ne ressentions aucune crainte à cet égard, lorsque tout à coup nous aperçûmes en aval des rapides dont nous n'avions aucun moyen d'éloigner notre frêle esquif. Nous avions tout mis sur le radeau : les provisions, les fourrures, les fusils, sans même avoir la précaution de les y assujettir, car dans notre folle sécurité nous étions loin de prévoir un semblable accident.

Il était trop tard pour nous jeter à l'eau et pour essayer d'arrêter le radeau. Personne n'y songeait : chacun voyait que c'était chose impossible, et nos cœurs battaient avec violence tandis que nous suivions des yeux tout ce que nous avions de plus précieux emporté par les eaux et ballotté sur les flots écumants. Nous entendîmes un choc ; le radeau tourna sur lui-même et resta un instant immobile au milieu du ruisseau, arrêté par la pointe aiguë d'un rocher ; puis, emporté par la force du courant, il glissa jusque dans les eaux qui coulaient tranquillement au bas de la cataracte.

Nous nous élançâmes sur la rive, et après quelques efforts nous parvînmes à nous assurer du radeau et à l'amener à terre. Hélas ! la plus grande partie des provisions, toutes nos armes, toutes nos munitions avaient disparu dans le gouffre !

Elles avaient été lancées au beau milieu de la cataracte, et se trouvaient perdues sans ressource. Il ne restait que trois paquets de viande et quelques peaux de bisons.

Nous étions plus à plaindre que jamais. Les provisions sauvées du naufrage ne pouvaient guère nous suffire plus d'une semaine, et, une fois cela fini, comment nous procurerions-nous d'autres vivres, puisque nous n'avions plus les moyens de tuer du gibier ? Des pistolets, des couteaux, voilà tout ce qui nous restait, et quelle chance avions nous de tuer un cerf ou n'importe quel autre animal à l'aide de pareilles armes ?

L'avenir qui se déroulait devant nous était loin d'être riant. Quelques-uns de nos camarades d'infortune étaient d'avis de retourner à l'endroit où nous avions laissé les carcasses de bisons ; mais les loups devaient en avoir dévoré toute la chair. D'ailleurs, c'était folie de revenir sur ses pas. Tout ce que nous avions à aire c'était de nous avancer dans la direction des endroits habités, et de voyager avec toute la vitesse possible.

Nous nous remîmes donc en route, réduits à la demi-ration, afin de faire durer les vivres. Il était heureux que nous eussions pu sauver les quelques peaux de bisons, car nous étions en plein hiver et le froid se faisait vivement sentir. Nous fûmes même obligés de passer quelques nuits sans feu, faute de bois. Mais nous espérions arriver bientôt aux pays de forêts, où nous serions à l'abri de ce besoin, et où, en outre, nous pourrions rencontrer quelque espèce d'animal facile à capturer sans fusil.

Trois jours après avoir quitté la malencontreuse rivière, la température changea, et la neige continua à tomber toute la nuit. Le lendemain, nous vîmes la terre couverte au loin d'un linceul blanc, et nos pieds enfonçaient à chaque pas dans cette couche glacée; ce qui ajouta encore aux difficultés de la marche. Cependant, comme la neige avait tout au plus un pied d'épaisseur, nous réussîmes à nous tirer d'affaire.

Chemin faisant, nous vîmes bien des traces de cerf, mais nous n'avions aucune chance d'atteindre ces animaux, aussi n'y prîmes nous pas garde. Nos guides nous dirent que si la neige pouvait fondre un peu et qu'il gelât ensuite pendant la nuit, nous pourrions tuer des cerfs sans carabines. Par bonheur, ce changement atmosphérique se fit dans la journée : pendant la nuit, la croûte glacée devint très forte, et le lendemain matin nous trouvâmes que la neige était assez solide pour nous porter tous.

Cela nous rendit quelque espoir, et nous songeâmes le lendemain à faire une chasse au cerf. Nous nous dispersâmes de côté et d'autre par groupes de deux ou trois individus, et nous nous mîmes à chercher des fumées.

Le soir, lorsque nous nous retrouvâmes au camp, chacun de nous revînt harassé de fatigue et les mains vides.

Les deux guides, Ike et Redwood, étaient allés seuls de leur côté, et rentrèrent les derniers. Ils arrivèrent enfin, et, à notre grande joie, ils rapportaient sur leurs épaules chacun la moitié d'un cerf. Ils avaient découvert les traces de l'animal sur la neige, et l'avaient suivi pendant plusieurs milles, jusqu'à ce qu'il eût les pieds tellement déchirés par la croûte de glace qu'il les laissât approcher à portée de pistolet. Heureusement c'était un mâle de belle taille, et sa chair pouvait nous nourrir deux ou trois jours.

Après un déjeuner composé de venaison fraîche, nous partîmes, l'esprit moins attristé, avec l'intention de faire une bonne journée de marche, afin d'arriver jusqu'aux grands bois, où nous serions à même de rencontrer des cerfs et d'en prendre quelques-uns avant le dégel. Mais, avant la fin du jour, nous nous trouvâmes tellement chargés de vivres, que nous ne songeâmes plus aux cerfs ni à aucune autre espèce de gibier. Nos provisions se trouvèrent renouvelées, de la manière la plus inattendue, d'un supplément de viande de bison.

Nous marchions péniblement sur la neige glacée, lorsque, étant arrivés sur le sommet d'un coteau, nous aperçûmes en face de nous cinq animaux d'une grosseur énorme. Nous ne nous attendions nullement à rencontrer des bisons dans une zone si avancée du côté de l'est, et nous nous demandions si nos yeux ne nous trompaient réellement pas. Leurs corps, se détachant en relief sur le penchant blanchi de la colline, paraissaient gigantesques, et les glaçons qui pendaient de longues touffes de poils offraient un aspect singulier, qui ne laissa pas que de nous embarrasser quelque temps. Nous les prenions pour des pins ou des tuyas verts.

Nous nous aperçûmes cependant bientôt qu'ils étaient en mouvement, et que ce ne pouvait être que des bisons, car aucun autre animal ne pouvait paraître aussi gros. Ils étaient à une distance considérable, et c'est ce qui nous avait empêchés de les reconnaître au premier abord.

Cette découverte était pour nous de la dernière importance ; aussi nous arrêtâmes-nous tous pour tenir conseil. Qu'avions-nous à faire? Quel moyen prendre pour nous emparer de l'un d'eux, et même si cela se pouvait de tous les cinq à la fois? Si la neige avait été assez épaisse, la chose eût été facile ; mais, bien que même alors la glace dût nécessairement les retarder dans leur course, ils pouvaient encore faire bien plus de chemin que nous. Notre seule chance était de tâcher d'approcher tout doucement, et de ramper ensuite près d'eux jusqu'à portée de pistolet ; et, dans une plaine unie et blanche de neige, cela nous paraissait impossible. Le pied du chasseur, en écrasant la neige gelée, devait leur donner l'éveil longtemps avant que nous fussions arrivés. En un mot, après avoir pesé et discuté toutes les chances de succès, nous en vînmes à désespérer de réussir jamais. Que n'eussions-nous pas donné dans ce moment pour avoir un cheval et une carabine ! *My horse, a kingdom for a horse !*

Nous causions toujours sans prendre de détermination, et pendant ce temps-là les cinq bêtes énormes disparurent derrière le coteau qui s'étendait en travers de notre route. Comme cette élévation nous empêchait d'être vus, nous courûmes en avant pour voir si sur l'autre versant du coteau nous aurions une chance plus favorable. Nous espérions y trouver des arbres qui nous permettraient d'approcher du gibier, et nous nous dirigeâmes vers un petit bouquet de bois qui couvrait le sommet du monticule. Nous y parvînmes enfin ; mais quel fut notre désappointement lorsque nous vîmes les cinq animaux s'enfuir au galop dans la direction opposée.

Le courage nous abandonna ; nous nous regardions les uns les autres avec des yeux pleins de désespoir, lorsque tout à coup Redwood et le tueur de loups, poussant des cris de triomphe, s'élancèrent à la poursuite des bisons en nous invitant à les suivre.

Nous ne pouvions nous rendre compte de cette conduite singulière, lorsqu'une scène étrange vint frapper nos regards. Les bisons se débattaient avec efforts sur la plaine qui s'étendait devant nous. De temps en temps ils se précipitaient en avant, puis s'arrêtaient tout court, les jambes écartées, le jarret tendu, tandis que quelques-uns tombaient lourdement sur le flanc, agitant leurs membres comme s'ils avaient été blessés par une balle invisible.

Tous ces mouvements eussent été pour nous autant de mystères, si les guides en partant ne nous en eussent d'un seul mot donné l'explication en s'écriant :
« Les bisons sont sur la glace ! »

Le fait était vrai. Cette plaine couverte de neige n'était autre qu'un lac glacé, et, dans leur précipitation à s'enfuir, les animaux s'y étaient engagés et ne pouvaient se tenir sur leurs jambes.

Nous ne mîmes que peu d'instants pour arriver jusqu'à eux ; et, quelques minutes après — minutes pendant lesquelles on se livra de part et d'autre un combat à outrance, où les pistolets se firent entendre, où les couteaux brillèrent au soleil — cinq cadavres énormes gisaient sans mouvement sur la neige teinte de sang.

Cette heureuse capture, que nous ne pouvions attribuer qu'à notre bonne fortune, fut peut-être ce qui nous sauva la vie à tous. La viande que nous retirâmes des cinq taureaux, — car c'étaient des taureaux, — nous fournit une provision abondante, qui nous permit d'arriver en sûreté jusqu'aux endroits habités par nos compatriotes. Il est vrai que nous eûmes encore à endurer bien des fatigues, qu'il nous fallut marcher pendant de très longues heures avant de dormir sous un toit; mais, malgré l'aspect de misère profonde qu'annonçaient notre costume délabré et nos haillons indescriptibles, nous arrivâmes tous en parfaite santé au terme de notre voyage.

A Indépendance, on nous fournit les moyens de nous équiper de manière à nous présenter convenablement à Saint-Louis, où nous parvînmes quelques jours après. Là, assis autour de la table abondamment servie de l'hôtel des Planteurs, nous eûmes bientôt oublié toutes nos disgrâces pour nous rappeler seulement le plaisir que nous avait fait souvent éprouver la vie aventureuse à travers l'Amérique.

MADAME ROBINSON

A quelques milles de Santa-Barbara, dans la mer Pacifique, s'élève au-dessus des vagues, comme les feuilles du nymphéa, un groupe d'îlots, séparés à peine par des canaux étroits, qui était autrefois habité par des Indiens. Suivant la tradition perpétuée au milieu des peuplades de l'Amérique du Nord, et corroborée par le témoignage de plusieurs Américains qui y ont séjourné, ces îlots renfermaient une population considérable. Les natifs de ce pays faisaient de fréquentes visites sur la terre ferme, à Santa-Barbara et à San-Pedro, dans le but de trafiquer avec les Indiens qui demeuraient alors au sud de ces provinces. Les ventes et les achats se faisaient au moyen de coquillages particuliers qui servaient de monnaie. A l'époque où les missions de la haute Californie étaient régulièrement établies et prospéraient de toute manière, c'est-à-dire à la fin du siècle dernier, ce commerce était fort étendu, et les opérations d'échange avaient engagé les Indiens à établir une foire annuelle, qui se tenait sur un point désigné de la côte et à laquelle se rendaient tous les Peaux-Rouges des îles et de la terre ferme. Peu à peu, grâce aux sollicitations des missionnaires, les habitants des îlots ci-dessus mentionnés abandonnèrent leurs huttes et vinrent se fixer à Santa-Inès Santa-Barbara, Los Angelos, San-Gabriel et à San-Diego.

L'un de ces coins de terre, appelé San-Nicholas, situé au centre du groupe, à soixante milles de Santa-Barbara, était habité par une tribu d'Indiens qui, malgré toutes les tentatives faites par les missionnaires dans le but de leur faire embrasser le christianisme et d'améliorer leur position et leur confort, n'avaient jamais consenti à quitter le sol où ils étaient nés.

Dans le courant de l'année 1825, un navire russe vint jeter l'ancre devant la bourgade des Indiens. Une fois à terre, les matelots se mêlèrent aux habitants, mais bientôt, s'étant pris de querelle avec eux au sujet de leurs femmes, ils attaquèrent ces malheureux et les massacrèrent, à l'exception de deux d'entre eux, qui parvinrent à se sauver dans les bois.

Dix ans après cet évènement, un M. Williams, qui habite maintenant le Rancho del Chino, à Los Angelos, en Californie, visita cette île pour faire la chasse aux loutres, fort nombreuses dans ces parages. Encouragé par le succès de sa chasse, M. Williams revint souvent à San-Nicholas, et enfin, un jour, il ramena une jeune Squaw qui faisait partie de la tribu, composée alors de dix-sept Indiens, les descendants des deux qui avaient échappé au massacre de leurs pères par les Russes. M. William s'adressa peu de temps après au capitaine d'une goëlette, M. Hubbard, qui, avec le consentement de ses deux armateurs, MM. Sparke et Gomez, de Monterey et de Santa-Barbara, mit à la voile pour aller chercher tous les compatriotes de la protegée du fermier chasseur, et les ramener sur la côte ferme. Rien ne s'opposa à l'accomplissement de ce projet, car les Indiens avaient le plus grand désir de quitter leur île.

Tous etaient déjà à bord de la goëlette, dont les matelots levaient l'ancre, lorsqu'une des femmes, qui avait confié son enfant à un Indien, s'aperçut qu'il n'était plus avec lui. Elle demanda alors la permission de retourner à terre, afin de le chercher. Le capitaine y consentit. La mère infortunée se précipita à la nage, et, parvenue sur la rive, elle s'enfonça au milieu des bois, où bientôt elle disparut à tous les regards. Deux heures après, on la vit revenir ; elle fit comprendre par ses gestes qu'elle n'avait rien trouvé. Sa voix, portée par le vent, arriva jusqu'au navire, et un de ses compatriotes expliqua à M. Hubbard qu'elle exprimait la crainte que son enfant n'eût été dévoré par les chiens sauvages, très nombreux dans l'intérieur de l'île. Au lieu de revenir à bord de la goëlette, l'Indienne se coucha sur le sable, se livrant à des contorsions effroyables, exprimant le plus violent désespoir, et enfin soit à cause de la fatigue qu'elle éprouvait, soit à cause de sa douleur, elle s'étendit sur le sol et s'endormit profondément.

Cependant la brise avait fraîchi ; bientôt les vagues devinrent si hautes qu'il était dangereux pour le navire de demeurer à l'ancre dans ces parages. Le capitaine fit déraper, et quoiqu'il regrettât de laisser cette femme seule dans l'île, il s'y vit contraint par la force des circonstances. Nul ne saurait dire quelles furent les impressions de désespoir de cette pauvre créature, lorsqu'en rouvrant les yeux elle se vit seule, abandonnée et séparée de tous les siens.

Trois mois après, jour par jour, la goëlette de M. Hubbard aborda de nouveau l'île : le capitaine, à l'instigation de M. Williams, était revenu pour arracher l'Indienne à cette solitude forcée. Ce fut en vain qu'il explora l'île dans tous les sens, en compagnie de ses matelots. On ne découvrit rien, si ce n'est des marques de pas empreintes sur le sol. Depuis ce dernier voyage de M. Hubbard, toutes les fois que des chasseurs venaient faire provision de peaux de loutres, ils rencontraient les marques des pieds de ce nouveau Robinson Crusoé, mais jamais aucun d'eux n'avait eu l'occasion d'apercevoir la femme sauvage.

Dans le courant du mois de juillet dernier (1854), un Américain, nommé George Niedever, qui habite depuis longtemps à Santa-Barbara, vint faire une partie de chasse sur les côtes de l'île de San-Nicholas. Tout à coup, en longeant le rivage, il rencontra au détour d'un massif d'arbres l'Indienne si longtemps perdue. Cette infortunée était assise sur un tronc renversé, et donnait toute son attention à la préparation de peaux d'oiseaux qui, cousues ensemble, formaient les vêtements dont elle se couvrait le corps. Elle ne manifesta aucune surprise à la vue de M. Niedever, qui, s'adressant à elle par des signes, mit tout en œuvre pour se faire comprendre, et lui proposa de quitter l'île et de le suivre sur le continent. Elle y consentit sans se faire trop prier, et s'occupa sur-le-champ de ses préparatifs de départ, enveloppant dans plusieurs peaux de bêtes les vêtements singuliers qu'elle s'était faits, et tous les ustensiles qui lui avaient servi pendant sa longue solitude.

Le Robinson femelle de San-Nicholas est maintenant la commensale de la famille de M. Niedever à Santa-Barbara, choyée comme une parente et heureuse autant qu'elle peut l'être. Cette femme est âgée de soixante ans et sa simplicité est pareille à celle d'un enfant. Dès qu'elle arriva à Santa-Barbara, un missionnaire se présenta chez le sauveur de l'Indienne : il amenait avec lui un de ses compatriotes qui parlait deux ou trois dialectes de la langue des Peaux-Rouges de la Californie. Mais, à leur grande surprise, cet aborigène ne put comprendre le langage de la sauvage, qui n'avait rien de pareil avec ceux dont il connaissait les mots. L'indienne donnait bien un son particulier à chaque chose qu'on lui présentait, mais il était impossible de la comprendre, à moins qu'elle ne s'exprimât au moyen de gestes et de signes. Du reste, elle paraissait fort satisfaite de sa situation, et son plus grand plaisir était de montrer à ses visiteurs quels moyens elle avait employés pour arracher les racines dont elle se nourrissait, prendre du poisson et fabriquer ses vêtements. On voyait cependant qu'elle était satisfaite de vivre avec ses semblables, et qu'elle ne regrettait point l'époque où elle habitait seule l'île déserte de San-Nicholas.

Une des grandes joies de cette sauvage est d'examiner à loisir les chevaux et les vaches, et tout porte à croire que jusqu'à présent elle n'avait jamais vu des animaux aussi énormes. Un jour elle s'aventura jusqu'à saisir un cheval par sa queue, et sans madame Niedever, qui lui fit comprendre le danger qu'elle courait, elle serait restée exposée aux ruades du quadrupède.

Parmi les instruments rapportés par l'Indienne de San-Nicholas, les plus curieux sont, sans contredit, ceux avec lesquels elle cousait ensemble les vêtements de peaux d'oiseau dont j'ai déjà parlé. Ces aiguilles, faites avec des arêtes de poisson, prouvent jusqu'à quel point la nécessité peut, au besoin, développer le génie de la race humaine. Le fil dont elle se servait n'était rien autre chose qu'une fibre légère détachée des nerfs d'une baleine. Les hameçons employés pour la pêche étaient fabriqués au moyen de clous tordus et affilés, appendus à une ligne dont la matière était aussi composée de nerfs de baleine tressés ensemble avec une habileté sans pareille.

Au milieu des nombreux articles qui se trouvaient dans les mains de cette Indienne, il y avait aussi une matière crayeuse et rougeâtre, semblable à de la brique tendre ; mais il était impossible de deviner à quel usage cette substance était destinée, soit à préparer les peaux d'oiseaux, soit à peindre en rouge l'intérieur de ses vêtements. Le couteau dont elle faisait usage était fait avec un morceau de crochet de fer ; elle l'avait aplati et forgé entre deux cailloux et habilement emmanché dans un des os du fémur de quelque animal ; la lame n'avait pas plus d'un pouce et demi de long.

La femme sauvage avait aussi apporté avec elle une partie de ses provisions de bouche, de la viande boucanée, entre autres ; mais il paraît incompréhensible qu'elle ait jamais pu se nourrir de cette chair empestée, dont la putridité saisissait le nerf olfactif à quarante pas de distance. Il y avait aussi avec cela des racines nourrissantes, connues dans le dialecte indien sous le nom de *cacometes*, le goût de cette racine est à peu près semblable à celui de l'intérieur d'une noix encore verte.

Cette femme extraordinaire est sans contredit un étrange échantillon de la race indienne, et si elle pouvait exprimer ses pensées et ses sentiments, tout porte à croire qu'elle ajouterait un chapitre nouveau au livre de l'humanité. Pendant dix-neuf ans, cette pauvre créature a vécu dans une île déserte, sans avoir auprès d'elle un compagnon pour partager ses chagrins comme ses joies, ses craintes et ses espérances. A Dieu seul, qui lui donna la vie et qui l'a protégée si miraculeusement, elle pouvait exprimer sa reconnaissance et demander aide et secours dans sa misère. Le père Gonzalès, missionnaire de Santa-Barbara, qui s'intéresse beaucoup au sort de sa néophyte, a dessiné son portrait.

Les habitants de Santa-Barbara ont donné de nombreuses preuves d'intérêt à cette femme extraordinaire, et tous, les uns après les autres, sont allés la voir chez son hôte. Plusieurs montreurs de curiosités ont essayé de s'emparer de la Crusoé de San-Nicholas pour l'amener aux États-Unis et la faire voir dans les villes pour de l'argent; mais la famille Niedever a toujours refusé de donner son consentement au départ de cette infortunée. Tous ceux qui s'intéressent à son sort préfèrent pour elle la tranquillité et le bien-être domestiques à tous les dollars que les Barnums américains pourraient lui offrir.

Un de nos amis qui habite San-Francisco nous a adressé le récit qui précède : nous nous empressons de l'offrir à nos lecteurs.

B.-H. Révoil.

FIN

TABLE

Chap.		
—	I. — Les Chasseurs	5
—	II. — Le camp et les feux du soir	13
—	III. — Aventures de Besançon dans les marais	17
—	IV. — Les pigeons de passage	28
—	V. — Une chasse à l'obusier	33
—	VI. — La mort d'un cougouard	40
—	VII. — Le cougouard	43
—	VIII. — Une aventure du vieux Ike	46
—	IX. — Le musquash	55
—	X. — Une chasse aux rats	59
—	XI. — Les moustiques et leur antidote	63
—	XII. — Le raton et ses mœurs	67
—	XIII. — Chasse au raton	70
—	XIV. — Les sangliers du désert	76
—	XV. — Assiégé par un troupeau de peccaris	80
—	XVI. — Une chasse aux canards	88
—	XVII. — Chasse à la vigogne	97
—	XVIII. — Le chacu	105
—	XIX. — Chasse à l'écureuil	113
—	XX. — L'ours perché sur un arbre	118
—	XXI. — L'ours noir	122
—	XXII. — Le trappeur pris au piège	125
—	XXIII. — Le cerf d'Amérique	130
—	XXIV. — Une chasse au cerf en canot	138
—	XXV. — Rencontre d'Ike avec un ours grizzly	149
—	XXVI. — Une bataille avec des ours grizzly	156
—	XXVII. — Les cygnes d'Amérique	164
—	XXVIII. — Chasse au renne	171
—	XXIX. — Le loup des prairies et le tueur de loups	181
—	XXX. — Chasse au tapir	189
—	XXXI. — Les bisons du désert	195
—	XXXII. — Le bison	202
—	XXXIII. — La poursuite des bisons	208
—	XXXIV. — Ruses des trappeurs	213
—	XXXV. — Les hôtes inattendus	216
—	XXXVI. — Un souper de loup rôti	221
—	XXXVII. — Les lièvres et les cigales	224
—	XXXVIII. — Le grand troupeau de bisons	227
—	XXXIX. — Retour à Saint-Louis	231

Limoges. — Imp. E. ARDANT et Cie.

www.ingramcontent.com/pod-product-compliance
Lightning Source LLC
Chambersburg PA
CBHW061956180426

43198CB00036B/1275